普通高等教育“十二五”规划教材

电工技术

第 2 版

薛毓强　李少纲　编

蔡金锭　主审

机械工业出版社

本书根据高等院校"电工技术"教学的要求，系统地介绍了电工技术的基本概念、基本理论、基本方法及其在实际中的应用。全书共分10章，主要内容包括电路的基本概念和定律、电路的基本分析方法、交流电路分析、非正弦周期电流电路分析、三相电路、交流电路功率测量、一阶动态电路分析、磁路与变压器、电动机的工作原理与运行控制、继电接触器控制系统、可编程控制器及其应用、供电与安全用电等。

全书叙述简明、概念清楚、重点突出、习题丰富，书后附有习题参考答案。教学参考学时为50~70学时，各校在教学时可根据专业实际情况适当取舍。

本书可供高等理工科院校机械类、材料类、化工类、建筑类、经贸管理类、机电一体化类、计算机类等有关专业教学使用，也可供高职高专院校相关专业选用和有关工程技术人员阅读。

本书配有免费电子课件，欢迎选用本书做教材的老师登陆 www.cmpedu.com 注册下载，或发邮件到 jinacmp@163.com 索取。

图书在版编目（CIP）数据

电工技术/薛毓强，李少纲编. —2版. —北京：机械工业出版社，2015.6（2025.7重印）
普通高等教育"十二五"规划教材
ISBN 978-7-111-50438-2

Ⅰ.①电… Ⅱ.①薛…②李… Ⅲ.①电工技术-高等学校-教材 Ⅳ.①TM

中国版本图书馆CIP数据核字（2015）第120255号

机械工业出版社（北京市百万庄大街22号 邮政编码100037）
策划编辑：贡克勤 责任编辑：贡克勤 吉 玲
版式设计：赵颖喆 责任校对：程俊巧
封面设计：陈 沛 责任印制：张 博
北京建宏印刷有限公司印刷
2025年7月第2版·第9次印刷
184mm×260mm·15印张·368千字
标准书号：ISBN 978-7-111-50438-2
定价：39.80元

电话服务	网络服务
客服电话：010-88361066	机 工 官 网：www.cmpbook.com
010-88379833	机 工 官 博：weibo.com/cmp1952
010-68326294	金 书 网：www.golden-book.com
封底无防伪标均为盗版	机工教育服务网：www.cmpedu.com

前　言

“电工技术”是理工科高等学校非电类专业一门重要的技术基础课程。本书是根据教育部电工学课程教学指导小组拟定的“电工技术”课程教学基本要求和培养目标编写的，是机械工业出版社组织编写的普通高等教育“十二五”规划教材。

在修订过程中，编者根据多年的教学经验与体会，总结和吸收了各院校教学和教学改革的有益经验，在教材风格的定位、章节安排和内容取舍上组织多次讨论，认真审视课程体系的知识结构，注重理论的科学性、系统性、完整性，力求反映新技术、新动向，以适应电工技术发展和变化的需要。为了使教材的内容与生产实践更加紧密结合，注重工程案例的引入，突出应用特色，培养学生理论联系实际和解决工程实际问题的能力，使教材具有较高的质量和实用性。本版教材与第1版相比，在总体结构和内容上做了如下调整和更新：

1. 在教材结构上进行了调整。将“一阶动态电路分析”移到“交流电路分析”和“三相电路”之后，这样在动态电路分析时，教学内容更加丰富，使读者对交流电源的动态电路的过渡过程也有了一定的认识。

2. 增加了电位的概念、最大功率传输、交流电路功率测量等内容。

3. 充实了三相异步电动机变频调速的内容。

4. 补充介绍了常用低压配电系统的接线型式和应用领域。

5. 结合课程内容，增加了一些应用实例，帮助读者学习和理解。

全书共分10章，由福州大学薛毓强、李少纲编写。薛毓强负责全书的组织、修改和定稿工作。书中例题、习题丰富，图形、符号均采用最新国家标准。

本版教材由福州大学蔡金锭教授审阅并提出了宝贵的意见和修改建议。本书在编写过程中还得到福州大学电气学院领导和同事的大力支持。通过第1版教材的使用，许多教师和读者对第2版的修订工作也提出了许多宝贵意见，在此表示衷心的谢意。在此还要对本书引用的参考文献的作者表示感谢。

由于编者水平和时间所限，本书难免有些内容处理不当，书中疏漏和不妥之处在所难免，希望广大读者，特别是使用本教材的教师和同学们积极提出批评和改进意见，以便今后修订提高。

编　者

目　录

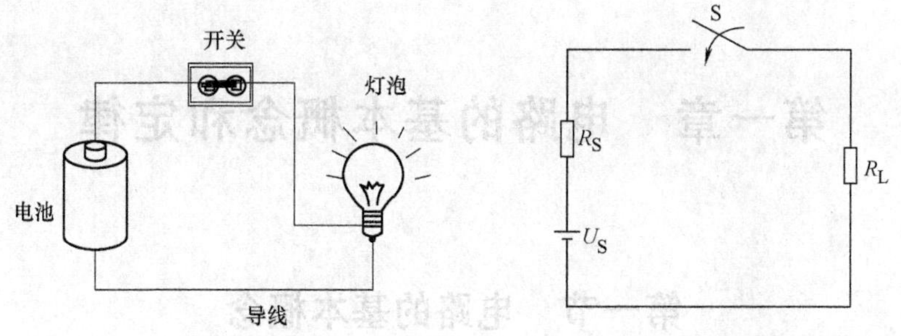

a) 手电筒实际电路　　b) 手电筒电路模型

图1-2　手电筒实际电路与电路模型

电荷的定向移动形成电流，电荷用符号 q 表示。单位时间内通过导体横截面的电荷定义为电流，用符号 i 表示，其数学表达式为

$$i=\frac{\mathrm{d}q}{\mathrm{d}t} \tag{1-1}$$

在国际单位制（SI）中，电流 i 的单位为A（安培，简称安），电荷的单位为C（库仑，简称库）。

符号 i 表示电流的量值和方向是随时间变化的，这样的电流称为时变电流；量值和方向作周期性变化且平均值为零的时变电流称为交流（ac或AC）。电流的量值和方向均不随时间变化，这样的电流称为恒定电流，简称直流（dc或DC），用符号 I 表示，式（1-1）可改写为

$$I=\frac{\mathrm{d}q}{\mathrm{d}t} \tag{1-2}$$

习惯上规定正电荷运动的方向为电流的实际方向。但在分析复杂电路时，由于很难事先确定某条支路在某一时刻电流的实际方向，为此在分析电路时可以任意选定一个参考方向作为电流正方向，也就是“假定的实际方向”，一般用箭头表示。箭头可以标注在导线上，也可以标注在导线旁。电流参考方向有时也可以用双下标表示，如 I_{AB} 表示电流参考方向由A到B，但当A、B两点间有并联支路时，不容易说明究竟是哪条支路的电流，因此一般不用这种标注方法。电流的参考方向并不一定与电流的实际方向一致，当电流的实际方向与其参考方向一致时，则 $I>0$（见图1-3a）；反之，当电流的实际方向与参考方向相反时，则 $I<0$（见图1-3b）。因此，在参考方向选定之后，电流值才有正负之分，可以根据电流的参考方向以及电流量值的正、负来确定电流的实际方向。

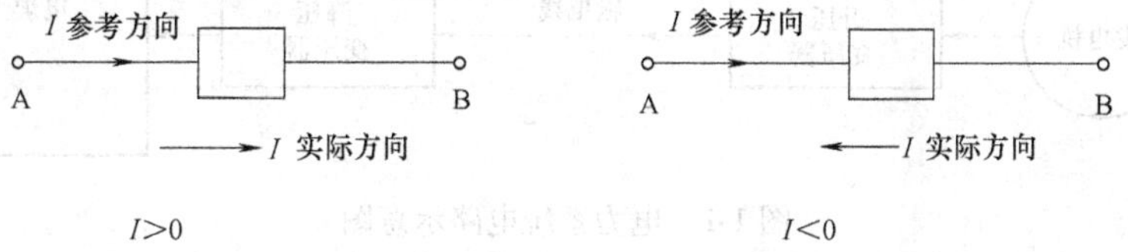

a) 实际方向与参考方向一致　　b) 实际方向与参考方向相反

图1-3　电流的参考方向

2. 电压及其参考方向

单位正电荷由电路中A点移动到B点所获得或失去的能量，称为A、B两点的电压，用

第一章　电路的基本概念和定律

第一节　电路的基本概念

电能的应用是人类重要的生产活动之一，无论是输送电能或是传递电信号，都要由一些电气设备或元件构成各种各样的电路来完成。因此电路的基本理论是电工技术的基础。本章以恒定直流稳态电路为研究对象，讨论电路的基本物理量、基本元件、基本分析方法。这些分析方法只要稍加技术处理即可用于交流电路等的分析计算。

一、电路的组成和电路模型

电路是电流的通路，它是为了某种需要由某些电工设备或元件按一定方式组合起来的，具有传输电能、处理信号、测量、控制、计算功能。在实际电路中，电能或电信号的发生器称为电源，用电设备称为负载。电路中的电压、电流是在电源的作用下产生的，因此又把电源又称为激励源，所产生的电压和电流称为响应。有时根据激励和响应之间的因果关系，把激励称为输入，响应称为输出。

有些实际电路十分复杂。例如，电能的产生、输送和分配是通过发电机、变压器、输电线等完成的，形成一个庞大而复杂的电路或系统。而集成电路芯片可能小到不大于指甲，但在上面有成千上万个晶体管相互连接成为一个电路。但有些电路非常简单，例如手电筒就是一个很简单的电路。不同的电路在尺寸大小和复杂程度方面相差较大。

本书讨论的电路不是实际电路而是它们的电路模型，并且不涉及器件内部发生的物理过程。实际电路的电路模型是由理想电路元件相互连接而成，理想电路元件是组成电路模型的最小单元，是具有某种确定的电磁性质的假想元件，它是一种理想化的模型并具有精确的数学定义。在电路模型中各理想元件是通过“理想导线”连接起来的。因此电路模型要能按不同的精度要求，把实际电路在给定工作条件下的主要物理现象和功能反映出来。

图 1-1 为电力系统电路示意图，图 1-2 为手电筒实际电路与电路模型。

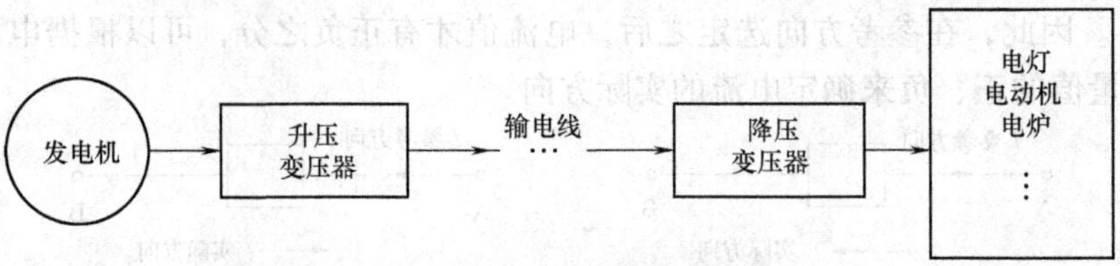

图 1-1　电力系统电路示意图

二、电路的基本物理量

电路的特性是由电流、电压和电功率等物理量来描述的。电路分析的基本任务是计算电路中的电流、电压和电功率。

1. 电流及其参考方向

符号 u 表示，其数学表达式为

$$u = \frac{dw}{dq} \tag{1-3}$$

式中，dq 为由 A 点移动到 B 点的电荷量；dw 为电荷移动过程中获得或失去的能量，单位为 J（焦耳）；电压的单位为 V（伏特，简称伏）。

因为正电荷在电场力作用下是由高电位移到低电位的，所以电压的实际方向是电位降低的方向。

与电流一样，符号 u 表示量值和方向随时间变化的时变电压；量值和方向作周期性变化且平均值为零的时变电压称为交流电压。量值和方向均不随时间变化的电压称为恒定电压或直流电压，用符号 U 表示，式（1-3）可改写为

$$U = \frac{dw}{dq} \tag{1-4}$$

将电路中任一点选作参考点，则参考点的电位为零。电路图中用符号“⊥”表示参考点。电位值有正、负之分。若某点电位为正，表明该点电位比参考点高；若某点电位为负，表明该点电位比参考点低。电位参考点可以任意选取，一经选定，电路中各点的电位也随之确定，在一个连通的电路中只能选择一个参考点。实际应用中常选择大地、设备外壳或接地点作为参考点。选择不同的参考点，电路中各点的电位也随之改变。电路中两点间的电压等于这两点的电位差。如图 1-4 所示，0 点为参考点，A 点和 B 点的电位 V_A、V_B 分别为

$$V_A = V_{A0},\ V_B = V_{B0}$$

则 A 点和 B 点间的电压 U_{AB} 为

$$U_{AB} = V_A - V_B$$

若 $U_{AB} > 0$，即 $V_A > V_B$，说明 A 点电位比 B 点高。任意两点间的电位差（电压）是不会随参考点的改变而改变的，且元件端钮间的电压与路径无关，仅与起点和终点位置有关。

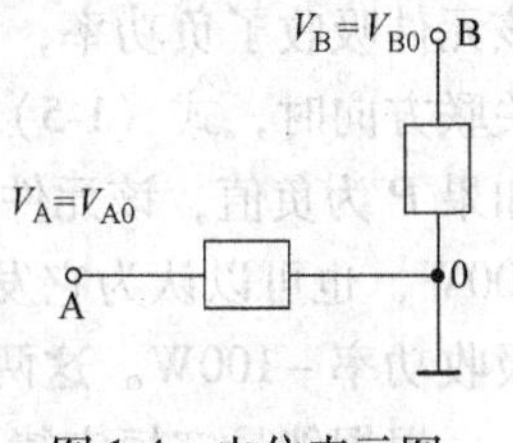

图 1-4　电位表示图

电压的实际方向是高电位指向低电位，将高电位称为正极，低电位称为负极。和电流一样，在分析电路时事先也很难确定两点间电压的实际方向，因此也要假设电压的参考方向。电压的参考方向就是假定高电位指向假定低电位的方向，可以有三种表示方式，如图 1-5 所示：①用“+”、“−”符号表示，如图 1-5a 所示，说明电压的参考方向是从“+”极性端指向“−”极性端的；②用一个箭头表示，箭头的方向即电压的参考方向，如图 1-5b 所示；③用双下标表示，如图 1-5c 所示，U_{AB} 表示 A 和 B 之间电压的参考方向由 A 指向 B。在分析问题时，只要选用其中一种来表示电压的参考方向就可以了。

图 1-5 电压的参考方向是假定 A 点电位比 B 点电位高，如果 A 点的电位确实高于 B 点电位，即电压的实际方向是由 A 到 B，与参考方向一致，则 $U > 0$。当实际电位是 B 点高于 A 点，电压的实际方向与参考方向相反，则 $U < 0$。因此，在参考方向选定之后，电压值才有正负之分，可以根据电压的参考方向以及电压量值的正、负来确定电压的实际方向。

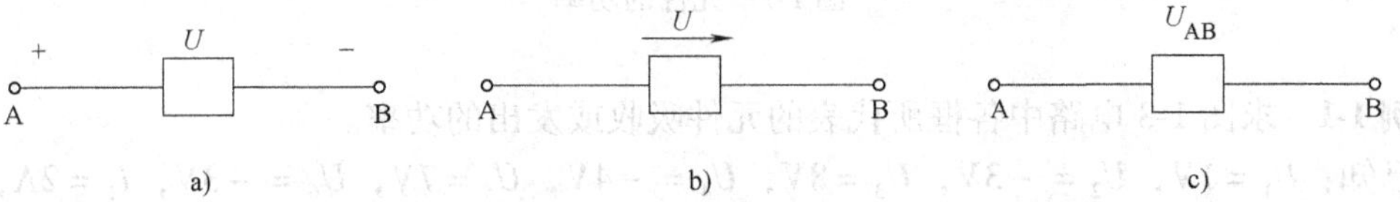

图 1-5　电压的参考方向

综上所述，在分析电路前，要先在电路中标注电流、电压的参考方向。电流和电压的参考方向可以任意指定，如果两者的参考方向一致时，则把电流电压的这种参考方向称为关联方向，如图 1-6a 所示。当两者不一致时，称为非关联方向，如图 1-6b 所示。参考方向一经选定，在计算过程不再改变。

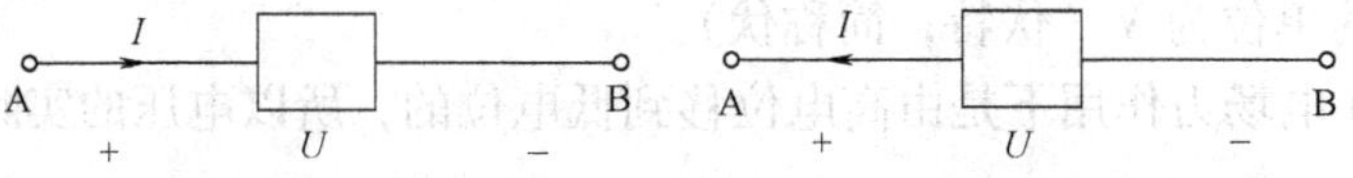

a) 关联方向　　b) 非关联方向

图 1-6　电流电压的关联方向和非关联方向

三、电功率

在电路的工作过程中，电路元件不断进行能量的转换，电源把非电能量转化为电能，负载把电能转化为其他形式的能量。

电功率与电压、电流密切相关。单位时间（1s）内元件发出或吸收的电能称为电功率（简称为功率）。功率用符号 P 表示，单位是 W（瓦特）。元件的功率可写为

$$P = UI \tag{1-5}$$

应用式（1-5）求功率时应注意：如果元件的电压和电流的参考方向为关联方向时，式（1-5）表示元件吸收的功率，当 P 为正值时，表示该元件确实吸收功率，如果 P 为负值，该元件吸收了负功率，说明该元件实际是发出功率；如果元件的电压和电流的参考方向为非关联方向时，式（1-5）表示元件发出的功率，当 P 为正值时，表示该元件确实发出功率，如果 P 为负值，该元件发出了负功率，说明该元件实际是吸收功率。一个元件若吸收功率 100W，也可以认为它发出功率 -100W；同理，一个元件若发出功率 100W，也可以认为它吸收功率 -100W。这两种说法是一致的。

根据能量守恒定律，在一个完整的电路中存在功率平衡关系，即各元件发出功率的总和等于吸收功率的总和。吸收功率也称消耗功率。

在图 1-7 中，已知某元件两端的电压 U 为 5V，A 点电位高于 B 点电位；电流 I 的实际方向为自 A 点到 B 点，其值为 2A。根据图 1-7a 中选定的参考方向，U 和 I 为关联参考方向，$U=5\text{V}$，$I=2\text{A}$，由式（1-5）可得 $P=10\text{W}$，此元件吸收的功率为 10W。如果根据图 1-7b 选定的参考方向，U 和 I 的参考方向为非关联参考方向，$U=-5\text{V}$，$I=2\text{A}$，由式（1-5）可得 $P=-10\text{W}$，即此元件发出的功率为 -10W，说明此元件实际上吸收的功率为 10W，与按图 1-7a 求得结果一致。

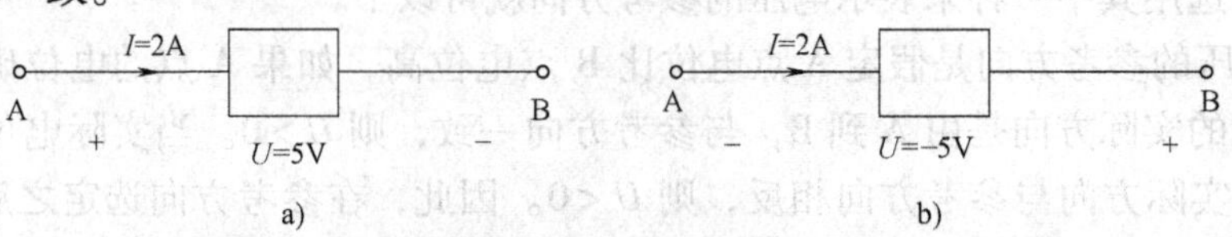

图 1-7　元件的功率

例 1-1　求图 1-8 电路中各框所代表的元件吸收或发出的功率。

已知：$U_1=1\text{V}$，$U_2=-3\text{V}$，$U_3=8\text{V}$，$U_4=-4\text{V}$，$U_5=7\text{V}$，$U_6=-3\text{V}$，$I_1=2\text{A}$，$I_2=1\text{A}$，$I_3=-1\text{A}$。

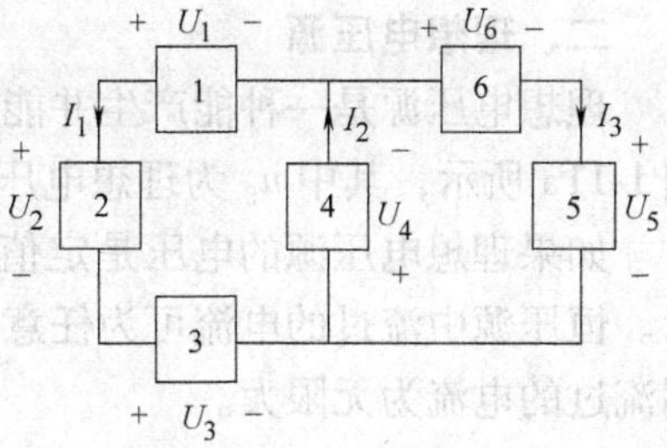

图 1-8　例 1-1 图

解

$$P_1 = U_1I_1 = 2\text{W}(\text{发出})$$
$$P_2 = U_2I_1 = -6\text{W}(\text{吸收})$$
$$P_3 = U_3I_1 = 16\text{W}(\text{吸收})$$
$$P_4 = U_4I_2 = -4\text{W}(\text{吸收})$$
$$P_5 = U_5I_3 = -7\text{W}(\text{吸收})$$
$$P_6 = U_6I_3 = 3\text{W}(\text{吸收})$$

满足元件吸收的功率等于元件发出的功率的关系。

第二节　电阻元件和电源元件的伏安关系

电路是由各种元件组成的，为了分析电路，必须掌握电路元件的电压和电流之间的关系，即伏安关系。元件的伏安关系只与元件本身的性质有关，与电路的结构无关，它们是分析电路的基本依据之一。常用的电路元件有电阻元件、电源元件、电容元件、电感元件、受控源元件等，本章先介绍电阻元件、电源元件。电容元件和电感元件的介绍见第三章交流电路分析。受控源元件的介绍将结合电路的分析计算在第二章中进行介绍。

一、电阻元件

电阻元件是反映消耗电能这一物理现象的电路元件。线性电阻的伏安关系为过原点的一条直线，如图 1-9 所示，电路符号如图 1-10 所示。

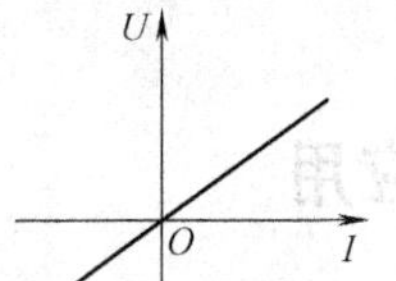

图 1-9　线性电阻的伏安关系

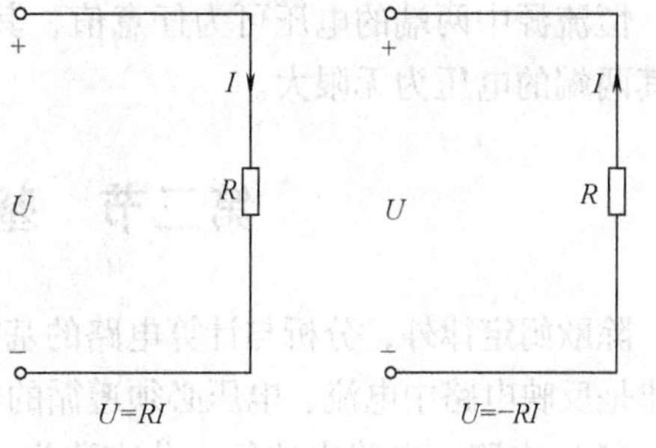

图 1-10　电阻元件电路符号

在电压和电流为关联参考方向时，如图 1-10a 所示，线性电阻元件的电压与电流成正比，即

$$U = RI$$

电阻元件的这种伏安关系称为欧姆定律，比例常数 R 称为电阻，是表征电阻元件的特性参数。当电压单位为 V、电流的单位为 A 时，电阻的单位为 Ω（欧姆），简称欧。

当电压和电流为非关联参考方向时，如图 1-10b 所示，欧姆定律改写为

$$U = -RI$$

电阻元件的功率为

$$P = UI = RI^2 = \frac{U^2}{R}$$

二、理想电压源

理想电压源是一种能产生并能维持一定输出电压的理想电源元件。理想电压源的符号如图1-11a所示，其中u_S为理想电压源电压，是确定的时间函数，与流过的电流无关。

如果理想电压源的电压是定值U_S，称之为直流恒压源，其伏安特性曲线如图1-11b所示。恒压源中流过的电流可为任意值，其值由与之相连的外电路决定。恒压源不能短路，否则流过的电流为无限大。

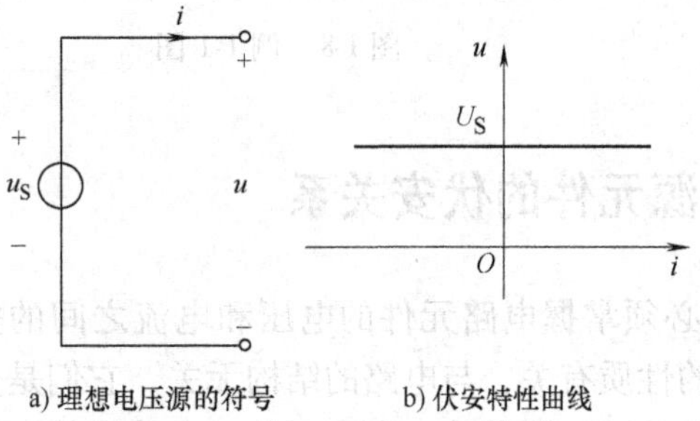

图1-11　理想电压源

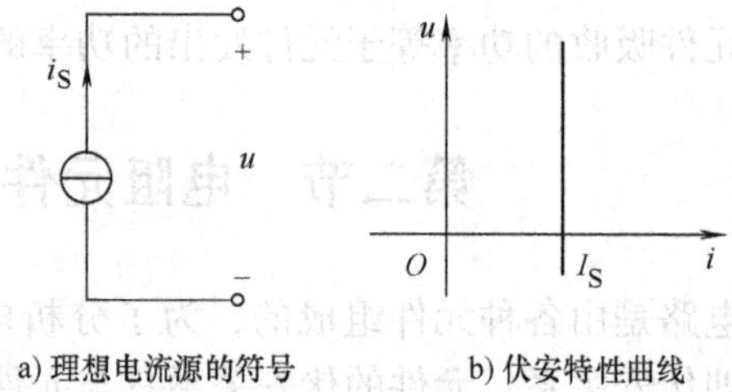

图1-12　理想电流源

三、理想电流源

理想电流源是一种能产生并能维持一定输出电流的理想电源元件。理想电流源的符号如图1-12a所示，其中i_s为理想电流源电流，是确定的时间函数，与两端的电压无关。

如果理想电流源的电流是定值I_S，称之为直流恒流源，其伏安特性曲线如图1-12b所示。恒流源中两端的电压可为任意值，其值由与之相连的外电路决定。恒流源不能开路，否则其两端的电压为无限大。

第三节　基尔霍夫定律及应用

除欧姆定律外，分析与计算电路的基本定律还有基尔霍夫电流定律和电压定律。基尔霍夫定律是反映电路中电流、电压必须遵循的规律。在讨论它的具体内容之前，先介绍几个名词。

（1）支路　电路中的每一分支称为支路。支路流过的电流称为支路电流。

（2）节点　三条或三条以上支路的连接点称为节点。

（3）回路　电路中任一闭合路径称为回路。

如图1-13所示电路中，有三条支路（R_1，U_1；R_2，U_2；R_3），支路电流分别为I_1、I_2、I_3。该电路有两个节点（a、b），三个回路（$U_1R_1R_3$；$U_2R_2R_3$；$U_1R_1R_2U_2$）。

一、基尔霍夫电流定律

基尔霍夫电流定律（KCL）又称节点电流定律，其内容是：任一瞬时流入某节点电流之和必定等于流出该节点电流之和，即

$$\sum I_{入} = \sum I_{出}$$

在图1-13电路中，对节点a可以写出

$$I_1 + I_2 = I_3$$

上式可改写成

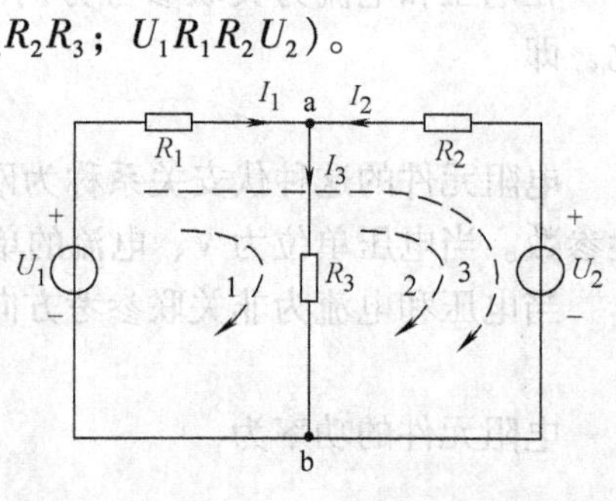

图1-13　电路举例

$$I_1 + I_2 - I_3 = 0$$

或

$$\sum I = 0$$

因此基尔霍夫电流定律也可以这样描述：任一瞬时，任一节点上电流的代数和恒等于零。此处电流的代数和是根据电流是流出节点还是流入节点判断的。若流入节点的电流取正号，则流出节点的电流取负号，电流是流入节点还是流出节点，均根据电流的参考方向判断。

基尔霍夫电流定律通常用于节点，也可以推广应用于包围部分电路的任意假设的闭合面，该闭合面可以认为是广义节点。如图 1-14 虚线所示的闭合面，该闭合面包围着三个节点，应用基尔霍夫电流定律可以写出

$$I_A + I_B + I_C = 0$$

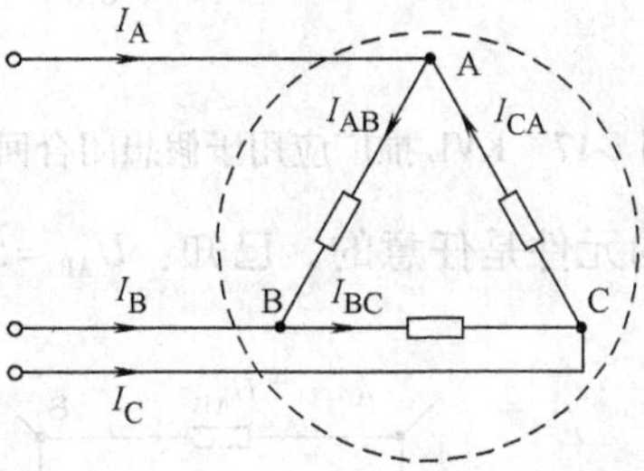

图 1-14　KCL 推广应用于闭合面

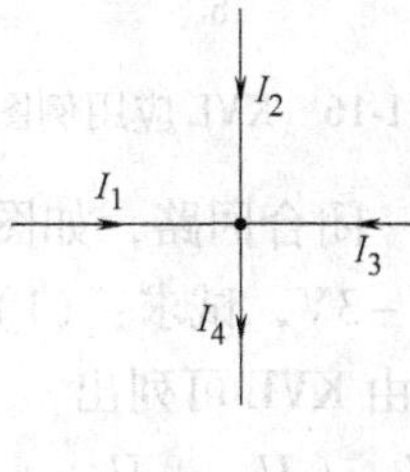

图 1-15　例 1-2 图

例 1-2　在图 1-15 中，$I_1 = 2A$，$I_2 = -3A$，$I_3 = -2A$，试求 I_4。

解　由基尔霍夫电流定律可列出

$$I_1 + I_2 + I_3 - I_4 = 0$$

$$I_4 = I_1 + I_2 + I_3$$

得

$$I_4 = [2 + (-3) + (-2)]A = -3A$$

由本例可见，式中有两套正负号，I 前的正负号是由基尔霍夫电流定律根据电流的参考方向确定的，括号内数字前的则是表示电流本身数值的正负。

二、基尔霍夫电压定律

基尔霍夫电压定律（KVL）又称回路电压定律，其内容是：任何时刻，沿任一闭合回路，所有支路电压的代数和为零，即

$$\sum U = 0$$

从回路中任一点出发，按某一绕行方向（顺时针或逆时针）绕行一周，凡支路电压的参考方向与绕行方向一致时取正，反之取负。如图 1-16 的 cbdac 回路，现从 c 点出发逆时针绕行，则有

$$U_1 - U_2 + U_4 - U_3 = 0$$

基尔霍夫电压定律也可以这样描述：任一回路中，任一瞬时从回路中任一点出发，按某一绕行方向绕行一周，在这个方向上的电位升之和等于电位降之和，回到原出发点，该点的电位是不变的。

基尔霍夫电压定律是对回路内各支路电压的约束，而与支路元件的性质无关。它不仅适

用于实际的闭合回路，也可以推广到假想的闭合回路，假如图1-16中回路的右边没有元件连接（见图1-17），而这两端的电压为U_{ab}，回路按逆时针方向绕行，根据基尔霍夫电压定律可得

$$U_1 - U_{ab} - U_3 = 0$$

或

$$U_1 - U_{ab} - RI = 0$$

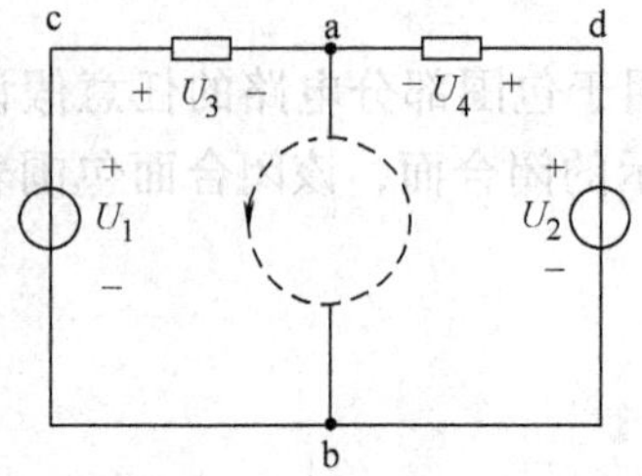

图1-16　KVL应用例图

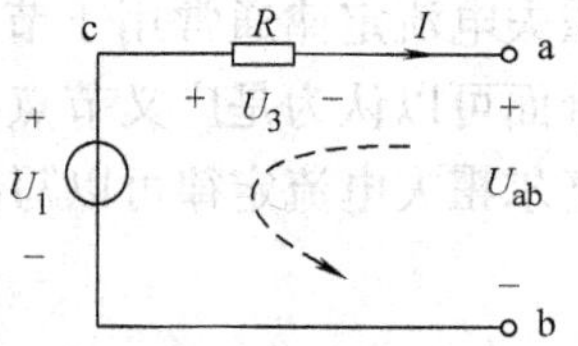

图1-17　KVL推广应用于假想闭合回路

例1-3　有一闭合回路，如图1-18所示，各支路的元件是任意的，已知：$U_{AB}=5V$，$U_{BC}=-4V$，$U_{DA}=-3V$，试求：（1）U_{CD}；（2）U_{CA}。

解　（1）由KVL可列出

$$U_{AB} + U_{BC} + U_{CD} + U_{DA} = 0$$

即

$$U_{CD} = -(U_{AB} + U_{BC} + U_{DA}) = 2V$$

（2）ABCA不是闭合回路，也可用KVL列出

$$U_{AB} + U_{BC} + U_{CA} = 0$$

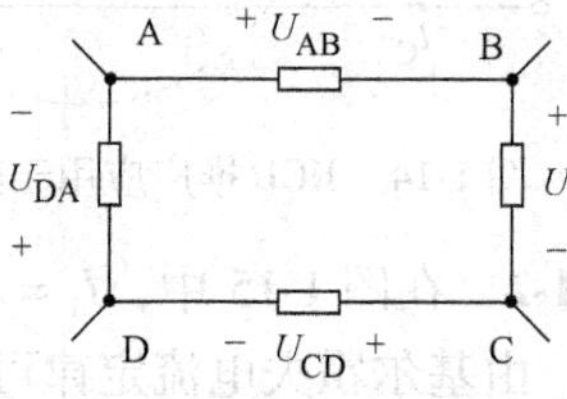

图1-18　例1-3图

得

$$U_{CA} = -(U_{AB} + U_{BC}) = -1V$$

例1-4　在图1-19所示电路中，已知$R_1=10\Omega$，$R_2=20\Omega$，$U_1=6V$，$U_2=6V$，$U_3=10V$，试求电流I_1、I_2、I_3及U_2电源发出的功率P_2。

解　应用KVL对右网孔列出回路电压方程

$$U_3 - U_2 + R_2I_2 = 0$$

故

$$I_2 = -\frac{U_3 - U_2}{R_2} = -0.2A$$

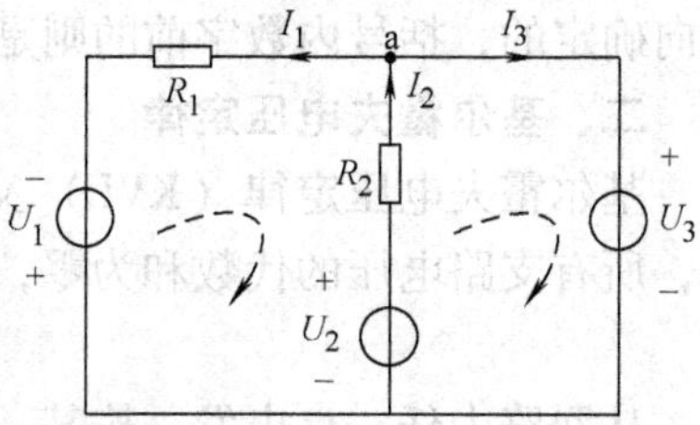

图1-19　例1-4图

再对左网孔列出回路电压方程

$$U_1 - R_1I_1 - R_2I_2 + U_2 = 0$$

故

$$I_1 = \frac{U_1 - R_2I_2 + U_2}{R_1} = 1.6A$$

应用KCL对节点a列出节点电流方程

$$I_2 - I_1 - I_3 = 0$$

故

$$I_3 = I_2 - I_1 = -1.8\text{A}$$

$$P_2 = U_2 I_2 = -1.2\text{W}(\text{发出})$$

可见在这一电路中，U_2 电源成为其他电源的负载，实际是吸收功率的。

第四节　电路的工作状态

图 1-20 所示电路为一个完整的电路，电路中实际电源由理想电压源 U（简称电压源）和电源内电阻 R_0 组成，负载电阻为 R_L。当 S 合上时，电路电流为

$$I = \frac{U}{R_0 + R_L} \tag{1-6}$$

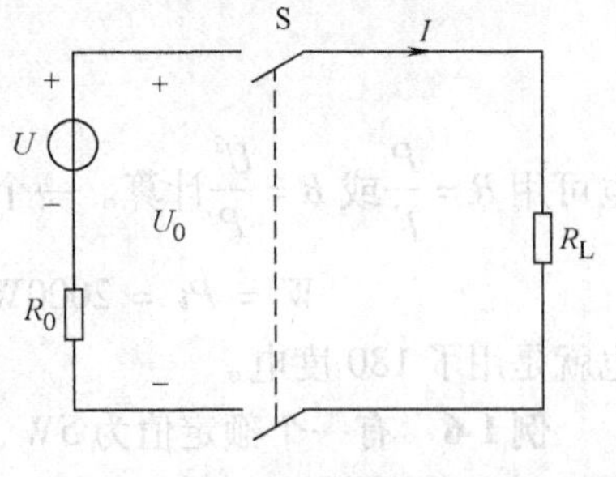

图 1-20　电路的负载和空载

电路在使用时可能出现三种状态：

一、空载状态

图 1-20 电路中若开关 S 断开，电路就处于空载状态，也称开路状态，电源空载（$I=0$）。由于 S 断开，外电路的电阻为无穷大，电路中的电流 $I=0$，此时电源的端电压 U_0 称为开路电压（或称空载电压）。由于 R_0 无电流流过，故 R_0 无电压降，则 U_0 等于电压源电压（$U_0=U$）。空载状态时电源不输出功率，负载也没有获得功率（$P=U_0 I=0$）。

二、负载状态

如图 1-20 所示，开关 S 闭合，此时电路处于负载状态，电源向负载输出电功率。电路中电流 I 可根据负载电阻 R_L 的大小由式（1-6）计算出来。显然，负载电阻 R_L 值越小，则电路的电流越大，电源输出的功率也越大，这时我们说电路的负载增大。就是说，电源输出的功率和电流决定于负载的大小。

为了使各种电气设备能在给定的工作条件下正常运行，因此对各种电气设备的电压、电流及功率都规定了正常工作的容许值——额定值。根据制造电气设备时所用绝缘材料在正常寿命下允许的温升，所有电气设备都规定了一个额定电流，用符号 I_N 表示。电气设备还根据绝缘材料的耐压等情况，规定了正常工作时的电压，称为额定电压，用符号 U_N 表示。与 I_N、U_N 相应的还有额定功率 P_N 和其他额定值。

电气设备在使用时，电压、电流和功率的实际值不一定等于它们的额定值。负载状态中，视负载电流的大小可以分为满载（$I=I_N$）、轻载（$I<I_N$）和过载（$I>I_N$）三种工作状态。究其原因，一个是受外界的影响，例如电源的额定电压为 220V，但电源电压经常波动，稍低于或稍高于 220V，额定值为 220V、40W 的电灯上所加的电压不是 220V，实际功率也就不是 40W 了。另一个原因如上所述，在一定电压下电源输出的功率和电流取决于负载的大小，所以电源通常不一定处于额定工作状态，但是一般不应超过额定值，对于电动机也是这样，它的实际功率和电流也决定于它轴上所带的机械负载的大小，通常也不一定处于额定工作状态。

从经济性、可靠性、寿命等多种因素考虑，我们应该让电路尽可能工作在额定状态。长期轻载则设备利用率不高，电气性能不好；过载也只能在规定的范围内，否则会使电气设备的寿命大大缩短甚至烧坏。例如，对电灯及各种电阻器来说，当电压过高或电流过大时，其

灯丝或电阻丝也将被烧毁。

电气设备或元器件的额定值常标在铭牌上或在其他说明中，在使用时应充分考虑额定数值。例如，一把电烙铁，标有220V、50W，这是额定值，使用时不能接到380V的电源上。

例1-5 有一个220V、2000W的电热水器，接在220V的电源上，试求电热水器的电阻和通过它的工作电流。如果电热水器每天使用3h，问一个月消耗电能多少？

解
$$I = \frac{P}{U} = 9.09\text{A}$$
$$R = \frac{U}{I} = 24.2\Omega$$

也可用 $R = \frac{P}{I^2}$ 或 $R = \frac{U^2}{P}$ 计算。一个月用电

$$W = Pt = 2000\text{W} \times (3 \times 30)\text{h} = 2\text{kW} \times 90\text{h} = 180\text{kW} \cdot \text{h}$$

也就是用了180度电。

例1-6 有一个额定值为5W、500Ω的线绕电阻，其额定电流为多少？在使用时电压不得超过多大的数值？

解 根据瓦数和欧姆数可以求出额定电流，即

$$I = \sqrt{\frac{P}{R}} = 0.1\text{A}$$

在使用时电压不得超过

$$U = RI = 50\text{V}$$

因此，在选用时不能只提出欧姆数，还要考虑电流有多大，而后提出瓦数。

三、短路状态

在图1-20电路中，若电源的外部端子被短接，则电源处于短路状态，如图1-21所示。此时外电路的电阻接近零值，电路中只剩下数值不大的电源内阻。

电路的电流为

$$I_S = \frac{U}{R_0}$$

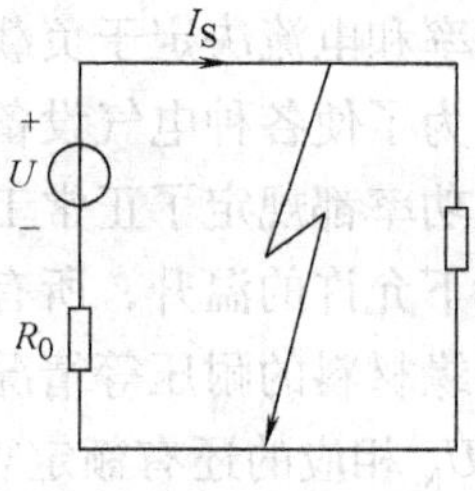

图1-21 电源短路

此电流称为短路电流，其数值比额定电流大得多。短路是一种故障，如不及时排除短路状态，则会使电源、导线严重发热而被烧毁，甚至引起火灾。为尽快切除故障电路，电路中通常接入熔断器、断路器等保护电器，一旦发生短路，它们能迅速开断电路，从而保证电路的安全。

习 题

1-1 请根据图1-22求各电路的电压 U_{ab} 和电流 I_{ab} 的值。

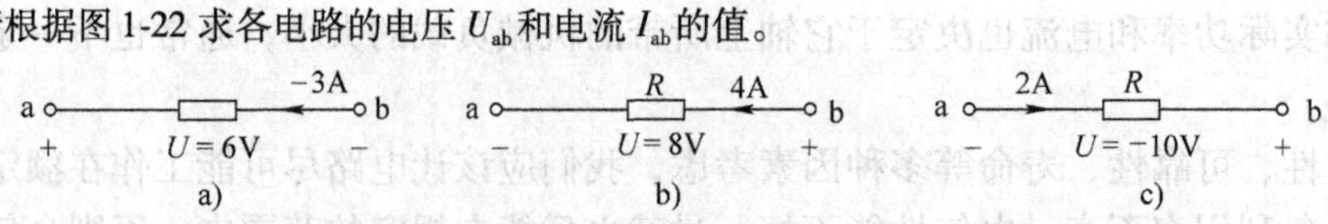

图1-22 习题1-1图

1-2　在图1-23中，若 $U_1=10\text{V}$，$U_2=6\text{V}$，利用电位差的概念算得 $U=$____V；若 $U_1=0\text{V}$，$U_2=-6\text{V}$，那么 $U=$____V。此时，a点与c点比较，电位较高的是____点。

1-3　如图1-24所示电路，当以“0”为参考点时，A、B、C各点的电位分别为21V、15V和5V。现重选C点为参考点，求A、B、C各点的电位，并计算两种情况下的 U_{AB} 和 U_{B0}。

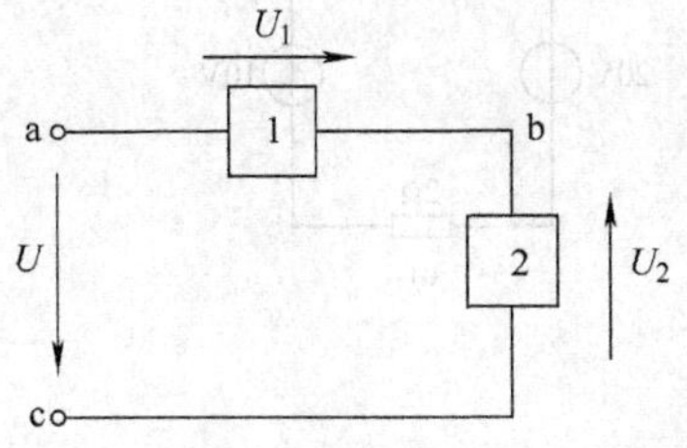

图1-23　习题1-2图

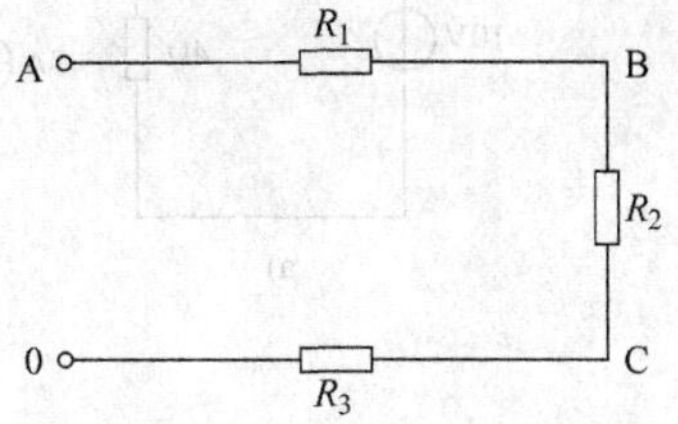

图1-24　习题1-3图

1-4　在图1-25中，5个元件代表电源或负载。电压和电流的参考方向如图中所示，今通过实验测量得

$$I_1=-4\text{A}\quad I_2=6\text{A}\quad I_3=10\text{A}$$
$$U_1=140\text{V}\quad U_2=-90\text{V}\quad U_3=60\text{V}$$
$$U_4=-80\text{V}\quad U_5=30\text{V}$$

（1）试标出各电流的实际方向和各电压的实际极性（可另画一图）；（2）说明哪些元件是电源？哪些是负载？（3）计算各元件的功率、电源发出的功率和负载吸收的功率是否平衡？

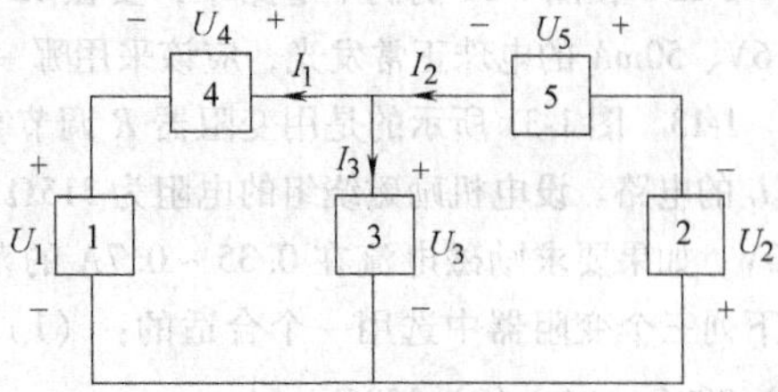

图1-25　习题1-4图

1-5　在如图1-26所示各电路中：

（1）元件1吸收10W功率，求电压 U_{ab}。

（2）元件2吸收-10W功率，求电压 U_{ab}。

（3）元件3发出10W功率，求电流 I。

（4）元件4发出-10W功率，求电流 I。

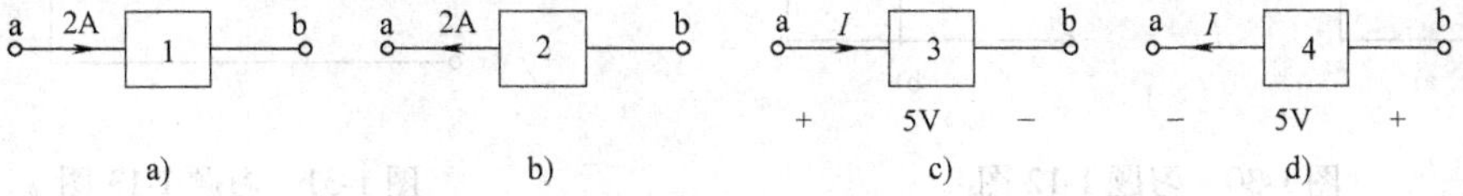

图1-26　习题1-5图

1-6　在图1-27电路中，已知：$U_{S1}=15\text{V}$，$U_{S2}=5\text{V}$，$I_S=1\text{A}$，$R=5\Omega$，求各元件的功率，并说明各元件是吸收功率还是发出功率？

1-7　求如图1-28所示各电路中各电源的功率，并指出是吸收功率还是发出功率。

1-8　在图1-29中，已知 $I_1=3\text{mA}$，$I_2=-1\text{mA}$。试确定电路元件3中的电流 I_3 和其两端电压 U_3，并说明它是电源还是负载。校验整个电路的功率是否平衡。

1-9　有一直流发电机，其额定电压为 $U_N=220\text{V}$，额定功率为 $P_N=2.2\text{kW}$。

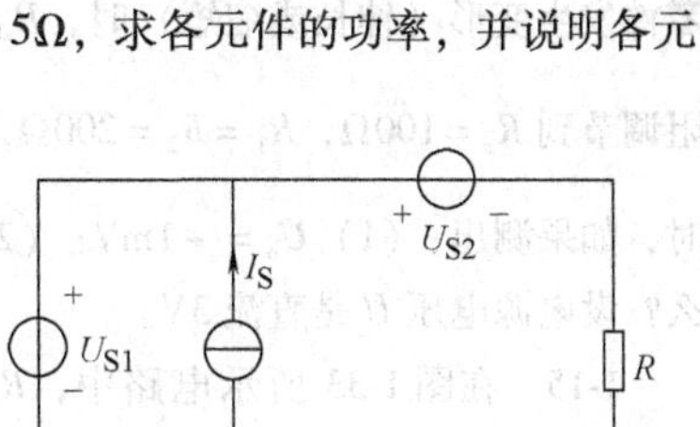

图1-27　习题1-6图

（1）试求该发电机的额定电流 I_N 和额定负载电阻 R_N。

（2）将10只220V、40W的电灯并联作为该发电机的负载，这些电灯是否能正常工作？为什么？

1-10　用截面积为 6mm^2 的铝线从车间向150m外的一个临时工地送电，如果车间的电压是220V，输电导线上的电流是20A，试问临时工地的电压是多少？根据日常观察，电灯在深夜要比黄昏时亮一些，为什么？（20℃时，铝线电阻率为$\rho = 0.026\Omega \cdot mm^2/m$）

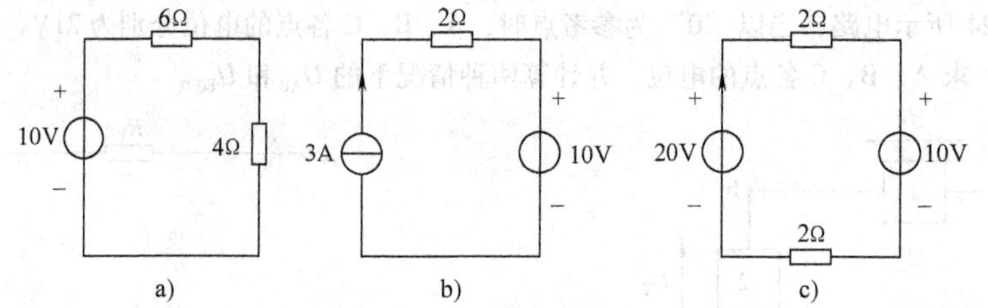

图1-28　习题1-7图

1-11　一只110V、8W的指示灯，现在要接在380V的电源上，问要串多大阻值的电阻？该电阻应选用多大瓦数的？

1-12　在图1-30的两个电路中，要在12V的直流电源上使6V、50mA的电珠正常发光，应该采用哪一个连接电路？

1-13　图1-31所示的是用变阻器R调节直流电机励磁电流I_f的电路。设电机励磁绕组的电阻为315Ω，其额定电压为220V，如果要求励磁电流在0.35～0.7A的范围内变动，试在下列三个变阻器中选用一个合适的：（1）1000Ω、0.5A；（2）200Ω、1A；（3）350Ω、1A。

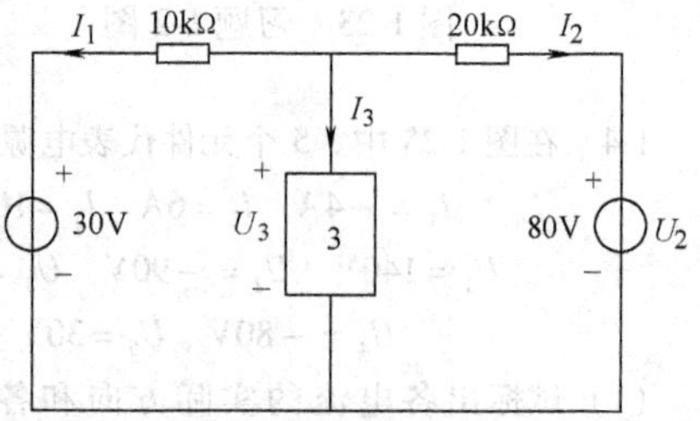

图1-29　习题1-8图

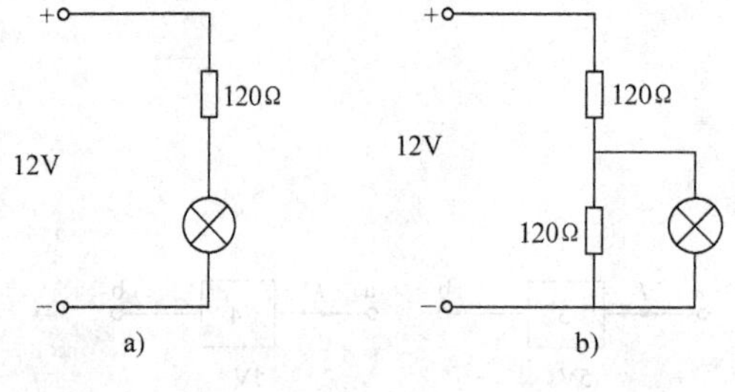

图1-30　习题1-12图

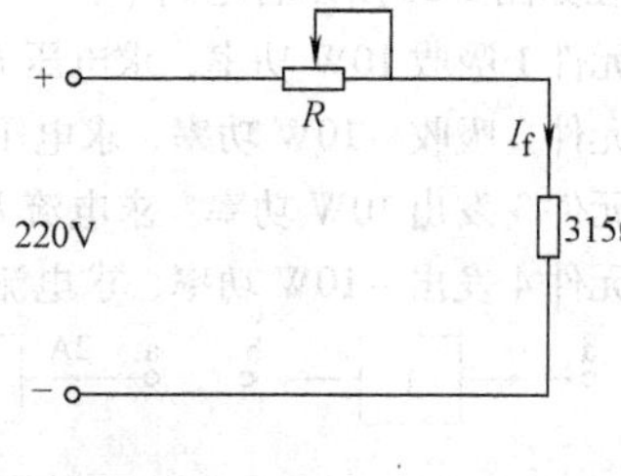

图1-31　习题1-13图

1-14　图1-32所示是电阻应变仪中的测量电桥的原理电路。R_x是电阻应变片，粘附在被测零件上。当零件发生变形（伸长或缩短）时，R_x的阻值随之改变，这反映在输出信号U_o上。在测量前如果把各个电阻调节到$R_x = 100\Omega$，$R_1 = R_2 = 200\Omega$，$R_3 = 100\Omega$，这时满足$\frac{R_x}{R_3} = \frac{R_1}{R_2}$的电桥平衡条件，$U_o = 0$。在进行测量时，如果测出：（1）$U_o = +1mV$；（2）$U_o = -1mV$，试计算两种情况下的$\Delta R_x$。$U_o$极性的改变反映了什么？设电源电压$U$是直流3V。

1-15　在图1-33所示电路中，R_1、R_2、R_3和R_4的额定值均为6.3V、0.3A，R_5的额定值为6.3V、0.45A。为使上述各电阻元件均处于额定工作状态，问应选配多大阻值的电阻元件R_x和R_y？

1-16　有两只电阻，其额定值分别为40Ω、10W和200Ω、40W，试问它们允许通过的电流是多少？如将两者串联起来，其两端最高允许电压可加多大？

1-17　有两个阻值均为1Ω的电阻，一个额定功率为25W，另一个为50W，作为图1-34所示电路的负载R应选哪一个？此时该负载消耗的功率是多少？

1-18　在图1-35中，已知$I_1 = 0.01\mu A$，$I_2 = 0.3\mu A$，$I_5 = 9.61\mu A$，试求电流I_3、I_4和I_6。

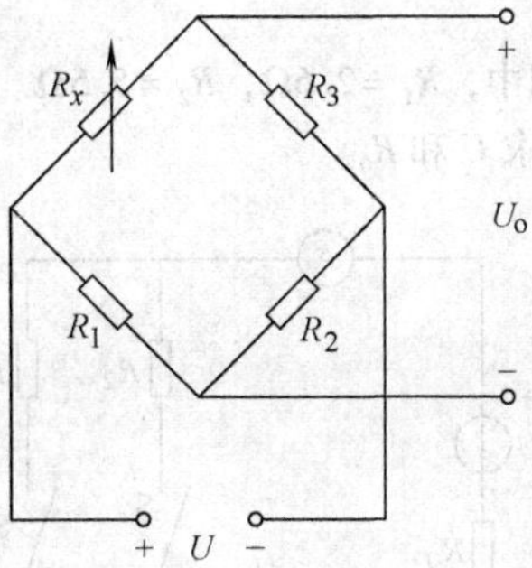

图 1-32　习题 1-14 图

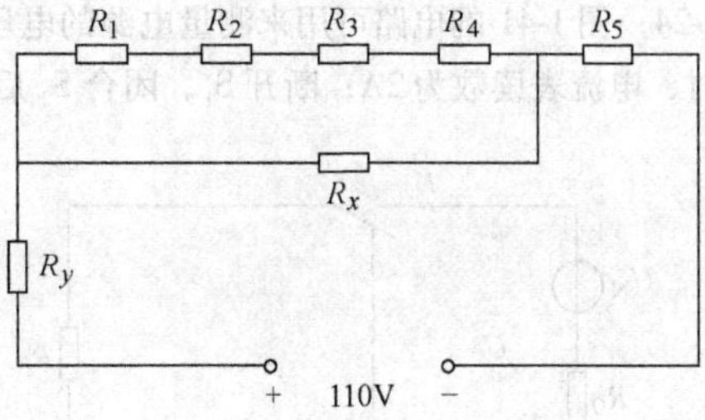

图 1-33　习题 1-15 图

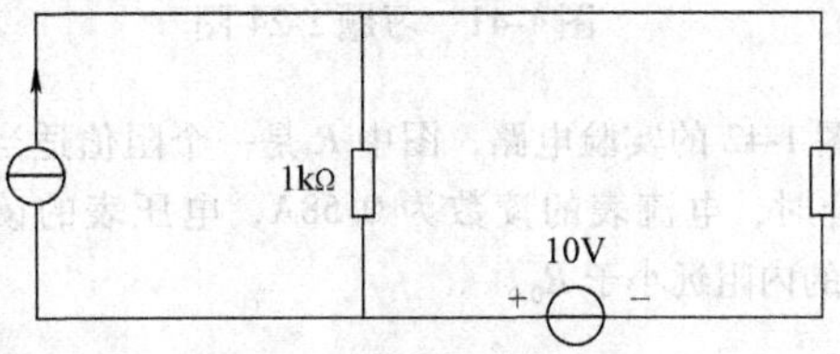

图 1-34　习题 1-17 图

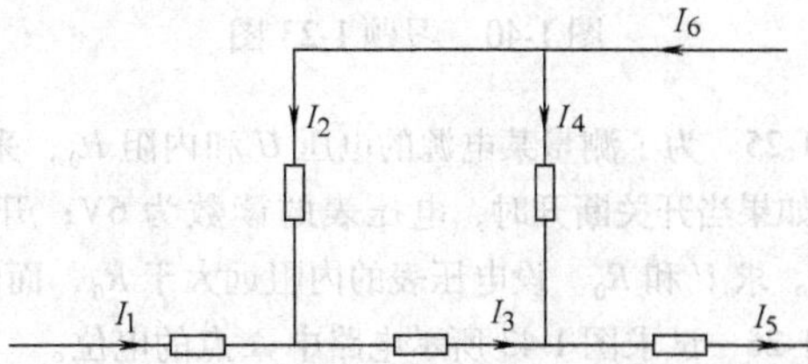

图 1-35　习题 1-18 图

1-19　求如图 1-36 所示电路 a、b 两点之间的电压 U_{ab}。

1-20　在如图 1-37 所示的电路中，已知 $U_S = 10V$，$R_0 = 0.1\Omega$，$R = 1\Omega$，求开关 S 在不同位置时，电流表和电压表的读数各为多少？

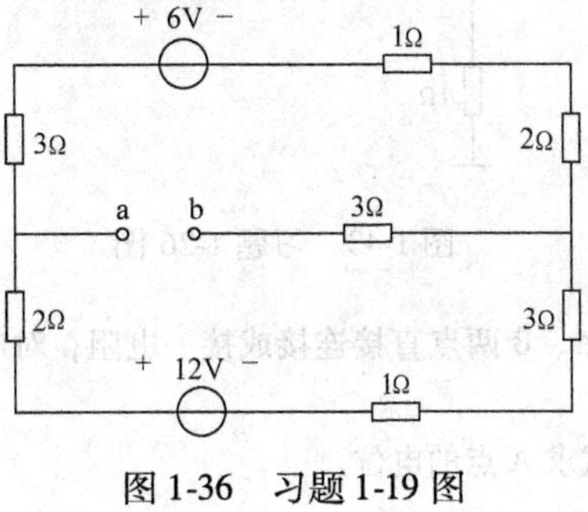

图 1-36　习题 1-19 图

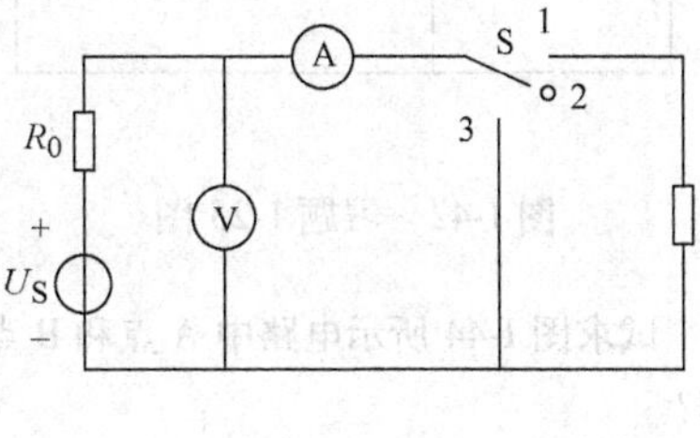

图 1-37　习题 1-20 图

1-21　求如图 1-38 所示电路中负载吸收的功率。

1-22　在如图 1-39 所示电路中，已知流过电阻 R 的电流 $I = 0$，求 U_{S2}。

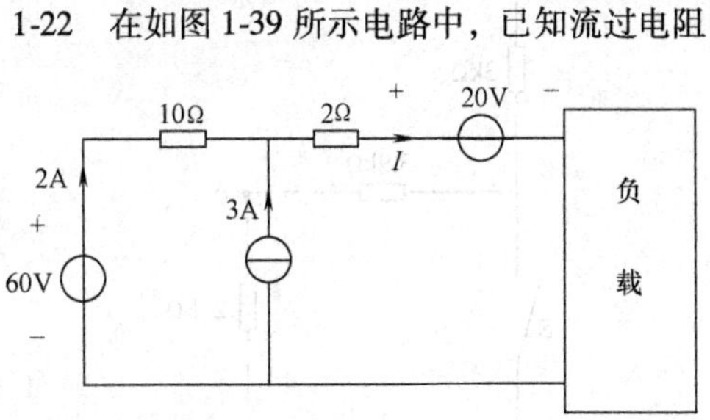

图 1-38　习题 1-21 图

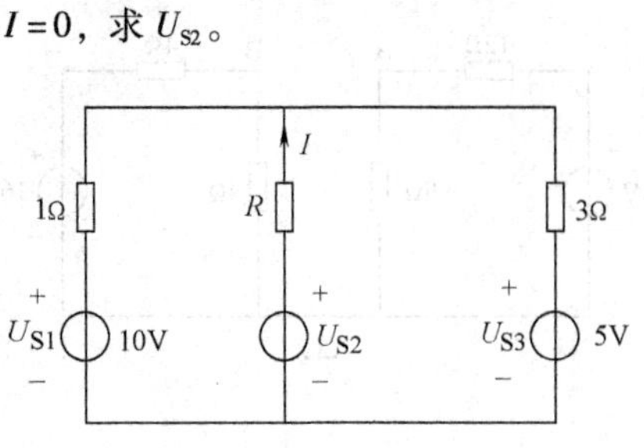

图 1-39　习题 1-22 图

1-23　有一直流电源，其额定功率 $P_N = 200W$，额定电压 $U_N = 50V$，内阻 $R_0 = 0.5\Omega$，负载电阻 R 可以调节，其电路如图 1-40 所示。试求：（1）额定工作状态下的电流及负载电阻；（2）开路状态下的电源端电压；(3) 电源短路状态下的电流。

1-24　图1-41的电路可用来测量电源的电压 U 和内阻 R_0。图中，$R_1=2.6\Omega$，$R_2=5.5\Omega$。当将开关 S_1 闭合时，电流表读数为2A；断开 S_1，闭合 S_2 后，读数为1A。试求 U 和 R_0。

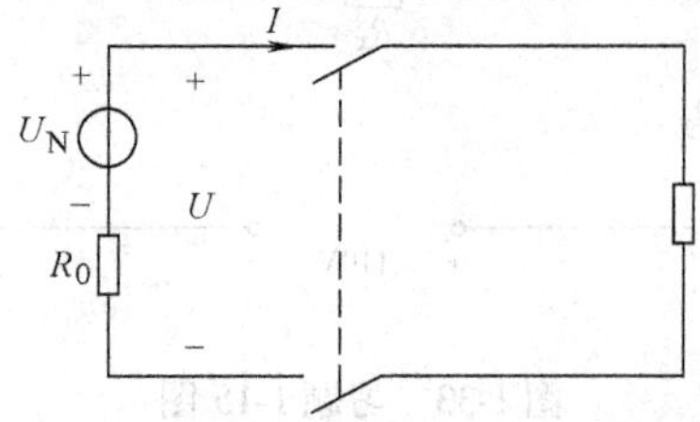

图1-40　习题1-23图

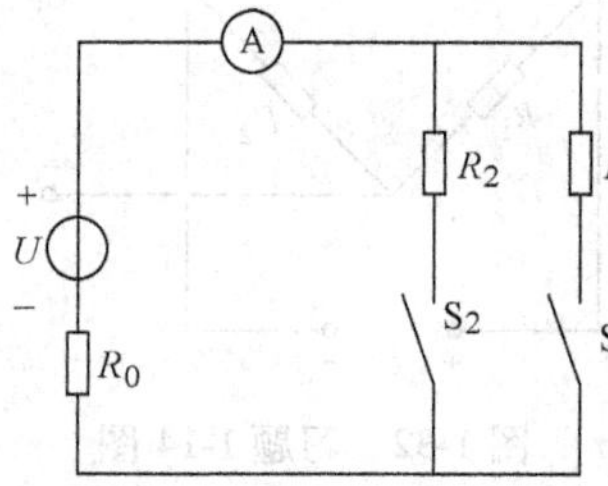

图1-41　习题1-24图

1-25　为了测量某电源的电压 U 和内阻 R_0，采用了图1-42的实验电路，图中 R 是一个阻值适当的电阻。如果当开关断开时，电压表的读数为6V；开关闭合时，电流表的读数为0.58A，电压表的读数为5.8V。求 U 和 R_0。设电压表的内阻远大于 R_0，而电流表的内阻远小于 R_0。

1-26　试求图1-43所示电路中A点的电位。

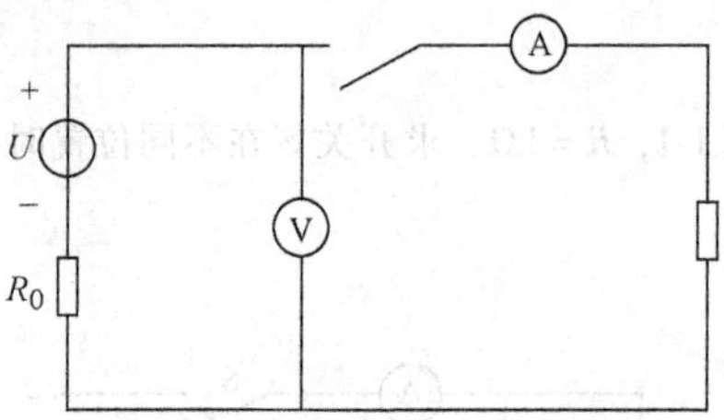

图1-42　习题1-25图

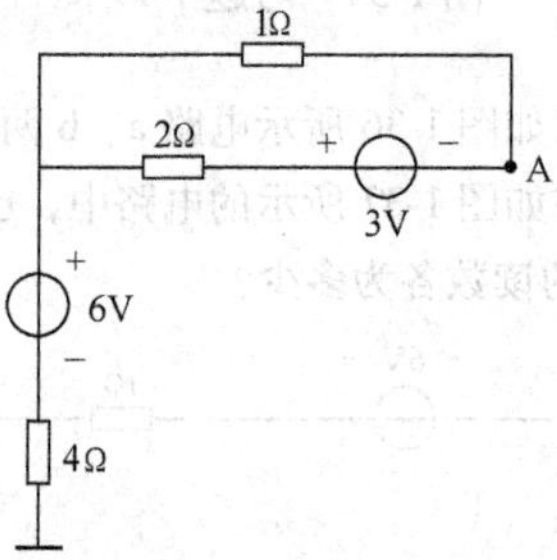

图1-43　习题1-26图

1-27　试求图1-44所示电路中A点和B点的电位。如将A、B两点直接连接或接一电阻，对电路工作有无影响？

1-28　在图1-45中，在开关S断开和闭合的两种情况下试求A点的电位。

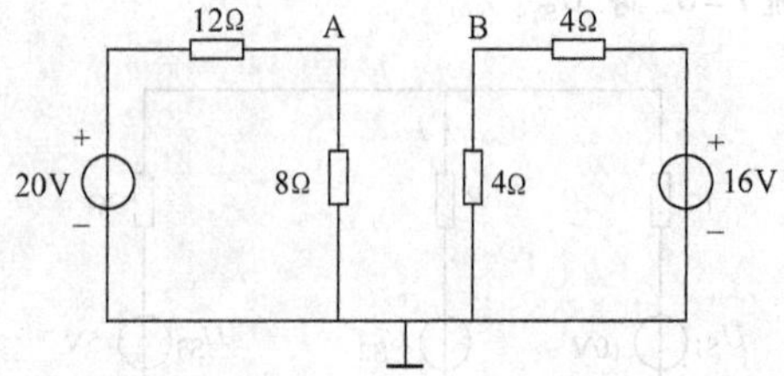

图1-44　习题1-27图

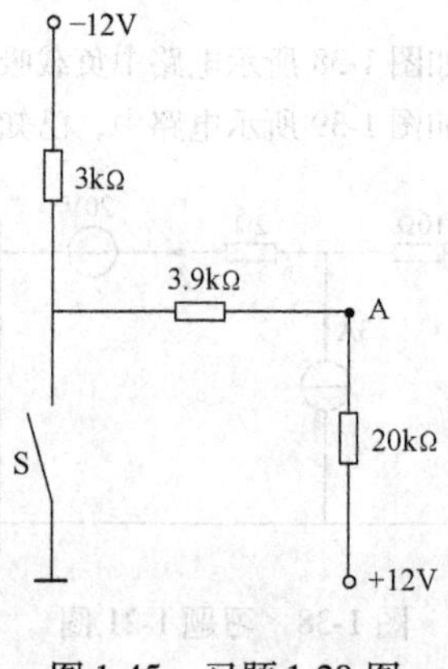

图1-45　习题1-28图

1-29　图1-46所示电路中，已知 $I_1=1A$，$I_2=3A$，求 I_3、I_4、I_5 和 I_6。

1-30　图 1-47 所示电路，已知 $I=1\text{A}$，求 R_2 的值。

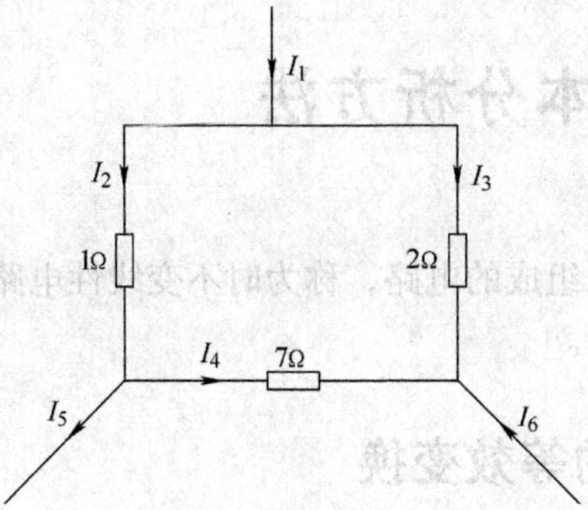

图 1-46　习题 1-29 图

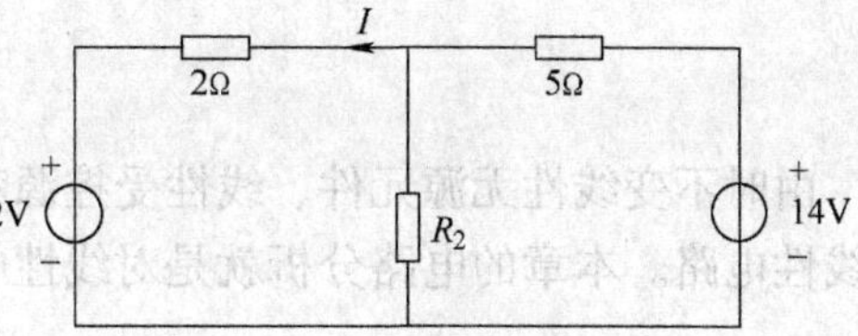

图 1-47　习题 1-30 图

第二章　电路的基本分析方法

由时不变线性无源元件、线性受控源和独立电源组成的电路，称为时不变线性电路，简称线性电路。本章的电路分析就是对线性电路的分析。

第一节　电阻电路的等效变换

电路进行分析计算时，有时可以把电路中的某一部分简化，即用一个较为简单的电路代替该部分电路，使问题的分析计算得到简化。应用等效电路的方法求解电路时，仅保持等效电路以外部分电路的电压、电流不变，即对外等效。等效电路是被代替部分的简化或结构变形，因此内部并不等效。

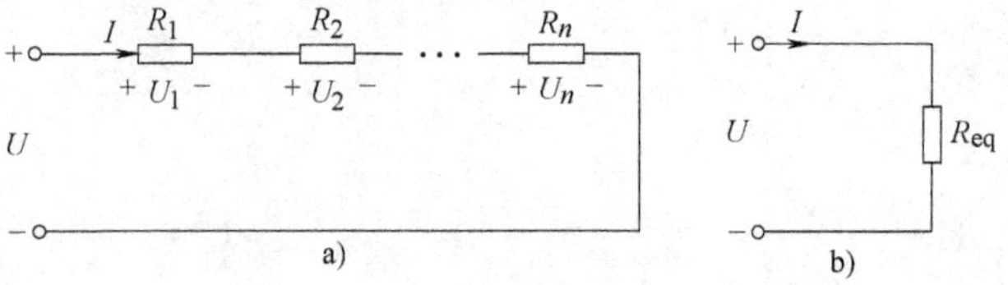

图 2-1　电阻串联电路的等效变换

一、电阻的串联

电阻串联电路的特点是电路中有两个或更多电阻顺序连接，流过同一电流，这样的连接就称为电阻的串联。如图 2-1a 所示，n 个电阻串联，流过同一个电流 I。

应用 KVL，有总电压等于各串联电阻的电压之和，即

$$U = U_1 + U_2 + \cdots + U_n$$

根据欧姆定律，$U_1 = R_1 I$、$U_2 = R_2 I$、…、$U_n = R_n I$，代入上式得

$$U = (R_1 + R_2 + \cdots + R_n) I$$

令

$$R_{eq} = R_1 + R_2 + \cdots + R_n$$

所以上式又可写为

$$U = R_{eq} I$$

R_{eq}称为这 n 个串联电阻的等效电阻，于是在电路电压、电流不变的情况下，电路等效为图 2-1b 所示的电路。

电阻串联电路中，各电阻两端的电压与其电阻值成正比，即

$$U_k = R_k I = \frac{R_k}{R_{eq}} U$$

$$k = 1,\ 2,\ 3,\ \cdots,\ n$$

该式称为分压公式，是研究串联电路中各电阻上电压分配关系的依据。当只有两个电阻串联时，有

$$U_1 = \frac{R_1}{R_1 + R_2} U$$

$$U_2 = \frac{R_2}{R_1 + R_2}U$$

二、电阻的并联

电阻并联电路的特点是各个电阻两端的电压为同一个电压。如图 2-2a 所示电路中，n 个电阻并联，各电阻两端的电压均为 U。

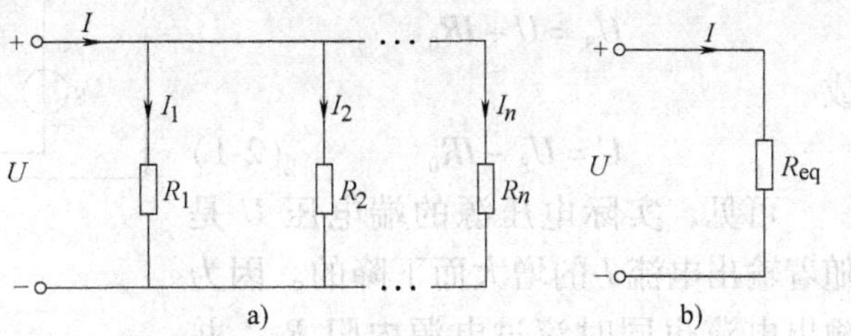

图 2-2　电阻并联电路的等效变换

由 KCL，有

$$I = I_1 + I_2 + \cdots + I_n$$

根据欧姆定律，$I_1 = \frac{U}{R_1}$、$I_2 = \frac{U}{R_2}$、…、$I_n = \frac{U}{R_n}$，代入上式得

$$I = \left(\frac{1}{R_1} + \frac{1}{R_2} + \cdots + \frac{1}{R_n}\right)U$$

令

$$\frac{1}{R_{eq}} = \frac{1}{R_1} + \frac{1}{R_2} + \cdots + \frac{1}{R_n}$$

所以上式又可写为

$$I = \frac{1}{R_{eq}}U$$

R_{eq} 称为这 n 个并联电阻的等效电阻，于是在电路电压、电流不变的情况下，电路等效为图 2-2b 所示电路。

电阻并联电路中，各电阻流过的电流与其电阻值成反比，即

$$I_k = \frac{1}{R_k}U = \frac{R_{eq}}{R_k}I$$

$$k = 1,\ 2,\ 3,\ \cdots,\ n$$

该式称为分流公式，是研究并联电路中各电阻上电流分配关系的依据。当只有两个电阻并联时，有

$$I_1 = \frac{R_2}{R_1 + R_2}I$$

$$I_2 = \frac{R_1}{R_1 + R_2}I$$

第二节　实际电压源和实际电流源及其等效变换

理想电压源和理想电流源实际上是不存在的，电源内部总是存在一定的电阻，称之为内阻，用 R_0 表示。实际电源可以用实际电压源或实际电流源的电路模型来描述。

一、实际电压源

实际电压源的电路模型可以用一个理想电压源 U_S 和 R_0 串联的支路来表示，如图 2-3a

所示点画线框内的电路，其中 R_L 为负载，即电源的外电路，图 2-3b 是直流电压源的伏安特性曲线。

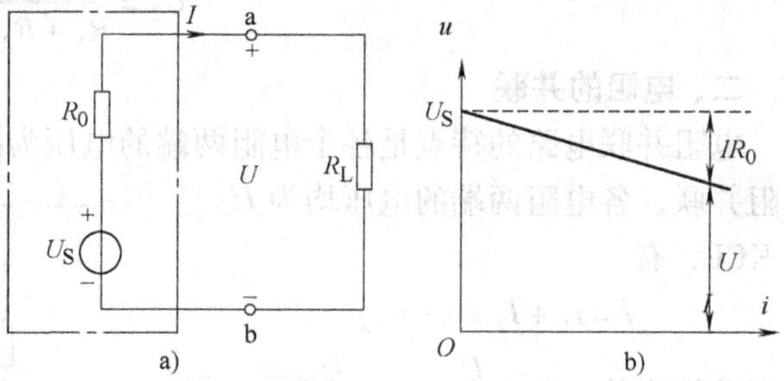

图 2-3 实际直流电压源的伏安特性

由图 2-3 可以得出实际电压源输出电压与输出电流的关系为

$$U_S = U + IR_0$$

或

$$U = U_S - IR_0 \qquad (2\text{-}1)$$

可见，实际电压源的端电压 U 是随着输出电流 I 的增大而下降的。因为输出电流也同时流过电源内阻 R_0，并在内阻上产生电压降 IR_0。电源内阻越小则其外特性（伏安特性）曲线越平，即负载电流变化时输出电压的变化越小，输出电压越稳定，表明电源带负载的能力越强。

二、实际电流源

实际电流源的电路模型可以用一个理想电流源 I_S 和 R_0' 并联的电路来表示，如图 2-4a 所示点画线框内的电路，其中 R_L 为负载，即电源的外电路，图 2-4b 是直流电流源的伏安特性曲线。

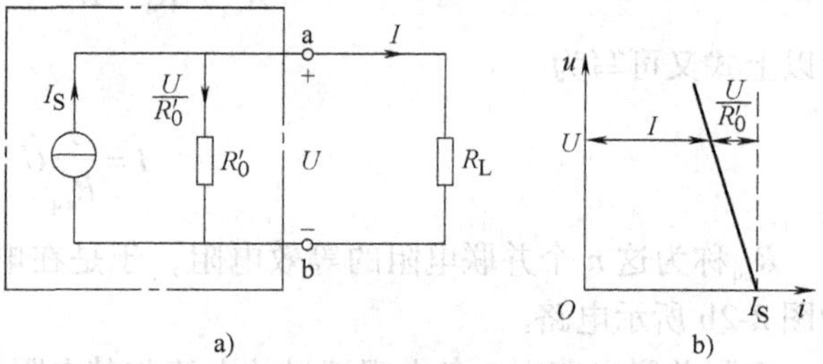

图 2-4 实际直流电流源的伏安特性

由图 2-4 可以得出实际电流源输出电压与输出电流的关系为

$$I_S = I + \frac{U}{R_0'}$$

或写为

$$U = I_S R_0' - IR_0' \qquad (2\text{-}2)$$

显然，实际电流源内阻 R_0' 越小，则电源内阻分流越大，流到外电路的电流 I 越小；当 $R_0' = \infty$ 时，输出到外电路的电流 I 恒等于 I_S。可见，R_0' 越大，其外特性越陡，电流源输出的电流越稳定。

三、实际电压源与实际电流源的等效变换

不论是实际电压源还是实际电流源，都能对外电路输出电压和电流。对外电路来说，只要电源提供的电压和电流维持不变，电源无论用电压源还是用电流源来表示都是一样的。由图 2-3 和图 2-4 可以得知，只要实际电压源与实际电流源的伏安特性相同，它们提供给外电路的电压、电流就相同，因此这两种电源可以进行等效变换。其等效电路如图 2-5 所示，由式（2-1）、式（2-2）可以推出它们相互间关系为

1）电源内阻 $R_0 = R_0'$。

2）$I_S = \dfrac{U_S}{R_0}$ 或 $U_S = I_S R_0'$。

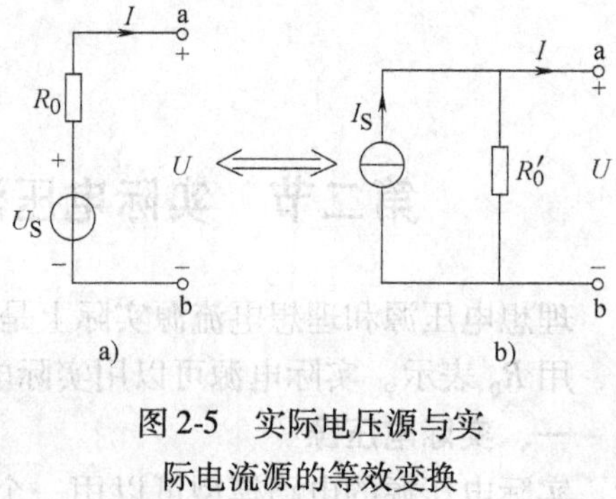

图 2-5 实际电压源与实际电流源的等效变换

应当注意：

1）电源等效变换只是对外电路等效，对电源内部无等效可言。例如图 2-5 电路中，若 a 点断开，

则 $I=0$，电压源内阻 R_0 无电流也不消耗功率，但电流源内阻 R_0' 流过的电流等于 I_S，内阻消耗功率，可见电源内部是不等效的。

2）对于理想电压源和理想电流源，由于它们的 $R_0=0$ 或 $R_0'=\infty$，伏安特性曲线相互垂直，不可能重合，因此它们之间不能等效变换。

3）等效变换时，应注意 I_S 与 U_S 参考方向的对应关系。

4）对外电路而言，一个理想电压源和某一个电阻串联的电路，可以等效为一个理想电流源和该电阻的并联电路。反之亦然。

今后，本书中提到的电压源或电流源均指理想电压源或理想电流源。

例 2-1　试求图 2-6a 所示点画线框内电路的等效电流源模型，并求出流经 15Ω 电阻中的电流 I。

解　因为图 2-6a 中 $U_S=10\text{V}$，$R_0=5\Omega$，则 $I_S=2\text{A}$，由于 a 端是 U_S 的“+”极性端，所以 I_S 的方向也指向 a 端，再把 5Ω 的电阻与 I_S 并联即可，等效电流源如图 2-6b 点画线框内电路所示。现在来检验这两种模型分别对 15Ω 电阻提供的电流，图 2-6a 中

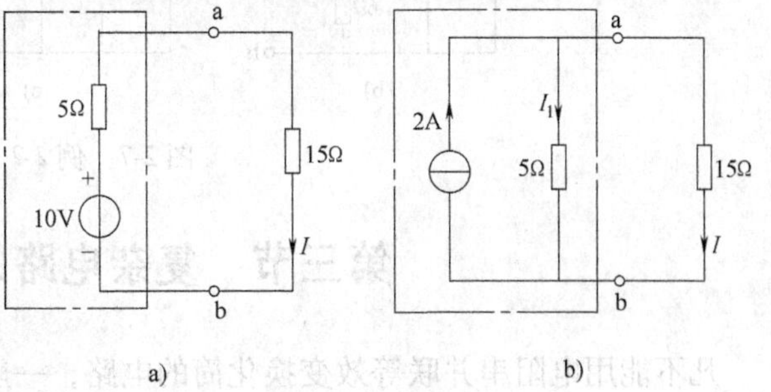

图 2-6　例 2-1 图

$$I=\frac{10}{15+5}\text{A}=0.5\text{A}$$

图 2-6b 中

$$I=\frac{5}{15+5}\times 2\text{A}=0.5\text{A}$$

若要求出两种模型中流过 5Ω 电阻中的电流，则图 2-6a 中 $I=0.5\text{A}$，图 2-6b 中 $I_1=(2-0.5)\text{A}=1.5\text{A}$。

假如将 15Ω 电阻断开，图 2-6a 所示电路中无电流流过，功耗为零，而图 2-6b 所示电路中电流为 2A，则功耗 $P=I_S^2R_0$。

从这里可以看出，这种等效是针对外电路（如 15Ω 电阻）而言的，对电源内部来，这种等效是不成立的。

电源的等效变换可以作为分析电路的一种方法。

例 2-2　求图 2-7a 中的端电压 U_{ab}。

解　从电源模型分析，与理想电压源串联的电阻以及与理想电流源并联的电阻相当于电源的内阻。在图中与 30V 理想电压源并联的 6Ω 电阻并非它的内阻。因为这个并联电阻的大小以及存在与否，并不影响其本身的端电压，其值恒为 30V，因此这个电阻可以去掉。

同样，16Ω 这个电阻也不是理想电流源的内阻，其大小以及存在与否都不影响理想电流源的输出电流，也可去掉，这样图 2-7a 可以等效为图 2-7b。再将 30V 的电压源与 6Ω 电阻串联部分等效变换为电流源和 6Ω 电阻并联，得到图 2-7c，其电流源电流为 $I_S=\frac{30}{6}\text{A}=5\text{A}$。合并电流源，并将并联电阻化为等效电阻，得到图 2-7d，所以

$$U_{ab}=-(1\times 2)\text{V}=-2\text{V}$$

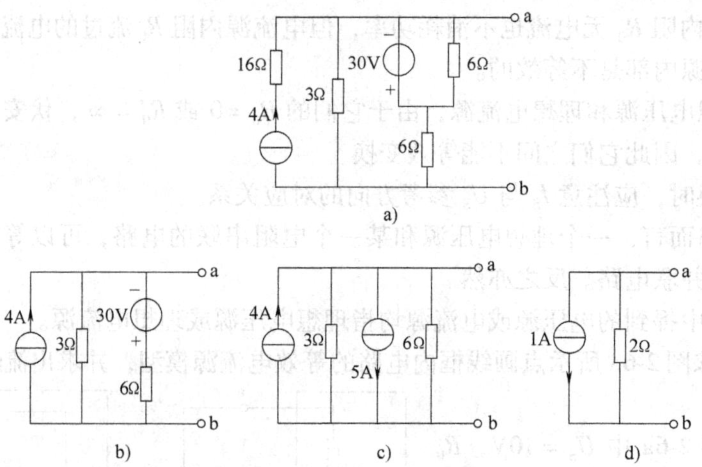

图2-7　例2-2图

第三节　复杂电路的分析方法

凡不能用电阻串并联等效变换化简的电路，一般称为复杂电路。

一、支路电流法

在计算复杂电路的各种方法中，支路电流法是最基本的方法。这种方法是以支路电流为未知量，直接应用基尔霍夫电流定律和电压定律，结合欧姆定律分别对节点和回路列出所需要的方程组，然后联立求解出各未知电流。

一般地说，对具有 n 个节点、b 条支路的电路，应用基尔霍夫电流定律只能得到（$n-1$）个独立方程，应用基尔霍夫电压定律列出其余 $b-(n-1)$ 个独立方程。

列方程时，必须先在电路图上选定好未知支路电流以及电压的参考方向。

现以图2-8所示电路为例，说明支路电流法的求解过程。

该电路中有三条支路，$b=3$，两个节点，$n=2$，有三个回路，$l=3$。首先在电路图中先选取各支路电流的参考方向和回路绕行方向。因为有三条支路则有三个未知电流，需要列三个独立方程才能得到唯一解。

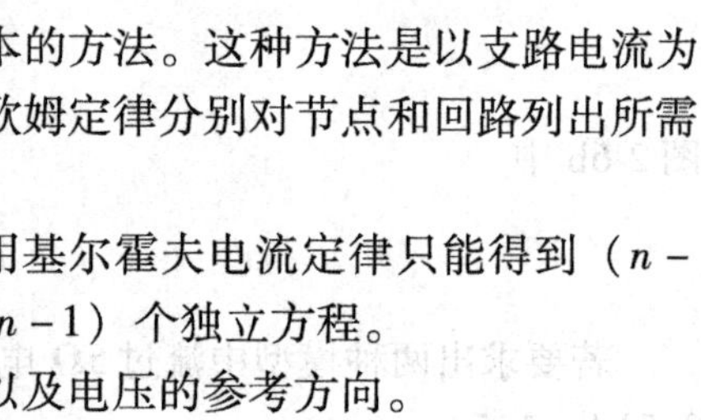

图2-8　支路电流法例图

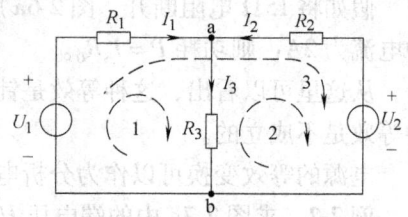

应用KCL或KVL列方程时，只要每次所列的方程中，至少有一条支路是已列方程中未曾使用过的支路，就能保证方程的独立性。

这样在图2-8中，根据KCL只能列出1个独立的节点电流方程，根据KVL只能列出两个独立的回路电压方程，这3个独立方程为

节点a　　$I_1+I_2-I_3=0$

回路1　　$I_1R_1+I_3R_3=U_1$

回路2　　$-I_2R_2-I_3R_3=-U_2$

由这3个独立方程，就可以联立求解获得该电路各条支路的电流。

通过讨论，用支路电流法求解电路的步骤可归纳如下：

1）选定各支路电流的参考方向。

2）选取独立节点，根据 KCL 对节点列出电流方程。

3）选取独立回路，指定回路的绕行方向，根据 KVL 列出独立回路方程，凡是支路电压参考方向与指定回路绕行方向一致的，方程中电压代数符号为正，反之为负。元件的电压可通过元件的电压电流关系（VCR）用电流表示。在平面电路中，一般可取网孔来列方程。

4）联立求解各方程，求出各未知电流。

例 2-3　在图 2-8 电路中，已知 $U_1=250\text{V}$，$U_2=239\text{V}$，$R_1=1\Omega$，$R_2=0.5\Omega$，$R_3=30\Omega$，试求各支路电流并进行验算。

解　将已知数据代入前述 3 个独立方程中，即得其数值方程

节点 a　$I_1+I_2-I_3=0$

回路 1　$I_1+30I_3=250$

回路 2　$0.5I_2+30I_3=239$

联立求得　$I_1=10\text{A}$，$I_2=-2\text{A}$，$I_3=8\text{A}$。

验算：应选未用过的回路用 KVL 验证，沿虚线所示回路 3 得

$$R_1I_1-R_2I_2+U_2-U_1=[10\times1-(-2)\times0.5+239-250]\text{V}=0\text{V}$$

符合 KVL 的规定，计算无误。

也可以用功率平衡关系验证，即电路中元件发出的总功率应等于其他元件吸收的总功率，请读者自行验证。

二、节点电压法

应用电位的概念对电路分析可使问题简化。我们知道某点的电位就是该点到参考点的电压，两点间的电压就是对应两点的电位差。

电路中选定的参考点一般并不与大地连接，但也称为“地”。一个电路只能任意选定一个参考点。参考点选定后，各点的电位就只有唯一的值。在电路图中，参考点可以用“⊥”表示。

同一电路由于参考点选择不同，各点的电位值也随之改变，但是任意两点间的电压值不变。所以各点电位的高低是相对的，两点间的电压是绝对的。

若在电路中任选一节点作为参考点，以它的电位为零作为参考电位，则其他各节点与参考点间的电位差即为该点与参考点间的电压，称为节点电压。

以节点电压为未知量，根据 KCL 列节点电流方程来求解电路的方法称为节点电压法。这种分析方法是一种间接分析方法，目的是减少方程未知数的个数，步骤如下：

1）在 n 个节点的电路中，任选一节点为参考点。

2）应用 KCL 列出其余 $n-1$ 个节点的电流方程。

3）应用 KVL 和欧姆定律，列出支路电流与节点电压的关系式，并将其代入节点电流方程，得出 $n-1$ 个节点电压方程。

4）联立求解方程组，得各节点电压。

5）利用节点电压与支路电流的关系，求各支路电流及其他待求量。

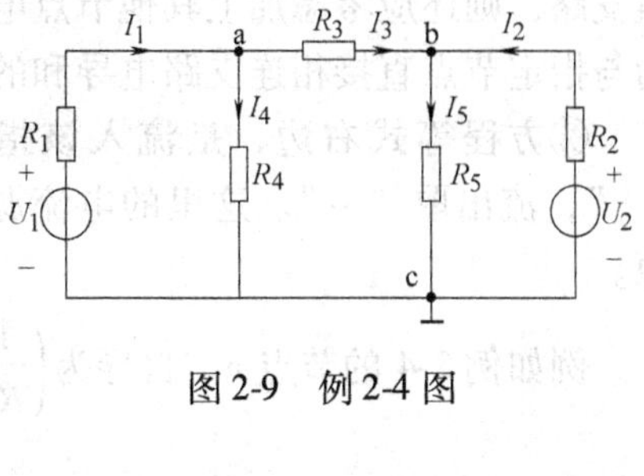

图 2-9　例 2-4 图

例 2-4　图 2-9 所示电路，已知 $U_1=12\text{V}$，$U_2=-12\text{V}$，$R_1=2\text{k}\Omega$，$R_2=4\text{k}\Omega$，$R_3=1\text{k}\Omega$，$R_4=4\text{k}\Omega$，$R_5=2\text{k}\Omega$，试用节点电压法求各支路电流。

解 选节点 c 为参考点，根据各支路电流的参考方向，就节点 a、b 列电流方程

节点 a $I_1-I_3-I_4=0$

节点 b $I_2+I_3-I_5=0$

各支路电流可表示为

$$I_1=-\frac{U_a-U_1}{R_1}$$

$$I_2=-\frac{U_b-U_2}{R_2}$$

$$I_3=\frac{U_a-U_b}{R_3}$$

$$I_4=\frac{U_a}{R_4}$$

$$I_5=\frac{U_b}{R_5}$$

将以上各支路电流表达式代入节点电流方程中，整理后得到下面以节点电压为变量的节点电流方程

节点 a $$\left(\frac{1}{R_1}+\frac{1}{R_3}+\frac{1}{R_4}\right)U_a-\frac{1}{R_3}U_b=\frac{U_1}{R_1}$$

节点 b $$-\frac{1}{R_3}U_a+\left(\frac{1}{R_2}+\frac{1}{R_3}+\frac{1}{R_5}\right)U_b=\frac{U_2}{R_2}$$

解得 $U_a=3.64\text{V}$，$U_b=0.363\text{V}$。

利用节点电压与支路电流的关系可求出各支路电流 $I_1=4.18\text{mA}$，$I_2=-3.09\text{mA}$，$I_3=328\text{mA}$，$I_4=0.91\text{mA}$，$I_5=0.183\text{mA}$。

节点电压方程虽然以节点电压为变量，但体现的却是基尔霍夫电流定律，方程等式左边表示流出节点的电流，右边是流入节点的电流。

通过观察本例得出的节点电压方程，我们可以不必按照前述的步骤而得出直接列写节点电压方程的一般方法：

1）选定参考节点。

2）除参考点外，依次对各节点列节点电压方程。

3）对指定节点列节点电压方程时：

①方程等式左边，该节点电压前的系数为与该节点相连的各支路的电导（电阻的倒数）和，该电导和称为自导，自导总是大于零的；如该指定节点与其他节点之间有直接相连的电阻支路，则还应考虑加上其他节点电压对该指定节点电流的影响，其他各节点电压前的系数为与指定节点直接相连支路电导和的负值，该电导和的负值称为互导。

②方程等式右边，是流入该指定节点电流源电流的代数和，流入节点的电流源取“+”，流出取“-”。这里的电流源还包括电压源与电阻串联组合经等效变换形成的电流源。

例如例 2-4 的节点 a，自导为$\left(\frac{1}{R_1}+\frac{1}{R_3}+\frac{1}{R_4}\right)$，与节点 b 的互导为$-\frac{1}{R_3}$，流入节点的等效

电流源电流为$\frac{U_1}{R_1}$。

例 2-5　已知图 2-10 电路中，$U_1=4\text{V}$，$U_2=2\text{V}$，$R_1=2\Omega$，$R_2=0.5\Omega$，$R_3=1\Omega$，$R_4=2\Omega$，$R_5=1\Omega$，$R_6=1\Omega$，$I_S=4\text{A}$，试求各电源发出的功率。

解　选 c 点为参考点，节点电压方程为

节点 a　$$\left(\frac{1}{R_1}+\frac{1}{R_3}+\frac{1}{R_5+R_6}\right)U_a-\frac{1}{R_3}U_b=\frac{U_1}{R_1}$$

节点 b　$$-\frac{1}{R_3}U_a+\left(\frac{1}{R_2}+\frac{1}{R_3}\right)U_b=I_S+\frac{U_2}{R_2}$$

代入已知数据，解得 $U_a=2.8\text{V}$，$U_b=3.6\text{V}$

$$U=U_b+R_4I_S=(3.6+2\times4)\text{V}=11.6\text{V}$$

$$I_1=-\frac{U_a-U_1}{R_1}=0.6\text{A}$$

$$I_2=-\frac{U_b-U_2}{R_2}=-3.6\text{A}$$

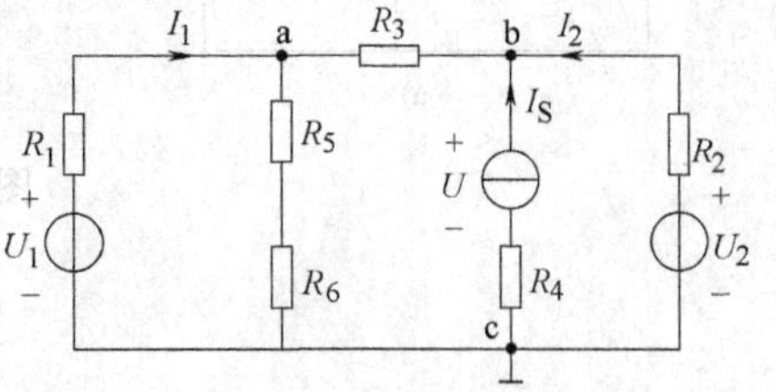

图 2-10　例 2-5 图

电流源发出的功率 $P_{I_S}=UI_S=11.6\times4\text{W}=46.4\text{W}$

电压源 U_1 发出的功率 $P_{U_1}=U_1I_1=4\times0.6\text{W}=2.4\text{W}$

电压源 U_2 发出的功率 $P_{U_2}=U_2I_2=2\times(-3.6)\text{W}=-7.2\text{W}$

本例中 R_4 对节点电压、所在支路电流没有影响可以等效去掉，但去掉它会改变电流源 I_S 两端的电压。

例 2-6　电路如图 2-11 所示，试用节点电压法列出节点电压方程。

解　以节点 0 为参考节点，节点 1、2、3 的节点电压分别为 U_{n1}、U_{n2}、U_{n3}。由于 U_S 电压源连接在节点 1 与参考节点 0 之间，节点 1 的节点电压成为已知量，可不必列写该节点的节点电压方程，于是该电路的节点电压方程为

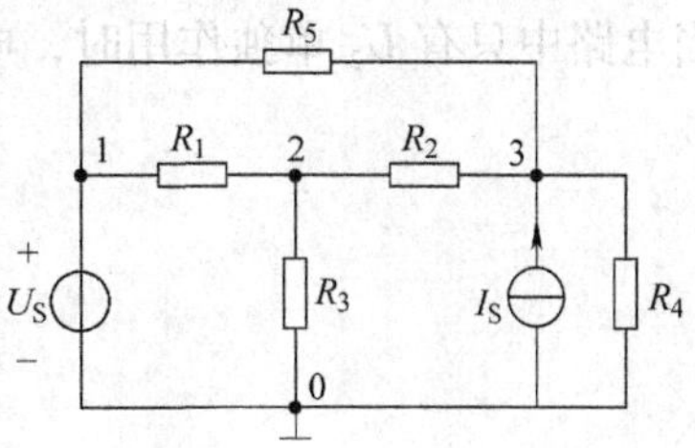

图 2-11　例 2-6 图

$$U_{n1}=U_S$$

$$-\frac{1}{R_1}U_{n1}+\left(\frac{1}{R_1}+\frac{1}{R_2}+\frac{1}{R_3}\right)U_{n2}-\frac{1}{R_2}U_{n3}=0$$

$$-\frac{1}{R_5}U_{n1}-\frac{1}{R_2}U_{n2}+\left(\frac{1}{R_2}+\frac{1}{R_4}+\frac{1}{R_5}\right)U_{n3}=I_S$$

第四节　电路定理

电路分析理论中，已将一些分析方法总结为电路定理，本节仅介绍电路分析中的两个重要定理，即叠加定理和戴维南定理。

一、叠加定理

对于线性电路，任何一条支路中的电流或电压，都可以看成是由电路中各个单电源（或电源组）分别作用时，在此支路中所产生的电流或电压的代数和。这就是叠加定理。

各个单电源（或电源组）分别作用时，电路中不作用的电源须将其置“0”（即令理想电压源电压为零，其所在位置用一短路线代替；令理想电流源电流为零，其所在位置用开路代替）。

叠加定理的正确性可用下例说明，在图2-12a所示电路中有两个电压源，各支路中的电流是由这两个电源共同作用产生的。

当电路中只有 U_1 单独作用时，电路如图2-12b所示。

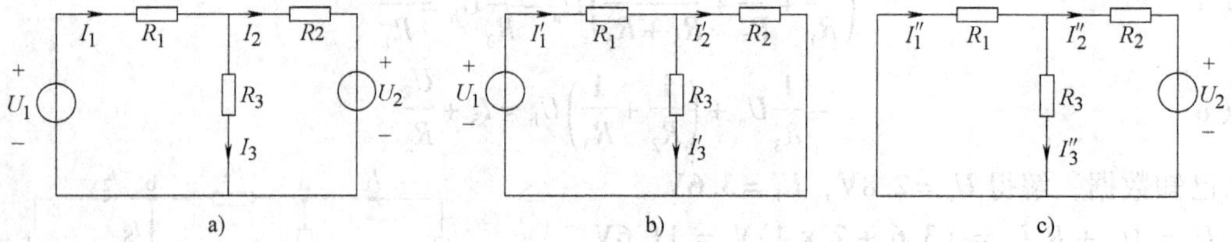

图2-12 叠加定理例图

$$I_1' = \frac{U_1}{R_1 + \dfrac{R_2 R_3}{R_2 + R_3}}$$

$$I_2' = I_1' \frac{R_3}{R_2 + R_3}$$

$$I_3' = I_1' \frac{R_2}{R_2 + R_3}$$

当电路中只有 U_2 单独作用时，电路如图2-12c所示。

$$I_2'' = -\frac{U_2}{R_2 + \dfrac{R_1 R_3}{R_1 + R_3}}$$

$$I_1'' = \frac{R_3}{R_1 + R_3} I_2''$$

$$I_3'' = -\frac{R_1}{R_1 + R_3} I_2''$$

由此得到

$$I_1 = I_1' + I_1'' = \frac{U_1}{R_1 + \dfrac{R_2 R_3}{R_2 + R_3}} - \frac{U_2}{R_2 + \dfrac{R_1 R_3}{R_1 + R_3}} \frac{R_3}{R_1 + R_3}$$

$$I_2 = I_2' + I_2'' = \frac{U_1}{R_1 + \dfrac{R_2 R_3}{R_2 + R_3}} \frac{R_3}{R_2 + R_3} - \frac{U_2}{R_2 + \dfrac{R_1 R_3}{R_1 + R_3}}$$

$$I_3 = I_3' + I_3'' = \frac{U_1}{R_1 + \dfrac{R_2 R_3}{R_2 + R_3}} \frac{R_2}{R_2 + R_3} + \frac{U_2}{R_2 + \dfrac{R_1 R_3}{R_1 + R_3}} \frac{R_1}{R_1 + R_3}$$

与用支路电流法求得的结果一致，这就证明了叠加定理的正确性。

例 2-7 如图 2-13a 所示电路中，已知电压源 $U=100\text{V}$，电流源电流 $I_S=1\text{A}$，$R_2=R_3=R_4=50\Omega$，试求两电源的功率以及电阻 R_3 吸收的功率。

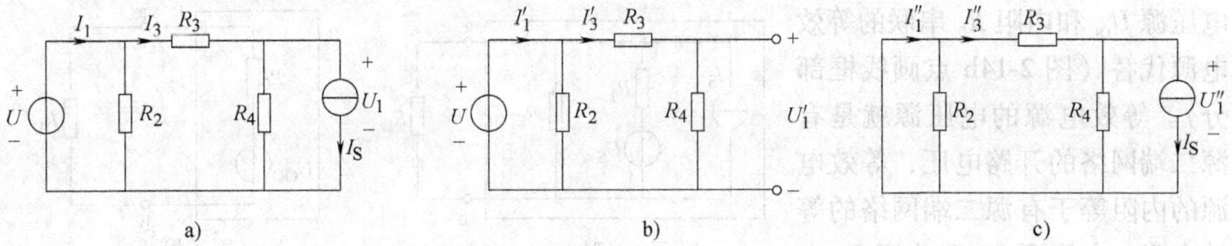

图 2-13 例 2-7 图

解 要计算两电源的功率，必须求出电流 I_1 和端电压 U_1。这里用叠加定理来计算。

当 U 单独作用时，见图 2-13b，有

$$I_1'=\frac{U}{R_2}+\frac{U}{R_3+R_4}=3\text{A}$$

$$U_1'=\frac{U}{R_3+R_4}R_4=50\text{V}$$

$$I_3'=\frac{U}{R_3+R_4}=1\text{A}$$

当 I_S 单独作用时，见图 2-13c，有

$$I_1''=I_3''=\frac{R_4}{R_3+R_4}I_S=0.5\text{A}$$

$$U_1''=-I_3''R_3=-0.5\times50\text{V}=-25\text{V}$$

所以

$$I_1=I_1'+I_1''=3.5\text{A}$$

$$I_3=I_3'+I_3''=1.5\text{A}$$

$$U_1=U_1'+U_1''=25\text{V}$$

$$P_U=UI_1=100\times3.5\text{W}=350\text{W}(\text{发出功率})$$

$$P_{I_S}=U_1I_S=(25\times1)\text{W}=25\text{W}(\text{吸收功率})$$

$$P_{R_3}=I_3^2R_3=(1.5^2\times50)\text{W}=112.5\text{W}(\text{吸收功率})$$

用叠加定理计算复杂电路，就是把一个多电源的复杂电路化为几个单（少）电源的简单电路来进行计算。但应强调的是，功率不能叠加。如以图 2-13a 中电阻 R_3 上的功率为 $P_{R_3}=I_3^2R_3\neq I_3'^2R_3+I_3''^2R_3$。显然这是因为电流与功率不成正比，它们之间不是线性关系。

二、戴维南定理

在有些情况下，如果只需计算复杂电路中的某一条支路时，可以将这条支路划出，而把其余部分看作一个有源二端网络。所谓有源二端网络，就是具有两个出线端的部分电路，其中含有电源。有源二端网络可以是简单的或任意复杂的电路，它对所要计算的这条支路而言，仅相当于一个电源。

如图 2-14a，电阻 R_L 所在 ab 支路为待求支路，图中的点画线框部分可看作一个有源二端网络。因此点画线框内电路可以化简为一个等效电源。经这种等效变换后，ab 支路中的

电流 I 及其两端的电压 U 没有变动。

戴维南定理指出，任何一个线性有源二端网络（图2-14a 点画线框部分），可以用一个电压源 U_{OC} 和内阻 R_0 串联的等效电源代替（图2-14b 点画线框部分）。等效电源的电压源就是有源二端网络的开路电压，等效电源的内阻等于有源二端网络的等效电阻。电压源 U_{OC} 和内阻 R_0 串联的等效电源电路称戴维南等效电路。

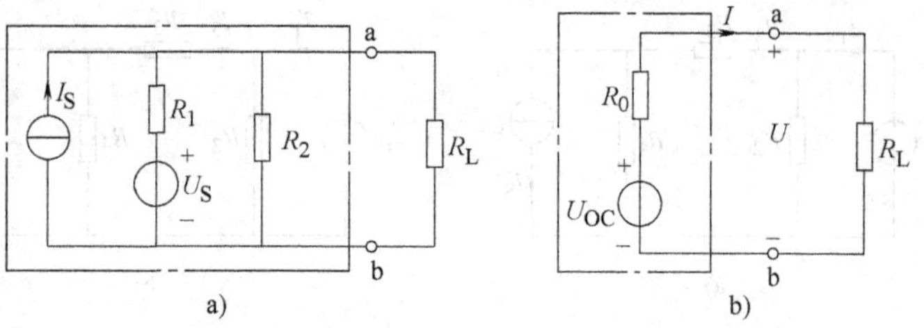

图2-14 戴维南等效电路例图

将 ab 支路移开，可求得图2-14a 中点画线框内电路的等效电路（见图2-14b 中点画线框内的电路），其中

$$U_{OC} = \frac{R_1R_2}{R_1+R_2}I_S + \frac{R_2}{R_1+R_2}U_S,\ R_0 = \frac{R_1R_2}{R_1+R_2}$$

例 2-8 用戴维南定理求图2-15a 所示电路中通过 5Ω 电阻的电流 I。

解 （1）为求开路电压，需移开待求支路，得如图2-15b 所示有源二端网络，其开路电压 U_{OC} 为

$$U_{OC} = \left(2\times3+\frac{24}{6+3}\times3\right)\text{V} = 14\text{V}$$

（2）为了求等效电阻，可将图2-15b 所示有源二端网络内的电源置零，即电压源用短路线代替，电流源用开路代替，得到除源后的无源二端网络（见图2-15c），其等效电阻 R_0 为

$$R_0 = \left(3+\frac{6\times3}{6+3}\right)\Omega = 5\Omega$$

（3）根据 U_{OC} 和 R_0 画出戴维南等效电路，并接上待求支路，得图2-15a 的等效电路（见图2-15d），可求得电流 I 为

$$I = \left(\frac{14}{5+5}\right)\text{A} = 1.4\text{A}$$

由以上计算，可看出应用戴维南定理分析电路时，其计算步骤为

1）移开待求支路。

2）求等效电路的开路电压 U_{OC}。

3）求等效电路的等效电阻 R_0 时，将电压源所处位置用短路线代替，电流源所处位置用开路代替，用除源后的电路求得 R_0。

4）将待求支路接回 U_{OC} 和 R_0 串联等效电路中，求解待求量。

电路接回时，应特别注意 U_{OC}

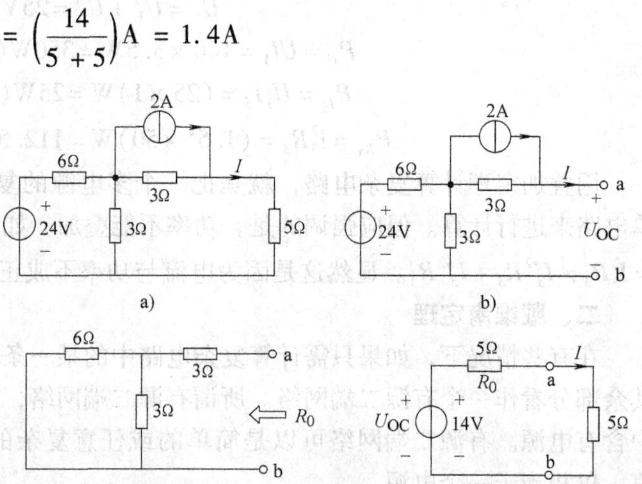

图2-15 例2-8图

的参考方向，不能接反。如在上例中，U_{OC}的“+”、“-”端分别与 a、b 端子对应，接入前后要保持一致，以免造成计算错误。

利用戴维南等效电路还可以分析最大功率传输问题。

例 2-9　求图 2-14b 所示电路中，R_L 为何值时可吸收最大功率？

解　R_L 吸收功率的表达式为

$$P = R_L I^2 = \frac{R_L U_{OC}^2}{(R_0 + R_L)^2}$$

欲求 P 的最大值，应满足 $dP/dR_L = 0$，由此得到 R_L 吸收最大功率的条件是

$$R_L = R_0$$

即负载 R_L 等于内电阻 R_0 时，R_L 可吸收的最大功率，其值为

$$P_{max} = \frac{U_{OC}^2}{4R_0}$$

例 2-10　电路如图 2-16a 所示，试求：(1) R_L 为何值获得最大功率；(2) R_L 获得的最大功率；(3) 10V 电压源的功率传输效率。

解　(1) 移开负载 R_L，求得点画框内电路的戴维南等效电路参数为

$$U_{OC} = \frac{2}{2+2} \times 10\text{V} = 5\text{V}$$

$$R_0 = \frac{2 \times 2}{2+2}\Omega = 1\Omega$$

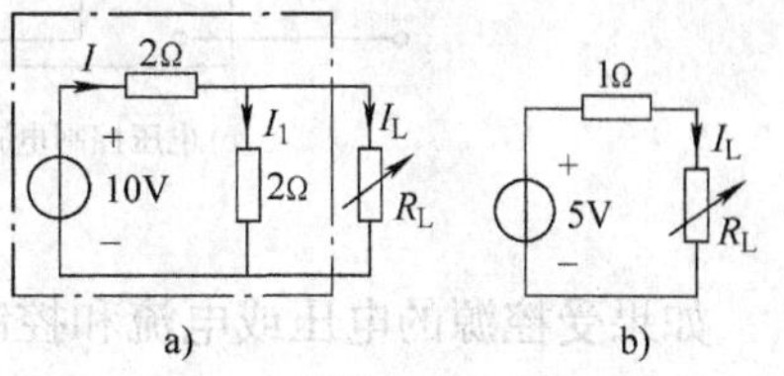

图 2-16　例 2-10 图

求得图 2-16a 的等效电路如图 2-16b 所示。

(2) 当 $R_L = R_0 = 1\Omega$ 时，R_L 可获最大功率，其值为

$$P_{max} = \frac{U_{OC}^2}{4R_0} = \frac{5^2}{4 \times 1}\text{W} = 6.25\text{W}$$

(3) 当 $R_L = R_0 = 1\Omega$ 时，先求 10V 电压源发出的功率。

$$I_L = \frac{U_{OC}}{R_0 + R_L} = \frac{5}{2} = 2.5\text{A}$$

$$U_L = R_L I_L = 2.5\text{V}$$

$$I = I_1 + I_L = \left(\frac{2.5}{2} + 2.5\right)\text{A} = 3.75\text{A}$$

$$P = 10 \times 3.75\text{W} = 37.5\text{W}$$

10V 电压源发出 37.5W 功率，R_L 吸收功率 6.25W，其功率传输效率为

$$\eta = \frac{6.25}{37.5} \times 100\% = 16.7\%$$

第五节　含受控源电阻电路的分析

前面讨论的电压源和电流源都是恒定值或一定的时间函数，这类电源称为独立电源。除此以外还有另一类电源，其输出的电压或电流受电路中其他支路电压或电流控制，这类电源称为

受控源，也称非独立电源。当控制电压或电流等于零时，受控源输出的电压或电流也为零。

一、受控源的种类

根据受控源是电压源还是电流源，以及受控源是受电压控制还是电流控制，受控源可分为电压控制电压源（VCVS）、电流控制电压源（CCVS）、电压控制电流源（VCCS）、电流控制电流源（CCCS）4 种类型，其电路模型如图 2-17a、b、c、d 所示。受控源是 4 端元件。

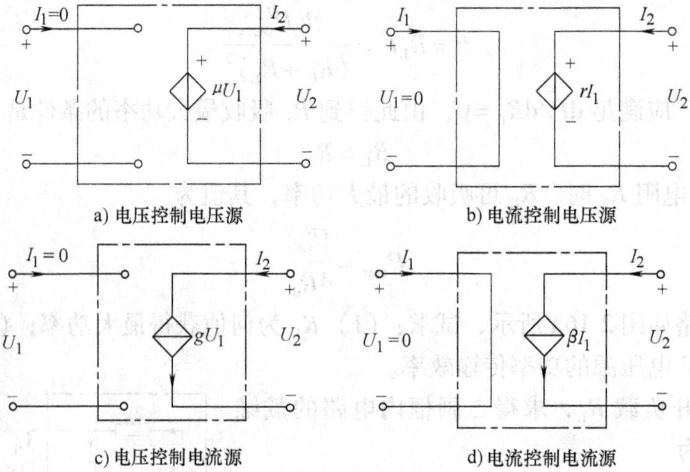

图 2-17　受控源模型

如果受控源的电压或电流和控制它们的电压或电流之间有正比关系，则这种控制作用是线性的，这种情况下图 2-17 所示的系数 μ、r、g 及 β 都是常数。其中 μ 和 β 是无量纲的纯数，r 具有电阻的量纲，g 具有电导的量纲。

每一种线性受控源是由两个线性方程表征的：

电压控制电压源：$I_1 = 0$，$U_2 = \mu U_1$

电流控制电压源：$U_1 = 0$，$U_2 = rI_1$

电压控制电流源：$I_1 = 0$，$I_2 = gU_1$

电流控制电流源：$U_1 = 0$，$I_2 = \beta I_1$

对电压控制的受控源，其输入电阻为无穷大；电流控制的受控源，其输入电阻为零。这样，控制端消耗功率为零，受控源的功率可由受控端来计算，即

$$P = P_2 = U_2 I_2$$

受控电压源的输出电阻为零，输出电压与 I_2 无关；受控电流源的输出电阻为无穷大，输出电流与 U_2 无关。这点与独立电源相同。

二、含受控源电路的分析方法

在分析具有受控源的电路时，可先将受控源当作独立电源去列写方程，然后再找出受控源的控制量与待求未知量之间的关系式，联立求解得出结果。

例 2-11　用支路电流法求图 2-18 所示电路中的各支路电流。

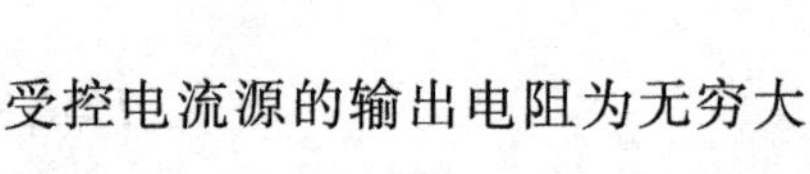

图 2-18　例 2-11 图

解　该电路中有一个电压控制的电压源 $2U_2$，列方程时先看成独立电源。根据图中所标各支路电流参考方向及回路的绕行方向，可以列出 3 个数值方程式

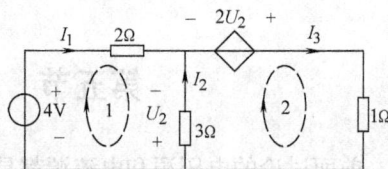

$$I_1 + I_2 - I_3 = 0$$
$$2I_1 - 3I_2 = 4$$
$$3I_2 + I_3 = 2U_2$$

由于受控源的存在，以上所列 3 个数值方程有 4 个未知数，因此应从受控源的控制量入手，补充一个控制量与支路电流的数值关系式

$$U_2 = 3I_2$$

联立以上 4 个方程式，解得

$$I_1 = 8\text{A}$$
$$I_2 = 4\text{A}$$
$$I_3 = 12\text{A}$$

习　　题

2-1　求图 2-19 所示电路中的电流 I。

2-2　求图 2-20 所示电路中 3V 电压源吸收的功率。

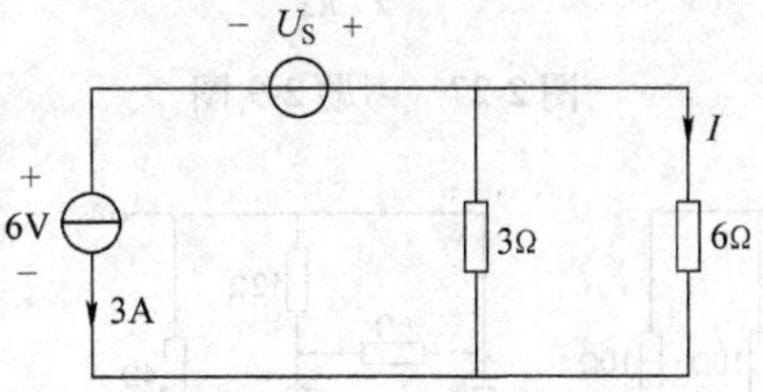

图 2-19　习题 2-1 图

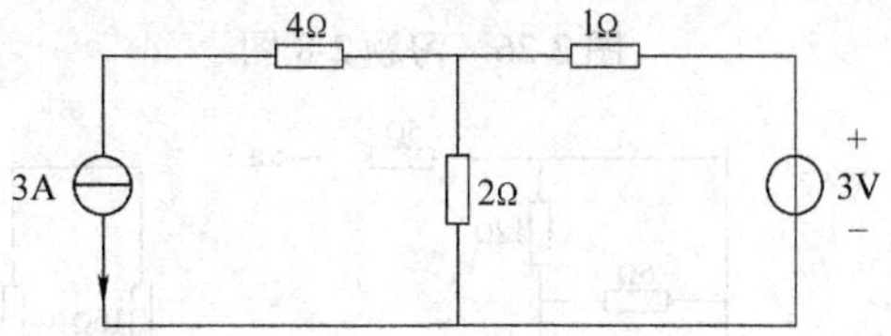

图 2-20　习题 2-2 图

2-3　求图 2-21 所示电路中电压 U。

2-4　求图 2-22 所示电路中电阻 R 吸收的功率 P。

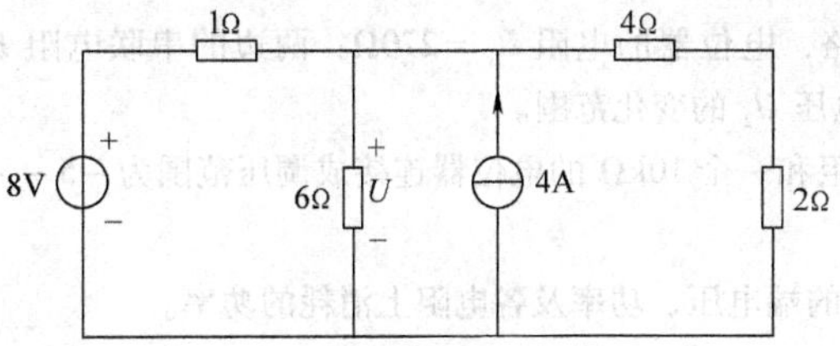

图 2-21　习题 2-3 图

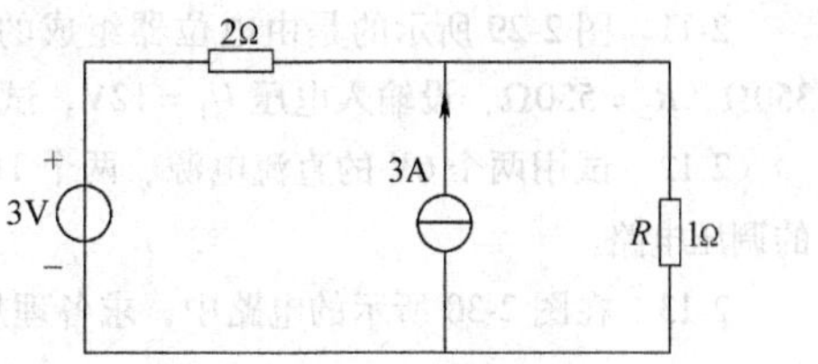

图 2-22　习题 2-4 图

2-5　在图 2-23 的电路中，$U = 6\text{V}$，$R_1 = 6\Omega$，$R_2 = 3\Omega$，$R_3 = 4\Omega$，$R_4 = 3\Omega$，$R_5 = 1\Omega$，计算 I_3、I_4。

2-6　有一无源二端电阻网络如图 2-24 所示，通过实验测得：当 $U = 10\text{V}$ 时，$I = 2\text{A}$，并已知该电阻网络由 4 个 3Ω 的电阻构成，试问这 4 个电阻是如何连接的?

2-7　计算如图 2-25 所示电路中的电流 I 和电压 U_{ab}。

2-8　计算如图 2-26 所示电路中的电流 I。

2-9　在图 2-27 中，$R_1 = R_2 = R_3 = R_4 = 300\Omega$，$R_5 = 600\Omega$，求开关 S 断开和闭合时 a 和 b 之间的等效电阻。

2-10　计算如图 2-28 所示各电路中 a、b 两端的等效电阻。

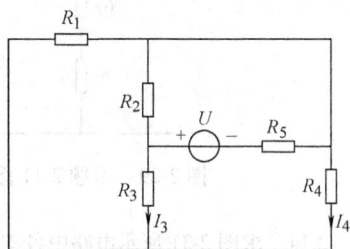

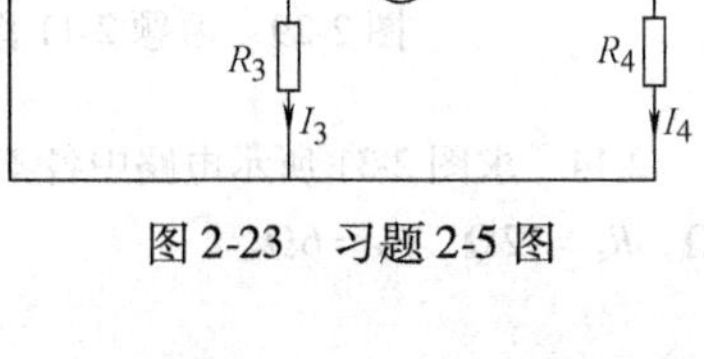

图 2-23　习题 2-5 图

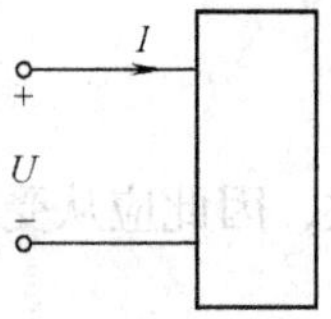

图 2-24　习题 2-6 图

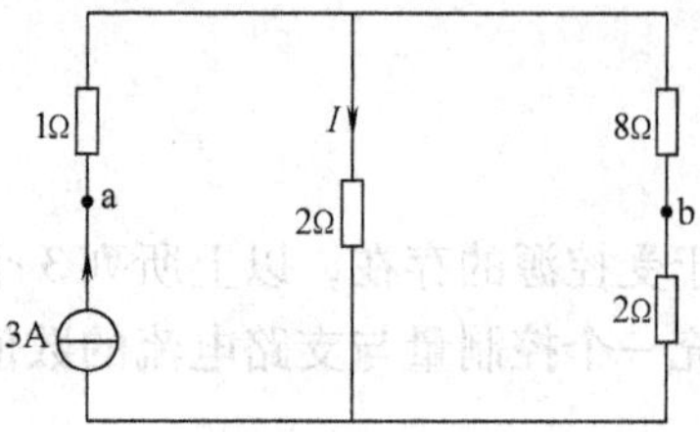

图 2-25　习题 2-7 图

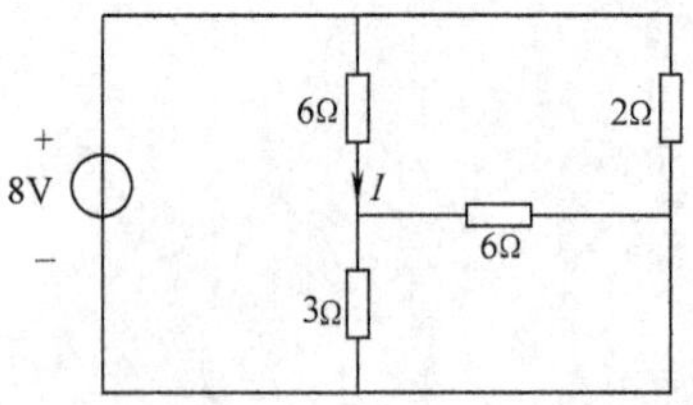

图 2-26　习题 2-8 图

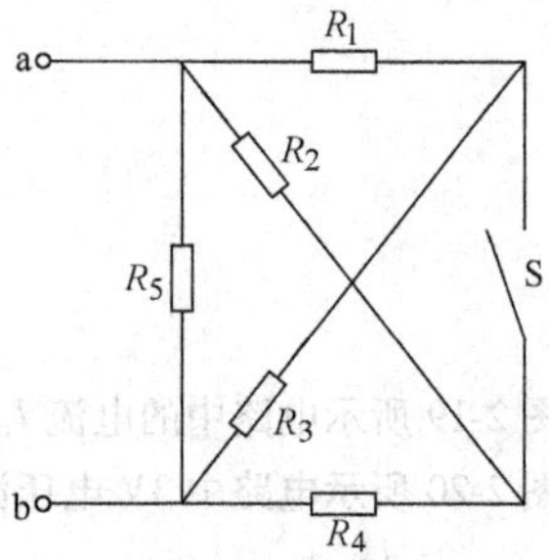

图 2-27　习题 2-9 图

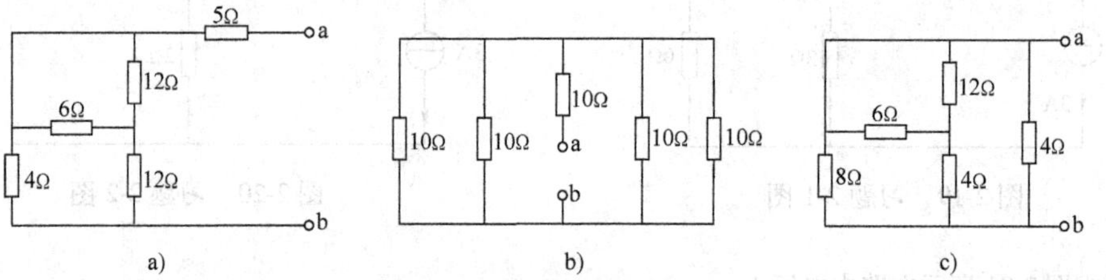

图 2-28　习题 2-10 图

2-11　图 2-29 所示的是由电位器组成的分压电路，电位器的电阻 $R_P = 270\Omega$，两边的串联电阻 $R_1 = 350\Omega$，$R_2 = 550\Omega$，设输入电压 $U_1 = 12V$，试求输出电压 U_2 的变化范围。

2-12　试用两个 6V 的直流电源、两个 1kΩ 的电阻和一个 10kΩ 的电位器连接成调压范围为 −5 ~ +5V 的调压电路。

2-13　在图 2-30 所示的电路中，求各理想电流源的端电压、功率及各电阻上消耗的功率。

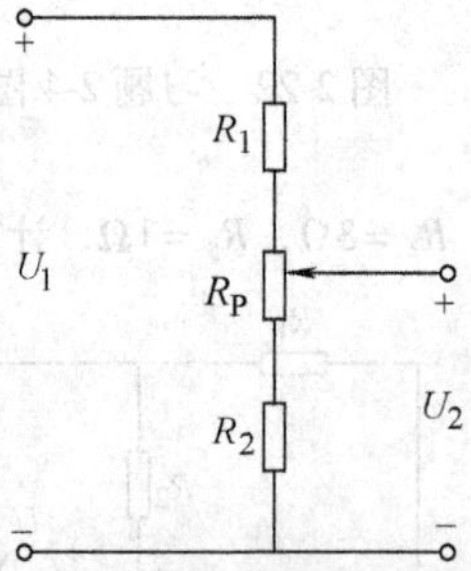

图 2-29　习题 2-11 图

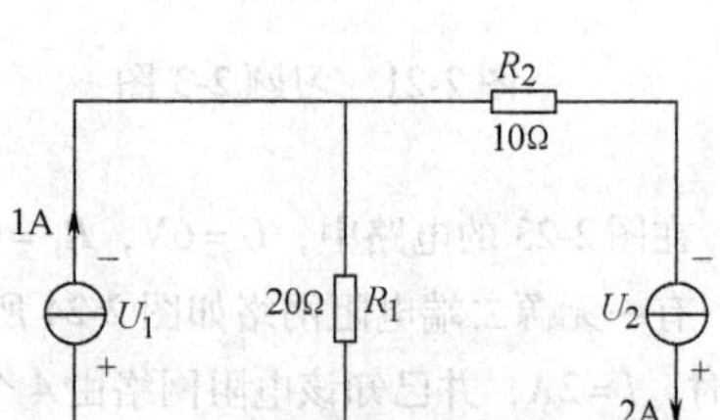

图 2-30　习题 2-13 图

2-14　求图 2-31 所示电路中各支路电流，并计算理想电流源的电压 U_1。已知 $I = 3A$，$R_2 = 12\Omega$，$R_3 = 8\Omega$，$R_4 = 12\Omega$，$R_5 = 6\Omega$。

2-15　计算图 2-32 中的电流 I_3。

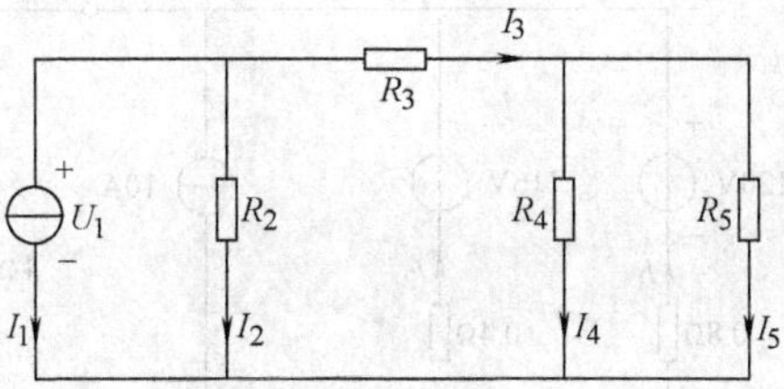

图 2-31　习题 2-14 图

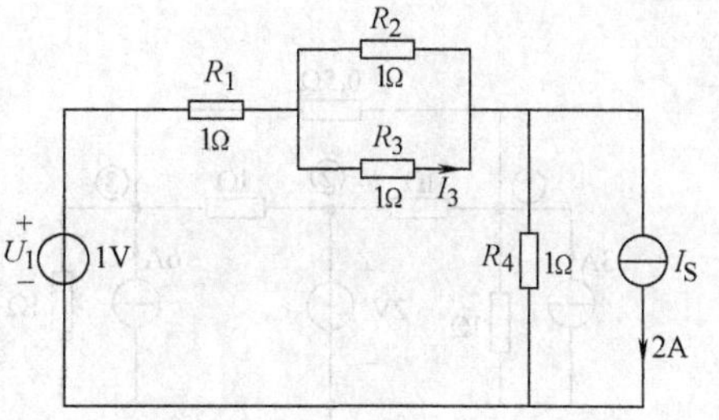

图 2-32　习题 2-15 图

2-16　计算图 2-33 中的电压 U_5。

2-17　将如图 2-34 所示的两个电路分别化为一个恒压源与一个电阻串联的电路。

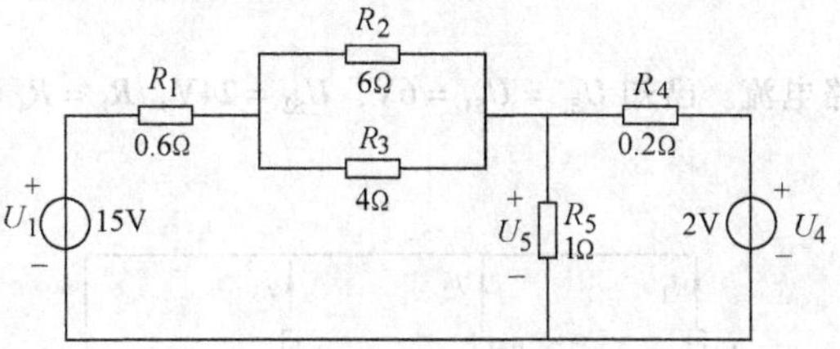

图 2-33　习题 2-16 图

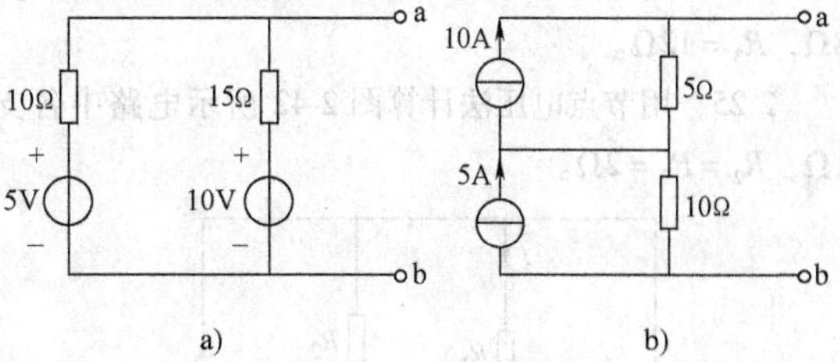

图 2-34　习题 2-17 图

2-18　利用电源等效变换原理，计算图 2-35 中 2Ω 电阻中的电流 I。

2-19　用支路电流法计算图 2-36 所示电路中各支路电流，并证明电源产生的功率等于所有电阻消耗的总功率。已知 $U_{S1}=244\text{V}$，$U_{S2}=252\text{V}$，$R_1=8\Omega$，$R_2=4\Omega$，$R_3=20\Omega$。

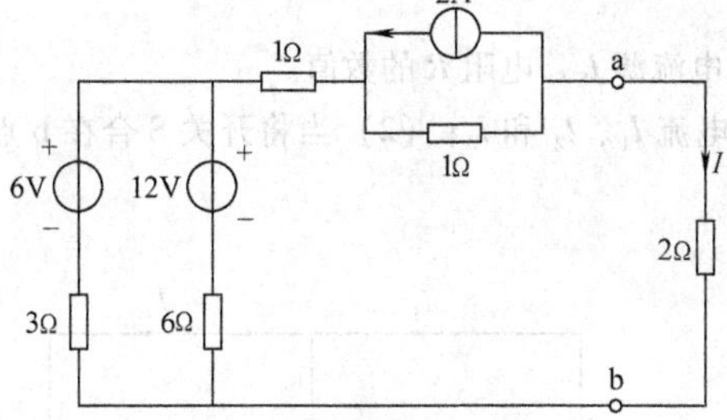

图 2-35　习题 2-18 图

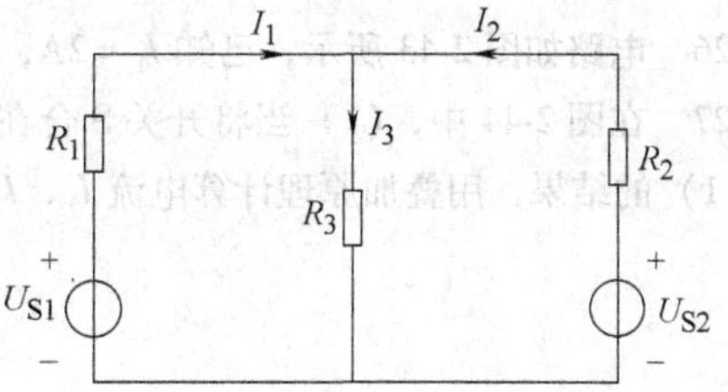

图 2-36　习题 2-19 图

2-20　用支路电流法计算图 2-37 所示电路中各支路电流。

2-21　用支路电流法计算图 2-38 所示电路中各支路电流。

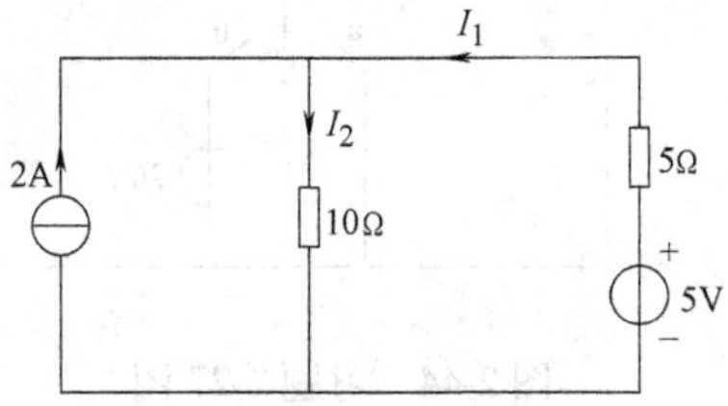

图 2-37　习题 2-20 图

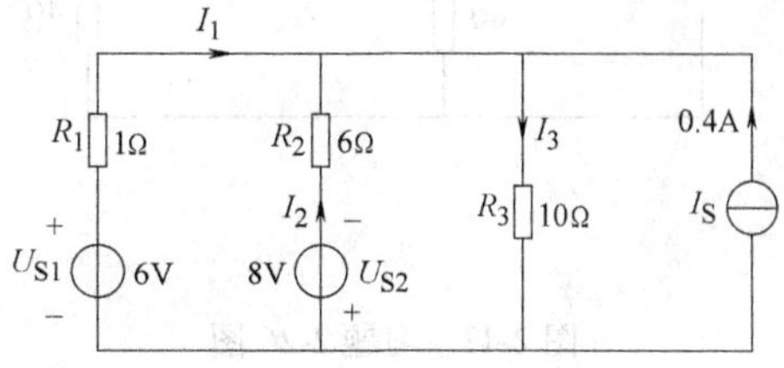

图 2-38　习题 2-21 图

2-22　用节点电压法求图 2-39 所示电路中的各节点电压。

2-23　用支路电流法或节点电压法求图 2-40 所示电路中的各支路电流，并求 3 个电源的输出功率和负

载电阻 R_L 消耗的功率。0.8Ω 和 0.40Ω 分别为两个电压源的内阻。

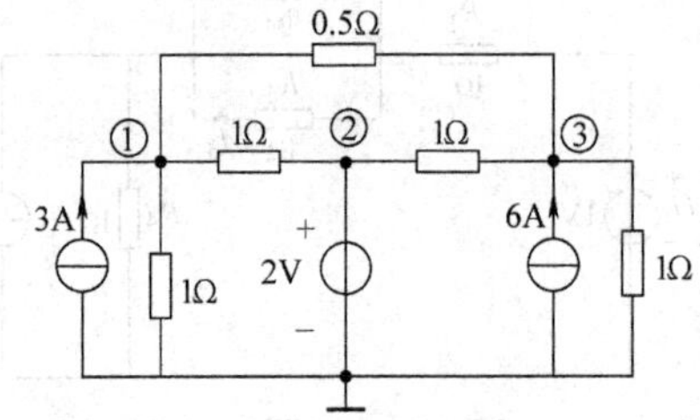

图 2-39　习题 2-22 图

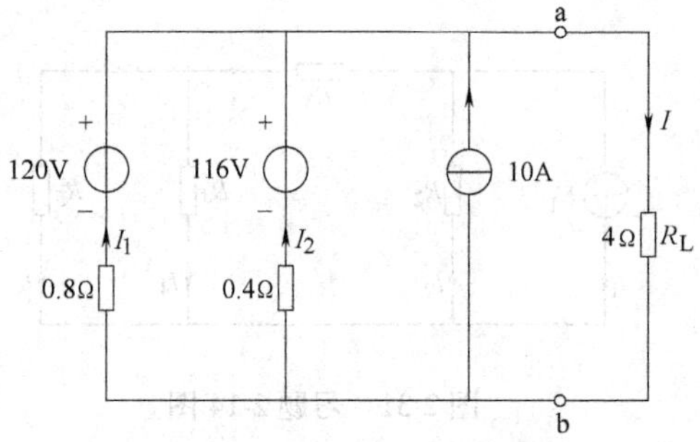

图 2-40　习题 2-23 图

2-24　用节点电压法求图 2-41 电路中的电流 I。已知：$U_S = 36V$，$I_{S1} = 5A$，$I_{S2} = 2A$，$R_1 = 6\Omega$，$R_2 = 8\Omega$，$R_3 = 12\Omega$。

2-25　用节点电压法计算图 2-42 所示电路中各支路电流。已知 $U_{S1} = U_{S3} = 6V$，$U_{S2} = 24V$，$R_1 = R_4 = 1\Omega$，$R_2 = R_3 = 2\Omega$。

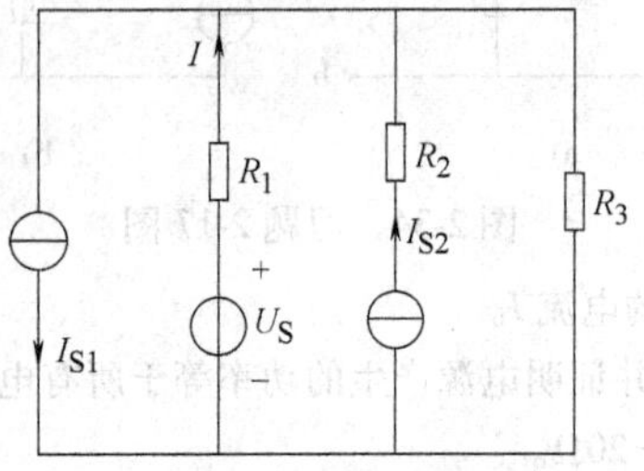

图 2-41　习题 2-24 图

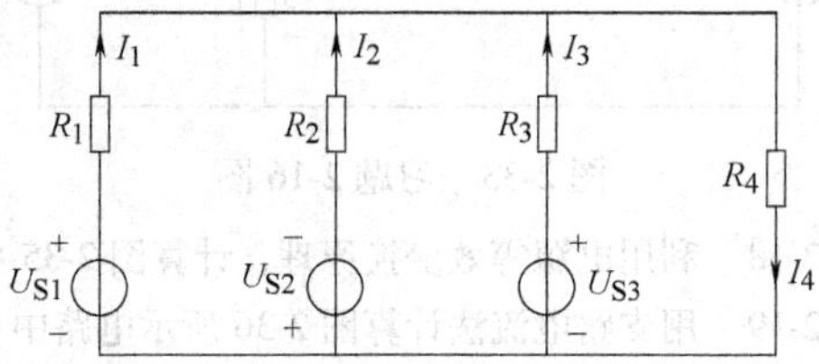

图 2-42　习题 2-25 图

2-26　电路如图 2-43 所示，已知 $I_1 = 2A$，$U_2 = 5V$，求电流源 I_S、电阻 R 的数值。

2-27　在图 2-44 中，(1) 当将开关 S 合在 a 点时，求电流 I_1、I_2 和 I_3；(2) 当将开关 S 合在 b 点时，利用 (1) 的结果，用叠加原理计算电流 I_1、I_2 和 I_3。

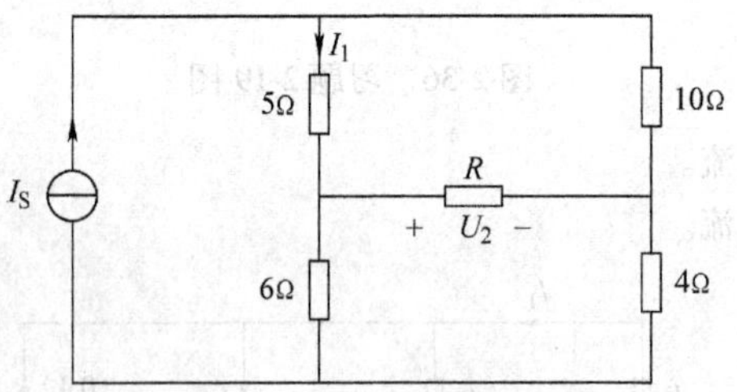

图 2-43　习题 2-26 图

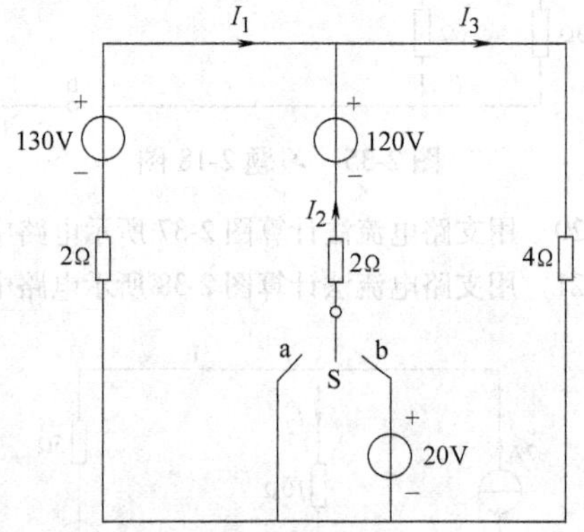

图 2-44　习题 2-27 图

2-28　电路如图 2-45a 所示，$U = 12V$，$R_1 = R_2 = R_3 = R_4$，$U_{ab} = 10V$。若将理想电压源除去后（见图 2-45b），试问这时 U_{ab} 等于多少？

2-29　用叠加定理计算如图 2-46 所示电路中流过 4Ω 电阻的电流 I。

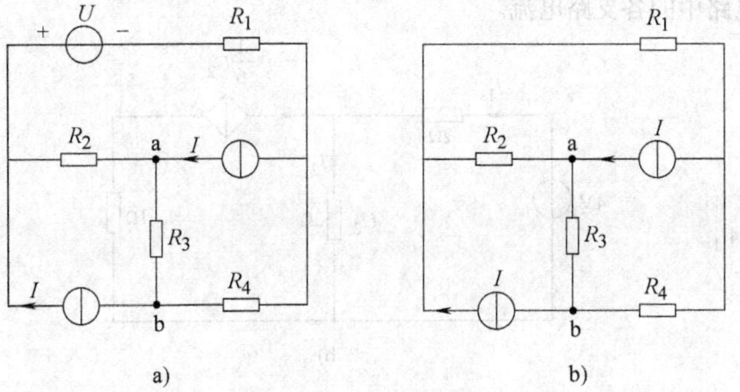

图 2-45　习题 2-28 图

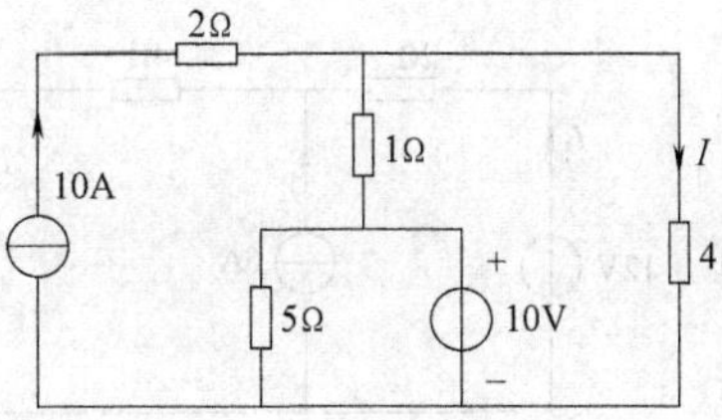

图 2-46　习题 2-29 图

2-30　用叠加定理求如图 2-47 所示电路中的电压 U。已知：$I_S=3A$，$U_S=9V$，$R_1=R_2=3\Omega$，$R_3=R_4=6\Omega$，若 U_S 由 9V 变为 12V，U 变化了多少？

2-31　图 2-48a 二端网络的戴维南等效电路如图 2-48b 所示，求图 b 中的 U_S 和 R_S。

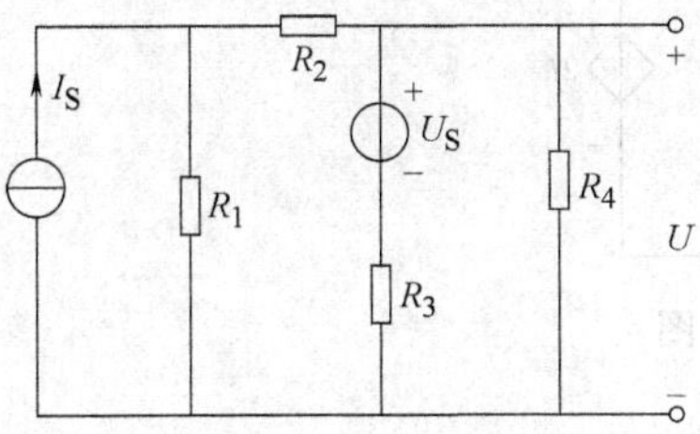

图 2-47　习题 2-30 图

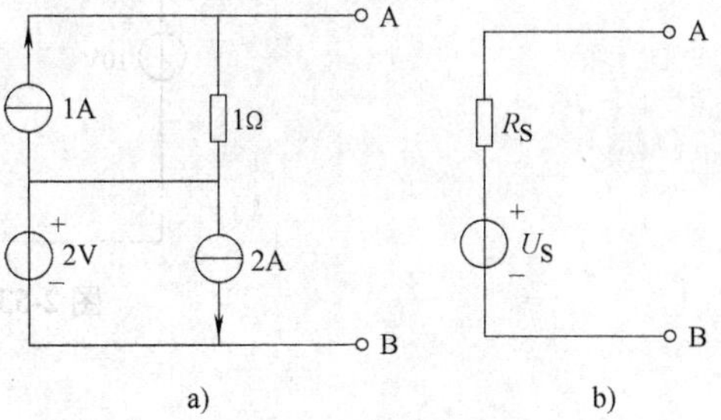

图 2-48　习题 2-31 图

2-32　用戴维南定理计算图 2-49 中 2Ω 电阻中的电流 I。

2-33　用戴维南定理计算图 2-50 所示电路中的电流 I。

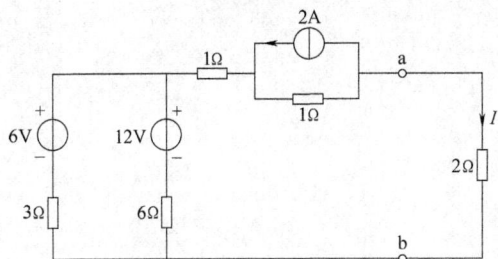

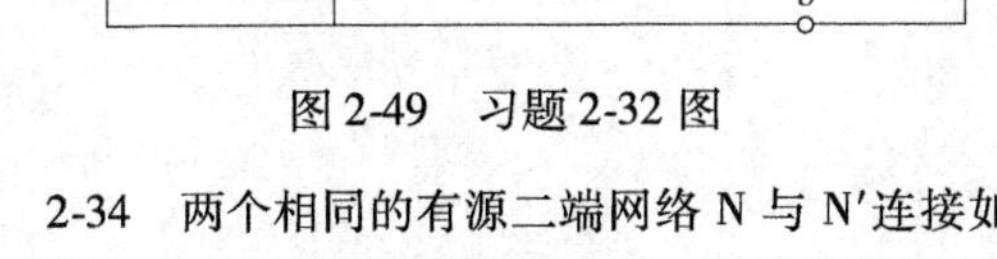

图 2-49　习题 2-32 图

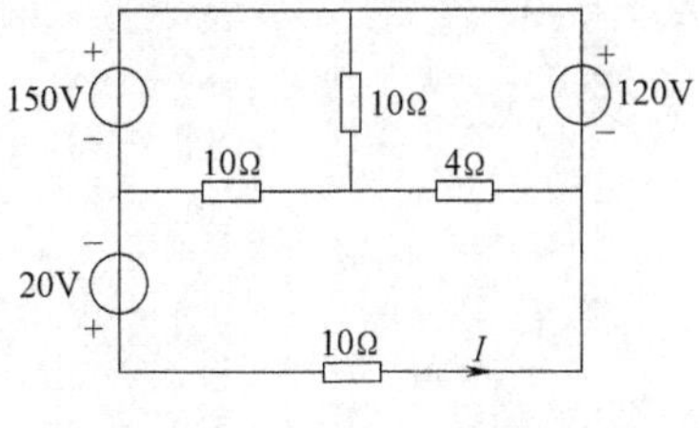

图 2-50　习题 2-33 图

2-34　两个相同的有源二端网络 N 与 N′连接如图 2-51a 所示，测得 $U_1=4V$，若连接如图 2-51b 所示，则测得 $I_1=1A$，计算连接如图 2-51c 时的电流 I_1 为多少？

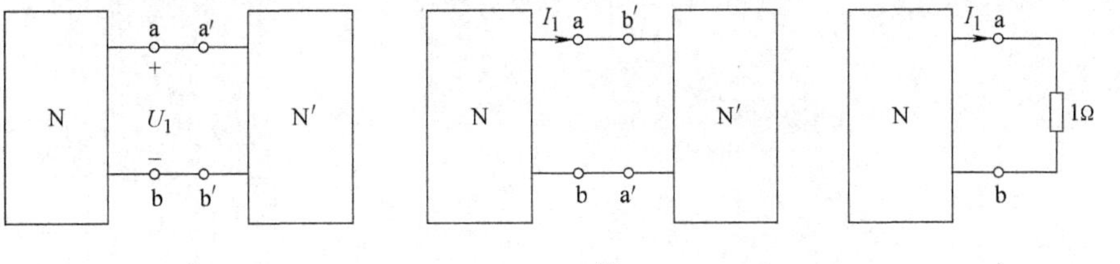

图 2-51　习题 2-34 图

2-35　用支路电流法求如图2-52所示两电路中的各支路电流。

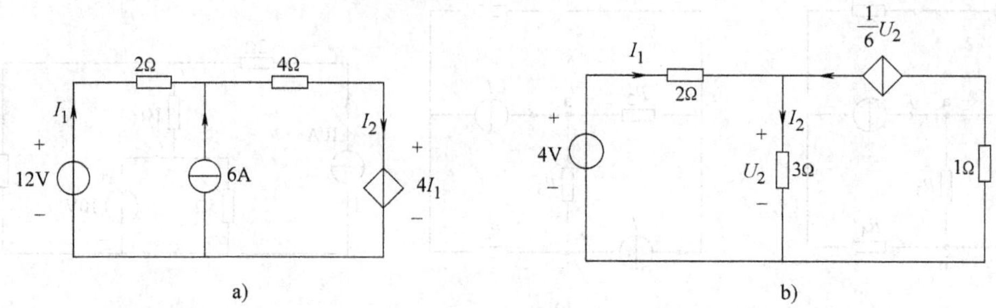

图2-52　习题2-35图

2-36　用叠加原理计算图2-53电路中的电流I。

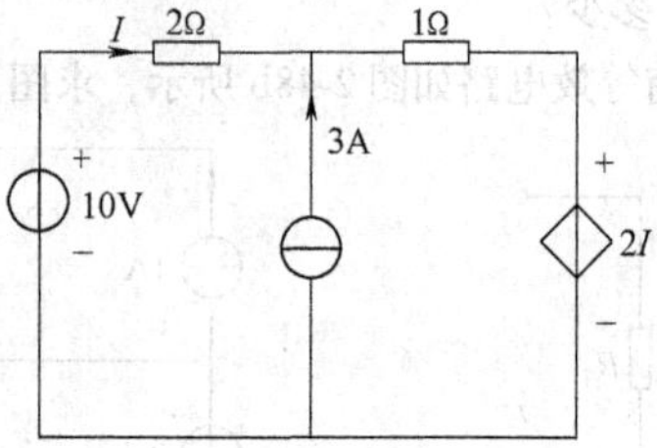

图2-53　习题2-36图

第三章　交流电路分析

在线性电路中，若电源（激励）按正弦规律变化，则在稳定状态下电路中其他部分所产生的电压和电流（响应）也按正弦规律变化，这样的电路即为正弦稳态交流电路，简称正弦交流电路。在生产上和日常生活中所用的交流电，一般都是指正弦交流电。

分析与计算正弦交流电路，主要是确定正弦交流电路中电压与电流之间的关系和功率。直流电路中所有的分析方法，都可以结合交流电路的特点用在交流电路分析中。

第一节　正弦交流电路的基本概念

正弦电压和电流等物理量，常统称为正弦量。正弦量可用时间的正弦函数表示，也可用余弦函数表示。本书一律采用正弦函数表示。按正弦规律变化的电压 u、电流 i 的正弦波形如图 3-1 所示，用正弦函数可表示为

$$u = U_m \sin(\omega t + \varphi_u)$$
$$i = I_m \sin(\omega t + \varphi_i)$$

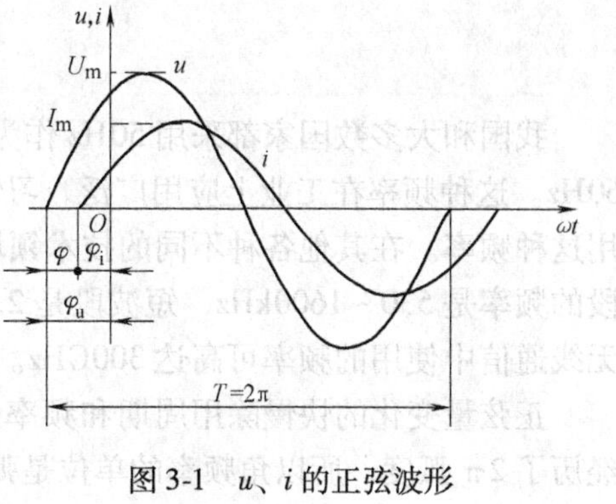

图 3-1　u、i 的正弦波形

下面结合以上两个表达式介绍正弦量的特征量。

一、瞬时值、幅值与有效值

通常用小写字母 u、i 表示正弦电压和正弦电流随时间变化的正弦函数，也表示它们在某一瞬时 t 的量值，称为正弦交流电的瞬时值。

正弦量在不同时刻有不同的瞬时值，其中最大的瞬时值称为正弦量的幅值，也称振幅或最大值。正弦电压和正弦电流的最大值分别用 U_m、I_m 表示，表明了正弦量变化过程中所能达到的最大值，是正弦量的重要特征之一。

正弦电流、电压的大小往往不是用它们的幅值来表示，而是常用有效值来计量的。

有效值是从电流的热效应来规定的，因为在电工技术中，电流常表现出其热效应。不论是周期性变化的电流还是直流，只要它们在相等的时间内通过同一电阻而两者的热效应相等，就把它们的安［培］值看作是相等的。就是说，某一个周期电流 i 通过电阻 R（譬如电阻炉）在一个周期内产生的热量，和另一个直流 I 通过同样大小的电阻在相等的时间内产生的热量相等，那么这个周期性变化的电流 i 的有效值在数值上就等于这个直流电流 I。

根据上述，可得

$$I^2 RT = \int_0^T i^2 R \mathrm{d}t$$

由此可得出周期电流的有效值

$$I = \sqrt{\frac{1}{T}\int_0^T i^2 \mathrm{d}t} \tag{3-1}$$

式（3-1）适用于周期性变化的量，但不能用于非周期量。可见周期电流的有效值又可称为方均根值。

当周期电流为正弦量时，即 $i = I_m \sin(\omega t + \varphi_i)$，则

$$I = \sqrt{\frac{1}{T}\int_0^T I_m^2 \sin^2(\omega t + \varphi_i)\,dt} = \frac{I_m}{\sqrt{2}} = 0.707 I_m$$

同理，周期电压的有效值也可以表示为

$$U = \sqrt{\frac{1}{T}\int_0^T u^2\,dt} = \frac{U_m}{\sqrt{2}} = 0.707 U_m$$

按照规定，有效值都用大写字母表示，和表示直流的字母一样。

一般所讲的正弦电压或电流的大小，例如交流电压380V或220V，都是指它的有效值。一般交流电流表和电压表的刻度也是根据有效值来定的。

二、周期、频率和角频率

正弦量完整变化一周所需时间（秒）称为周期 T。每秒内变化的次数称为频率 f，它的单位是赫[兹](Hz)。频率与周期互为倒数，即

$$f = \frac{1}{T}$$

我国和大多数国家都采用50Hz作为电力标准频率，有些国家（如美国、日本等）采用60Hz。这种频率在工业上应用广泛，习惯上也称为工频。通常的交流电动机和照明负载都用这种频率。在其他各种不同的技术领域内使用着各种不同的频率。例如，通常收音机中波段的频率是530～1600kHz，短波段是2.3～23MHz；移动通信的频率是900～1800MHz；在无线通信中使用的频率可高达300GHz。

正弦量变化的快慢除用周期和频率表示外，还可用角频率 ω 来表示。因为一个周期内经历了 2π 弧度，所以角频率的单位是弧度每秒（rad/s）。即

$$[\omega(t + T) + \varphi_i] - (\omega t + \varphi_i) = 2\pi$$

所以 ω 与周期 T 和频率 f 的关系为

$$\omega = \frac{2\pi}{T} = 2\pi f$$

三、相位和初相位

正弦量表达式中的角度称为相位角，简称相位，表示正弦量变化的进程。正弦电压和正弦电流的相位分别为 $(\omega t + \varphi_u)$、$(\omega t + \varphi_i)$。相位的单位一般用弧度（rad），有时为了方便，也可用度为单位。

$t = 0$ 时刻的相位称为初相位，简称初相。正弦电压和正弦电流的初相位分别为 φ_u、φ_i。一个正弦量的振幅确定后，其初始值由初相位决定。如正弦电流 $i = I_m \sin(\omega t + \varphi_i)$ 的初始值为

$$i = I_m \sin\varphi_i$$

可见，所取的计时起点不同，正弦量的初相位不同，其初始值也不同。

对于一个正弦量，若已知其幅值、频率（或周期）和初相位，即可写出该正弦量的数

学表达式，求出任一瞬时的值，并画出波形。所以幅值、频率和初相位就称为正弦量的三要素。

四、同频率正弦量的相位差

在正弦交流电路的分析中，常会出现多个同频率的正弦量，为了正确区别它们，除了研究它们的数值关系外，还必须考虑它们之间的差别，这是一个十分有意义的问题。如图 3-2 所示两个幅值和频率都相同的正弦电压，由于初相不同，很明显看到，它们的状态在任何时刻都是不一样的，即

$$u_1 = U_m \sin(\omega t + \varphi_1)$$
$$u_2 = U_m \sin(\omega t + \varphi_2)$$

因为初相不同，相位就不一样，即 $(\omega t + \varphi_1) \neq (\omega t + \varphi_2)$。也就是说，在同一时刻，这两个正弦量的变化进程是不同的。对于两个同频率正弦量，它们之间的相位之差称为相位差。上述两个正弦量的相位差用 φ_{12} 表示为

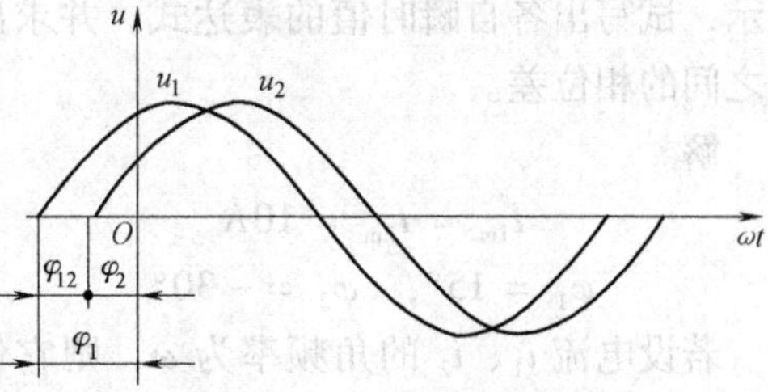

图 3-2　两个幅值和频率都相同的正弦电压

$$\varphi_{12} = (\omega t + \varphi_1) - (\omega t + \varphi_2) = \varphi_1 - \varphi_2$$

上式说明，它们的相位差与时间无关，与计时起点无关，恒等于两者的初相位差值。

需要强调指出，不同频率的正弦量之间的相位差是没有意义的，因为它们在一个周期内变化速率不一样，此时相位差是时间的函数。

对于任意同频率的正弦量，如 $u = U_m \sin(\omega t + \varphi_u)$，$i = I_m \sin(\omega t + \varphi_i)$，它们的相位差可表示为

$$\varphi = (\omega t + \varphi_u) - (\omega t + \varphi_i) = \varphi_u - \varphi_i \tag{3-2}$$

式（3-2）所示两个正弦量之间的相位关系有以下几种情形：

1）$\varphi = 0$，两个正弦量同时达到最大值，同时过零，变化状态完全相同，称为同相，如图 3-3a 所示。

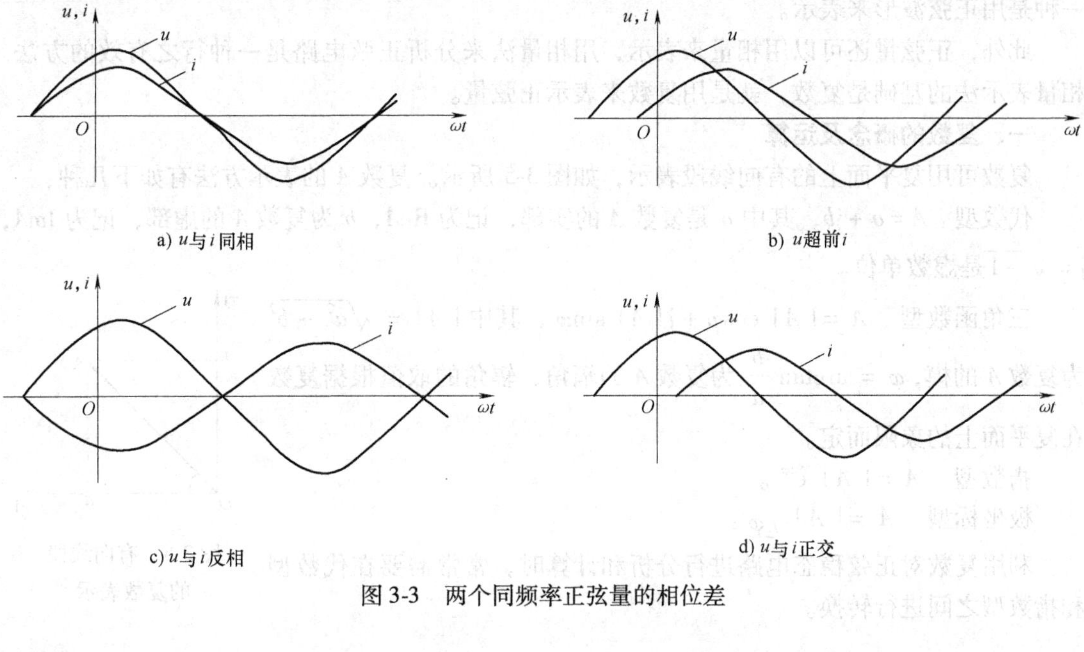

a) u与i同相　b) u超前i

c) u与i反相　d) u与i正交

图 3-3　两个同频率正弦量的相位差

2）$\varphi>0$，称 u 超前 i（或 i 滞后于 u）。在波形图上常用达到最大值的时间先后作为判断超前、滞后的依据，如图 3-3b 所示。

3）$\varphi<0$，称 u 滞后 i（或 i 超前于 u）。

4）$\varphi=\pm180°$，两个正弦量变化状态完全相反，称为反相，如图 3-3c 所示。

5）$\varphi=\frac{\pi}{2}$，称为正交，如图 3-3d 所示。

例 3-1 两正弦交流电流的波形如图 3-4 所示，试写出各自瞬时值的表达式，并求出它们之间的相位差。

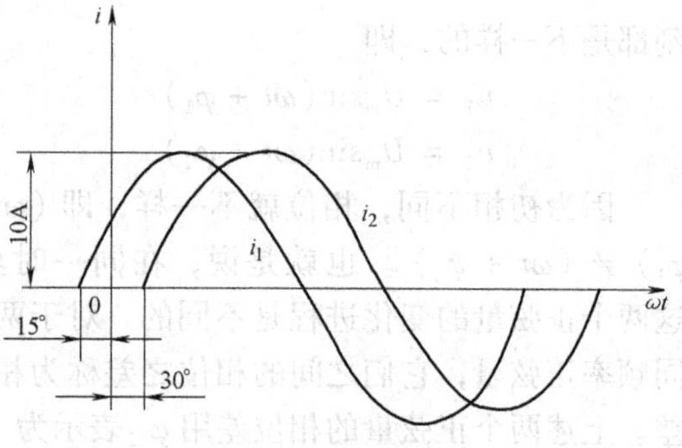

图 3-4 例 3-1 图

解

$$I_{1m}=I_{2m}=10\text{A}$$

$$\varphi_1=15°,\quad \varphi_2=-30°$$

若设电流 i_1、i_2 的角频率为 ω，则它们瞬时值的表达式分别为

$$i_1=10\sin(\omega t+15°)\text{A}$$

$$i_2=10\sin(\omega t-30°)\text{A}$$

相位差为

$$\varphi=\varphi_1-\varphi_2=15°-(-30°)=45°(i_1\text{ 超前于 }i_2 45°)$$

第二节 正弦量的相量表示方法

一个正弦量具有幅值、频率及初相位三个特征或要素。而这些特征可以用一些方法表示出来。正弦量的各种表示方法是分析与计算正弦交流电路的工具。

前面已经讲过两种表示法：一种是用三角函数式来表示，这是正弦量的基本表示法；另一种是用正弦波形来表示。

此外，正弦量还可以用相量来表示，用相量法来分析正弦电路是一种行之有效的方法。相量表示法的基础是复数，就是用复数来表示正弦量。

一、复数的概念及运算

复数可用复平面上的有向线段表示，如图 3-5 所示。复数 A 的表示方法有如下几种：

代数型 $A=a+\text{j}b$，其中 a 是复数 A 的实部，记为 ReA，b 为复数 A 的虚部，记为 ImA，$\text{j}=\sqrt{-1}$ 是虚数单位。

三角函数型 $A=|A|\cos\varphi+\text{j}|A|\sin\varphi$，其中 $|A|=\sqrt{a^2+b^2}$ 为复数 A 的模，$\varphi=\arctan\frac{b}{a}$ 为复数 A 的辐角，辐角的取值根据复数在复平面上的象限而定。

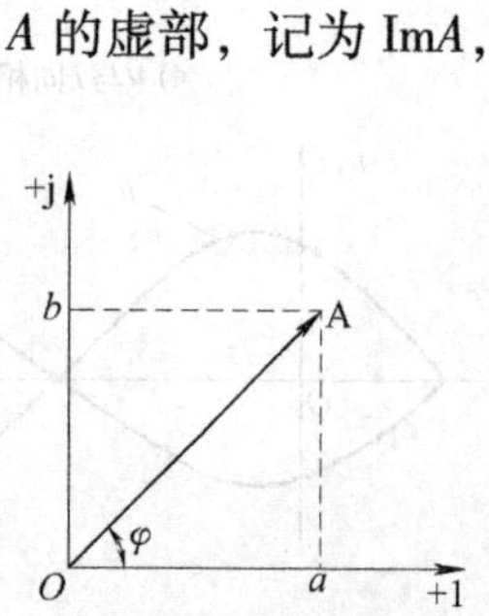

图 3-5 有向线段的复数表示

指数型 $A=|A|\text{e}^{\text{j}\varphi}$。

极坐标型 $A=|A|\underline{/\varphi}$。

利用复数对正弦稳态电路进行分析和计算时，常常需要在代数型和指数型之间进行转换。

复数的四则运算和实数的四则运算基本相同，需要注意的是以下一些法则和定义：

复数的加减运算　需要将其表达式写成代数式，运算时实部与实部相加减、虚部与虚部相加减。如

$$A_1 = a_1 + \mathrm{j}b_1,\quad A_2 = a_2 + \mathrm{j}b_2$$

$$A_1 \pm A_2 = (a_1 \pm a_2) + \mathrm{j}(b_1 \pm b_2)$$

复数的乘除运算　一般将其表达式化成指数式或极坐标形式进行运算比较方便，相乘时，模值相乘，辐角相加，相除时，模值相除，辐角相减。如

$$A_1 = |A_1|\,\mathrm{e}^{\mathrm{j}\varphi_1},\quad A_2 = |A_2|\,\mathrm{e}^{\mathrm{j}\varphi_2}$$

$$A_1A_2 = |A_1||A_2|\,\mathrm{e}^{\mathrm{j}(\varphi_1+\varphi_2)} = |A_1||A_2|\,\underline{/\varphi_1+\varphi_2}$$

$$\frac{A_1}{A_2} = \frac{|A_1|}{|A_2|}\mathrm{e}^{\mathrm{j}(\varphi_1-\varphi_2)} = \frac{|A_1|}{|A_2|}\underline{/\varphi_1-\varphi_2}$$

下面考虑复数乘除时的特例

$$A_1 = |A_1|\,\mathrm{e}^{\mathrm{j}\varphi_1},\quad A_2 = \mathrm{j} = 1\underline{/90^\circ}$$

$$A_1A_2 = \mathrm{j}A_1 = |A_1|\,\underline{/\varphi_1+90^\circ}$$

$$\frac{A_1}{A_2} = \frac{A_1}{\mathrm{j}} = |A_1|\,\underline{/\varphi_1-90^\circ}$$

可见，某复数乘以 j，就等于把该复数在复平面上逆时针旋转 90°；而当某复数除以 j（或乘以 -j），就等于把该复数在复平面上顺时针旋转 90°。

例 3-2　设 $A_1 = 3 - \mathrm{j}4$，$A_2 = 10\underline{/135^\circ}$。求 $A_1 + A_2$ 和 $\frac{A_1}{A_2}$。

解　$A_1 + A_2 = (3 - \mathrm{j}4) + 10\underline{/135^\circ} = (3 - \mathrm{j}4) + (10\cos135^\circ + \mathrm{j}10\sin135^\circ)$

$= (3 - \mathrm{j}4) + (-7.07 + \mathrm{j}7.07) = -4.07 + \mathrm{j}3.07$

若转换为极坐标形式，则为

$$A_1 + A_2 = -4.07 + \mathrm{j}3.07 = 5.1\underline{/143^\circ}$$

$$\frac{A_1}{A_2} = \frac{3 - \mathrm{j}4}{10\underline{/135^\circ}} = \frac{5\underline{/-53.1^\circ}}{10\underline{/135^\circ}} = 0.5\underline{/-188.1^\circ} = 0.5\underline{/171.9^\circ}$$

二、正弦电压电流量的相量表示

在线性电路中，如果全部电源都是频率相同的正弦量，则电路中各处的电压和电流也全部是同频率的正弦量，这意味着在待求的正弦电流和正弦电压的三要素中，频率为已知量，不必再考虑，只需求出振幅（或其有效值）和初相，就可确定待求的正弦量。根据正弦电路的这一特点，我们找到了正弦量与复数之间存在的一一对应的映射关系，即可用一个复数来反映正弦量的振幅（或其有效值）和初相。为了与一般复数区别，将反映正弦量的复数称为相量，并用对应物理量的大写字母上方加上“·”来表示。

若正弦电压、正弦电流表示为

$$u = \sqrt{2}U\sin(\omega t + \varphi_{\mathrm{u}})$$

$$i = \sqrt{2}I\sin(\omega t + \varphi_{\mathrm{i}})$$

则它们对应的有效值相量可用 $\dot{U}$、$\dot{I}$ 表示，并且

$$\dot{U} = U\angle\varphi_u$$

$$\dot{I} = I\angle\varphi_i$$

可见，相量表面上看与频率无关，但其中隐含着时间变量 ωt。由相量反求正弦量的表达式时必须知道 ω 才能写出。相量也可用振幅表示。

例 3-3 写出下列正弦电流对应的相量

$$i_1 = 14.14\sin(314t - 150°)\text{A}$$

$$i_2 = -14.14\cos(10^3 t - 60°)\text{A}$$

解 将电流 i_2 的表达式改写为

$$i_2 = -14.14\cos(10^3 t - 60°)\text{A} = -14.14\sin(10^3 t - 60° + 90°)\text{A}$$

$$= 14.14\sin(10^3 t + 30° - 180°)\text{A} = 14.14\sin(10^3 t - 150°)\text{A}$$

于是

$$\dot{I}_1 = \frac{14.14}{\sqrt{2}}\angle -150°\text{A} = 10\angle -150°\text{A}$$

$$\dot{I}_2 = \frac{14.14}{\sqrt{2}}\angle -150°\text{A} = 10\angle -150°\text{A}$$

相量和正弦量不是相等的关系，因此，下面的写法是错误的：

$$i_1 = 14.14\sin(314t - 150°)\text{A} = 10\angle -150°\text{A}$$

本例中 $\dot{I}_1 = \dot{I}_2$ 没有实际意义，因为相量之间所表示的运算关系只能在同频率的正弦量中使用。

第三节 KCL 和 KVL 的相量形式

直流电路中，我们指出电路元件联接方式的两种约束关系，即 KCL 和 KVL。这两个定律在正弦交流电路中的具体形式是

$$\sum i = 0$$

$$\sum u = 0$$

如果用相量形式来表示，可得

$$\sum \dot{I} = 0$$

$$\sum \dot{U} = 0$$

上面两式说明：在正弦交流电路中，任一节点处所有支路电流的相量和等于零，任一回路中所有支路电压的相量和等于零。这就是相量形式的基尔霍夫定律，它与直流电路中的基尔霍夫定律表现形式相似，因此，在直流电路中介绍的所有分析方法都可以应用到交流电路中。需要注意的是，这是相量的代数和，而不是数值的代数和。

根据欧姆定律，交流电路中与直流电路电阻相对应的元件，其参数也应是复数，称为阻抗，用 Z 表示。

例 3-4 图 3-6 所示电路中，$Z = (10 + j157)\Omega$，$Z_1 = 1000\Omega$，$Z_2 = -j318.47\Omega$，$\dot{U}_S = 100\angle 0°\text{V}$。求各支路电流和 $\dot{U}_{ab}$。

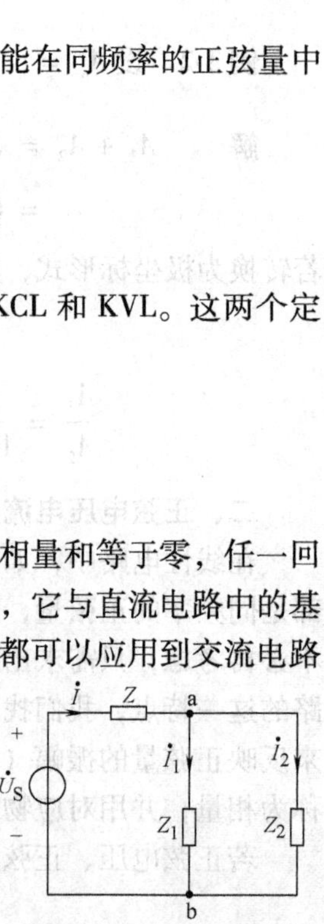

图 3-6 例 3-4 图

解 电路总输入阻抗 Z_{eq} 为

$$Z_{eq} = Z + \frac{Z_1Z_2}{Z_1+Z_2} = \left(10 + j157 + \frac{1000\times(-j318.47)}{1000 - j318.47}\right)\Omega$$

$$= (10 + j157 + 92.11 - j289.13)\Omega$$

$$= (102.11 - j132.13)\Omega = 166.99\underline{/-52.30^\circ}\Omega$$

$$\dot I = \frac{\dot U_S}{Z_{eq}} = 0.60\underline{/52.30^\circ}A$$

$$\dot U_{ab} = \frac{Z_1Z_2}{Z_1+Z_2}\dot I = 182.07\underline{/-20.03^\circ}V$$

$$\dot I_1 = \frac{\dot U_{ab}}{Z_1} = 0.18\underline{/-20.03^\circ}A$$

$$\dot I_2 = \frac{\dot U_{ab}}{Z_2} = 0.57\underline{/-69.96^\circ}A$$

本例也可以用节点电压法，即

$$\left(\frac{1}{Z}+\frac{1}{Z_1}+\frac{1}{Z_2}\right)\dot U_{ab} = \frac{\dot U_S}{Z}$$

先求得 $\dot U_{ab}$，再求各支路电流。

例 3-5　图 3-7 所示正弦电流电路中，已知 $i_{S1}(t) = \sqrt{2}\sin(\omega t + 30^\circ)$ A，$u_{S1}(t) = 10\sqrt{2}\sin\omega t$ V，$u_{S2}(t) = 15\sqrt{2}\sin(\omega t + 45^\circ)$ V，$\omega = 10^3$ rad/s。用节点电压法求 $i_2(t)$。

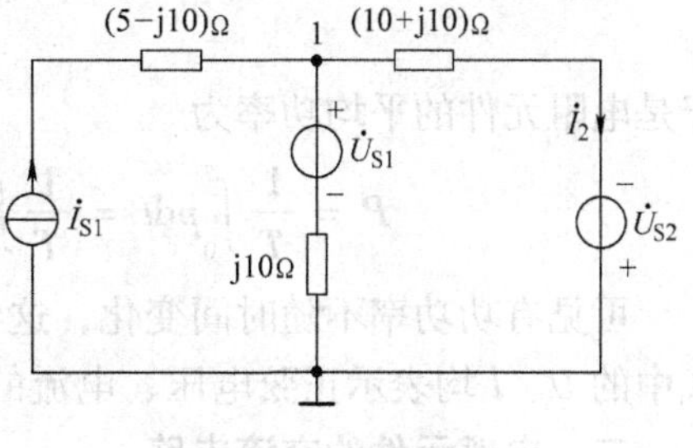

图 3-7　例 3-5 图

解　用观察法直接列出节点 1 的节点电压方程

$$\left(\frac{1}{j10}+\frac{1}{10+j10}\right)\dot U_{n1} = \left(1\underline{/30^\circ} + \frac{10\underline{/0^\circ}}{j10} - \frac{15\underline{/45^\circ}}{10+j10}\right)A$$

求解得到

$$\dot U_{n1} = 3.39\underline{/-39.7^\circ}V$$

再用相量形式的 KVL 方程求出电流

$$\dot I_2 = \frac{\dot U_{n1} + \dot U_{S2}}{(10+j10)\Omega} = \frac{3.39\underline{/-39.7^\circ} + 15\underline{/45^\circ}}{10+j10}A = 1.109\underline{/-12.44^\circ}A$$

$$i_2 = 1.109\sqrt{2}\sin(10^3t - 12.44^\circ)\ A$$

第四节　*RLC* 元件的交流电路

在以下推导过程中，设元件两端的电压和流过元件的电流均采用关联参考方向。

一、电阻元件的交流电路

如图 3-8 所示，根据欧姆定律，任意时刻电阻 R 的电压和电流的关系为

$$u = Ri$$

根据相量运算规则有

$$\dot U = R\dot I$$

上式称为电阻元件欧姆定律的相量形式。

如果 $i = \sqrt{2}I\sin\omega t$，对于电阻元件，有

$$u = Ri = \sqrt{2}RI\sin\omega t = \sqrt{2}U\sin\omega t$$

可见 $U=RI$，且电压与电流同相位。

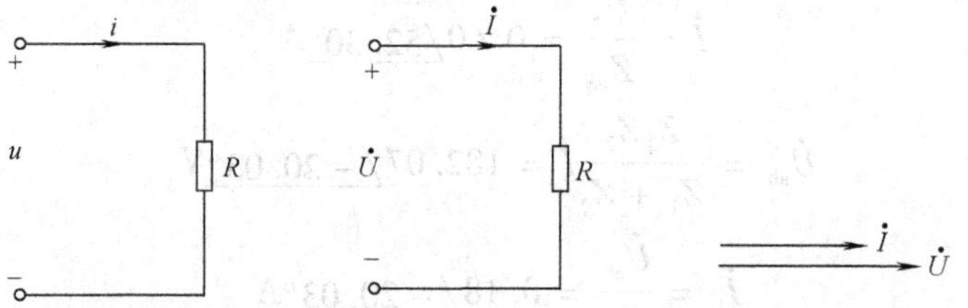

a) 电路图　b) 相量模型　c) 电压与电流的相位关系

图3-8　电阻元件的交流电路

任一时刻电阻元件的瞬时功率可表示为

$$p = ui = \sqrt{2}U\sqrt{2}I\sin^2\omega t = UI(1-\cos 2\omega t)$$

瞬时功率的实用意义并不大，通常用平均功率来反映吸收功率的平均效果。平均功率也称有功功率，它是瞬时功率在一个周期内的平均值，即

$$P = \frac{1}{T}\int_0^T p\mathrm{d}t$$

于是电阻元件的平均功率为

$$P = \frac{1}{T}\int_0^T p\mathrm{d}t = \frac{1}{T}\int_0^T UI(1-\cos 2\omega t)\mathrm{d}t = UI = I^2R = \frac{U^2}{R}$$

可见有功功率不随时间变化，这与直流电路中计算电阻元件的功率形式是一样的，但上式中的 U、I 均表示正弦电压、电流的有效值。

二、电感元件的交流电路

电感元件是实际线圈的一种理想化模型，它反映了电流产生磁通和磁场能量储存这一物理现象，其元件特性是磁通链 ψ_L 与电流 i 的代数关系，ψ_L 与电流 i 的参考方向满足右手螺旋关系，如图3-9a所示。

线性电感元件的电路符号如图3-9b所示，一般在图中不必也难以画出磁通或磁链的参考方向。对于线性电感，其元件特性为

$$\psi_L = Li$$

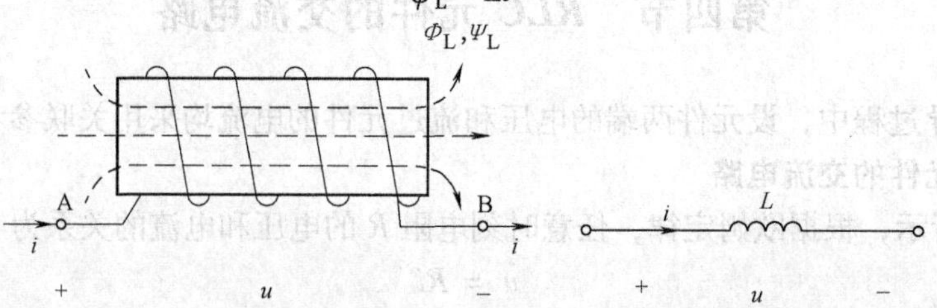

a) 磁通链与电流的关系　b) 电感元件的电路符号

图3-9　电感元件

其中 L 为电感元件的参数，称为自感系数或电感，它是一个正实常数。

在国际单位制（SI）中，磁通和磁链的单位是 Wb（韦伯），当电流单位为 A（安）时，电感的单位是 H（亨利，简称亨）。

当电感元件中磁通或电流 i 发生变化时，则在电感元件上会产生感应电动势或感应电压，当 u 和 i 的参考方向取关联方向时，则得到电感元件的电压电流关系（VCR）为

$$u=\frac{\mathrm{d}\psi}{\mathrm{d}t}=L\frac{\mathrm{d}i}{\mathrm{d}t} \tag{3-3}$$

若 u 和 i 的参考方向为非关联方向时，上式要加一负号。当线圈中通过恒定电流时，其电压 u 为零，此时电感元件可视作短路。

电感元件吸收的功率为

$$p=ui=Li\frac{\mathrm{d}i}{\mathrm{d}t}$$

在任何时刻 t，电感元件储存的磁场能为

$$W_{\mathrm{L}}(t)=\frac{1}{2}Li^2(t)$$

假定 $i=\sqrt{2}I\sin\omega t$，代入式（3-3）得

$$u=L\frac{\mathrm{d}i}{\mathrm{d}t}=\sqrt{2}\omega LI\cos\omega t=\sqrt{2}\omega LI\sin\left(\omega t+\frac{\pi}{2}\right)$$

上式说明，电流为正弦量时，电感电压是与电流同频率的正弦量，但在相位上电压超前于电流 90°，在大小关系上

$$U=\omega LI$$

由上式可知，当 ω 一定时，电感两端的电压有效值正比于电流。当 $\omega=0$ 时，电感电压恒为零，即电感元件在直流电路中相当于短路。当 ω 趋于∞时，电感元件相当于开路元件。令

$$X_{\mathrm{L}}=\omega L=2\pi fL$$

则

$$I=\frac{U}{\omega L}=\frac{U}{X_{\mathrm{L}}}$$

从上式可知，电压一定时，X_{L} 越大，电流越小。可见 X_{L} 具有阻碍电流的性质，所以称 X_{L} 为电感电抗，简称感抗。

当 ω 的单位用 rad/s，L 的单位用 H 时，X_{L} 的单位为 Ω。

若用相量形式来表示，则

$$\dot{U}=\mathrm{j}X_{\mathrm{L}}\dot{I}$$

或

$$\dot{I}=-\mathrm{j}\frac{\dot{U}}{X_{\mathrm{L}}}$$

由此得出电感元件的交流电路，如图 3-10 所示。

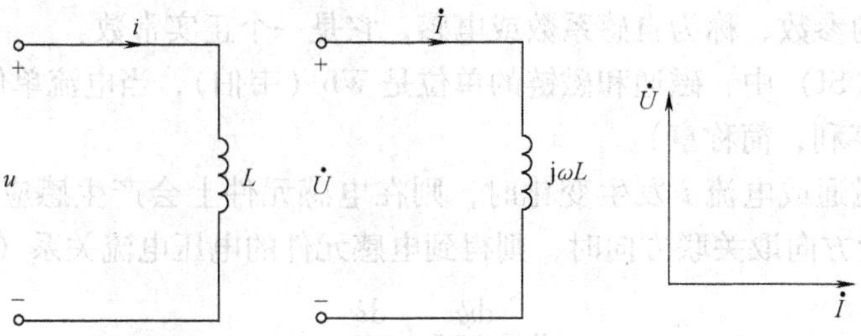

a) 电路图　　b) 相量模型　　c) 电压与电流的相位关系

图 3-10　电感元件的交流电路

电感元件在交流电路中的瞬时功率关系为

$$p = ui = U_{\mathrm{m}}\sin\left(\omega t + \frac{\pi}{2}\right)I_{\mathrm{m}}\sin\omega t = U_{\mathrm{m}}I_{\mathrm{m}}\cos\omega t\sin\omega t = UI\sin2\omega t$$

其平均功率为

$$P = \frac{1}{T}\int_0^T p\mathrm{d}t = \frac{1}{T}\int_0^T UI\sin2\omega t\mathrm{d}t = 0$$

可见，电感电路中的瞬时功率最大值为 UI，以 2ω 为角频率随时间正负交替变化的，没有任何能量消耗，只有电源与电感元件之间的能量交换，其能量交换的规模用无功功率 Q 来衡量，它的大小等于瞬时功率的幅值，电感元件的无功功率为

$$Q_{\mathrm{L}} = UI = I^2 X_{\mathrm{L}}$$

无功功率的计量单位为 var（乏）。

无功功率不是无用功率，许多电气设备需要依靠磁场传递能量，而其中电感性负载与电源之间的能量交换规模就得用无功功率来描述。

三、电容元件的交流电路

电容元件的元件特性是电荷 q 与电压 u 的代数关系，以及电场能量储存这一物理现象。线性电容元件的电路符号如图 3-11 所示（极板上的电荷一般不标出），当电压参考极性与极板储存电荷的极性一致时，线性电容的元件特性为

$$q = Cu$$

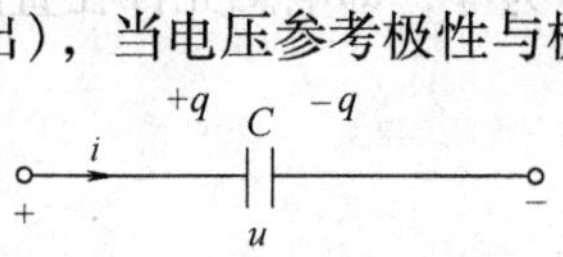

图 3-11　电容元件

式中的 C 是电容元件的参数，称为电容，它是一个正实常数。在国际单位制（SI）中，当电荷和电压的单位分别为 C 和 V 时，电容的单位为 F。

当电容元件上电荷量 q 或电压 u 发生变化时，则在电路中引起电流，当 u 和 i 的参考方向取关联方向时，则得到电容元件的电压电流关系（VCR）为

$$i = \frac{\mathrm{d}q}{\mathrm{d}t} = C\frac{\mathrm{d}u}{\mathrm{d}t} \tag{3-4}$$

若电压电流的参考方向为非关联方向时，式（3-4）要加一负号。当电容元件两端电压恒定时，其中电流为零，此时电容元件可视为开路。

电容元件吸收的功率为

$$p = ui = Cu\frac{\mathrm{d}u}{\mathrm{d}t}$$

在任何时刻 t，电容元件储存的电场能为

$$W_C(t)=\frac{1}{2}Cu^2(t)$$

假定 $u=\sqrt{2}U\sin\omega t$，代入式（3-4）得

$$i=C\frac{\mathrm{d}u}{\mathrm{d}t}=\sqrt{2}\omega CU\sin\left(\omega t+\frac{\pi}{2}\right)$$

上式说明，电压为正弦量时，电容电流是与电压同频率的正弦量，但在相位上电流超前于电压 90°，在大小关系上

$$I=\omega CU$$

由上式可知，当 ω 一定时，电容两端的电流有效值正比于电压。当 $\omega=0$ 时，电容电流恒为零，即电容元件在直流电路中相当于开路，具有隔直作用。当 ω 趋于∞时，电容元件相当于短路元件。

令

$$X_C=\frac{1}{\omega C}$$

则

$$I=\frac{U}{X_C}$$

从上式可见，X_C 也具有阻碍电流的性质，所以称 X_C 为电容电抗，简称容抗。当 ω 的单位用 rad/s，C 的单位用 F，X_C 的单位为 Ω。若用相量形式来表示，则

$$\dot{I}=\mathrm{j}\frac{1}{X_C}\dot{U}$$

或

$$\dot{U}=-\mathrm{j}X_C\dot{I}$$

由此得出电容元件的交流电路如图 3-12 所示。

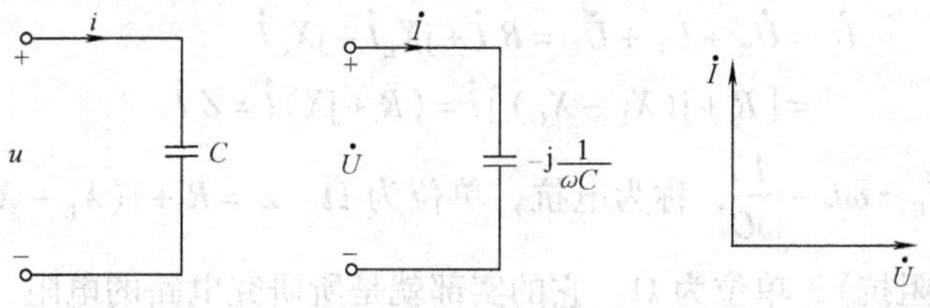

a) 电路图　　b) 相量模型　　c) 电压与电流的相位关系

图 3-12　电容元件的交流电路

电容元件在交流电路中的瞬时功率关系为

$$p=ui=\sqrt{2}U\sin\omega t\,\sqrt{2}I\sin\left(\omega t+\frac{\pi}{2}\right)=UI\sin 2\omega t$$

其平均功率为

$$P=\frac{1}{T}\int_0^T p\mathrm{d}t=\frac{1}{T}\int_0^T UI\sin 2\omega t\mathrm{d}t=0$$

可见，电容元件与电感元件相似，其瞬时功率幅值为UI，以2ω为角频率随时间正负交替变化的，也没有能量消耗，只有电源与电容元件之间的能量交换，其能量交换的规模也用无功功率Q来衡量，它的大小也等于瞬时功率的幅值，考虑到电感、电容元件的电压电流的相位关系，若电感的无功定义为正，则电容的无功就为负，即

$$Q_C = -UI = -I^2X_C$$

第五节　简单交流电路分析

分析交流电路，可以将分析直流电路的所有的方法应用到交流电路，但应注意交流电路的运算是相量运算，而直流电路是实数运算。

一、*RLC*串联交流电路

图3-13是*RLC*三个阻抗元件相互串联的交流电路及其对应的相量电路和相量图。

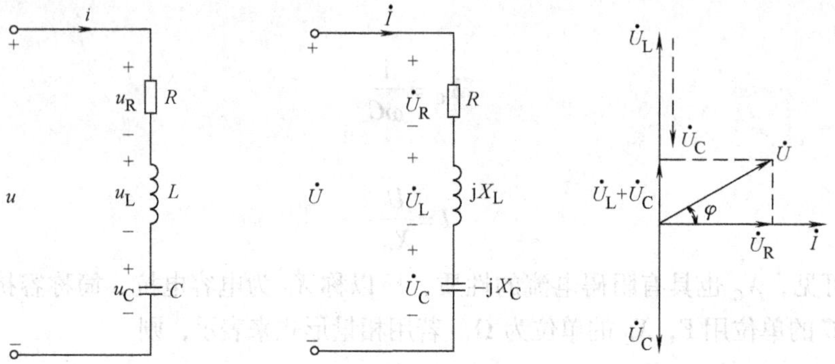

a) 交流电路　　b) 相量电路　　c) 相量图

图3-13　*RLC*串联交流电路

根据KVL及元件电压电流关系有

$$\begin{aligned}\dot{U} &= \dot{U}_R + \dot{U}_L + \dot{U}_C = R\dot{I} + jX_L\dot{I} - jX_C\dot{I}\\ &= [R + j(X_L - X_C)]\dot{I} = (R + jX)\dot{I} = Z\dot{I}\end{aligned}$$

式中，$X = X_L - X_C = \omega L - \dfrac{1}{\omega C}$，称为电抗，单位为Ω。$Z = R + j(X_L - X_C) = R + jX$，称为电路的复阻抗（简称阻抗），单位为Ω。它的实部就是所研究电路的电阻，虚部为电路的电抗。

阻抗Z只是联系电压相量和电流相量的复参数，本身并不是正弦量，也不是相量。

对于串联电路，由于各元件流过的电流相同，所以通常选电流为参考相量，由此定性画出了该串联电路的相量图，如图3-13c所示，$\dot{U}_R$、$(\dot{U}_L + \dot{U}_C)$和$\dot{U}$正好组成一个直角三角形。这一三角形称为电压三角形。根据几何关系，可得

$$\begin{aligned}U &= \sqrt{U_R^2 + (U_L - U_C)^2} = \sqrt{U_R^2 + U_X^2}\\ &= \sqrt{(RI)^2 + (X_LI - X_CI)^2} = \sqrt{R^2 + X^2}I = |Z|I\end{aligned}$$

式中，$|Z|$为阻抗Z的模值，称为阻抗模，$Z = |Z|\underline{/\varphi_Z}$即该串联电路的等效阻抗；$\varphi_Z$称

为阻抗的辐角或电路的阻抗角，也可以认为是该电路电压相量与电流相量之间的夹角。

例 3-6 图 3-13a 所示 *RLC* 串联电路中，$R=30\Omega$，$L=254\text{mH}$，$C=80\mu\text{F}$，电源电压 $u=220\sqrt{2}\sin(314t+20°)\text{V}$。试求电路中的电流和各元件上的电压正弦量解析式。

解 采用相量法，先写出已知相量，计算电路的阻抗，然后求出解答。

电路的电压相量为

$$\dot{U}=220\angle 20°\text{V}$$

电路的阻抗为

$$\begin{aligned}Z&=R+\text{j}\left(\omega L-\frac{1}{\omega C}\right)=\left[30+\text{j}\left(314\times254\times10^{-3}-\frac{1}{314\times80\times10^{-6}}\right)\right]\Omega\\&=[30+\text{j}(79.8-39.8)]\Omega=(30+\text{j}40)\Omega\\&=50\angle 53.1°\Omega\end{aligned}$$

于是

$$\dot{I}=\frac{\dot{U}}{Z}=\frac{220\angle 20°}{50\angle 53.1°}\text{A}=4.4\angle -33.1°\text{A}$$

各元件上的电压相量分别为

$$\dot{U}_\text{R}=R\dot{I}=30\times4.4\angle -33.1°\text{V}=132\angle -33.1°\text{V}$$

$$\dot{U}_\text{L}=\text{j}\omega L\dot{I}=\text{j}79.8\times4.4\angle -33.1°\text{V}=351.1\angle 56.9°\text{V}$$

$$\dot{U}_\text{C}=-\text{j}\frac{1}{\omega C}\dot{I}=-\text{j}39.8\times4.4\angle -33.1°\text{V}=175.1\angle -123.1°\text{V}$$

它们的正弦量解析式为

$$i=4.4\sqrt{2}\sin(314t-33.1°)\text{A}$$

$$u_\text{R}=132\sqrt{2}\sin(314t-33.1°)\text{V}$$

$$u_\text{L}=351.1\sqrt{2}\sin(314t+56.9°)\text{V}$$

$$u_\text{C}=175.1\sqrt{2}\sin(314-123.1°)\text{V}$$

例 3-7 荧光灯电路接通后，镇流器与灯管串联。整流器可用电感元件作为其模型，灯管可用电阻元件作为其模型。一个荧光灯电路的 $R=300\Omega$、$L=1.66\text{H}$，工频电源电压为 220V，忽略整流器电阻。试求电源电压与灯管电流的相位差、灯管电流、灯管电压和整流器电压。

解 这是电阻、电感串联电路。整流器的感抗

$$X_\text{L}=\omega L=100\pi\times1.66\Omega=521.5\Omega$$

电路的阻抗

$$Z=R+\text{j}X_\text{L}=(300+\text{j}521.5)\Omega=601.6\angle 60°\Omega$$

所以电源电压比灯管电流超前 60°。

灯管电流

$$I=\frac{U}{|Z|}=\frac{220}{601.6}\text{A}=0.366\text{A}$$

灯管电压、整流器电压分别为

$$U_\text{R}=RI=300\times0.366\text{V}=110\text{V}$$

$$U_L = X_L I = 521.5 \times 0.366\text{V} = 191\text{V}$$

二、*RLC* 并联交流电路

图3-14所示*RLC*并联交流电路中，由于并联电路电压相同，所以通常选电压为参考相量，设 $\dot{U} = U\angle 0°$。各支路电流为

$$\dot{I}_R = \frac{\dot{U}}{R},\ \dot{I}_L = \frac{\dot{U}}{jX_L} = -j\frac{\dot{U}}{X_L},$$

$$\dot{I}_C = \frac{\dot{U}}{-jX_C} = j\frac{\dot{U}}{X_C}$$

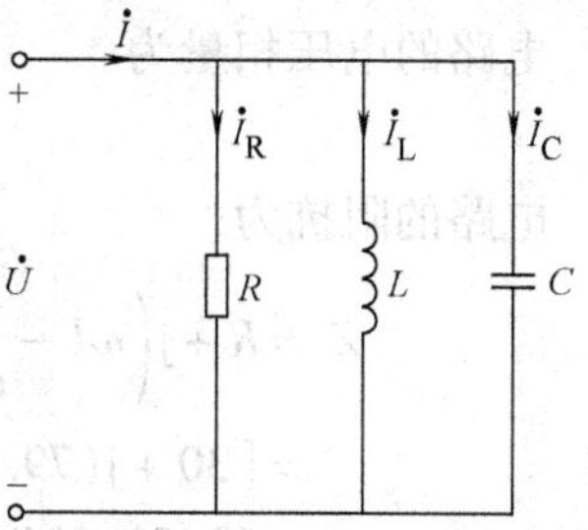

图3-14 *RLC* 并联交流电路

根据KCL，有

$$\dot{I} = \dot{I}_R + \dot{I}_L + \dot{I}_C = \frac{\dot{U}}{R} - j\frac{\dot{U}}{X_L} + j\frac{\dot{U}}{X_C}$$

$$= \dot{U}\left[\frac{1}{R} - j\left(\frac{1}{X_L} - \frac{1}{X_C}\right)\right] \tag{3-5}$$

若用有效值的形式表示，则

$$I = \sqrt{I_R^2 + (I_L - I_C)^2} = U\sqrt{\left(\frac{1}{R}\right)^2 + \left(\frac{1}{X_L} - \frac{1}{X_C}\right)^2}$$

电压、电流的相位差为

$$\varphi = \arctan\frac{I_L - I_C}{I_R} = \arctan\frac{\frac{1}{X_L} - \frac{1}{X_C}}{\frac{1}{R}} \tag{3-6}$$

从式（3-6）可知，当 $\frac{1}{X_L} > \frac{1}{X_C}$ 时，$\varphi > 0$ 时，电压超前于电流，电路呈感性；当 $\frac{1}{X_L} < \frac{1}{X_C}$，$\varphi < 0$ 时，电压滞后于电流，电路呈容性；当 $\frac{1}{X_L} = \frac{1}{X_C}$，$\varphi = 0$ 时，总电压与总电流同相。该并联电路电流相量图如图3-15所示。

仿照直流电路中电导 $\left(G = \frac{1}{R}\right)$ 的关系，设

$$G = \frac{1}{R}$$

$$B = \frac{1}{X_L} - \frac{1}{X_C} = \frac{1}{\omega L} - \omega C$$

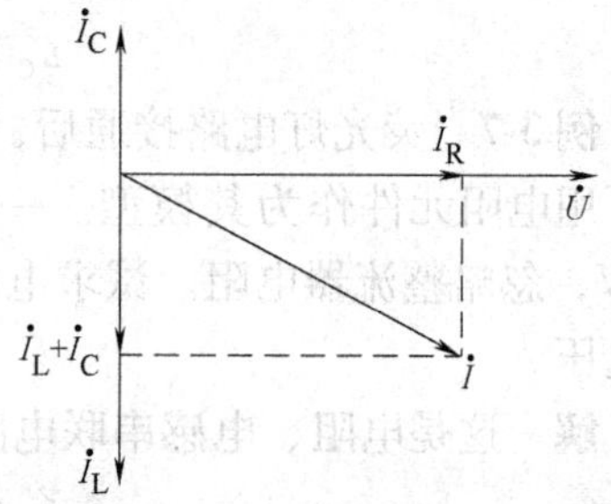

图3-15 *RLC* 并联电路电流相量图

则式（3-5）可写为

$$\dot{I} = \dot{U}(G - jB)$$

令

$$Y = G - jB$$

则有

$$\dot{I} = Y\dot{U}$$

$$|Y| = \sqrt{G^2 + B^2} = \sqrt{\left(\frac{1}{R}\right)^2 + \left(\frac{1}{X_L} - \frac{1}{X_C}\right)^2} = \sqrt{G^2 + B^2}$$

$$\varphi = \arctan \frac{B}{G}$$

Y 称为复导纳（简称导纳），$|Y|$ 称为导纳模，G 称为电导，B 称为电纳，导纳的单位为 S（西门子，简称西）。当 $B>0$ 时，Y 称为容性电纳；当 $B<0$ 时称为感性电纳。

上面的分析方法与结论，可以推广到其他串并联交流电路中。

例 3-8　在如图 3-16a 所示的 RL 并联电路中，已知电流表 A_1、A_2 的读数均为 10A，求电流表 A_0 的读数。

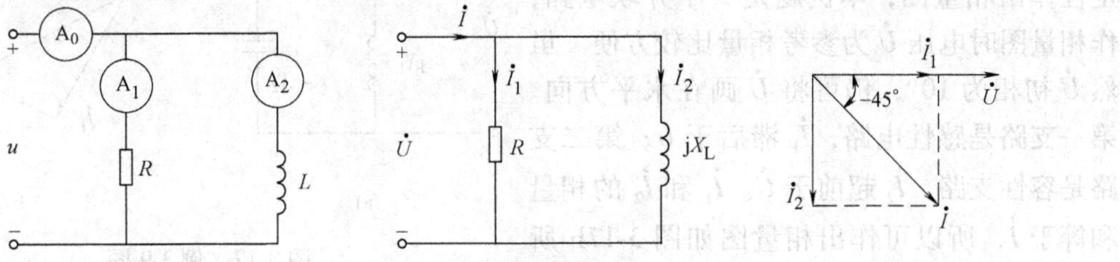

图 3-16　例 3-8 图

解　正弦交流电路中电压表、电流表的读数，如无特别说明，均为有效值，而有效值关系式一般不满足基尔霍夫定律的，所以本题中电流表 A_0 的读数不是 $(10+10)\text{A}=20\text{A}$。

下面对本题用两种方法求解。

（1）利用相量关系式求解。

电路的相量模型如图 3-16b 所示，设两并联支路的电压有效值为 U，并设电压相量为

$$\dot{U} = U\underline{/0^\circ}\text{V}$$

则

$$\dot{I}_1 = \frac{\dot{U}}{R} = \frac{U\underline{/0^\circ}}{R} = I_1\underline{/0^\circ}\text{A}$$

电流表 A_1 的读数为正弦电流 i_1 的有效值，即 $I_1=10\text{A}$。所以

$$\dot{I}_1 = 10\underline{/0^\circ}\text{A}$$

又

$$\dot{I}_2 = \frac{\dot{U}}{\text{j}X_\text{L}} = \frac{U\underline{/0^\circ}}{\text{j}X_\text{L}} = \frac{U}{X_\text{L}}\underline{/-90^\circ} = I_2\underline{/-90^\circ}\text{A}$$

电流表 A_2 的读数为正弦电流 i_2 的有效值，即 $I_2=10\text{A}$。所以

$$\dot{I}_2 = 10\underline{/-90^\circ}\text{A} = -\text{j}10\text{A}$$

由 KCL 可知

$$\dot{I} = \dot{I}_1 + \dot{I}_2 = (10-\text{j}10)\ \text{A} = 10\sqrt{2}\underline{/-45^\circ}\text{A}$$

其有效值为 $10\sqrt{2}\text{A}$，即电流表 A_0 的读数为 14.1A。

（2）利用相量图求解。

设 $\dot{U}=U\underline{/0^\circ}\text{V}$，因为电阻上的电压、电流同相，故相量 $\dot{I}_1$ 与 $\dot{U}$ 同相；因为电感的电流滞后电压 90°（电压超前电流 90°），故相量 $\dot{I}_2$ 与 $\dot{U}$ 垂直，且处于滞后的位置。根据已知条件，相量 $\dot{I}_1$、$\dot{I}_2$ 的长度相等，都等于 10，由这两个相量所构成的平行四边形的对角线可确

定相量 $\dot{I}$，相量图如图3-16c所示。由相量图得

$$I=\sqrt{I_1^2+I_2^2}=\sqrt{10^2+10^2}\text{A}=14.1\text{A}$$

即电流表A的读数为14.1A。

例3-9　在图3-17a所示电路中，已知 $R_1=3\Omega$，$X_1=4\Omega$，$R_2=8\Omega$，$X_2=6\Omega$，$u=220\sqrt{2}\sin(314t+10°)\text{V}$。试求电流 i_1、i_2 和 i。

解　电路图及参考方向如图3-17a所示。定性作出相量图，本例题是一个并联电路，作相量图时电压 $\dot{U}$ 为参考相量比较方便。虽然 $\dot{U}$ 初相为10°，仍可将 $\dot{U}$ 画在水平方向。第一支路是感性电路，$\dot{I}_1$ 滞后于 $\dot{U}$；第二支路是容性支路，$\dot{I}_2$ 超前于 $\dot{U}$。$\dot{I}_1$ 和 $\dot{I}_2$ 的相量和等于 $\dot{I}$，所以可作出相量图如图3-17b所示，然后进行计算。

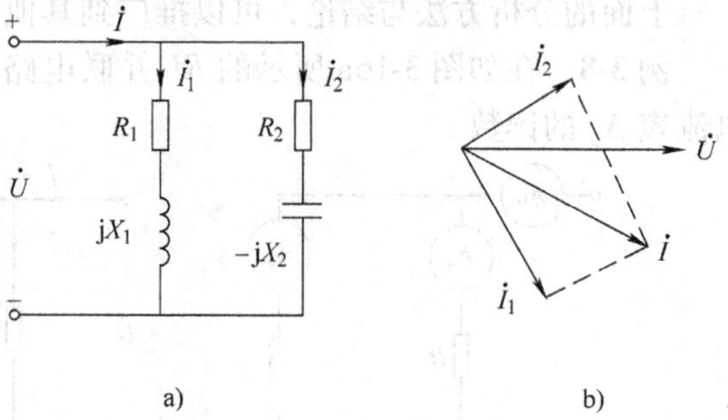

图3-17　例3-9图

$$Z_1=R_1+\text{j}X_1=(3+\text{j}4)\Omega$$
$$Z_2=R_2-\text{j}X_2=(8-\text{j}6)\Omega$$

所以

$$\dot{I}_1=\frac{\dot{U}}{Z_1}=\frac{220\underline{/10°}}{3+\text{j}4}\text{A}=\frac{220\underline{/10°}}{5\underline{/53°}}\text{A}=44\underline{/-43°}\text{A}$$
$$\dot{I}_2=\frac{\dot{U}}{Z_2}=\frac{220\underline{/10°}}{8-\text{j}6}\text{A}=\frac{220\underline{/10°}}{10\underline{/-37°}}\text{A}=22\underline{/47°}\text{A}$$

得

$$\begin{aligned}\dot{I}&=\dot{I}_1+\dot{I}_2=(44\underline{/-43°}+22\underline{/47°})\text{A}\\&=[(32.2-\text{j}30)+(15+\text{j}16.1)]\text{A}\\&=(47.2-\text{j}13.9)\text{A}\\&=49.2\underline{/-16.4°}\text{A}\end{aligned}$$

用瞬时值解析式表示为

$$i_1=44\sqrt{2}\sin(314t-43°)\text{A}$$
$$i_2=22\sqrt{2}\sin(314t+47°)\text{A}$$
$$i=49.2\sqrt{2}\sin(314t-16.4°)\text{A}$$

本题也可用阻抗并联公式直接计算总电流：

$$Z=\frac{Z_1Z_2}{Z_1+Z_2}=\frac{(3+\text{j}4)\times(8-\text{j}6)}{(3+\text{j}4)+(8-\text{j}6)}\Omega=\frac{5\underline{/53°}\times10\underline{/-37°}}{11.18\underline{/-10.3°}}\Omega=4.47\underline{/26.3°}\Omega$$
$$\dot{I}=\frac{\dot{U}}{Z}=\frac{220\underline{/10°}}{4.47\underline{/26.3°}}\text{A}=49.2\underline{/-16.3°}\text{A}$$

计算结果表明各相量之间的相位关系与图3-17b相符。

三、正弦电路的功率

在交流电路中，因为电阻是耗能元件，而电感、电容是储能元件，所以在包含电阻和储能元件的正弦交流电路中，从电源获得的能量有一部分被电阻消耗，另一部分则被电感和电

容存储起来。可见，正弦交流电路中的功率问题要比纯电阻电路复杂的多。

（一）瞬时功率

图3-18所示为一线性二端网络，其端口电压 u 和电流 i 采用关联参考方向，且

$$u = \sqrt{2}U\sin(\omega t + \varphi_u)$$
$$i = \sqrt{2}I\sin(\omega t + \varphi_i)$$

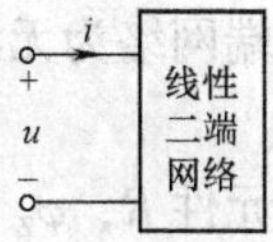

图3-18 线性二端网络

其瞬时功率可表示为

$$p = ui = \sqrt{2}U\sin(\omega t + \varphi_u) \times \sqrt{2}I\sin(\omega t + \varphi_i)$$

由于 $\varphi = \varphi_u - \varphi_i$，利用三角公式可得

$$p = ui = UI\cos\varphi - UI\sin(2\omega t + \varphi_u + \varphi_i)$$

从上式可知，瞬时功率由两部分组成：第一部分 $UI\cos\varphi$，与时间无关，为恒定分量；第二部分为 $UI\cos(2\omega t + \varphi_u + \varphi_i)$，与时间 t 有关，为余弦分量，且频率是电源频率的两倍，这部分功率在一个周期内有时为正（吸收功率），有时又为负（输出功率）。说明二端网络中的储能元件与外电路交换能量。

（二）平均功率

瞬时功率的实用意义并不大。为了反映二端网络吸收功率的平均效果，需要定义平均功率。瞬时功率在一个周期内的平均值称为平均功率，用 P 表示，单位为W，即

$$P = \frac{1}{T}\int_0^T p\mathrm{d}t = \frac{1}{T}\int_0^T [UI\cos\varphi - UI\cos(2\omega t + \varphi_u + \varphi_i)]\mathrm{d}t = UI\cos\varphi$$

平均功率代表电路实际消耗的功率，所以又称有功功率。由上式可知，正弦电路的平均功率不但与电压、电流的有效值有关，还与电压与电流相位差的余弦 $\cos\varphi$ 有关。$\cos\varphi$ 称为电路的功率因数，用 λ 表示。即

$$\lambda = \cos\varphi$$

如果该二端网络为无源二端网络（不含独立源），则可用阻抗 Z 来等效。由于无源二端网络阻抗的阻抗角 φ_Z 正好等于电压与电流的相位差 φ，所以阻抗角又称功率因数角。平均功率又可写为

$$P = UI\cos\varphi_Z$$

对电阻元件 R，$\varphi_Z = 0°$，$\lambda = \cos\varphi_Z = 1$，$P = UI = RI^2 = \frac{U^2}{R}$

对电感元件 L，$\varphi_Z = 90°$，$\lambda = \cos\varphi_Z = 0$，$P = 0$

对电容元件 C，$\varphi_Z = -90°$，$\lambda = \cos\varphi_Z = 0$，$P = 0$

从平均功率可以清楚地看出，电阻总是消耗能量的，而电感和电容是不消耗能量的，其平均功率为0。所以，平均功率就是反映电路实际消耗的功率。

对于一个无源二端网络，由于电感和电容的平均功率都为0，所以各电阻消耗的平均功率之和就是该电路所消耗的平均功率，即

$$P = \sum P_R$$

（三）无功功率

在讨论瞬时功率时曾经指出，正弦交流电路中的储能元件（电感元件和电容元件）不消耗功率，只与外电路交换能量。为了反映正弦交流电路中储能元件的这一特性，引入无功

功率的概念。二端网络的无功功率 Q 定义为

$$Q = UI\sin(\varphi_u - \varphi_i) = UI\sin\varphi$$

无功功率表示二端网络与外电路进行能量交换的幅度，其单位为 var。

如果二端网络为无源二端网络，则 $\varphi = \varphi_Z$，无功功率可写为

$$Q = UI\sin\varphi_Z$$

对电阻元件 R，$\varphi_Z = 0°$，$\sin\varphi_Z = 0$，$Q = 0$

对电感元件 L，$\varphi_Z = 90°$，$\sin\varphi_Z = 1$，$Q = UI = X_L I^2 = \dfrac{U^2}{X_L}$

对电容元件 C，$\varphi_Z = -90°$，$\sin\varphi_Z = -1$，$Q = -UI = -X_C I^2 = -\dfrac{U^2}{X_C}$

由于电阻的无功功率为0，所以电阻与外电路之间没有能量交换，而电感和电容的无功功率不为0，所以电感和电容与外电路之间有能量交换。对于一个无源二端网络，总的无功功率就是电路中所有电感元件的无功功率与所有电容元件的无功功率之和，即

$$Q = \sum Q_L + \sum Q_C$$

另外，由于电感的无功功率为正，电容的无功功率为负，两者相互补偿，因此可以在电感负载中增添电容元件，以减少外电路给予负载的无功功率。

（四）视在功率

对于电源来说，其输出电压为 U，输出电流为 I，两者的乘积 UI 虽然具有功率的量纲，但一般不表示电路实际消耗的有功功率，也不表示电路进行能量交换的无功功率，它反映的是电气设备的容量，称为视在功率，用 S 表示，即

$$S = UI$$

视在功率的单位为 V·A（伏安）。

对于任何一个电气设备而言，视在功率都有一个额定值，称为额定视在功率。额定视在功率等于电气设备端口上所能承受的最大电压（即额定电压）与最大电流（即额定电流）的乘积，即

$$S_N = U_N I_N$$

对电源而言，额定视在功率是电源所能提供的最大有功功率。

平均功率 P、无功功率 Q 和视在功率 S 之间的关系为

$$S^2 = P^2 + Q^2$$

例 3-10 在如图 3-19a 所示电路中，$u = 10\sqrt{2}\sin 2000t$ V，$R = 2\Omega$，$L = 1\text{mH}$，$C = 0.25\mu\text{F}$，求电路的有功功率 P、无功功率 Q、视在功率 S 和功率因数 λ。

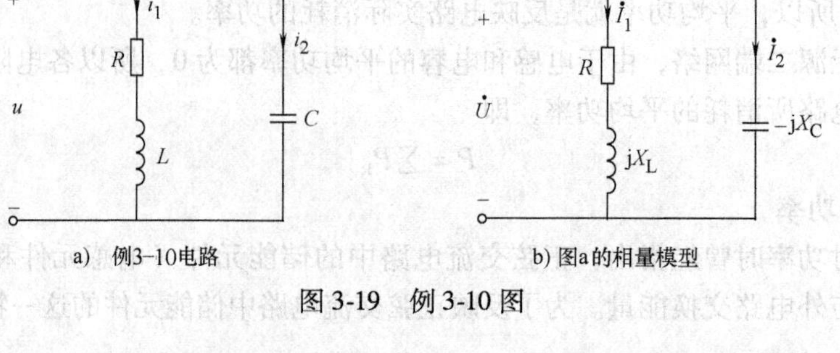

图 3-19 例 3-10 图

解　电路的相量模型如图 3-19b 所示，图中

$$\dot{U}=10\underline{/0°}\text{V}$$

$$X_L=\omega L=2000\times1\times10^{-3}\Omega=2\Omega$$

$$X_C=\frac{1}{\omega C}=\frac{1}{2000\times250\times10^{-6}}\Omega=2\Omega$$

所以电路的总阻抗为

$$Z=\frac{(R+jX_L)(-jX_C)}{R+jX_L-jX_C}=\frac{(2+j2)(-j2)}{2+j2-j2}\Omega=(2-j2)\ \Omega=2\sqrt{2}\underline{/-45°}\Omega$$

$$\dot{I}=\frac{\dot{U}}{Z}=\frac{10\underline{/0°}}{2\sqrt{2}\underline{/-45°}}\text{A}=2.5\sqrt{2}\underline{/45°}\text{A}$$

因为 $\varphi_Z=-45°$，所以

$$\lambda=\cos(-45°)=0.707$$

$$P=UI\cos\varphi_Z=(10\times2.5\sqrt{2}\times0.707)\ \text{W}=25\text{W}$$

$$Q=UI\sin\varphi_Z=[10\times2.5\sqrt{2}\times(-0.707)]\text{var}=-25\text{var}$$

$$S=UI=(10\times2.5\sqrt{2})\text{V}\cdot\text{A}=25\sqrt{2}\text{V}\cdot\text{A}$$

例 3-11　在图 3-20 中，电源内阻抗 $Z_0=R_0+jX_0$，负载阻抗 $Z_L=R+jX$，并且 R 及 X 均可调。试求 R 及 X 为何值时，负载获得最大有功功率？

解　负载吸收的有功功率为

$$P=RI^2=\frac{RU_S^2}{(R_0+R)^2+(X_0+X)^2}$$

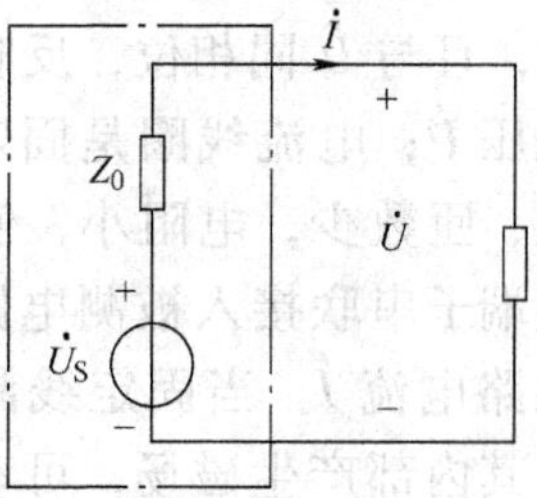

图 3-20　例 3-11 电路

式中的 R 及 X 均可调。固定 R 不变，先调节 X，由上式知当 $X=-X_0$ 时，P 值最大，即

$$P'_{max}=\frac{RU_S^2}{(R_0+R)^2}$$

在上式中，只有 R 可调，不同 R 有不同的 P'_{max}。由二端网络最大功率传输定理可知，当 $R=R_0$，P'_{max} 达到最大值，可得

$$P_{max}=\frac{U_S^2}{4R_0}$$

因此，$Z=R+jX=R_0-jX_0=Z_0^*$ 时，负载才能获得最大功率，这个条件称为负载与电源间的共轭匹配。

（五）复功率

正弦电流电路的有功功率、无功功率和视在功率三者之间是一个三角形关系，可以通过“复功率”表述。

设一端口的电压相量为 $\dot{U}$，电流相量为 $\dot{I}$，复功率 $\overline{S}$ 定义为

$$\overline{S}=\dot{U}\dot{I}^{*}=UI\underline{/\varphi_{u}-\varphi_{i}}$$
$$=UI\cos\varphi+\mathrm{j}UI\sin\varphi=P+\mathrm{j}Q$$

式中的 $\dot{I}^{*}$ 是 $\dot{I}$ 的共轭复数，复功率的单位用 V · A。复功率的吸收和发出同样根据端口电压和电流的参考方向来判断。复功率是一个辅助计算功率的复数，它将正弦稳态电路的3种功率和功率因数统一为一个公式表示，只要计算出电路的电压和电流相量，各种功率就可以很方便地计算出来。如例3-10电路的复功率为

$$\overline{S}=\dot{U}\dot{I}^{*}=10\times2.5\sqrt{2}\underline{/-45^{\circ}}\mathrm{V\cdot A}=(25-\mathrm{j}25)\mathrm{V\cdot A}$$

显然，复功率将一端口的功率表述得非常简单。应当注意，复功率不代表正弦量，乘积 $U\dot{I}^{*}$ 是没有意义的。对于整个电路，复功率守恒。

四、单相功率的测量

在直流电路中，功率 $P=UI$；在交流电路中功率不仅与电压电流大小有关，而且还与电压电流间的相位差有关，其中有功功率 $P=UI\cos\varphi$。交流电路常用测量机构能反映电压和电流乘积这一特点的电动式功率表（瓦特表）来测量电路的有功功率。单相电动式功率表具有两组线圈，分别为电压线圈和电流线圈。功率表内部接线如图3-21a所示，它在电路上的符号如图3-21b所示。

功率表电压线圈是可动线圈，导线细，匝数多，电阻大，在功率表内部与一个很大附加电阻串联，使用时通过外接端子并联接在被测电路上，通过电压线圈的电流 $\dot{I}_V$ 近似正比于电压 $\dot{U}$，且与 $\dot{U}$ 同相位，反映被测电路的电压 $\dot{U}$；电流线圈是固定线圈，导线粗，匝数少，电阻小，使用时通过外接端子串联接入被测电路，反映被测电路电流 $\dot{I}$。当固定线圈通有电流时，其内部产生磁场，可动线圈中的电流与此磁场相互作用产生电磁力，进而产生力矩带动可动线圈和指针偏转，直到与游丝产生的反作用力矩平衡为止。

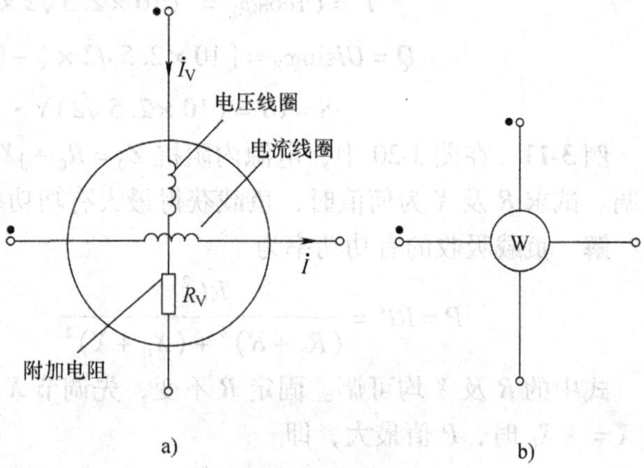

图3-21 单相功率表

因为负载的 $\dot{U}$ 和 $\dot{I}$ 的相位差角为 φ，所以 $\dot{I}_V$ 与 $\dot{I}$ 的相位差角也等于 φ，因此功率表指针偏转角 α 为

$$\alpha=KI_VI\cos\varphi\approx K\frac{U}{R_V}I\cos\varphi=K'UI\cos\varphi=K'P$$

可见偏转角的大小与负载的有功功率成正比（K、K' 为比例系数），因此功率表能读出所测电路的功率 P。

功率表使用时要注意几个问题：

1. 正确连接

功率表的电压线圈和电流线圈有一端标有“·”，在测量时这两端应连在电源的同一端，如图3-22所示。如果两个线圈中任一个反接，指针将向反方向偏转，无法读数。

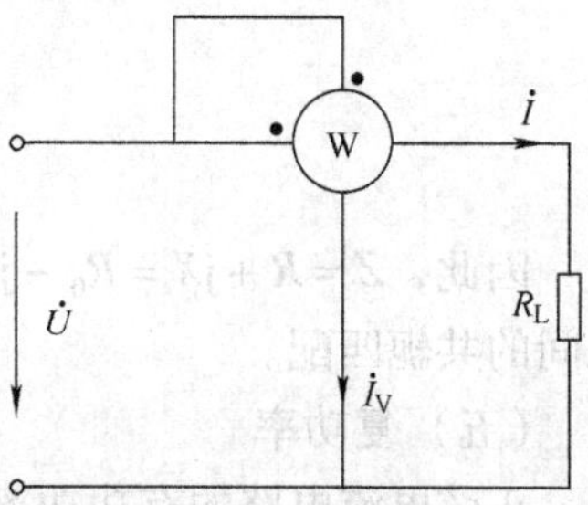

图3-22 单相功率表测量电功率接线图

2. 量程的选择

选择功率表的量程，就是要在功率表上分别选择电压和电流的量程，一定要使电压量程大于负载的电压，电流量程大于负载电流，不能只考虑被测功率的大小。

五、功率因数的提高

大家都已知道，直流电路的功率等于电压与电流的乘积，但在计算交流电路的平均功率时还要考虑电压与电流间的相位差 φ，即

$$P = UI\cos\varphi$$

上式中的 $\cos\varphi$ 称为电路的功率因数，它决定于电路（负载）的参数。只有在电阻负载（例如白炽灯、电阻炉等）的情况下，电压和电流才同相位，其功率因数为 1。对其他负载来说，其功率因数均介于 0 与 1 之间。

当电压与电流之间有相位差时，即功率因数不等于 1 时，电路中发生能量交换，出现无功功率 $Q = UI\sin\varphi$。使得出现如下状况：

1）电源（发电设备）的容量不能充分利用。当负载的功率因数 $\cos\varphi < 1$，而发电机的电压和电流又不容许超过额定值时，显然这时发电机所能发出的有功功率就减小了。功率因数越低，发电机所发出的有功功率就越小，而无功功率却越大。无功功率越大，即电路中能量交换的规模越大，则发电机发出的能量就不能充分利用，其中有一部分即在发电机与负载之间进行交换。

例如容量为 1000kV·A 的变压器，如果 $\cos\varphi = 1$，即能发出 1000kW 的有功功率，而在 $\cos\varphi = 0.7$ 时，则只能发出 700kW 的有功功率。

2）增加输电导线和发电机绕组的功率损耗。当发电机的电压 U 和输出的功率 P 一定时，电流 I 与功率因数成反比，而输电导线和发电机绕组上的功率损耗 ΔP 则与 $\cos\varphi$ 的平方成反比，即

$$\Delta P = I^2 r = \left(\frac{P}{U\cos\varphi}\right)^2 r$$

式中，r 是发电机绕组和输电导线的电阻。

由上述可知，提高电网的功率因数对国民经济的发展有着极为重要的意义。功率因数的提高，能使发电设备的容量得到充分利用，同时也能使电能得到大量节约。

功率因数不高，根本原因就是由于电感性负载的存在。例如生产中最常用的异步电动机在额定负载时的功率因数为 0.7～0.9，如果在轻载时其功率因数就更低。其他如工频炉、电焊变压器以及荧光灯等负载的功率因数也都是较低的。电感性负载的功率因数之所以小于 1，是由于负载本身需要一定的无功功率。从技术经济观点出发，如何解决这个矛盾，也就是如何才能减少电源与负载之间能量的交换，而又使电感性负载能取得所需的无功功率，这就是我们所提出的要提高功率因数的实际意义。

按照供用电规定，高压供电的工业企业的平均功率因数不低于 0.95，其他单位不低于 0.90。

提高功率因数，有许多方法，可以采用电力有源滤波器或并接电容器的方法等，常用的方法就是将静电电容器（设置在用户或变电所中）并联到电感性负载的电路中，利用感性负载的无功功率与电容的无功功率相互抵消补偿的原理来提高功率因数，其电路图和相量图如图 3-23 所示。

并联电容器以后，对于电感性负载，其电流 I_1 和功率因数 $\cos\varphi_1$ 均未变化，这是因为所加电压和负载参数没有改变。但电源电压 $\dot{U}$ 和输电导线上的电流 $\dot{I}$ 之间的相位差由 φ_1 变为 φ，φ 变小了，即 $\cos\varphi$ 变大了。这里我们所讲的提高功率因数，是指提高电源或电网的功率因数，而不是指提高某个电感性负载的功率因数。

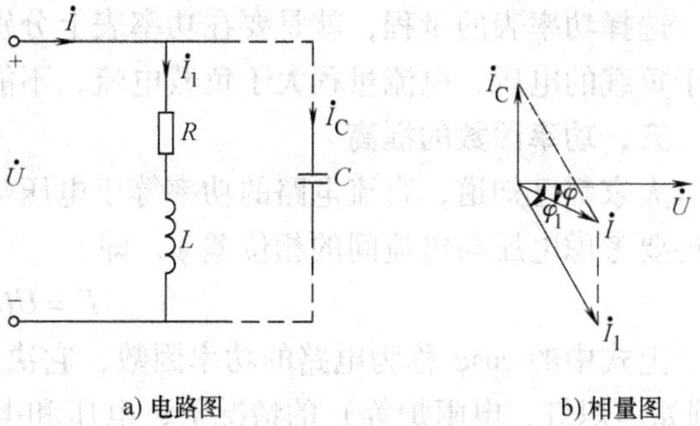

图 3-23 功率因数的提高

在电感性负载上并联了电容器以后，减少了电源与负载之间的能量互换。这时电感性负载所需的无功功率，大部分或全部都是就地供给（由电容器供给），就是说能量的交换现在主要或完全发生在电感性负载与电容器之间，因而使发电机容量能得到充分利用。

其次，由相量图可见，并联电容器以后输电导线上的电流由原来的 I_1 变小为 I，因而输电导线上的功率损耗也减小了。

应该注意，并联电容器以后，负载的有功功率并未改变，因为电容器是不消耗电能的。

例 3-12 有一电感性负载，其功率 $P=10\text{kW}$，功率因数 $\cos\varphi_1=0.6$，接在电压 $U=220\text{V}$ 的电源上，电源频率 $f=50\text{Hz}$。（1）如果将功率因数提高到 $\cos\varphi=0.95$，试求与负载并联的电容器的电容值和电容器并联前后的输电导线上的电流；（2）如要将功率因数从 0.95 再提高到 1，试问并联电容器的电容值还需增加多少？

解 计算并联电容器的电容值，由图 3-23 的相量图可得

$$I_C = I_1\sin\varphi_1 - I\sin\varphi = \frac{P}{U\cos\varphi_1}\sin\varphi_1 - \frac{P}{U\cos\varphi}\sin\varphi = \frac{P}{U}(\tan\varphi_1 - \tan\varphi)$$

又因

$$I_C = \frac{U}{X_C} = U\omega C$$

所以

$$U\omega C = \frac{P}{U}(\tan\varphi_1 - \tan\varphi)$$

由此得

$$C = \frac{P}{\omega U^2}(\tan\varphi_1 - \tan\varphi)$$

（1）$\cos\varphi_1=0.6$，即 $\varphi_1=53°$；$\cos\varphi=0.95$，即 $\varphi=18°$。

因此所需并联电容值为

$$C = \frac{10\times10^3}{2\pi\times50\times220^2}(\tan53° - \tan18°)\mu\text{F} = 656\mu\text{F}$$

电容并联前的输电导线上的电流（即负载电流）为

$$I = I_1 = \frac{P}{U\cos\varphi_1} = \frac{10 \times 10^3}{220 \times 0.6}\text{A} = 75.6\text{A}$$

电容并联后的输电导线上的电流为

$$I = \frac{P}{U\cos\varphi} = \frac{10 \times 10^3}{220 \times 0.95}\text{A} = 47.8\text{A}$$

（2）如果将功率因数由 0.95 再提高到 1，则需要增加的电容值为

$$C = \frac{10 \times 10^3}{2\pi \times 50 \times 220^2}(\tan 18° - \tan 0°)\mu\text{F} = 213.6\mu\text{F}$$

可见功率因数已接近 1 时再继续提高，则所需电容值是很大的，因此一般不必提高到 1。

第六节 电路的谐振

由电阻、电感和电容组成的二端网络电路中，在正弦电源的作用下，当端口电压和端口电流同相位时，电路呈电阻性，通常把此时电路的工作状态称为谐振。发生在串联电路中的谐振称为串联谐振，发生在并联电路中的谐振称为并联谐振。电路谐振的现象，有时在生产上要充分利用，有时又要预防它所产生的危害。谐振广泛应用在无线电工程中，而在电力系统中则要避免谐振。所以研究谐振现象的特征很有必要。

一、*RLC* 串联电路的谐振

在图 3-13 所示的 *RLC* 串联电路中，其阻抗为

$$Z = R + \text{j}(X_L - X_C) = R + \text{j}\left(\omega L - \frac{1}{\omega C}\right)$$

当电抗部分 $X_L - X_C = \omega L - \dfrac{1}{\omega C} = 0$ 时，$\varphi_Z = \arctan\dfrac{X_L - X_C}{R} = 0$，电压与电流同相位，电路呈电阻性，即电路发生谐振。由此可见，调节 ω、L、C 三个参数中的任意一个，都能使电路产生谐振，这种调节过程称为调谐。

电路谐振时的角频率称为谐振角频率，用 ω_0 表示。由 $\omega_0 L = \dfrac{1}{\omega_0 C}$ 可得谐振角频率 ω_0 为

$$\omega_0 = \frac{1}{\sqrt{LC}}$$

而谐振频率 f_0 为

$$f_0 = \frac{1}{2\pi\sqrt{LC}}$$

可见该串联电路的谐振频率 f_0 只与电路的 L、C 参数有关，而与电阻 R 无关。

电路谐振时的感抗 X_L 或容抗 X_C 称为特性阻抗 ρ

$$\rho = \omega_0 L = \frac{1}{\omega_0 C} = \sqrt{\frac{L}{C}}$$

特性阻抗 ρ 与电阻 R 的比值称为谐振电路的品质因数 Q

$$Q = \frac{\rho}{R} = \frac{\omega_0 L}{R} = \frac{1}{R\omega_0 C} = \frac{1}{R}\sqrt{\frac{L}{C}}$$

串联谐振具有下列特征：

1）电路的阻抗模最小，$Z=R$。在电源电压 U 不变的情况下，电路中的电流将在谐振时达到最大值。设电路串联谐振时的谐振电流为 I_0，于是有

$$I=\frac{U}{|Z|}=\frac{U}{R}=I_0$$

在图3-24中分别画出了阻抗模和电流等随频率变化的曲线。

2）因为电源电压与电路中电流同相位（$\varphi=0$），整个电路对电源呈现电阻性。电源供给电路的能量全被电阻所消耗，电源与电路之间不发生能量的交换。能量的交换只发生在电感线圈与电容器之间。

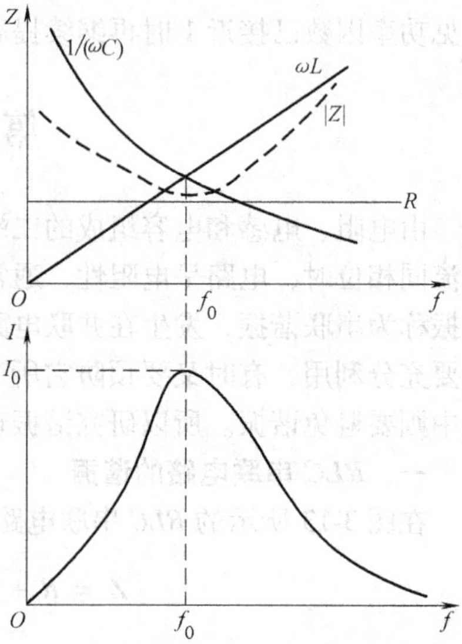

图3-24 阻抗模和电流等随频率变化的曲线

3）由于 $X_L=X_C$，于是 $U_L=U_C$。而 $\dot{U}_L$ 与 $\dot{U}_C$ 在相位上相反，互相抵消，$\dot{U}_L+\dot{U}_C=0$ 对外呈现短路的特点，对整个电路不起作用，因此串联谐振又称电压谐振。此时电源电压 $\dot{U}=\dot{U}_R+\dot{U}_L+\dot{U}_C=\dot{I}Z=\dot{I}_0R=\dot{U}_R$，如图3-25所示。

$\dot{U}_L$ 与 $\dot{U}_C$ 虽然对整个电路不起作用，但是它们的单独作用不容忽视，因为

$$U_L=IX_L=\frac{U}{R}X_L=QU$$

$$U_C=IX_C=\frac{U}{R}X_C=QU$$

当电阻较小，即 $X_L=X_C>>R$ 时，品质因数 $Q>>1$，将有 $U_L=U_C>>U_R=U$，即电感和电容上的电压会远远高于电源电压。

电压过高时，可能会击穿线圈和电容器的绝缘。因此，在电力工程中一般应避免发生串联谐振。但在无线电工程中则常利用串联谐振以获得较高电压，电容或电感元件上的电压常高于电源电压几十倍或几百倍。例如，无线电广播和电视接收机都调谐在某种频率或频带上，以使该频率或频带内的信号特别增强，而把非谐振频率的其他信号抑制，这称为谐振电路的选择性。

选择电路选择性能的好坏通常用通频带来衡量。如图3-26所示，当电流下降到最大值 I_0 的70.7%时，对应的上限频率 f_2 与下限频率 f_1 之间的宽度称为选择电路的通频带，用 B 表示，即

$$B=f_2-f_1$$

通频带宽度越小，表明谐振曲线越尖锐，电路的频率选择性就越强。而谐振曲线的尖锐或平坦同 Q 值有关，如图3-27所示。设电路的 L 和 C 值不变，只改变 R 值。R 值越小，Q 值越大，则谐振曲线越尖锐，也就是选择性越强。这是品质因数 Q 的另外一个物理意义。减小 R 值，也就是减小线圈导线的电阻和电路中的各种能量损耗。

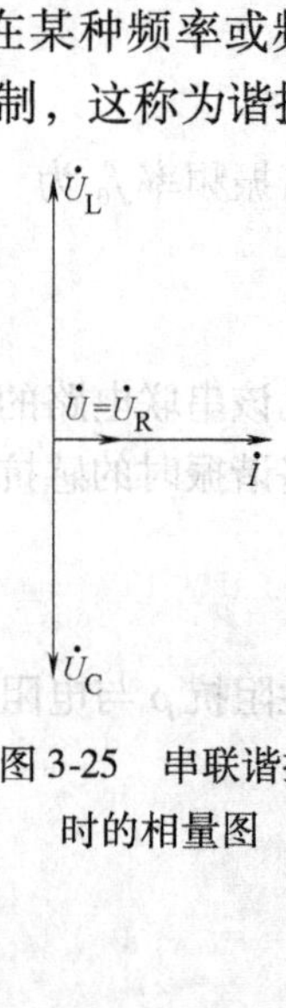

图3-25 串联谐振时的相量图

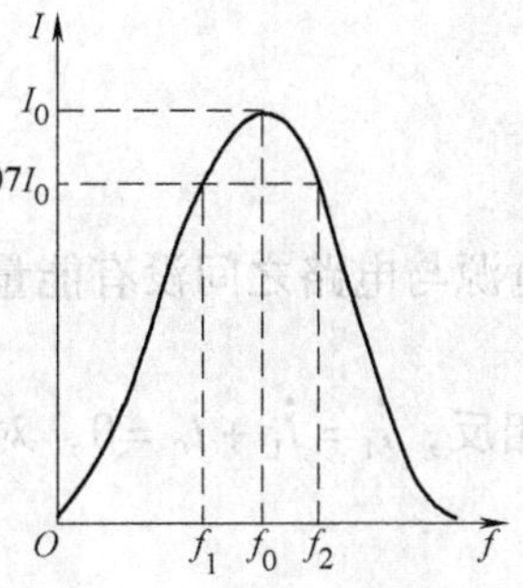

图 3-26　通频带宽度

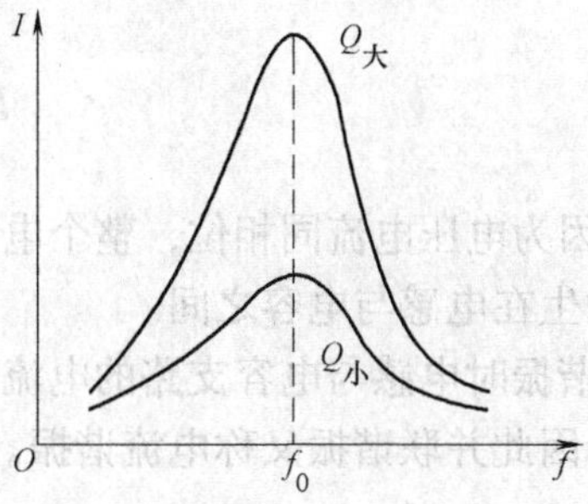

图 3-27　Q 与谐振曲线的关系

例 3-13　如图 3-28 所示正弦电路，已知 $u=60\sqrt{2}\cos(\omega t-30°)\text{V}$，$i=4\sqrt{2}\cos(\omega t-30°)\text{A}$，$R=6\Omega$，$\omega L=8\Omega$，试求无源二端网络 N 吸收的有功功率和无功功率。

解　因为 u、i 同相位，所以电路发生谐振。无源二端网络 N 可以等效为一个电阻和一个电容串联的形式，整个电路发生串联谐振。

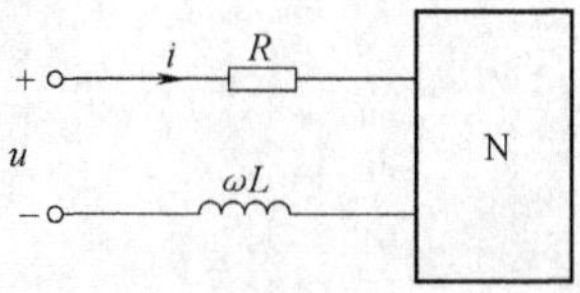

图 3-28　例 3-13 图

设无源二端网络 N 吸收的有功功率 P_N 和无功功率 Q_N 为

$$P_N=UI-I^2R=(60\times4-4^2\times6)\text{W}=144\text{W}$$

$$Q_N=-I^2\omega L=-(4^2\times8)\text{var}=-128\text{var}$$

二、*RLC* 并联电路的谐振

如图 3-29 所示 *RLC* 并联电路

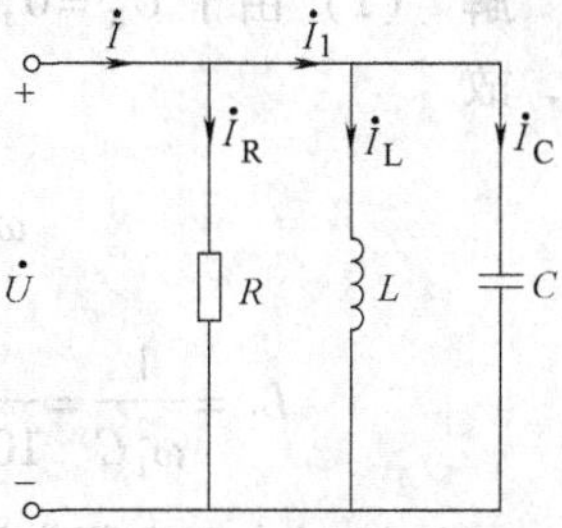

图 3-29　*RLC* 并联电路

因为

$$\dot{I}=\dot{U}[G-\text{j}(B_L-B_C)]$$

要使电路谐振，即要求电源电压与电流同相位，必须上式的导纳虚部等于零，即

$$B=B_L-B_C=0$$

也就是

$$\frac{1}{\omega_0 L}-\omega_0 C=0$$

$$\frac{1}{\omega_0 L}=\omega_0 C$$

谐振角频率为

$$\omega_0=\frac{1}{\sqrt{LC}}$$

而谐振频率 f_0 为

$$f_0=\frac{1}{2\pi\sqrt{LC}}$$

并联谐振具有下列特征：

1）谐振时导纳最小，即阻抗模最大，等效为一个纯电阻。当外加电压一定时，电流为最小值 I_0。

$$Z = R$$

$$I = I_0 = \frac{U}{|Z|} = \frac{U}{R}$$

2）因为电压电流同相位，整个电路呈电阻性质，电源与电路之间没有能量交换，能量交换只发生在电感与电容之间。

3）谐振时电感与电容支路的电流大小相等，相位相反，$\dot{I}_1 = \dot{I}_L + \dot{I}_C = 0$，对外呈现开路的特点，因此并联谐振又称电流谐振。

谐振时由于$\frac{1}{\omega_0 L} = \omega_0 C$，$I_L = I_C = \frac{U}{\omega_0 L} = \omega_0 CU$，所以当 $\omega_0 L << R$ 时，有 $I_L >> I_0$，即电感和电容支路的电流将远远大于电源的总电流。

谐振时，I_L 或 I_C 与总电流 I_0 的比值称为电路的品质因数，用 Q 表示，即

$$Q = \frac{I_L}{I_0} = \frac{\frac{U}{\omega_0 L}}{\frac{U}{R}} = \frac{R}{\omega_0 L}$$

例 3-14 图 3-30 所示电路中，$U = 220\text{V}$，$C = 1\mu\text{F}$。（1）当电源频率 $\omega = 1000\text{rad/s}$ 时，$U_R = 0$；（2）当电源频率 $\omega = 2000\text{rad/s}$ 时，$U_R = U = 220\text{V}$。试求电路参数 L_1、L_2。

解 （1）由于 $U_R = 0$，所以 $I = 0$，这时电路处于并联谐振，故

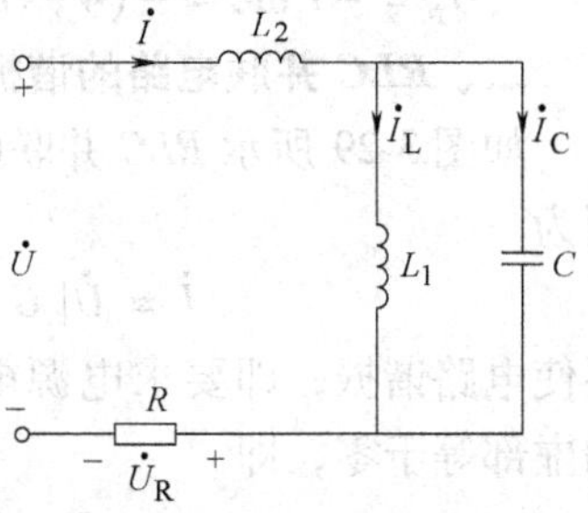

图 3-30 例 3-14 图

$$\omega_1 L_1 = \frac{1}{\omega_1 C}$$

$$L_1 = \frac{1}{\omega_1^2 C} = \frac{1}{1000^2 \times 1 \times 10^{-6}}\text{H} = 1\text{H}$$

（2）这时由于电阻电压等于电源电压，电路处于串联谐振。先求 L_1C 并联电路的等效阻抗 Z_0

$$Z_0 = \frac{(\mathrm{j}\omega_2 L_1)\left(-\mathrm{j}\frac{1}{\omega_2 C}\right)}{\mathrm{j}\left(\omega_2 L_1 - \frac{1}{\omega_2 C}\right)} = -\mathrm{j}\frac{\omega_2 L_1}{\omega_2^2 L_1 C - 1}$$

而后列出

$$\dot{U} = R\dot{I} + \mathrm{j}\left(\omega_2 L_2 - \frac{\omega_2 L_1}{\omega_2^2 L_1 C - 1}\right)\dot{I}$$

串联谐振时，$\dot{U}$、$\dot{I}$同相位，上式虚部必须为零，即

$$\omega_2 L_2 - \frac{\omega_2 L_1}{\omega_2^2 L_1 C - 1} = 0$$

$$L_2 = \frac{1}{\omega_2^2 C - \frac{1}{L_1}} = \frac{1}{2000^2 \times 1 \times 10^{-6} - 1}\text{H} = 0.33\text{H}$$

例 3-15　图 3-31 所示电路是电感线圈和电容器并联电路模型。已知 $R=1\Omega$，$L=0.1\text{mH}$，$C=0.01\mu\text{F}$。试求电路的谐振角频率和谐振时的阻抗。

解　根据电路模型，电流源两端的导纳为

$$Y(\mathrm{j}\omega)=\mathrm{j}\omega C+\frac{1}{R+\mathrm{j}\omega L}=\frac{R}{R^2+(\omega L)^2}+\mathrm{j}\left[\omega C-\frac{\omega L}{R^2+(\omega L)^2}\right]$$

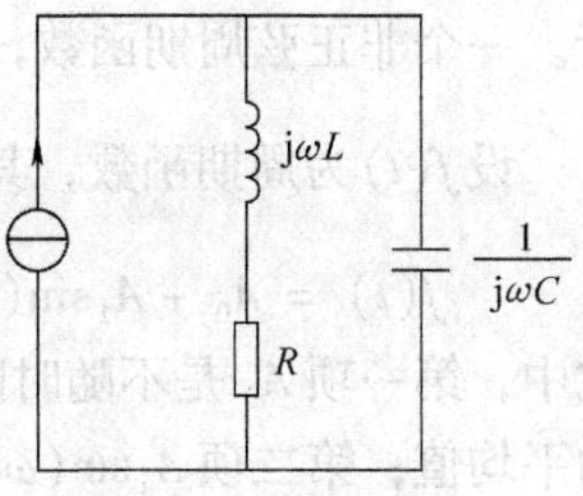

图 3-31　例 3-15 图

令其虚部为零，得到

$$\omega C-\frac{\omega L}{R^2+(\omega L)^2}=0$$

$$\omega_0=\frac{1}{\sqrt{LC}}\sqrt{1-\frac{CR^2}{L}}=\frac{1}{\sqrt{LC}}\sqrt{1-\frac{1}{Q^2}}$$

式中的 $Q=\frac{1}{R}\sqrt{\frac{L}{C}}=100$ 是 RLC 串联电路的品质因数。当 $Q>>1$ 时，$\omega_0=\frac{1}{\sqrt{LC}}$。

代入数值得到

$$\omega_0=\frac{1}{\sqrt{10^{-4}\times10^{-8}}}\sqrt{1-\frac{10^{-8}}{10^{-4}}}\text{rad/s}=10^6\text{rad/s}$$

谐振时的阻抗

$$Z(\mathrm{j}\omega_0)=\frac{1}{Y(\mathrm{j}\omega_0)}=R+\frac{(\omega_0L)^2}{R}=R(1+Q^2)$$

当 $\omega_0L>>R$ 时

$$Z(\mathrm{j}\omega_0)=Q^2R=\frac{(\omega_0L)^2}{R}=(10^6\times10^{-4})^2\Omega=10\text{k}\Omega$$

第七节　非正弦周期电流电路的计算

除了正弦电压和电流外，在不少实际应用中还会遇到这样的电压和电流，它们虽然是周期性变化的，但不是正弦量，例如图 3-32 中所举出几种常用的非正弦波的半波整流电压全波整流电压、矩形波电压、锯齿波电压。

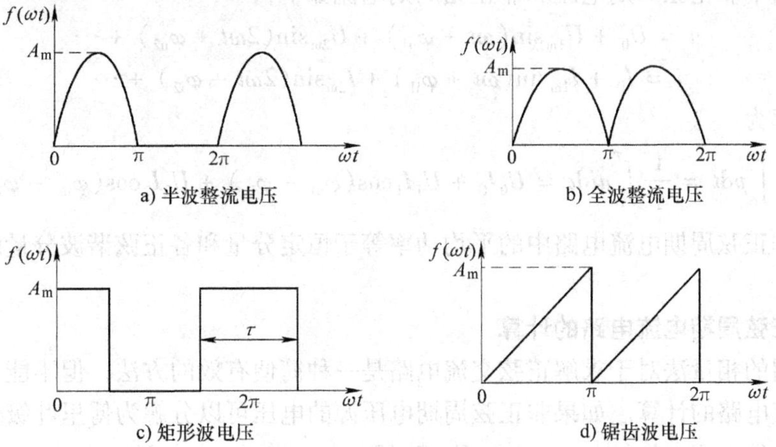

a) 半波整流电压　　b) 全波整流电压

c) 矩形波电压　　d) 锯齿波电压

图 3-32　非正弦电压波形

一、周期函数分解为傅里叶级数

当电路中的电源为非正弦周期函数时，常将其分解为傅里叶级数，然后才进行电路分析。一个非正弦周期函数，只要满足狄里赫利条件，都可以展开为傅里叶三角级数。

设$f(t)$为周期函数，其周期为T，角频率为$\omega=\dfrac{2\pi}{T}$，则$f(t)$可以分解为下列傅里叶级数

$$f(t)=A_0+A_1\sin(\omega t+\varphi_1)+A_2\sin(2\omega t+\varphi_2)+\cdots+A_k\sin(k\omega t+\varphi_k)+\cdots$$

式中，第一项A_0是不随时间而变的常数，称为恒定分量或直流分量，是$f(t)$在一个周期内的平均值；第二项$A_1\sin(\omega t+\varphi_1)$的频率与周期函数$f(t)$的频率相同，称为基波或一次谐波；其余各项的频率为周期函数频率的整数倍，称为高次谐波，例如$k=2$，3，…的各项，分别称为二次谐波、三次谐波等。

将非正弦周期函数$f(t)$分解为直流分量及频率为非正弦函数频率整数倍的各次谐波分量之和，这个过程也称谐波分析。

二、非正弦周期电压电流的有效值及电路的平均功率

（一）非正弦周期电流、电压的有效值

设某非正弦周期电流可以分解为

$$i=I_0+I_{1m}\sin(\omega t+\varphi_{i1})+I_{2m}\sin(2\omega t+\varphi_{i2})+\cdots$$

它的有效值仍然是以热效应来定义，根据数学证明，非正弦周期电流的有效值为

$$I=\sqrt{\frac{1}{T}\int_0^T i^2\mathrm{d}t}=\sqrt{I_0^2+I_1^2+I_2^2+\cdots}$$

式中，I_0为直流分量；I_1为基波有效值；I_2为二次谐波有效值。

对于非正弦周期电压，同样可以分解为

$$u=U_0+U_{1m}\sin(\omega t+\varphi_{u1})+U_{2m}\sin(2\omega t+\varphi_{u2})+\cdots$$

同理，非正弦周期电压的有效值为

$$U=\sqrt{U_0^2+U_1^2+U_2^2+\cdots}$$

（二）非正弦周期电流电路的平均功率

设某电路中非正弦周期电压和非正弦周期电流如下：

$$u=U_0+U_{1m}\sin(\omega t+\varphi_{u1})+U_{2m}\sin(2\omega t+\varphi_{u2})+\cdots$$

$$i=I_0+I_{1m}\sin(\omega t+\varphi_{i1})+I_{2m}\sin(2\omega t+\varphi_{i2})+\cdots$$

则其平均功率为

$$P=\frac{1}{T}\int_0^T p\mathrm{d}t=\frac{1}{T}\int_0^T ui\mathrm{d}t=U_0I_0+U_1I_1\cos(\varphi_{u1}-\varphi_{i1})+U_2I_2\cos(\varphi_{u2}-\varphi_{i2})+\cdots$$

可见，非正弦周期电流电路中的平均功率等于恒定分量和各正弦谐波分量的平均功率之和。

三、非正弦周期电流电路的计算

本章介绍的相量法对于求解正弦交流电路是一种简便有效的方法，但不能直接应用于非正弦周期电流电路的计算。如果非正弦周期电压源的电压可以分解为傅里叶级数，即

$$u=U_0+U_{1m}\sin(\omega t+\varphi_{u1})+U_{2m}\sin(2\omega t+\varphi_{u2})+\cdots=U_0+u_1+u_2+\cdots$$

然后将其作用于一线性电路，如图3-33a所示，则该非正弦周期电源在电路中所起的作

用和一个直流电压源与一系列不同频率的正弦电压源串联起来共同作用于该电路的情况一样，如图 3-33b 所示。

由叠加定理可知，线性电路在非正弦周期电源作用下，某一支路所产生的电压或电流应等于这个非正弦周期电源的直流分量和各次谐波分量分别单独作用时在该支路所产生的电压或电流的代数和。

因此，计算非正弦周期电源作用下线性电路的电压和电流，可按下列步骤进行：

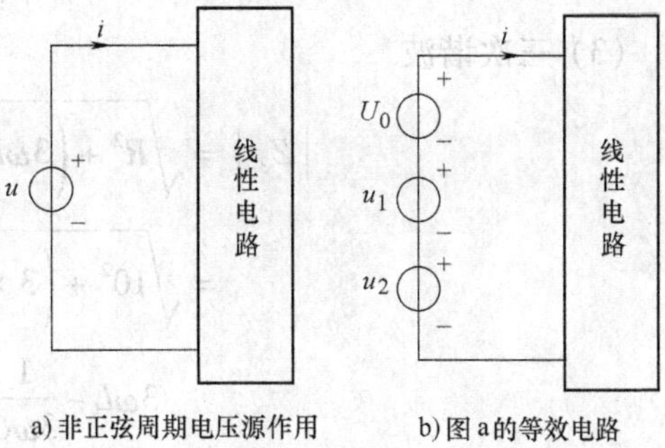

a) 非正弦周期电压源作用　b) 图 a 的等效电路

图 3-33　具有非正弦周期电压源的线性电路

1）把给出的电压源或电流源的非正弦周期电压或电流分解为傅里叶级数，高次谐波取到哪一项为止，要由所需的准确度高低来确定。

2）分别求出电源的直流分量及各次谐波分量单独作用时在电路各处产生的电压分量和电流分量。

在计算过程中，对于直流分量，可用直流电路的方法求解。需要注意的是，当直流分量单独作用时，凡有电容的支路可视作开路，其电流为零；凡有电感的支路，电感两端可视作短路，其电压为零。对于各次正弦谐波分量，电路的计算方法和正弦交流电路一样采用相量法进行计算。由于电感 L 和电容 C 对不同频率的谐波分量呈现出不同的感抗和容抗，计算感抗或容抗时的频率必须是相应谐波的频率。

3）把所求得的相量转化为用三角函数表示的瞬时表达式后，应用叠加定理将属于同一支路的电压或电流分量相加，即得电路中实际的电压或电流。

注意，应用叠加定理时不能将表示不同频率的电压相量或电流相量直接相加，更不能将各电压或电流的有效值直接相加。

例 3-16　在 RLC 串联电路中，已知 $R=10\Omega$，$L=0.05\text{H}$，$C=22.5\mu\text{F}$，电源电压为 $u=[40+180\sqrt{2}\sin\omega t+60\sqrt{2}\sin(3\omega t+45°)]\text{V}$，基波频率 $f=50\text{Hz}$，试求电路的电流及电源发出的功率。

解　用叠加定理进行计算

（1）直流分量

$$I_0=0\quad（因为有电容元件）$$

（2）基波

$$\begin{aligned}|Z_1|&=\sqrt{R^2+\left(\omega L-\frac{1}{\omega C}\right)^2}\\&=\sqrt{10^2+\left(314\times0.05-\frac{1}{314\times22.5\times10^{-6}}\right)^2}\,\Omega\\&=\sqrt{10^2+(15.7-141)^2}\,\Omega=126\Omega\end{aligned}$$

$$\varphi_1=\arctan\frac{\omega L-\dfrac{1}{\omega C}}{R}=\arctan\frac{15.7-141}{10}=-85.3°（容性）$$

$$I_1=\frac{U_1}{|Z_1|}=\frac{180}{126}\text{A}=1.43\text{A}$$

（3）三次谐波

$$|Z_3|=\sqrt{R^2+\left(3\omega L-\frac{1}{3\omega C}\right)^2}$$
$$=\sqrt{10^2+\left(3\times15.7-\frac{141}{3}\right)^2}\ \Omega=10\Omega$$

$$\varphi_3=\arctan\frac{3\omega L-\frac{1}{3\omega C}}{R}=\arctan\frac{3\times15.7-\frac{141}{3}}{10}=0°$$

$$I_3=\frac{U_3}{|Z_3|}=\frac{60}{10}\text{A}=6\text{A}$$

所以电流为

$$i=I_0+i_1+i_3=[1.43\sqrt{2}\sin(\omega t+85.3°)+6\sqrt{2}\sin(3\omega t+45°)]\text{A}$$

电路的平均功率为

$$P=U_0I_0+U_1I_1\cos(\varphi_{u1}-\varphi_{i1})+U_3I_3\cos(\varphi_{u2}-\varphi_{i2})$$
$$=(40\times0+180\times1.43\cos83.5°+60\times6\cos0°)\text{W}$$
$$=389.14\text{W}$$

电路的平均功率也可由下式求得：

$$P=I^2R=(I_0^2+I_1^2+I_3^2)R=389.14\text{W}$$

习　题

3-1　图3-34所示的是时间 $t=0$ 时电压和电流的相量图，并已知 $U=220\text{V}$，$I_1=10\text{A}$，$I_2=5\sqrt{2}\text{A}$，试分别用三角函数式及复数式表示各正弦量。

3-2　已知正弦量 $\dot{U}=220\text{e}^{\text{j}30°}\ \text{V}$ 和 $\dot{I}=(-4-\text{j}3)\text{A}$ 试分别用三角函数式、正弦波形及相量图表示它们。如 $\dot{I}=(4-\text{j}3)\text{A}$，则又如何？

3-3　在如图3-35所示的电路中，已知 Z_3 的电压 $U_3=50\sqrt{2}\text{V}$，初相为0°，各个阻抗为 $Z_1=(1-\text{j}3)\ \Omega$，$Z_2=-\text{j}5\Omega$，$Z_3=(5+\text{j}5)\Omega$，求各支路电流 $\dot{I}_1$、$\dot{I}_2$、$\dot{I}_3$ 和电源电压 $\dot{U}$，并画出相量图。

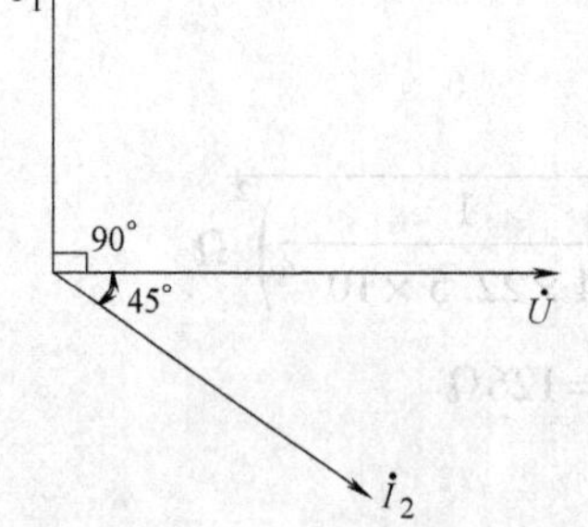

图3-34　习题3-1图

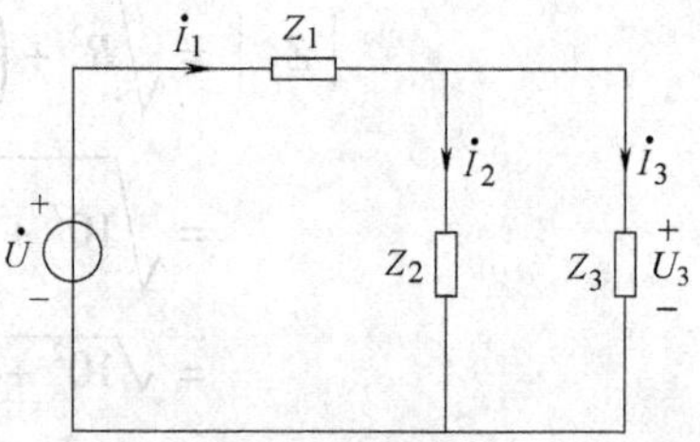

图3-35　习题3-3图

3-4　如图 3-36 所示电路中，$\dot{U}=10\angle 0^\circ$V，$Z_1=-\mathrm{j}10\Omega$，$Z_2=\mathrm{j}10\Omega$，$Z_3=10\Omega$，求各支路电流$\dot{I}_1$、$\dot{I}_2$、$\dot{I}_3$并画出相量图。

3-5　计算图 3-37a 中的电流$\dot{I}$和各阻抗元件上的电压$\dot{U}_1$与$\dot{U}_2$，并作相量图；计算图 3-37b 中各支路电流$\dot{I}_1$与$\dot{I}_2$和电压$\dot{U}$，并作相量图。

3-6　如图 3-38 所示电路，当正弦电源的频率为 50Hz 时，电压表和电流表的读数分别为 220V 和 10A，且已知 $R=8\Omega$，求电感 L。

3-7　一个线圈接在 $U=120$V 的直流电源上，$I=20$A；若接在 $f=50$Hz，$U=220$V 的交流电源上，则 $I=28.2$A。试求线圈的电阻 R 和电感 L。

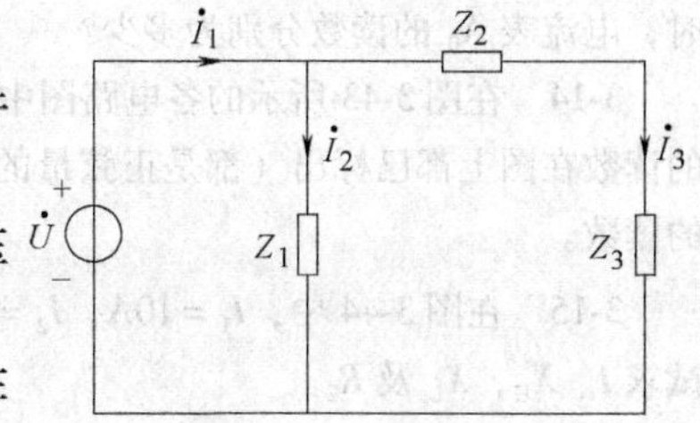

图 3-36　习题 3-4 图

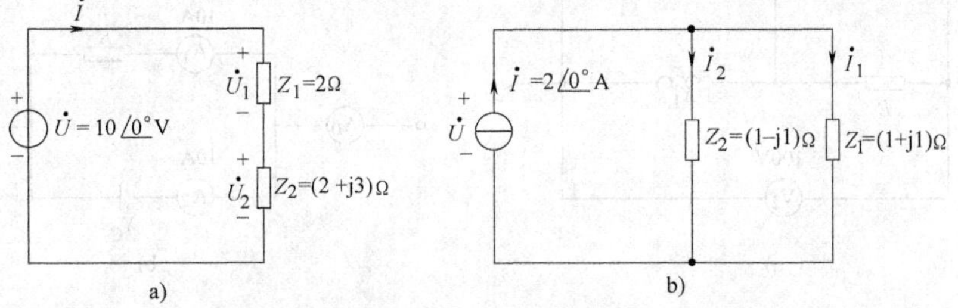

图 3-37　习题 3-5 图

3-8　荧光灯管与镇流器串联接到交流电压上，可看作为 R、L 串联电路。如已知某灯管的等效电阻 $R_1=280\Omega$，镇流器的电阻和电感分别为 $R_2=20\Omega$ 和 $L=1.65$H，电源电压 $U=220$V，试求电路中的电流和灯管两端与镇流器上的电压。这两个电压加起来是否等于 220V？电源频率为 50Hz。

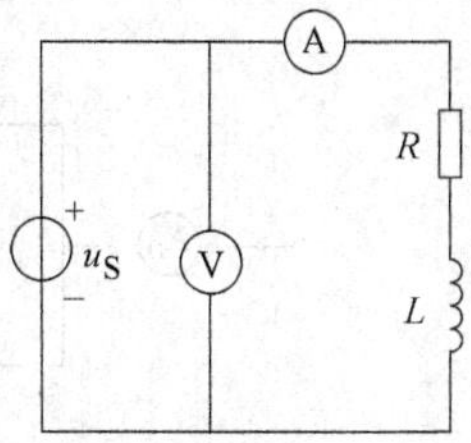

图 3-38　习题 3-6 图

3-9　无源二端网络（见图 3-39）输入端的电压和电流为

$$u=220\sqrt{2}\sin(314t+20^\circ)\,\mathrm{V}$$

$$i=4.4\sqrt{2}\sin(314t-33^\circ)\,\mathrm{A}$$

试求此二端网络由两个元件串联的等效电路和元件的参数值，并求二端网络的功率因数及输入的有功功率和无功功率。

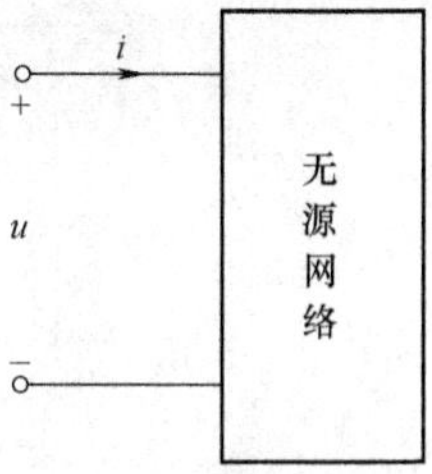

图 3-39　习题 3-9 图

3-10　有一 RC 串联电路，电源电压为 u，电阻和电容上的电压分别为 u_R 和 u_C，已知电路阻抗为 2000Ω，频率为 1000Hz，并设 u 与 u_C 之间的相位差为 30°，试求 R 和 C，并说明在相位上 u_C 比 u 超前还是滞后。

3-11　图 3-40 是一移相电路。如果 $C=0.01\mu$F，输入电压 $u_1=\sqrt{2}\sin 6280t$ V，今欲使输出电压 u_2 在相位上前移 60°，问应配多大的电阻 R？此时输出电压 U_2 的有效值等于多少？

3-12　如图 3-41 所示电路，$X_L=60\Omega$。若电源电压 U_S 不变，在开关 S 打开和闭合两种情况下电流表 A 的读数相同，求 X_C。

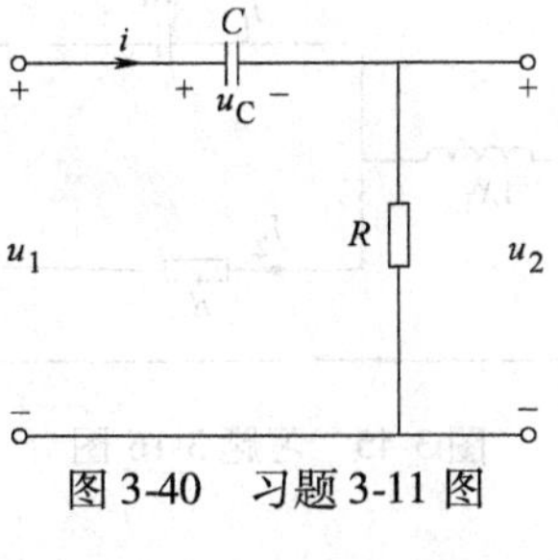

图 3-40　习题 3-11 图

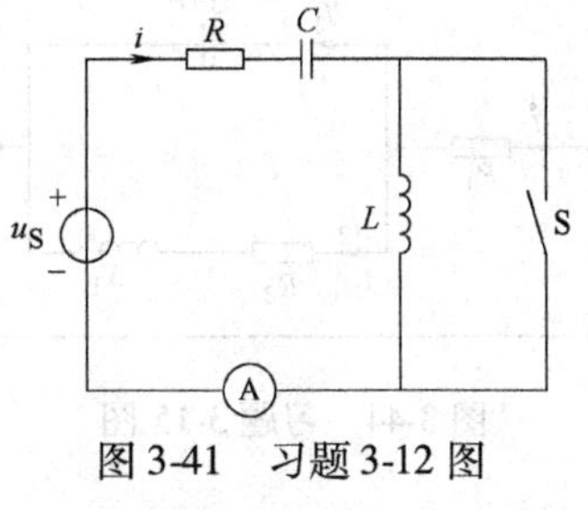

图 3-41　习题 3-12 图

3-13 如图3-42所示电路，已知电流表 A_1 和 A_2 的读数分别为4A和3A，当元件N分别为 R、L 或 C 时，电流表 A_0 的读数分别为多少？

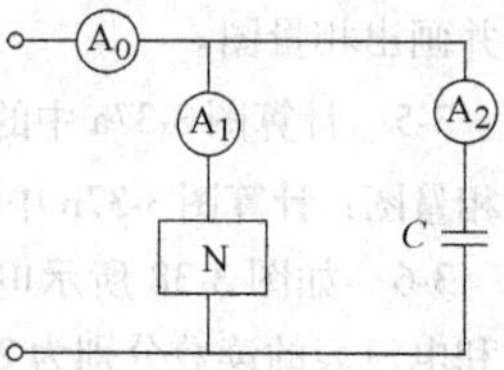

图3-42 习题3-13图

3-14 在图3-43所示的各电路图中，除 A_0 和 V_0 外，其余电流表和电压表的读数在图上都已标出（都是正弦量的有效值），试求电流表 A_0 或电压表 V_0 的读数。

3-15 在图3-44中，$I_1=10\text{A}$，$I_2=10\sqrt{2}\text{A}$，$U=200\text{V}$，$R_1=5\Omega$，$R_2=X_L$，试求 I、X_C，X_L 及 R_2。

3-16 在图3-45中，$I_1=I_2=10\text{A}$，$U=100\text{V}$，$\dot{U}$ 与 $\dot{I}$ 同相位，试求 I、R、X_C 及 X_L。

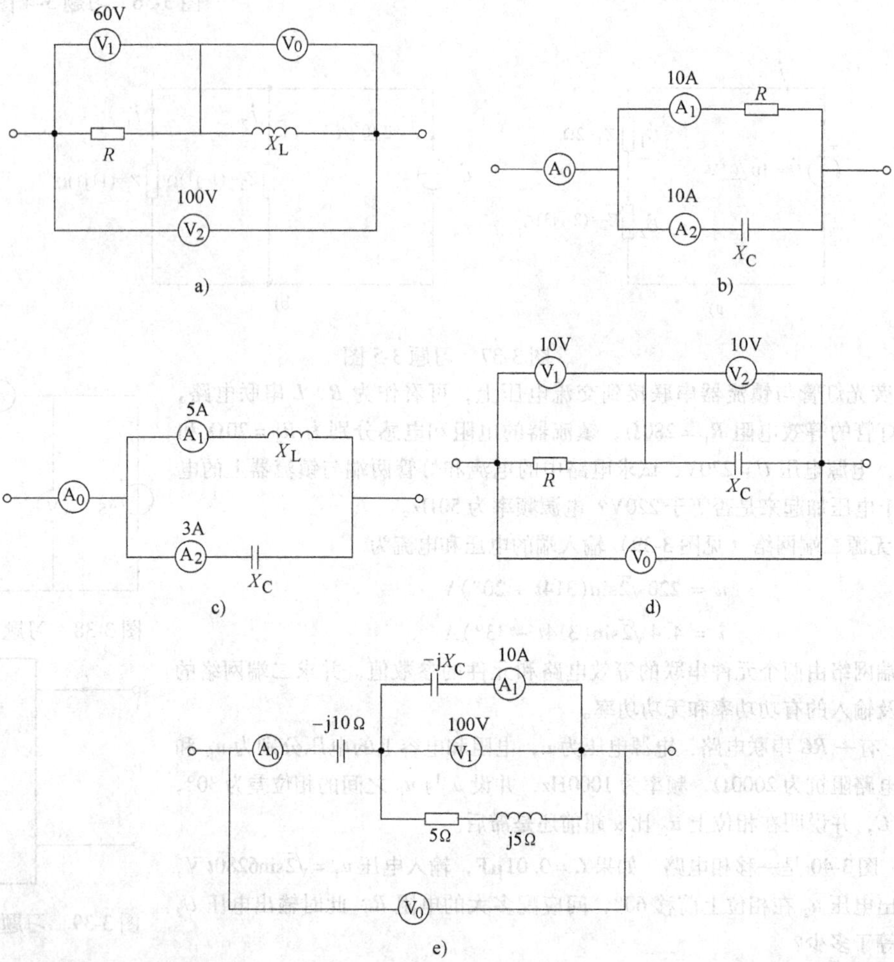

图3-43 习题3-14图

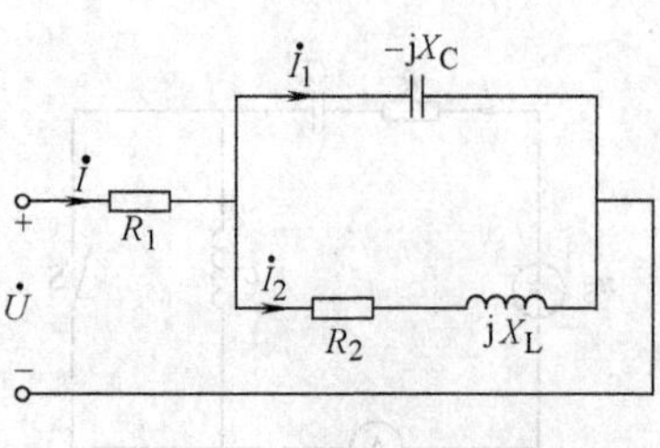

图3-44 习题3-15图

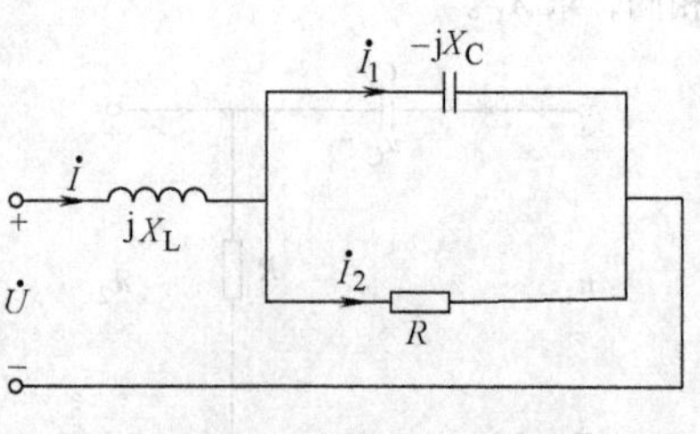

图3-45 习题3-16图

3-17　在图 3-46 中，已知 $U = 220\text{V}$，$R_1 = 10\Omega$，$X_1 = 10\sqrt{3}\Omega$，$R_2 = 20\Omega$，试求各个电流和平均功率。

3-18　在图 3-47 中，已知 $u = 220\sqrt{2}\sin 314t$ V，$i_1 = 22\sin(314t - 45°)$ A。$i_2 = 11\sqrt{2}\sin(314t + 90°)$ A，试求各仪表读数及电路参数 R、L 和 C。

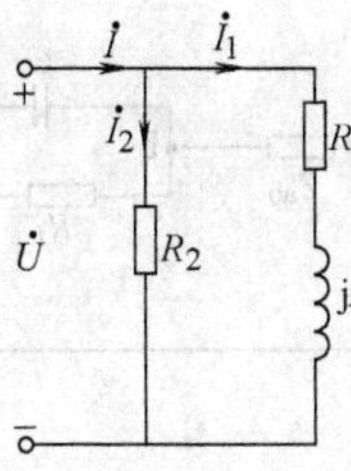

图 3-46　习题 3-17 图

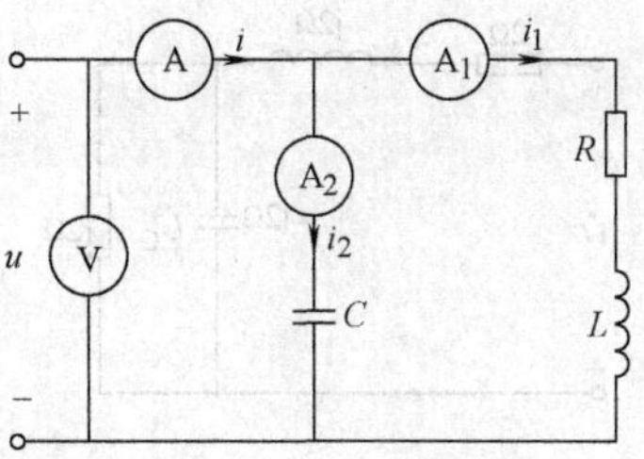

图 3-47　习题 3-18 图

3-19　在图 3-48 中，已知 $R_1 = 3\Omega$，$X_1 = 4\Omega$，$R_2 = 8\Omega$，$X_2 = 6\Omega$，$u = 220\sqrt{2}\sin 314t$ V，试求 i_1、i_2 和 i。

3-20　在图 3-49 中，已知 $U = 220\text{V}$，$R = 22\Omega$，$X_L = 22\Omega$，$X_C = 11\Omega$，试求电流 I_R、I_L、I_C 及 I。

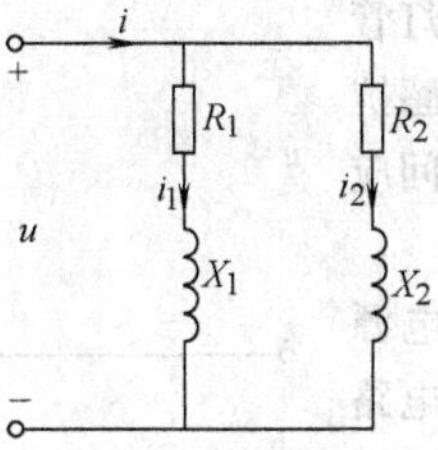

图 3-48　习题 3-19 图

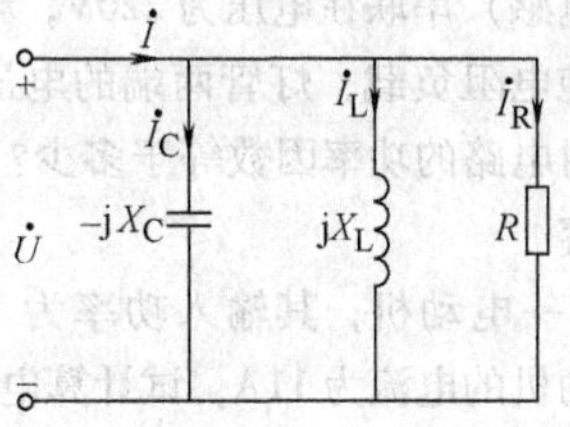

图 3-49　习题 3-20 图

3-21　求图 3-50 所示电路的阻抗 Z_{ab}。

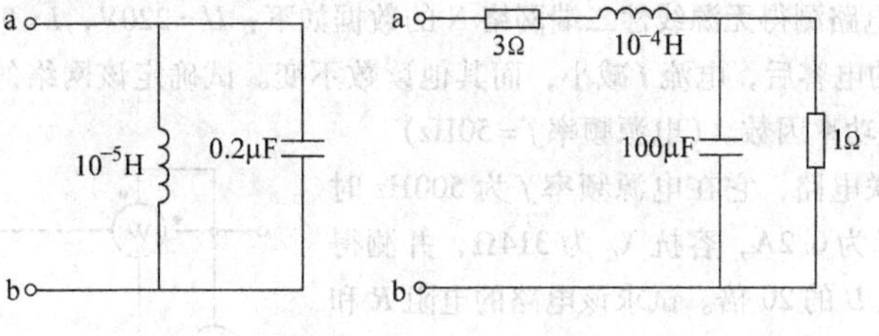

a) $\omega = 10^6$rad/s　　b) $\omega = 10^4$rad/s

图 3-50　习题 3-21 图

3-22　求图 3-51 两图中的电流 $\dot{I}$。

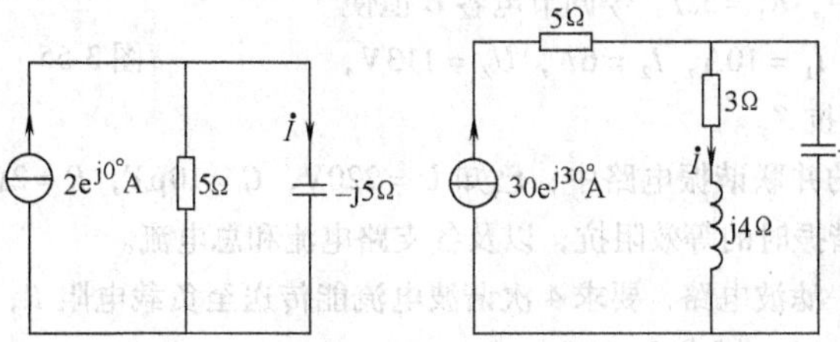

a)　　b)

图 3-51　习题 3-22 图

3-23　在图 3-52 所示的电路中，已知 $\dot{U}_C = 1\angle 0°$V，求 $\dot{U}$。

3-24　在图3-53所示的电路中，已知 $U_{ab}=U_{bc}$，$R_1=10\Omega$，$X_C=\dfrac{1}{\omega C}=10\Omega$，$Z_{ab}=R+jX_L$。试求$\dot{U}$和$\dot{I}$同相时 Z_{ab} 等于多少？

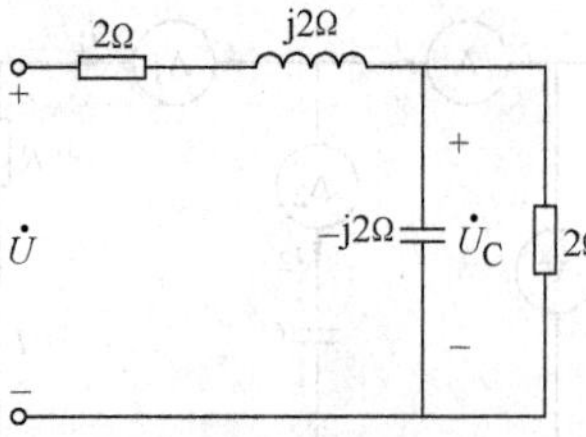

图3-52　习题3-23图

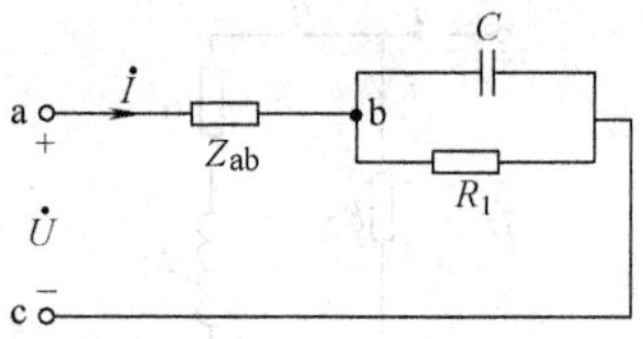

图3-53　习题3-24图

3-25　电路如图3-54所示，已知 $R=R_1=R_2=10\Omega$，$L=31.8\text{mH}$，$C=318\mu\text{F}$，$f=50\text{Hz}$，$U=10\text{V}$，试求并联支路端电压 U_{ab} 及电路的 P、Q、S 及 $\cos\varphi$。

3-26　今有40W的荧光灯一个，使用时灯管与镇流器（可近似地把镇流器看作纯电感）串联在电压为220V，频率为50Hz的电源上。已知灯管工作时属于纯电阻负载，灯管两端的电压等于110V，试求镇流器的感抗与电感。这时电路的功率因数等于多少？若将功率因数提高到0.8，问应并联多大电容。

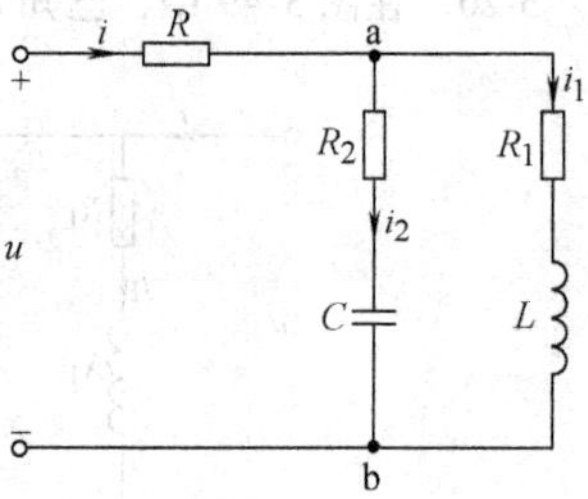

图3-54　习题3-25图

3-27　有一电动机，其输入功率为1.21kW，接在220V的交流电源上，通入电动机的电流为11A，试计算电动机的功率因数。如果要把电路的功率因数提高到0.91，应该和电动机并联多大电容的电容器？并联电容器后，电动机的功率因数、电动机中的电流、输电导线上的电流及电路的有功功率和无功功率有无改变？（电源频率 $f=50\text{Hz}$）

3-28　用图3-55的电路测得无源线性二端网络N的数据如下：$U=220\text{V}$，$I=5\text{A}$，$P=500\text{W}$，又知当与N并联在一个适当数值的电容后，电流 I 减小，而其他读数不变。试确定该网络的性质（电阻性、电感性或电容性）、等效参数及功率因数。（电源频率 $f=50\text{Hz}$）

3-29　有一 RLC 串联电路，它在电源频率 f 为500Hz时发生谐振。谐振时电流 I 为0.2A，容抗 X_C 为314Ω，并测得电容电压 U_C 为电源电压 U 的20倍。试求该电路的电阻 R 和电感 L。

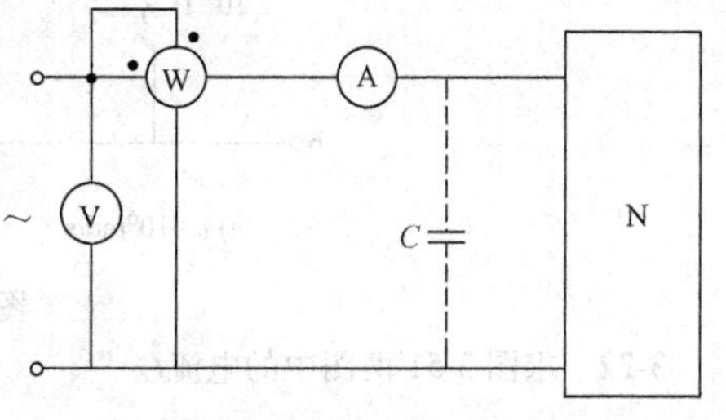

图3-55　习题3-28图

3-30　RLC 串联谐振电路的谐振频率 $f_0=5\text{kHz}$，品质因数 $Q=60$，电阻 $R=10\Omega$。求电感 L 和电容 C。

3-31　在图3-56的电路中，$R_1=5\Omega$。今调节电容 C 值使电流 I 为最小，并此时测得：$I_1=10\text{A}$，$I_2=6\text{A}$，$U_Z=113\text{V}$，电路总功率 $P=1140\text{W}$。求阻抗 Z。

3-32　在如图3-57所示的并联谐振电路中，已知 $U=220\text{V}$，$C=10\mu\text{F}$，$R=2\Omega$，$L=64\text{mH}$，求电路的谐振频率、品质因数、电路谐振时的等效阻抗，以及各支路电流和总电流。

3-33　图3-58所示的是一滤波电路，要求4次谐波电流能传送至负载电阻 R，而基波电流不能到达负载。如果 $C=1\mu\text{F}$，$\omega=1000\text{rad/s}$，试求 L_1 和 L_2。

3-34　一个线圈连接至电压为 $u=[10\sqrt{2}\sin\omega t+2\sqrt{2}\sin(3\omega t+30°)]\text{V}$ 的周期性非正弦交流电压源上，如果线圈的电阻和对基波的感抗均为1Ω，求线圈中电流的瞬时值、有效值、平均值以及平均功率。

3-35　如图3-59所示电路 $u=(6+3\sqrt{2}\cos\omega t)\text{V}$，$i=[2+\sqrt{2}\cos(\omega t-60°)]\text{A}$，求电压 U_1。

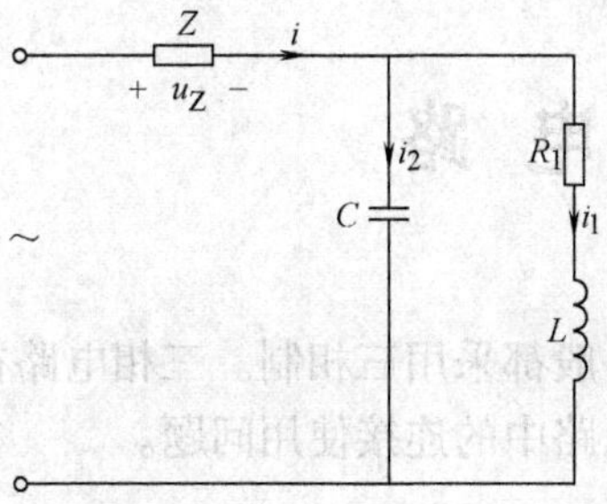

图 3-56　习题 3-31 图

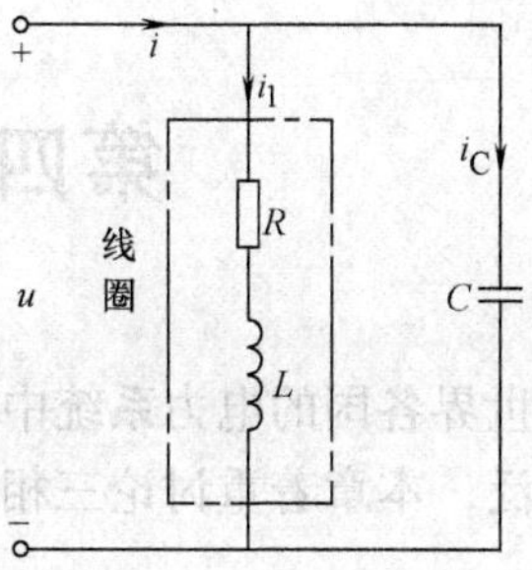

图 3-57　习题 3-32 图

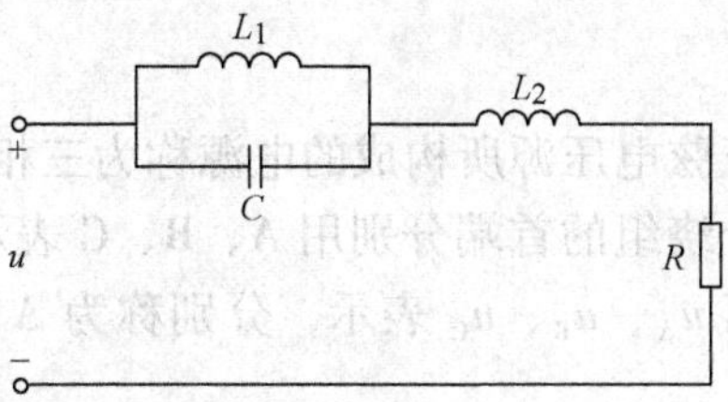

图 3-58　习题 3-33 图

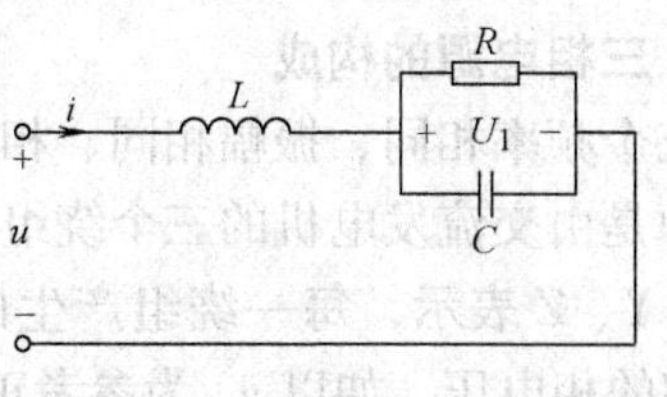

图 3-59　习题 3-35 图

3-36　如图 3-60 所示电路，$i_S(t)=[10+5\sqrt{2}\cos(2\omega_1 t+30°)]$ A，$\omega_1 L=50\Omega$，$\dfrac{1}{\omega_1 C}=200\Omega$。求 $u_R(t)$ 和有效值 U_R。

3-37　电路如图 3-61 所示，已知 $R_1=1\Omega$，$R_2=2\Omega$，$L_1=1\text{H}$，$L_2=2\text{H}$，$C=25\mu\text{F}$，$U_{S1}=4\text{V}$，$u_{S2}=10\sqrt{2}\cos 200t$ V。求：i_2、I_2、u_C 及两个电压源的功率。

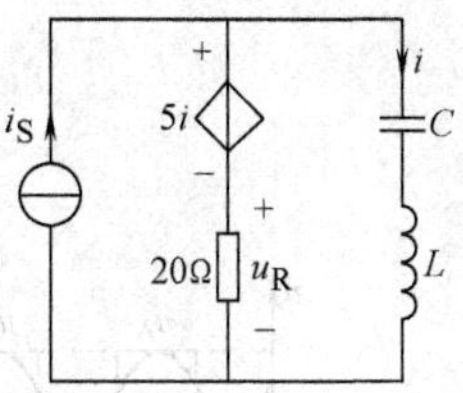

图 3-60　习题 3-36 图

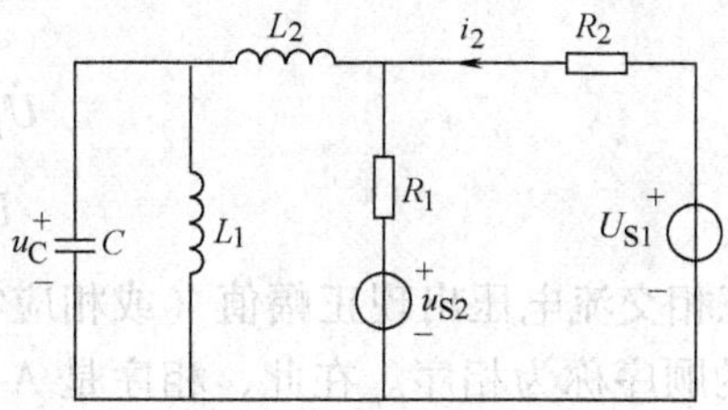

图 3-61　习题 3-37 图

第四章　三 相 电 路

目前，世界各国的电力系统中的，发电和输配电一般都采用三相制。三相电路在生产上应用最为广泛，本章着重讨论三相电源及负载在三相电路中的连接使用问题。

第一节　三 相 电 源

一、三相电源的构成

由三个频率相同、振幅相同、相位互差120°的正弦电压源所构成的电源称为三相电源。三相电源是由交流发电机的三个绕组产生的，这三个绕组的首端分别用A、B、C表示，末端用X、Y、Z表示，每一绕组产生的电源可分别用u_A、u_B、u_C表示，分别称为A相、B相、C相的相电压。如以u_A为参考正弦量，则

$$u_A=\sqrt{2}U\sin\omega t$$

$$u_B=\sqrt{2}U\sin\ (\omega t-120°)$$

$$u_C=\sqrt{2}U\sin\ (\omega t+120°)$$

对应的相量可表示为

$$\dot{U}_A=U\underline{/0°}$$

$$\dot{U}_B=U\underline{/-120°}$$

$$\dot{U}_C=U\underline{/120°}$$

三相交流电压出现正幅值（或相应零值）的顺序称为相序。在此，相序是A→B→C，这种相序称为正序或顺序，如图4-1所示。与此相反，如果B相超前A相120°，C相超前B相120°，这种相序称为负序或逆序。相位差为零的相序称为零序。电力系统一般采用正序。

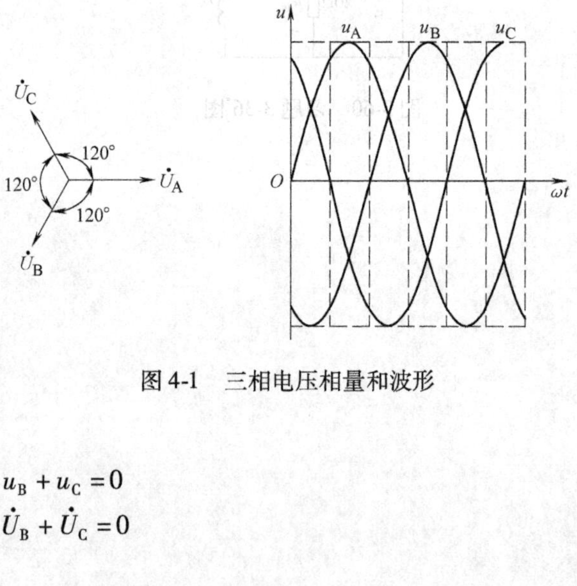

图4-1　三相电压相量和波形

在配电装置的母线上，以黄、绿、红3种颜色分别表示A、B、C三相。

显然，三相电源电压的瞬时值或相量之和为零，即

$$u_A+u_B+u_C=0$$

$$\dot{U}_A+\dot{U}_B+\dot{U}_C=0$$

二、三相电源的连接

三相电源通常连接成星形（Y）进行供电，这样连接的电源又称三相对称电源。星形联结即将电源绕组的三个末端X、Y、Z连在一起，这一连接点称为中性点或零点，用N表示。从中性点引出的导线称为中性线或零线。从始端A、B、C引出的三根导线称为相线或端线，俗称火线。

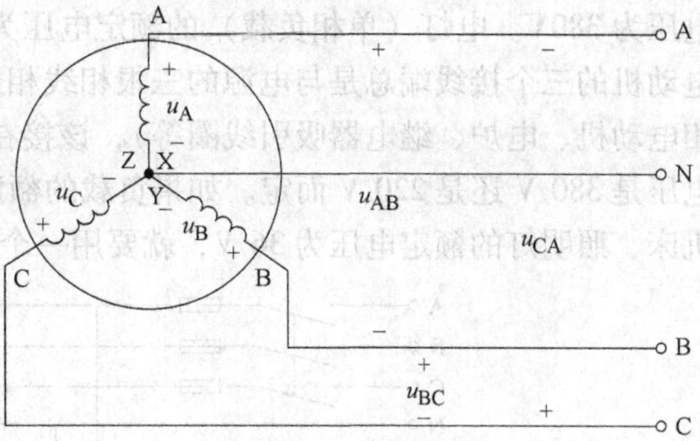

图4-2　电源星形联结

在图4-2中，每相始端与末端间的电压，亦即相线与中性线间的电压，称为相电压。而端线之间的电压称为线电压，分别用u_{AB}、u_{BC}、u_{CA}表示。

星形联结时，相电压和线电压显然是不相等的。根据图4-2上的参考方向，它们的关系是

$$u_{AB}=u_A-u_B$$
$$u_{BC}=u_B-u_C$$
$$u_{CA}=u_C-u_A$$

或用相量表示

$$\dot{U}_{AB}=\dot{U}_A-\dot{U}_B=\sqrt{3}\dot{U}_A\angle 30^\circ$$
$$\dot{U}_{BC}=\dot{U}_B-\dot{U}_C=\sqrt{3}\dot{U}_B\angle 30^\circ$$
$$\dot{U}_{CA}=\dot{U}_C-\dot{U}_A=\sqrt{3}\dot{U}_C\angle 30^\circ$$

可见当相电压对称时，线电压也是对称的，并且线电压有效值是相电压有效值的$\sqrt{3}$倍，在相位上，线电压超前对应相电压30°。相电压与线电压之间的相量关系如图4-3所示。

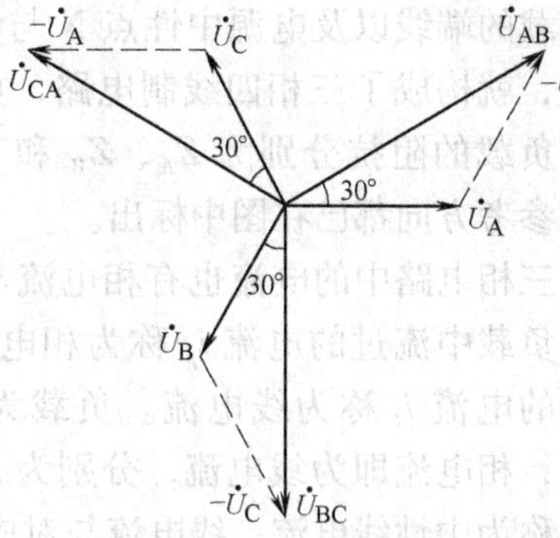

图4-3　相电压与线电压之间的相量关系

若用U_l、U_p分别表示线电压和相电压的有效值，有

$$U_l=\sqrt{3}U_p$$

发电机（或变压器）的绕组连成星形时，不一定都引出中性线。如果只引出三根相线，为三相三线制供电方式，为负载提供的电压为线电压。如引出三根相线及一根中性线，为三相四线制供电方式，这样就有可能给予负载提供线电压或相电压这两种电压。通常在低压配电系统中相电压$U_p=220\text{V}$，线电压为$U_l=\sqrt{3}\times 220\text{V}=380\text{V}$。

第二节　三相交流电路的计算

由三相对称电源供电给负载的电路称为三相电路。

在三相交流电路中，用电设备一般分为单相设备和三相设备两类。照明灯具、家用电器、单相交流电动机等小功率设备都是单相设备。三相交流电动机、三相烘炉等大功率设备

属于三相设备。因此，实际三相交流电路中，负载如何连接，必须考虑用电设备的额定电压与电源电压相符，否则，用电设备不能正常工作甚至损坏。例如，在供电系统中，民用电线电压为380V。电灯（单相负载）的额定电压为220V，因此要接在相线与中性线之间，三相电动机的三个接线端总是与电源的三根相线相连，如图4-4所示。至于其他单相负载（如单相电动机、电炉、继电器吸引线圈等），该接在相线之间还是相线与中性线之间，应视额定电压是380 V还是220 V而定。如果负载的额定电压不等于电源电压，则需用变压器。例如机床、照明灯的额定电压为36 V，就要用一个380/36V的降压变压器。

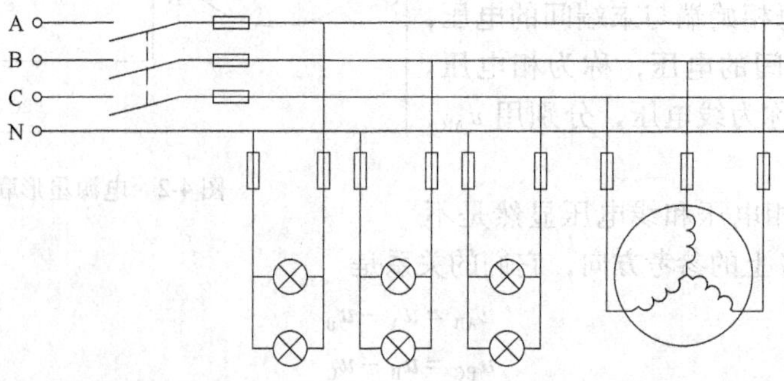

图4-4 电灯和三相电动机与电源的连接

另外，接在三相电源上的设备应尽可能使三相电源的负载均衡。

三相电路中负载的连接方法有星形（Y）联结和三角形（△）联结两种。

一、负载星形联结的三相电路

电源为星形联结，负载也星形联结，将电源与负载的端线以及电源中性点N与负载中性点N′相连，就构成了三相四线制电路，如图4-5所示。每相负载的阻抗分别为Z_A、Z_B和Z_C。电压和电流的参考方向都已在图中标出。

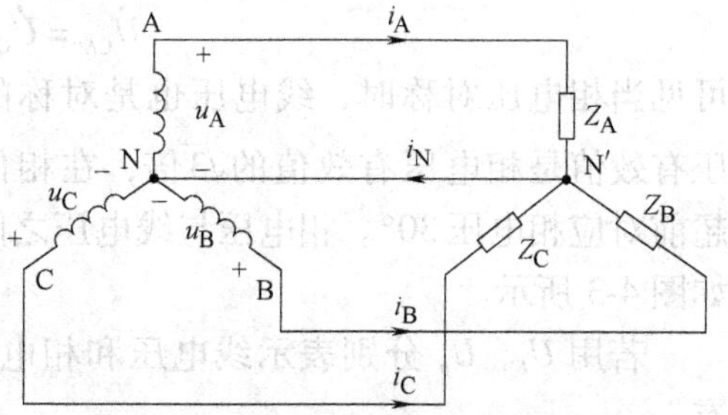

图4-5 负载星形联结的三相四线制电路

三相电路中的电流也有相电流与线电流之分。每相负载中流过的电流i_p称为相电流，输电线中流过的电流i_l称为线电流。负载为星形联结时，显然，相电流即为线电流，分别为i_A、i_B、i_C。而i_N则称为中性线电流。线电流与对应相电流的有效值关系为

$$I_l = I_p$$

在三相四线制电路中，每相负载的电流可以分别计算。由图4-5可知，电源相电压即为每相负载电压。于是每相负载中的电流可分别求出，即

$$\dot{I}_A = \frac{\dot{U}_A}{Z_A}$$

$$\dot{I}_B = \frac{\dot{U}_B}{Z_B}$$

$$\dot{I}_C = \frac{\dot{U}_C}{Z_C}$$

中性线中的电流可以按照图4-5中所选定的参考方向，应用基尔霍夫电流定律可得

$$\dot{I}_N = \dot{I}_A + \dot{I}_B + \dot{I}_C$$

在电源对称时，如果三相负载也是对称的，即 $Z_A = Z_B = Z_C = Z = |Z| \angle\varphi$，这样的电路即为对称三相电路。设 $\dot{U}_A = U_p\angle 0°$，则各相电流为

$$\dot{I}_A = \frac{\dot{U}_A}{Z_A} = \frac{U_p\angle 0°}{|Z|\angle\varphi} = \frac{U_p}{|Z|}\angle -\varphi$$

$$\dot{I}_B = \frac{\dot{U}_B}{Z_B} = \frac{U_p\angle -120°}{|Z|\angle\varphi} = \frac{U_p}{|Z|}\angle(-120° - \varphi)$$

$$\dot{I}_C = \frac{\dot{U}_C}{Z_C} = \frac{U_p\angle 120°}{|Z|\angle\varphi} = \frac{U_p}{|Z|}\angle(120° - \varphi)$$

可见相电流也是对称的。所以在分析对称三相电路时，只要计算出一相的电压或电流，其余两相的电压或电流可根据对称关系写出。

对称三相电路的中性线电流为零，即

$$\dot{I}_N = \dot{I}_A + \dot{I}_B + \dot{I}_C = 0$$

对称负载星形联结时电压和电流的相量图如图 4-6 所示。

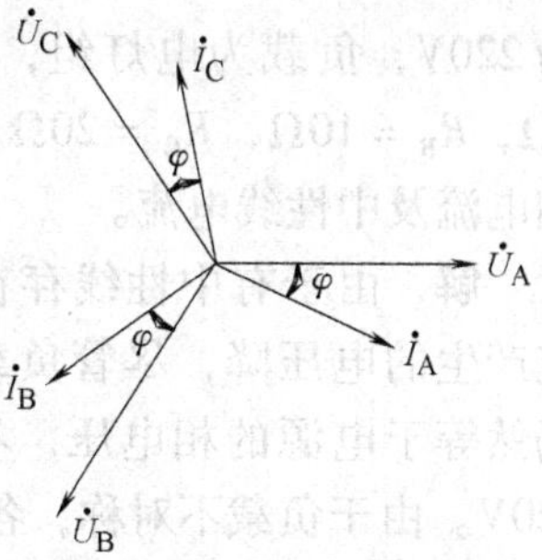

图 4-6 对称负载星形联结时电压和电流的相量图

中性线中既然没有电流通过，中性线就可去掉，图 4-5 所示的电路就变为图 4-7 所示的电路，形成三相三线制电路。三相三线制电路在生产上的应用极为广泛，因为生产上的三相负载（通常所见的是三相电动机）一般都是对称的。

值得注意的是，由单相负载连接成的三相负载一般不能保证各相负载阻抗相等，是不对称的，这时必须要有中性线，强迫电源中性点 N 与负载中性点 N′等电位。因为负载不对称而又没有中性线时，负载的相电压就不对称，这势必引起有的相电压高于负载的额定电压，有的相电压低于负载的额定电压，使电路不能正常工作。中性线的作用是使星形联结的不对称三相负载的相电压尽可能对称，使各相负载能正常工作。为了保证负载的相电压对称，就不应让中性线断开，因此，中性线（指干线）内不允许接入短路保护电器熔断器或开关。在实际电路中，中性线是有一定阻抗的，因此中性线阻抗值要小，尽可能使电源中性点 N 与负载中性点 N′之间的电压接近零，以保证负载相电压基本不变。

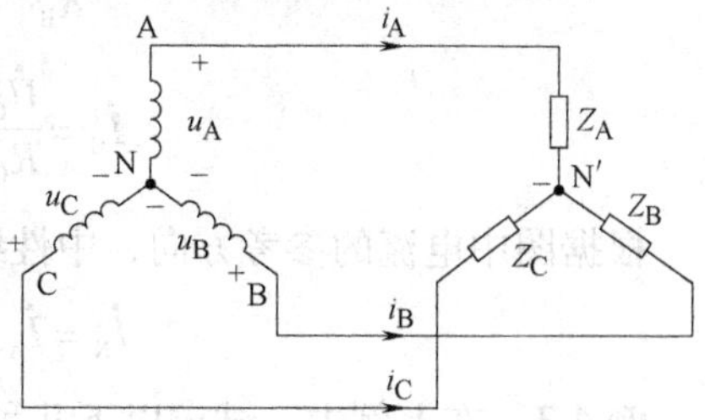

图 4-7 三相三线制电路

例 4-1 有一星形联结的三相负载，如图 4-7 所示，每相的电阻 $R = 6\Omega$，感抗 $X_L = 8\Omega$。电源电压对称，设 $u_{AB} = 380\sqrt{2}\sin(\omega t + 60°)$ V，试求负载的相电流。

解 由于负载对称，所以该电路是对称三相电路，可以归结为一相进行计算，只要求出其中一相的电流，就可推出其他相的电流。

根据图4-3的相量关系，有

$$\dot{U}_A=\frac{\dot{U}_{AB}}{\sqrt{3}}\angle -30°=\frac{380}{\sqrt{3}}\angle(60°-30°)\text{V}=220\angle 30°\text{V}$$

A相电流

$$\dot{I}_A=\frac{\dot{U}_A}{Z_A}=\frac{220\angle 30°}{6+\text{j}8}\text{A}=22\angle -23.1°\text{A}$$

所以

$$i_A=22\sqrt{2}\sin(\omega t-23.1°)\ \text{A}$$

于是，另两相的电流为

$$i_B=22\sqrt{2}\sin(\omega t-143.1°)\ \text{A}$$

$$i_C=22\sqrt{2}\sin(\omega t+96.9°)\ \text{A}$$

例4-2 在图4-8中，电源电压对称，相电压为220V，负载为电灯组，各相电阻分别为$R_A=5\Omega$，$R_B=10\Omega$，$R_C=20\Omega$。试求负载的相电压、相电流及中性线电流。

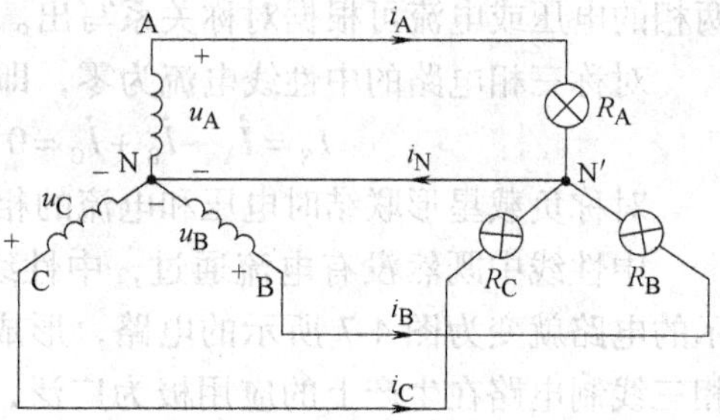

图4-8 例4-2图

解 由于有中性线存在，如忽略中性线上阻抗产生的电压降，尽管负载不对称，负载相电压仍然等于电源的相电压，不会变化，其有效值为220V。由于负载不对称，各相电流应分别计算。

设$\dot{U}_A=220\angle 0°\text{V}$，各相电流为

$$\dot{I}_A=\frac{\dot{U}_A}{R_A}=44\angle 0°\text{A}$$

$$\dot{I}_B=\frac{\dot{U}_B}{R_B}=\frac{\dot{U}_A\angle -120°}{R_B}=22\angle -120°\text{A}$$

$$\dot{I}_C=\frac{\dot{U}_C}{R_C}=\frac{\dot{U}_A\angle 120°}{R_C}=11\angle 120°\text{A}$$

根据图中电流的参考方向，中性线电流

$$\dot{I}_N=\dot{I}_A+\dot{I}_B+\dot{I}_C=29.1\angle -19°\text{A}$$

例4-3 在上例中，试求以下几种情况各相负载的电压。

（1）A相负载短路；（2）A相负载短路且中性线断线（见图4-9a）；（3）A相断开；（4）A相断开且中性线断线（见图4-9b）。

解 （1）此时属于电路故障，A相短路电流很大，导致A相中的短路保护电器断开，将故障电路隔离。而B、C相不受影响，其相电压仍为220V。

（2）此时负载中性点N′即为A点，因此负载各相电压为

$$\dot{U}'_A=0$$

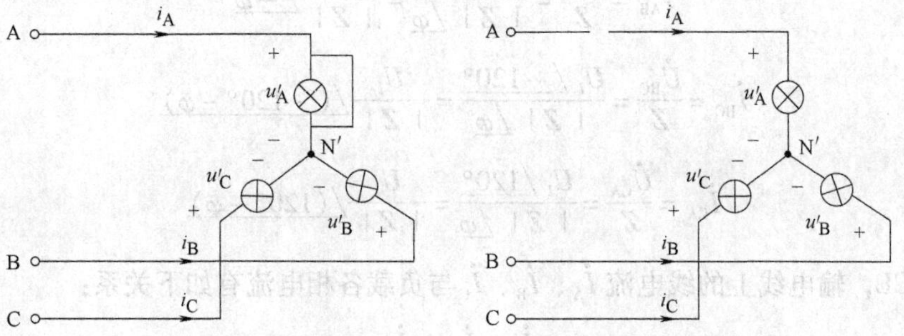

a) A相负载短路且中性线断线　　b) A相断开且中性线断线

图 4-9　例 4-3 图

$$\dot{U}'_B = \dot{U}_{BA},\ U'_B = 380V$$

$$\dot{U}'_C = \dot{U}_{CA},\ U'_C = 380V$$

在这种情况下，B 相与 C 相的电灯组上所加的电压都超过电灯的额定电压（220V），灯会烧毁，是不容许的。

（3）A 相断电无电压，B、C 相不受影响。

（4）这时电路已成单相电路，即 B 相的电灯组和 C 相的电灯组串联，接在线电压 U_{BC} = 380V 的电源上，两相电流相同。至于两相电压如何分配，决定于两相的电灯组电阻。如果 B 相的电阻比 C 相电阻小，其相电压低于电灯的额定电压，而 C 相的电压可能高于电灯的额定电压，这是不容许的。

二、负载三角形联结的三相电路

负载三角形联结时，电路没有中性线引出，电路如图 4-10 所示。每相负载的阻抗分别为 Z_{AB}、Z_{BC}、Z_{CA}。电压和电流的参考方向都已在图中标出。

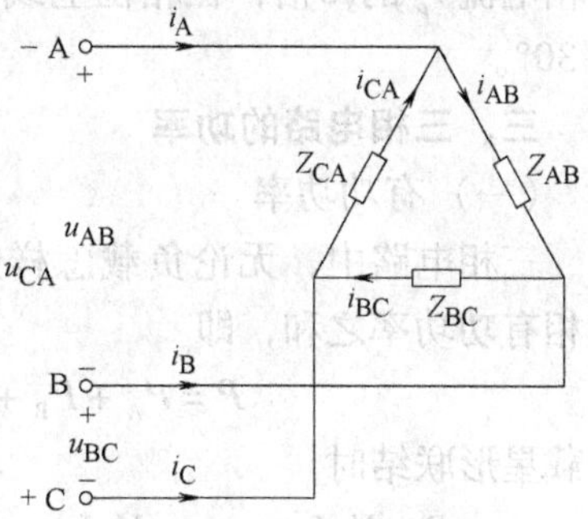

图 4-10　负载三角形联结的三相电路

因为各相负载都直接接在电源的线电压上，所以各相负载的相电压与对应电源的线电压相同。不论负载对称与否，负载相电压总是对称的。因此各相负载的电流为

$$\dot{I}_{AB} = \frac{\dot{U}_{AB}}{Z_{AB}}$$

$$\dot{I}_{BC} = \frac{\dot{U}_{BC}}{Z_{BC}}$$

$$\dot{I}_{CA} = \frac{\dot{U}_{CA}}{Z_{CA}}$$

若负载是对称的，即 $Z_{AB} = Z_{BC} = Z_{CA} = Z = |Z| \angle\varphi$，这时电路就是对称三相电路。设 $\dot{U}_{AB} = U_l \angle 0°$，则

$$\dot{I}_{AB}=\frac{\dot{U}_{AB}}{Z}=\frac{U_l\angle 0°}{|Z|\angle\varphi}=\frac{U_l}{|Z|}\angle -\varphi$$

$$\dot{I}_{BC}=\frac{\dot{U}_{BC}}{Z}=\frac{U_l\angle -120°}{|Z|\angle\varphi}=\frac{U_l}{|Z|}\angle(-120°-\varphi)$$

$$\dot{I}_{CA}=\frac{\dot{U}_{CA}}{Z}=\frac{U_l\angle 120°}{|Z|\angle\varphi}=\frac{U_l}{|Z|}\angle(120°-\varphi)$$

根据 KCL，输电线上的线电流 $\dot{I}_A$、$\dot{I}_B$、$\dot{I}_C$与负载各相电流有如下关系：

$$\dot{I}_A=\dot{I}_{AB}-\dot{I}_{CA}$$

$$\dot{I}_B=\dot{I}_{BC}-\dot{I}_{AB}$$

$$\dot{I}_C=\dot{I}_{CA}-\dot{I}_{BC}$$

相电流与线电流的相量关系如图 4-11 所示，并且有

$$\dot{I}_A=\sqrt{3}\dot{I}_{AB}\angle -30°$$

$$\dot{I}_B=\sqrt{3}\dot{I}_{BC}\angle -30°$$

$$\dot{I}_C=\sqrt{3}\dot{I}_{CA}\angle -30°$$

可见，在对称三相负载的三角形联结中，线电流 I_l 是相电流 I_p 的$\sqrt{3}$倍，在相位上线电流比对应的相电流滞后 30°。

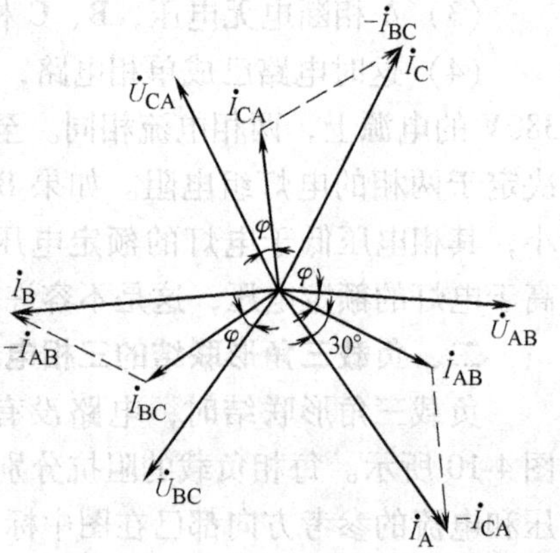

图 4-11　对称负载三角形联结时电压与电流的相量图

三、三相电路的功率

（一）有功功率

三相电路中，无论负载怎样连接，总有功功率等于各相有功功率之和，即

$$P=P_A+P_B+P_C$$

负载星形联结时

$$P=U_AI_A\cos\varphi_A+U_BI_B\cos\varphi_B+U_CI_C\cos\varphi_C$$

式中，U_A、U_B、U_C 为相电压的有效值；I_A、I_B、I_C 为相电流的有效值；φ_A、φ_B、φ_C 为负载的阻抗角或各相电压与对应相电流的相位差。

对称三相电路中，总有功功率等于任一相有功功率的 3 倍，即

$$P=3U_pI_p\cos\varphi$$

对称三相电路总有功功率有时还用线电压、线电流来计算。由于星形联结时，$I_p=I_l$、$U_p=U_l/\sqrt{3}$；三角形联结时，$I_p=I_l/\sqrt{3}$、$U_p=U_l$，无论对称负载是星形联结还是三角形联结，总有功功率都可表示为

$$P=\sqrt{3}U_lI_l\cos\varphi$$

式中，U_l、I_l 分别为线电压和线电流有效值；φ 为任一相的功率因数角或相电压与对应相电流的相位差，$\cos\varphi$ 为对称三相电路的功率因数。

另外，可以证明对称三相正弦交流电路的瞬时功率等于平均功率 P，是不随时间变化的常数，电路瞬时功率恒定的这种性质称为瞬时功率的平衡，瞬时功率平衡的电路称为平衡制电路。对三相电动机来说，瞬时功率恒定意味着电动机转动平稳，这是三相制的重要优点之一。

（二）无功功率

三相电路中，由于每相负载中都可能存在感性或容性负载，无功功率可正可负，所以总无功功率等于各相无功功率之和，即

$$\begin{aligned}Q &= Q_A + Q_B + Q_C \\ &= U_A I_A \sin\varphi_A + U_B I_B \sin\varphi_B + U_C I_C \sin\varphi_C\end{aligned}$$

对称三相电路中，无论星形联结还是三角形联结，总无功功率都可表示为

$$Q = 3U_p I_p \sin\varphi = \sqrt{3} U_l I_l \sin\varphi$$

（三）视在功率

三相电路总的视在功率一般不等于每相视在功率之和，而应按下式计算，即

$$S = \sqrt{P^2 + Q^2}$$

其中
$$P = P_A + P_B + P_C,\ Q = Q_A + Q_B + Q_C$$

对于对称三相电路，视在功率为

$$S = \sqrt{P^2 + Q^2} = 3U_p I_p = \sqrt{3} U_l I_l$$

（四）复功率

三相电路的复功率等于每相复功率之和，即

$$\overline{S} = \overline{S}_A + \overline{S}_B + \overline{S}_C$$

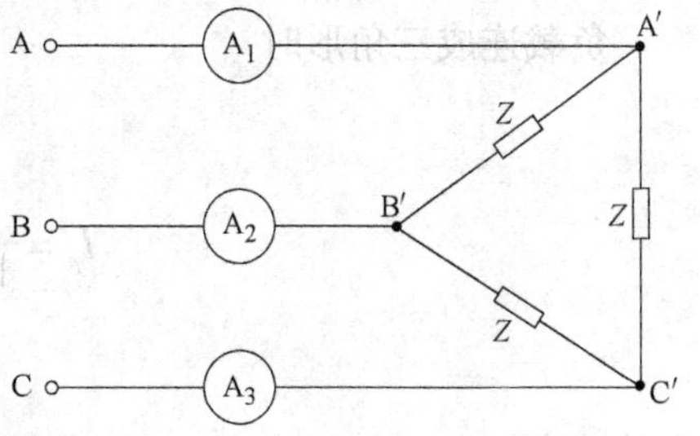

图 4-12　例 4-4 图

例 4-4　图 4-12 中，对称感性负载连成三角形，已知对称电源线电压 $U_l = 220\text{V}$，电流表读数 $I_l = 17.3\text{A}$，三相功率 $P = 4.5\text{kW}$，试求：(1) 每相负载的电阻和感抗；(2) 当 A′B′相负载断开时，图中各电流表的读数及电路的有功功率 P'。

解　(1) 因为是对称三相电路，设 $Z = R + \text{j}X$，于是

$$I_p = \frac{I_l}{\sqrt{3}} = 10\text{A}$$

因为

$$P = 3U_p I_p \cos\varphi = 3I_p^2 R$$

所以

每相电阻
$$R = \frac{P}{3I_p^2} = 15\Omega$$

每相电抗
$$\varphi = \arccos\frac{P}{3U_p I_p} = 47°$$

$$X = R\tan\varphi = 16.1\Omega$$

（2）当A′B′相负载断开时，B′C′、C′A′相阻抗上的电压没有改变，仍为线电压220V，所以流过A_1、A_2电流表的电流为B′C′、C′A′相的相电流，读数均为10A；流过A_3电流表的电流为线电流，所以读数为17.3A

有功功率 $$P' = \frac{2}{3}P = 3\text{kW}$$

例4-5 有一三相电动机，每相的等效阻抗$Z=(25+\text{j}15)\Omega$。试求电动机绕组连成星形和连成三角形接到$U_l=380\text{V}$的三相电源时的相电流、线电流以及有功功率、无功功率和视在功率。

解 负载连成星形时

$$U_p = \frac{U_l}{\sqrt{3}} = 220\text{V}$$

$$Z = (25+\text{j}15)\Omega = 29.15\angle 30.95°\Omega$$

$$I_p = \frac{U_p}{|Z|} = \frac{220}{29.15}\text{A} = 7.55\text{A}$$

$$I_p = I_l = 7.55\text{A}$$

有功功率 $P = 3U_pI_p\cos\varphi = 3\times220\times7.55\times\cos30.95°\text{W} = 4261.6\text{W}$

无功功率 $Q = 3U_pI_p\sin\varphi = 3\times220\times7.55\times\sin30.95°\text{var} = 2562.7\text{var}$

视在功率 $S = 3U_pI_p = 4983\text{V}\cdot\text{A}$

负载连成三角形时

$$U_p = U_l = 380\text{V}$$

$$I_p = \frac{U_p}{|Z|} = \frac{380}{29.15}\text{A} = 13.04\text{A}$$

$$I_l = \sqrt{3}I_p = 22.58\text{A}$$

有功功率 $P = 3U_pI_p\cos\varphi = (3\times380\times13.04\times\cos30.95°)\text{ W} = 12749\text{W}$

无功功率 $Q = 3U_pI_p\sin\varphi = (3\times380\times13.04\times\sin30.95°)\text{ var} = 7645.2\text{var}$

视在功率 $S = 3U_pI_p = 14865.6\text{V}\cdot\text{A}$

本例说明，电动机的三相绕组可以连成星形或三角形，它的连接方法在铭牌上标出。在相同电源线电压下，同一个三相负载作三角形联结时的功率是星形联结的3倍。

四、三相电路功率的测量

（一）三功率表法与一功率表法

根据三相有功功率$P=P_A+P_B+P_C$，可分别对三相负载用功率表测出每一相的功率，然后相加的方法称为三功率表法。图4-13a、b分别给出了三相电路负载作三角形和星形联结时，测量其中一相负载有功功率的接线图，测量时要使功率表所测电压与电流是被测负载的电压与电流。其余两相可参照连接。

对于对称负载，则只要测出其中任一相功率的读数，将该读数乘以3便得到三相电路功率，这种方法称为一功率表法。

（二）二功率法

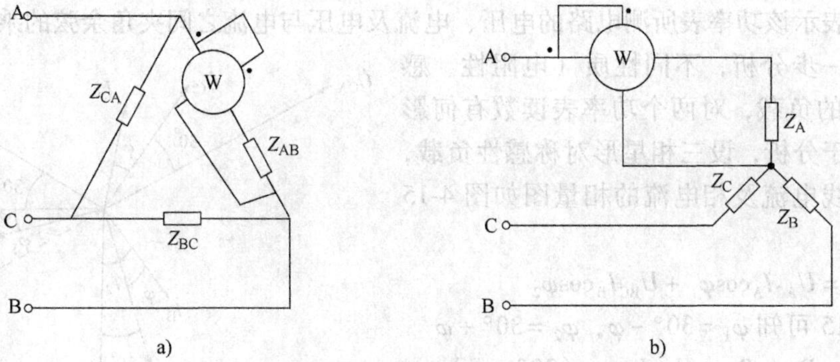

图 4-13 一相负载功率测量

这是比较常用的一种测量方法，接线方式有三种，如图 4-14 所示。接线时要使线电流从“·”端分别流入两个功率表的电流线圈，它们的电压线圈的非“·”端共同接到非电流线圈所在的第三条端线上。该方法适用于三相三线制电路，无论负载是否对称，是三角形联结还是星形联结，两个功率表读数的代数和即为三相电路的有功功率。下面以图 4-14a 为例来证明。

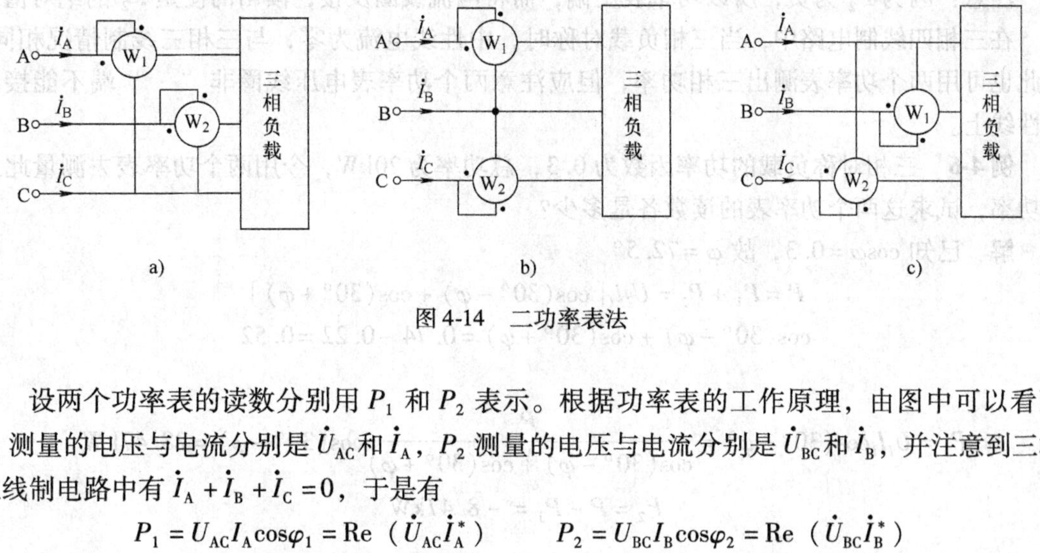

图 4-14 二功率表法

设两个功率表的读数分别用 P_1 和 P_2 表示。根据功率表的工作原理，由图中可以看到 P_1 测量的电压与电流分别是 $\dot{U}_{AC}$和 $\dot{I}_A$，P_2 测量的电压与电流分别是 $\dot{U}_{BC}$和 $\dot{I}_B$，并注意到三相三线制电路中有 $\dot{I}_A+\dot{I}_B+\dot{I}_C=0$，于是有

$$P_1=U_{AC}I_A\cos\varphi_1=\mathrm{Re}\left(\dot{U}_{AC}\dot{I}_A^*\right)\qquad P_2=U_{BC}I_B\cos\varphi_2=\mathrm{Re}\left(\dot{U}_{BC}\dot{I}_B^*\right)$$

φ_1 为 $\dot{U}_{AC}$与 $\dot{I}_A$ 的相位差，φ_2 为 $\dot{U}_{BC}$与 $\dot{I}_B$ 的相位差，$\dot{I}_A^*$、$\dot{I}_B^*$ 分别为 $\dot{I}_A$ 和 $\dot{I}_B$ 的共轭复数，所以

$$P_1+P_2=\mathrm{Re}\left(\dot{U}_{AC}\dot{I}_A^*+\dot{U}_{BC}\dot{I}_B^*\right)$$

因为 $\dot{U}_{AC}=\dot{U}_A-\dot{U}_C$，$\dot{U}_{BC}=\dot{U}_B-\dot{U}_C$，$\dot{I}_A^*+\dot{I}_B^*=-\dot{I}_C^*$，代入上式有

$$P_1+P_2=\mathrm{Re}\left(\dot{U}_A\dot{I}_A^*+\dot{U}_B\dot{I}_B^*+\dot{U}_C\dot{I}_C^*\right)=\mathrm{Re}\left(\overline{S}_A+\overline{S}_B+\overline{S}_C\right)=\mathrm{Re}\overline{S}$$

所以

$$P=P_1+P_2$$

注意：两个功率表各自的读数毫无意义。因为一个功率表读数并不代表电路中哪一部分的功率，仅表示该功率表所测电路的电压、电流及电压与电流之间夹角余弦的乘积。

下面进一步分析，不同性质（电阻性、感性或容性）的负载，对两个功率表读数有何影响。为了便于分析，设三相星形对称感性负载，其线电压、线电流及相电流的相量图如图4-15所示。

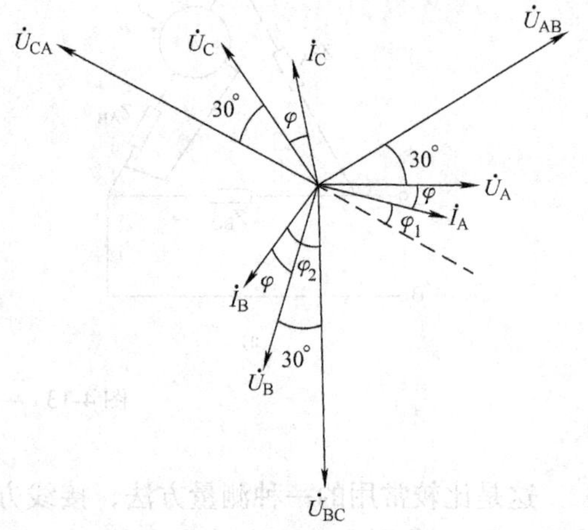

图4-15　星形对称感性负载电压电流相量图

$$P = U_{AC} I_A \cos\varphi_1 + U_{BC} I_B \cos\varphi_2$$

由图4-15可知 $\varphi_1 = 30° - \varphi$，$\varphi_2 = 30° + \varphi$

所以 $P = P_1 + P_2 = U_{AC} I_A \cos(30° - \varphi) + U_{BC} I_B \cos(30° + \varphi_2)$

a）当 $\varphi = 0$（电阻性负载），则 $P_1 = P_2$，$P = 2P_1$

b）当 $0 < \varphi < 60°$，$P_1 \neq P_2$，但均大于零，$P = P_1 + P_2$

c）当 $\varphi = 60°$，$P_2 = 0$，$P = P_1$

d）当 $60° < \varphi \leqslant 90°$，$P_1$ 为正，P_2 为负，总功率 $P = P_1 - |P_2|$

注意：因为 P_2 为负，所以功率表反偏，需将电流线圈反接，读出的便是 P_2 的绝对值。

在三相四线制电路中，当三相负载对称时，中性线电流为零，与三相三线制情况相同，因此也可用两个功率表测出三相功率，但应注意两个功率表电压线圈非“·”端不能接在中性线上。

例4-6　三相对称负载的功率因数为0.3，总功率为20kW，今用两个功率表去测量此三相功率，试求这两个功率表的读数各是多少？

解　已知 $\cos\varphi = 0.3$，故 $\varphi = 72.5°$

$$P = P_1 + P_2 = U_l I_l [\cos(30° - \varphi) + \cos(30° + \varphi)]$$

$$\cos(30° - \varphi) + \cos(30° + \varphi) = 0.74 - 0.22 = 0.52$$

$$P_1 = U_l I_l \cos(30° - \varphi) = \frac{P}{\cos(30° - \varphi) + \cos(30° + \varphi)} \cos(30° - \varphi) = 28.47\text{kW}$$

$$P_2 = P - P_1 = -8.47\text{kW}$$

习　题

4-1　有一三相对称负载，其每相的电阻 $R = 8\Omega$，感抗 $X_L = 6\Omega$。如果将负载连成星形接于线电压 $U_l = 380\text{V}$ 的三相电源上，试求相电压、相电流及线电流。

4-2　图4-16所示的是三相四线制电路，电源线电压 $U_l = 380\text{V}$。三个电阻性负载连成星形，其电阻为 $R_A = 11\Omega$，$R_B = R_C = 22\Omega$。(1)试求负载相电压、相电流及中性线电流，并作出它们的向量图；(2)如无中性线，求负载相电压及中性点电压；(3)如无中性线，当A相短路时求各相电压和电流，并作出它们的相量图；(4)如无中性线，当C相断路时求另外两相电压和电流；(5)在(3)、(4)如有中性线，则又如何？

4-3　有一次某楼电灯发生故障，第二层和第三层楼的所有电灯突然都暗淡下来，而第一层楼的电灯亮度未变，试问这是什么原因？这楼的电灯是如何连接的？同时又发现第三层楼的电灯比第二层楼的还要暗些，这又是什么原因？画出电路图。

4-4　有一台三相发电机，其绕组连成星形，每相额定电压为220V。在一次试验时，用电压表量得相电压 $U_A=U_B=U_C=220V$，而线电压则为 $U_{AB}=U_{CA}=220V$，$U_{BC}=380V$，试问这种现象是如何造成的？

4-5　在图4-17所示的电路中三相四线制电源电压为380/220V，接有对称星形联结的白炽灯负载，其总功率为180W。此外，在C相上接有额定电压为220V，功率为40W 功率因数 $\cos\varphi=0.5$ 的荧光灯一支。试求电流 $\dot{I}_A$、$\dot{I}_B$、$\dot{I}_C$ 及 $\dot{I}_N$。设 $\dot{U}_A=220\angle 0°V$。

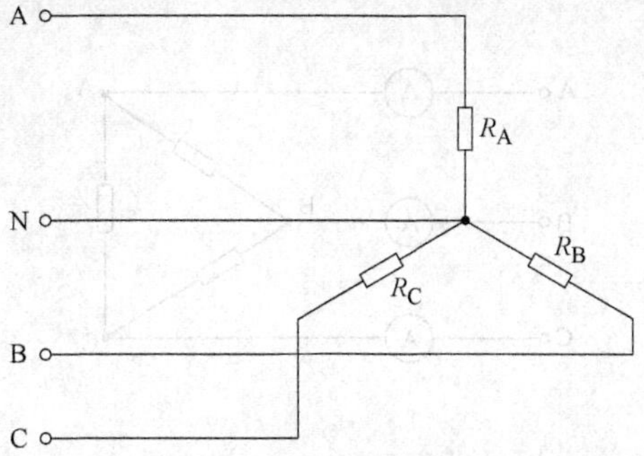

图4-16　习题4-2图

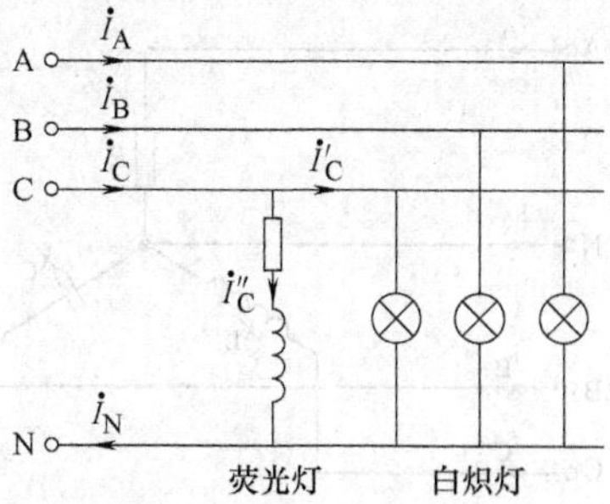

图4-17　习题4-5图

4-6　在图4-18所示三相对称电路中，$U_{AB}=380V$，图中功率表的读数为 W_1 表782，W_2 表1976.44。求负载吸收的复功率 $\overline{S}$ 和感性阻抗 Z。

4-7　图4-19是小功率星形对称电阻性负载从单相电源获得三相对称电压的电路。已知每相负载电阻 $R=10\Omega$，电源频率 $f=50Hz$，试求所需的 L 和 C 的数值。

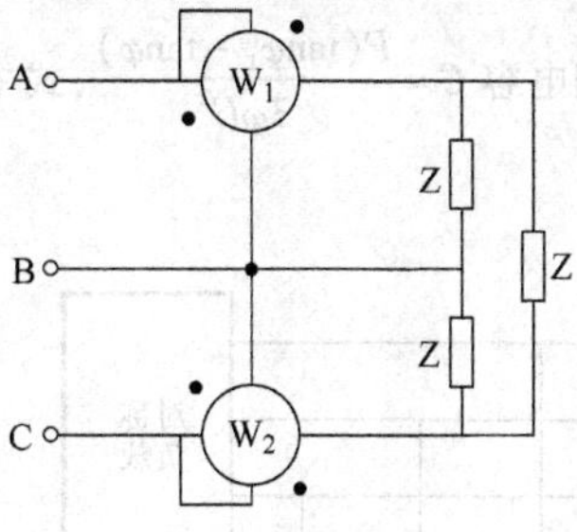

图4-18　习题4-6图

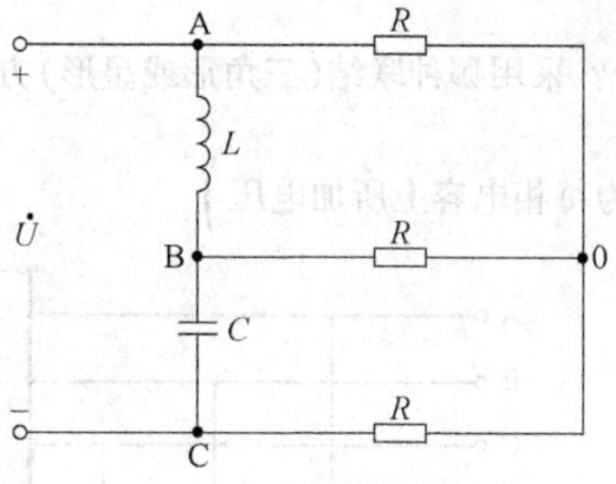

图4-19　习题4-7图

4-8　如将4-1题的负载换成三角形接于线压 $U_l=220V$ 的电源上，试求相电压、相电流及线电流。将所得结果与该题结果加以比较。

4-9　星形联结有中性线的负载，接于线电压为380V的三相电源上，试求：(1)各相负载为 $Z_A=Z_B=Z_C=20\Omega$ 时的各相电流及中性线电流；(2)各相负载为 $Z_A=Z_B=20\Omega$、$Z_C=(17.32+j10)\Omega$ 时的各相电流及中性线电流。

4-10　在线电压为380V的三相电源上，接两组电阻性对称负载，如图4-20所示，试求电流 I_A。

4-11　在三相对称负载中，各相电阻均为10Ω，负载的额定电压为220V，现将负载星形联结到线电压为380V的三相电源上，求相电流、线电流及总功率。

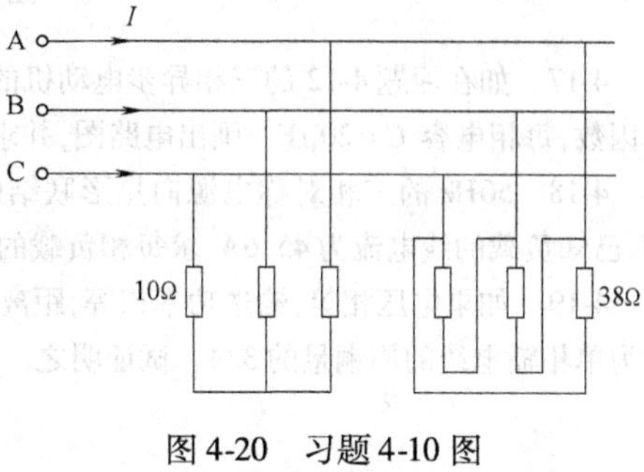

图4-20　习题4-10图

4-12　有一三相异步电动机，其绕组连成三角形，接在线电压 $U_l=380\text{V}$ 的电源上，从电源所取用的功率 $P_1=11.43\text{kW}$，功率因数 $\cos\varphi=0.87$，试求电动机的相电流和线电流。

4-13　把功率为2.2kW的三相异步电动机接到线电压为380V的电源上，其功率因数为0.8，求此时的线电流为多少？若负载为星形联结，各相电流为多少？若负载为三角形联结，各相电流为多少？

4-14　在图4-21中，电源线电压 $U_l=380\text{V}$。(1)如果图中各相负载的阻抗模都等于10Ω，是否可以说负载是对称的？(2)试求各相电流，并用电压与电流的相量图计算中性线电流。如果中性线电流的参考方向选定得同电路图上所示得方向相反，则结果有何不同？(3)试求三相平均功率 P。

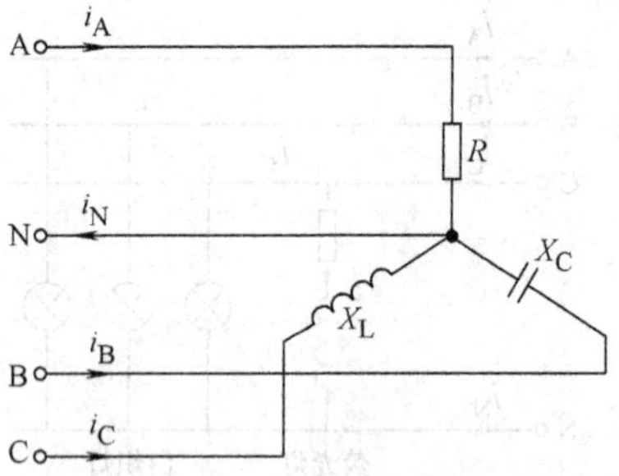

图4-21　习题4-14图

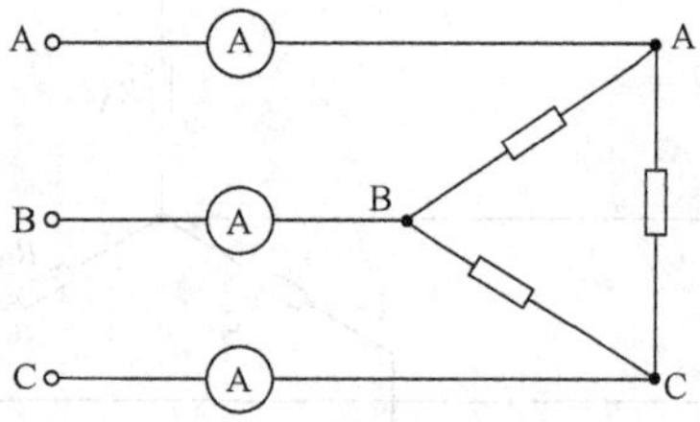

图4-22　习题4-15图

4-15　在图4-22中，对称负载连成三角形，已知电源电压 $U=220\text{V}$，电流表读数 $I=17.3\text{A}$，三相功率 $P=4.5\text{ kW}$，试求：(1)每相负载的电阻和感抗；(2)当AB相断开时，图中各电流表的读数和总功率 P；(3)当A线断开时，图中各电流表的读数和总功率 P。

4-16　在图4-23所示电路中，电源线电压 $U_l=380\text{V}$，频率 $f=50\text{Hz}$，对称电感性负载的功率 $P=10\text{kW}$，功率因数 $\cos\varphi_1=0.5$。为了将线路功率因数提高到 $\cos\varphi=0.9$，试问在两图中每相并联的补偿电容器的电容值各为多少？采用哪种联结（三角形或星形）方式较好？$\left(\text{提示：每相电容 } C=\dfrac{P(\tan\varphi_1-\tan\varphi)}{3\omega U^2}\text{，式中 } P \text{ 为三相功率，} U \text{ 为每相电容上所加电压}\right)$

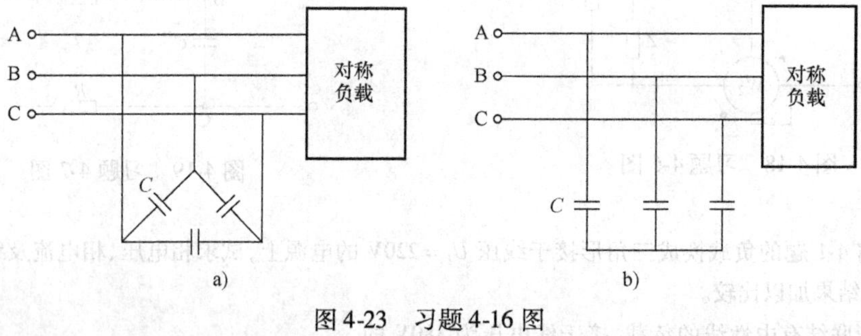

图4-23　习题4-16图

4-17　如在习题4-12的三相异步电动机的电源线上并联一组三角形联结的电力电容器以提高线路的功率因数，每相电容 $C=20\mu\text{F}$。画出电路图，并求线路总电流和提高后的功率因数。电源频率为50Hz。

4-18　50Hz的三相对称电源向星形联结的对称感性负载提供30kV·A的视在功率和15kW的有功功率，已知负载的线电流为45.6A，求每相负载的阻抗。

4-19　如果电压相等，输送功率相等，距离相等，线路功率损耗相等，则三相输出线（设负载对称）的用铜量为单相输电线的用铜量的3/4。试证明之。

第五章 一阶动态电路分析

前面章节介绍的电路中，在电路连接方式和元件参数不变的条件下，各支路电流和各部分电压稳定在一定的数值上，这种情况我们称之为稳态。

但当电路中含有电容元件 C 或电感元件 L 时，如果电路的结构或参数发生变化，电路一般需要经过一段过渡时间才能到达稳态，如 RC 串联电路，假设电容原先电压为零，处于一种稳定状态，与直流电源接通后，电容元件被充电，其上电压是逐渐增长到稳定值的，电路中的充电电流逐渐衰减到零，电路进入新的稳定状态。电路从一种稳定状态过渡到另一种稳定状态的过程称为动态过程，也称过渡过程或暂态过程。

电路之所以有动态过程，是因为电路中存在电感 L 或电容 C 等储能元件，电感元件能储存磁场能，电容元件能储存电场能。当电路的连接方式或元件参数发生改变时，储能元件的储能也要发生改变，就会出现动态过程，因此电感、电容元件又称为动态元件。仅由电源和电阻组成的电路，不会出现动态过程。

研究动态过程的目的就是要认识和掌握电路的这种规律，既要充分利用动态过程的特性，同时也必须预防它所产生的危害。例如，在电子技术中常利用电路中的动态过程现象来改善波形和产生特定波形；但某些电路在与电源接通或断开的动态过程中，会产生过电压或过电流，使用电设备或器件遭受损坏，因此要采取措施，避免造成破坏。

本章讨论仅含一个储能元件（C 或 L）电路动态过程产生的原因、动态过程中电压与电流随时间的变化规律，以及影响动态过程快慢的时间常数。

第一节 动态电路的方程及初始条件

一、动态电路的方程

当电路中存在电容或电感元件时，根据基尔霍夫定律及 L、C 元件的电压电流关系［式(3-3)、式（3-4)］可以知道，列出的回路电压方程或节点电流方程，必然是以电压或电流为变量的常微分方程，这样的微分方程称为动态方程。一般情况下，当电路中只有一个动态元件时，所列方程为一阶微分方程，电路也称一阶动态电路。当电路中含有 n 个动态元件时，建立的方程为 n 阶微分方程时，相应的电路为 n 阶动态电路。

二、换路的基本概念

电路理论中，把电路中开关的接通和切断、电路接线方式的改变、故障、元件参数的变化等电路结构或参数发生改变，统称为换路。通常认为换路在瞬间完成。假定电路换路在 $t=0$时刻进行，为了叙述方便，换路前的最终时刻记为 $t=0_-$，换路后的最初时刻记 $t=0_+$，换路经历的时间为 $0_-\sim0_+$。

如果电路的连接方式或元件参数突然发生变化，换路后可能使电路改变原来的工作状态而进入另一种工作状态。如果换路前的电路已处于稳态，换路后的电路不是立即变到新的稳态，而是要有一个过程，这个过程称为过渡过程。理论上这个过渡过程要经过无限长时间结束，从而使电路达到新的稳态。

三、换路定则

分析动态电路过渡过程常用的方法是经典法，即在时间域中求解常微分方程。

用经典法求解时，应根据电路的初始条件确定方程解的积分常数。一般情况下，以电容的电压 u_C 或电感的电流 i_L 作为变量列写电路的微分方程，这样容易求得变量的初始值。若要求其他变量的过渡过程，可以通过 u_C 或 i_L 的变化关系求得。

换路时，如果通过电容的电流或加在电感两端的电压为有限值，电容中的电场能或电感中的磁场能就不会发生突变，即

$$\frac{1}{2}Cu_C^2(0_+)=\frac{1}{2}Cu_C^2(0_-)$$

$$\frac{1}{2}Li_L^2(0_+)=\frac{1}{2}Li_L^2(0_-)$$

也就是电容的电压或电感的电流在换路瞬间不会发生跃变，这称为换路定则，用公式可表示为

$$u_C(0_+)=u_C(0_-)$$

$$i_L(0_+)=i_L(0_-)$$

$u_C(0_+)$、$i_L(0_+)$即为一阶动态电路的初始值。我们可以用换路前最终时刻的电路求得$u_C(0_-)$或$i_L(0_-)$。如果电路电源为恒定直流，换路前电路已处稳定状态，则电容元件可视为开路元件，该处开路电压即为$u_C(0_-)$，电感元件所处支路可视为短路元件，该处短路电流即为$i_L(0_-)$。

对电路理论中的电容元件，当其电流不是有限值时，其电压将发生跃变；电感元件的电压不是有限值时，其电流将发生跃变。

实际电路中的电容电压跃变，可认为其上通过了一个极大电流，功率也为极大，设备要损坏。同样，电感电流发生跃变，可认为其上产生了一个极大电压，设备也要损坏。这些都是要尽可能避免的。

除了电容电压和电感电流不能跃变外，其余的电容电流、电感电压、电阻的电流和电压、电压源的电流、电流源的电压等，都是可以跃变的。

四、初始值的确定

电路中各元件的电压与电流在换路后的最初一瞬间，即 $t=0_+$时的值，称为电路的初始值。

电容电压和电感电流的初始值，即 $u_C(0_+)$和 $i_L(0_+)$可由换路定律确定，称为独立初始值，其他元件电流电压的初始值在换路时可能突变，称为相关初始值。

1. 求独立初始值

由换路前最终时刻的电路求得 $u_C(0_-)$或 $i_L(0_-)$，再根据换路定则求 $u_C(0_+)$和$i_L(0_+)$。如果电路电源为恒定直流，换路前电路已处稳定状态，则电容元件可视为开路元件，该处开路电压即为 $u_C(0_-)$，电感元件所处支路可视为短路元件，该处短路电流即为$i_L(0_-)$。

2. 求相关初始值

可以通过 0_+ 等效电路求得，其步骤如下：

（1）画换路后电路在 $t=0_+$ 时刻的 0_+ 等效电路。用电压值等于 $u_C(0_+)$ 的理想电压源替代原电路的电容元件，用电流值等于 $i_L(0_+)$ 的理想电流源替代原电路的电感元件。若 $u_C(0_-)=0$，就将该电容用短路替代；若 $i_L(0_-)=0$，就将该电感用开路替代。0_+ 等效电路与原动态电路仅在 0_+ 时刻等效，而且是一个电阻电路。

（2）通过 0_+ 等效电路，求出其他相关初始值。

例 5-1　图 5-1a 所示电路，直流电压源的电压 $U_S=50\text{V}$，$R_1=R_2=5\Omega$，$R_3=20\Omega$。电路原已稳定。在 $t=0$ 时断开开关 S。试求 $t=0_+$ 时电路的 $i_L(0_+)$、$u_C(0_+)$、$u_{R_2}(0_+)$、$u_{R_3}(0_+)$、$i_C(0_+)$、$u_L(0_+)$ 等初始值。

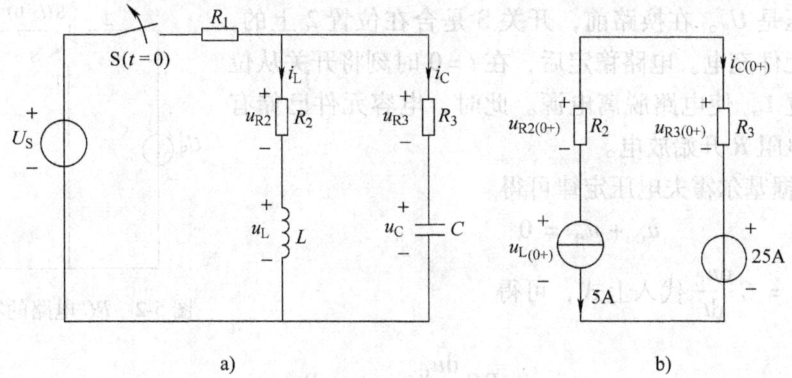

图 5-1　例 5-1 图

解　（1）先确定独立初始值 $u_C(0_+)$、$i_L(0_+)$。因为电路换路前已达稳态，所以电感元件相当于短路，电容元件相当于开路，故有

$$u_C(0_-)=R_2 i_L(0_-)=5\times5\text{V}=25\text{V}$$

$$i_L(0_-)=\frac{U_S}{R_1+R_2}=\frac{50}{5+5}\text{A}=5\text{A}$$

根据换路定则，有

$$u_C(0_+)=u_C(0_-)=25\text{V}$$

$$i_L(0_+)=i_L(0_-)=5\text{A}$$

（2）计算相关初始值。将图 5-1a 中的电容 C 及电感 L 分别用等效电压源 $u_C(0_+)=25\text{V}$ 及等效电流源 $i_L(0_+)=5\text{A}$ 代替，则得 $t=0_+$ 时的等效电路图如图 5-1b 所示，从而可算出相关初始值，即

$$u_{R_2}(0_+)=R_2 i_L(0_+)=5\times5\text{V}=25\text{V}$$

$$i_C(0_+)=-i_L(0_+)=-5\text{A}$$

$$u_{R_3}(0_+)=R_3 i_C(0_+)=20\times(-5)\text{V}=-100\text{V}$$

$$u_L(0_+)=i_C(0_+)(R_2+R_3)+u_C(0_+)=[-5\times(5+20)+25]\text{V}=-100\text{V}$$

由计算结果可以看出：相关初始值可能跃变也可能不跃变。如电容电流由零跃变到

$-5\mathrm{A}$，电感电压由零跃变到 $-100\mathrm{V}$，电阻 R_3 的电压由零跃变到 $-100\mathrm{V}$，但电阻 R_2 的电压却并不跃变。

第二节　一阶电路的零输入响应

所谓电路的零输入响应，是指无电源激励，动态元件有储能（$u_C(0_+)\neq 0$ 或 $i_L(0_+)\neq 0$），该能量在电路中释放，所产生的电路的响应。

一、*RC* 电路的零输入响应

分析 *RC* 电路的零输入响应，实际上就是分析它的放电过程。图5-2是一个 *RC* 串联电路，电源电压是 U_S。在换路前，开关S是合在位置2上的，电源对电容元件充电。电路稳定后，在 $t=0$ 时刻将开关从位置2合到位置1，使电路脱离电源。此时，电容元件已储有能量，通过电阻 R 开始放电。

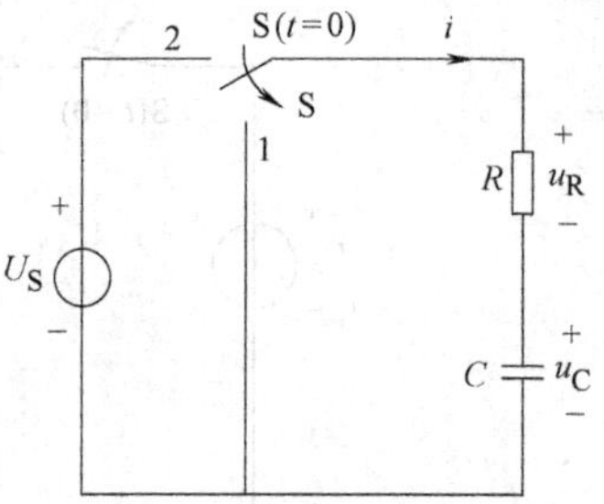

图5-2　*RC* 电路的零输入响应

$t\geqslant 0_+$ 时，根据基尔霍夫电压定律可得

$$u_C+u_R=0$$

将 $u_R=Ri, i=C\dfrac{\mathrm{d}u_C}{\mathrm{d}t}$ 代入上式，可得

$$RC\frac{\mathrm{d}u_C}{\mathrm{d}t}+u_C=0 \tag{5-1}$$

这是一阶常系数齐次微分方程，根据换路定则，初始值为

$$u_C(0_+)=u_C(0_-)=U_S$$

由高等数学可知，式(5-1)的通解是 $u_C=A\mathrm{e}^{pt}$，代入后有

$$(RCp+1)A\mathrm{e}^{pt}=0$$

相应的特征方程为

$$RCp+1=0$$

特征根为

$$p=-\frac{1}{RC}$$

可见特征根取决于电路的结构和元件的参数。于是

$$u_C=A\mathrm{e}^{-\frac{1}{RC}t}$$

为了确定积分常数 A，将初始值 $u_C(0_+)=U_S$ 代入，得

$$A=U_S$$

所以

$$u_C=u_C(0_+)\mathrm{e}^{-\frac{1}{RC}t}=U_S\mathrm{e}^{-\frac{1}{RC}t} \tag{5-2}$$

u_C 随时间的变化规律如图5-3所示。它的初始值为 $u_C(0_+)=U_S$，按指数规律衰减而趋

于零，衰减的快慢取决于特征根 $p=-\frac{1}{RC}$ 的大小。

令

$$\tau = RC$$

当电阻的单位为 Ω，电容单位为 F 时，乘积 RC 的单位为 s。因为它具有时间的量纲，所以称 τ 为 RC 电路的时间常数。

于是电容电压可表示为

$$u_C = U_S e^{-\frac{1}{\tau}t}$$

当 $t=0$ 时，$u_C=U_S$；当 $t=\tau$ 时，$u_C=0.368U_S$。

可见时间常数等于电压衰减到初始值 U_S 的36.8%所需的时间。可以用数学证明，指数曲线上任意点的次切距的长度都等于 τ。以初始点为例，如图 5-4 所示，过初始点的切线与横轴相交于 τ。

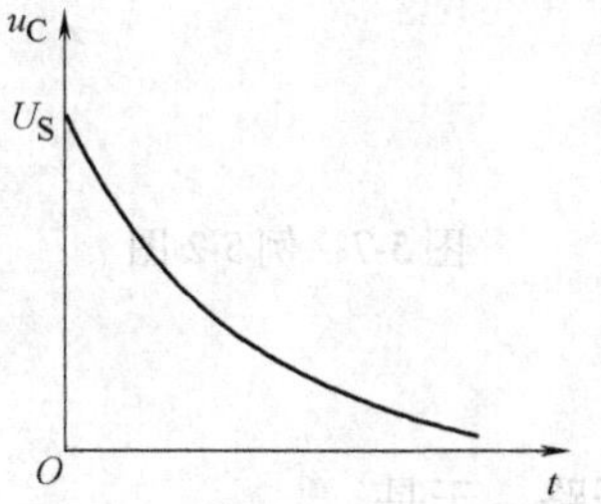

图 5-3　u_C 随时间的变化规律

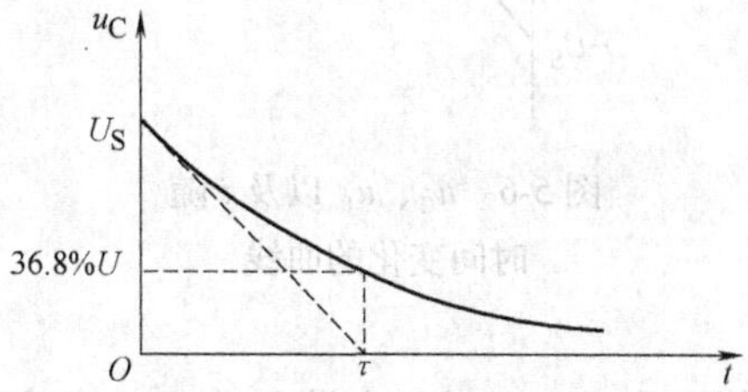

图 5-4　时间常数的几何意义

从理论上讲，电路只有经过 $t=\infty$ 的时间才能达到稳定。但是，由于指数曲线开始变化较快，而后逐渐缓慢，如表 5-1 所示。

表 5-1　$e^{-\frac{1}{\tau}t}$ 随时间而衰减

衰减时间 t	τ	2τ	3τ	4τ	5τ	6τ
$e^{-\frac{1}{\tau}t}$	0.368	0.135	0.050	0.018	0.007	0.002

所以，实际上经过 $t=5\tau$ 的时间，基本上可以认为达到稳态了。

时间常数越大，u_C 衰减（电容器放电）越慢（见图 5-5）。因为在一定初始电压 U_S 下，电容 C 越大，则储存的电荷越多；而电阻 R 越大，则放电电流越小。这都促使放电变慢。因此，改变 R 或 C 的数值，也就是改变电路的时间常数，就可以改变电容器放电的快慢。可见，时间常数越小，过渡过程就进行的越快；反之，时间常数越大，过渡过程就进行的越慢。

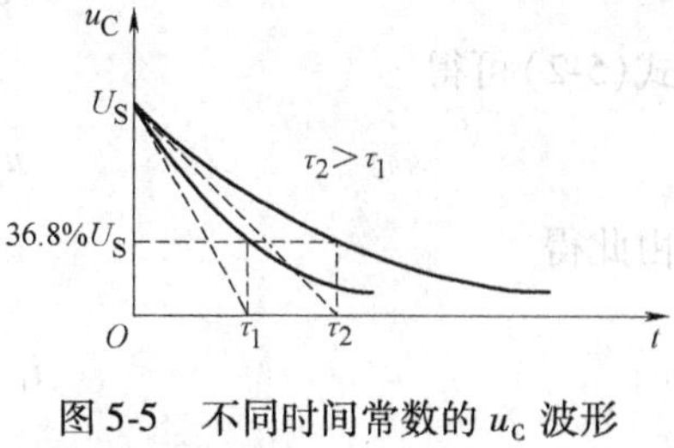

图 5-5　不同时间常数的 u_C 波形

$t\geqslant 0_+$ 时电容器的放电电流和电阻元件 R 上的电压也可求出，即

$$i = C\frac{du_C}{dt} = -\frac{U_S}{R}e^{-\frac{1}{\tau}t}$$

$$u_R = RC\frac{du}{dt} = -U_S e^{-\frac{1}{\tau}t}$$

上面两式中的负号表示放电电流的实际方向与所选定的参考方向相反。

将所求 u_C、u_R 及 i 随时间变化的曲线画在一起，如图5-6所示。

例5-2　电路如图5-7所示，开关S打开前电路已处于稳态。在 $t=0$ 时，将开关打开，试求 $t \geqslant 0$ 时电压 u_C 和电流 i_C、i_1 及 i_2。

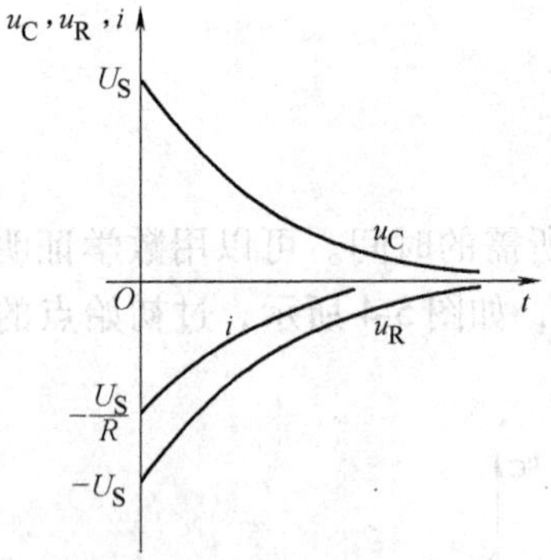

图5-6　u_C、u_R 以及 i 随时间变化的曲线

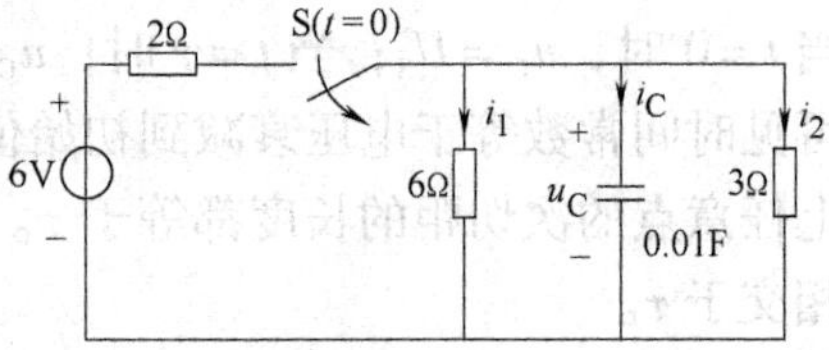

图5-7　例5-2图

解　在 $t=0_-$ 时，电路已稳定，电容 C 支路可视为开路，于是

$$u_C(0_-) = \frac{6}{2+\frac{6\times3}{6+3}} \times \frac{6\times3}{6+3}\text{V} = 3\text{V}$$

$t \geqslant 0$ 时，由于开关断开，6V 电压源与 2Ω 电阻对右边电路不起作用。这时电容器经两支路放电，时间常数为

$$\tau = \frac{6\times3}{6+3}\times 0.01\text{s} = 0.02\text{s}$$

根据换路定则

$$u_C(0_+) = u_C(0_-) = 3\text{V}$$

由式(5-2)可得

$$u_C = 3e^{-\frac{t}{0.02}}\text{V} = 3e^{-50t}\text{V}$$

并由此得

$$i_C = C\frac{du_C}{dt} = -1.5e^{-50t}\text{A}$$

$$i_1 = \frac{u_C}{6} = 0.5e^{-50t}\text{A}$$

$$i_2 = \frac{u_C}{3} = e^{-50t}\text{A}$$

例 5-3　一组 40μF 的电容器从电网上切除，切除瞬间电容器的电压为 500V，切除后电容器经它本身的漏电阻放电，其等效电路如图 5-8 所示。已知电容器的漏电阻 $R=100\text{M}\Omega$，试求电容电压下降到安全电压 36V 所需的时间。

解　根据

$$u_C = u_C(0_+)\mathrm{e}^{-\frac{1}{RC}t}$$

将 $u_C(0_+)=500\text{V}$、$R=100\times10^6\Omega$、$C=40\mu\text{F}$、$u_C=36\text{V}$，代入上式，得

$$36 = 500\mathrm{e}^{-\frac{t}{100\times10^6\times40\times10^{-6}}}$$

$$t=(-4000\ln 0.072)\text{s}\approx10525\text{s}=2\text{ 时 }55\text{ 分 }25\text{ 秒}$$

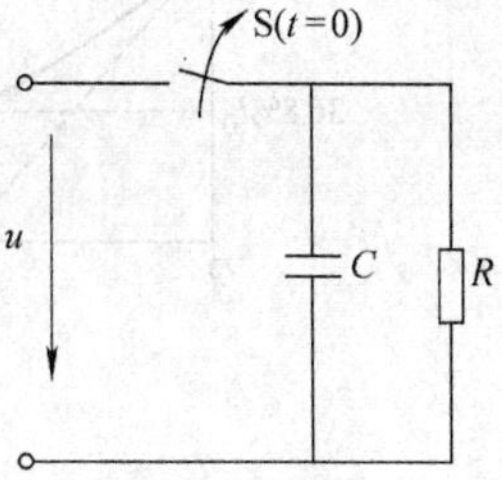

图 5-8　例 5-3 图

由于 C 及 R 都较大，放电时间常数($\tau=4000\text{s}=1$ 时 6 分 40 秒)很大，放电慢。所以电容器从 500V 电网切除后，过了约 3 个小时，电压才降到安全电压 36V。假如误认为电容器已脱离电源而人体可以与之接触，将是非常危险的。因此，在检修具有大电容的设备时，必须先将其充分放电，才能进行工作。

二、*RL* 电路的零输入响应

如图 5-9 所示电路，换路前开关 S 置于闭合位置，电路已处稳态，电感中已有电流 $i_L(0_-)=I_0=\dfrac{U_S}{R}$，在 $t=0$ 时开关 S 从闭合位置转到断开位置，换路后无输入激励，具有初始电流的电感与电阻构成一个闭合回路，所以电路的响应是零输入响应。

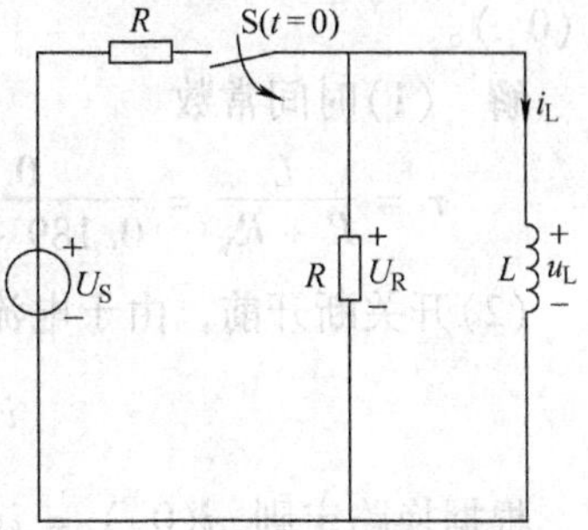

图 5-9　*RL* 电路的零输入响应

换路后有

$$u_R + u_L = 0$$

将 $u_L = L\dfrac{\mathrm{d}i_L}{\mathrm{d}t}$，$u_R=Ri_L$ 代入上式，得

$$\frac{L}{R}\frac{\mathrm{d}i_L}{\mathrm{d}t}+i_L=0$$

上式与一阶 RC 电路零输入响应数学表达式具有相同的形式，因此它们的解也具有相同的形式，对照式(5-1)，可知一阶 RL 电路的时间常数是 $\tau=L/R$。

由换路定则

$$i_L(0_+) = i_L(0_-) = I_0 = \frac{U_S}{R}$$

于是

$$i_L(t) = i_L(0_+)\mathrm{e}^{-\frac{t}{\tau}} = \frac{U_S}{R}\mathrm{e}^{-\frac{t}{\tau}} = \frac{U_S}{R}\mathrm{e}^{-\frac{Rt}{L}}$$

同时可求得

$$u_L = L\frac{\mathrm{d}i_L}{\mathrm{d}t} = -RI_0\mathrm{e}^{-\frac{t}{\tau}}$$

$$u_R = Ri_L = RI_0\mathrm{e}^{-\frac{t}{\tau}}$$

所求 i_L、u_L、u_R 随时间而变化的曲线如图 5-10 所示。

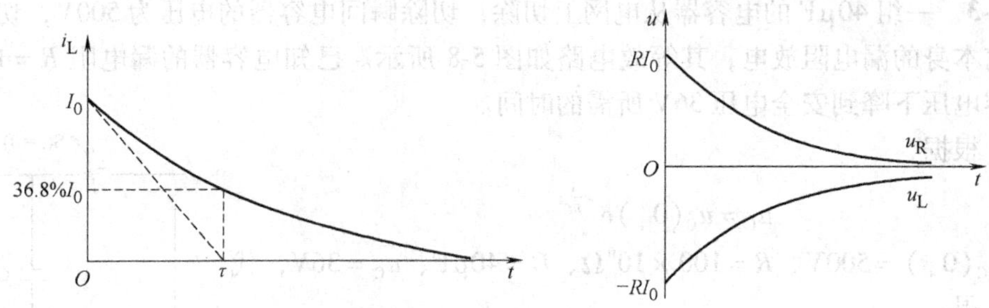

图 5-10　i_L、u_L、u_R 随时间而变化的曲线

例 5-4　图 5-11 所示是某发电机的励磁回路（励磁线圈的电路模型可以用 *RL* 串联电路来等效），已知电阻 $R=0.189\Omega$，电感 $L=0.398\text{H}$，直流电压 $U=35\text{V}$。电压表的量程为 50V，内阻 $R_V=5\text{k}\Omega$。开关未断开时，电路中电流已经恒定不变。在 $t=0$ 时，断开开关，试求：(1)电阻、电感回路的时间常数；(2)电流 i 和电压表处的电压 u_V；(3)求开关断开时，电压表处电压 $u_V(0_+)$。

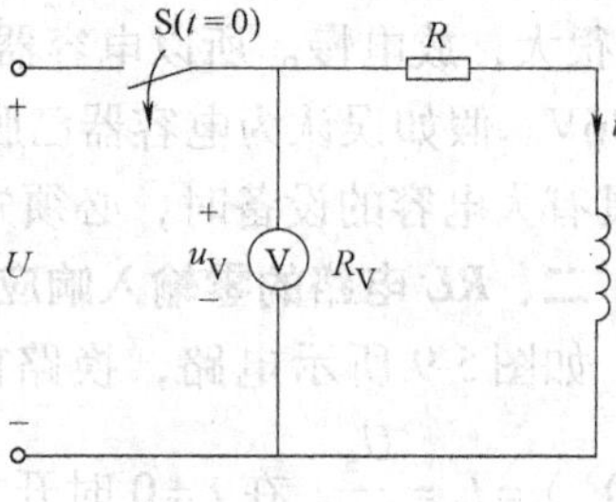

图 5-11　例 5-4 图

解　(1)时间常数

$$\tau = \frac{L}{R+R_V} = \frac{0.398}{0.189+5\times10^5}\text{s} = 79.6\mu\text{s}$$

(2)开关断开前，由于电流已恒定不变，电感 L 两端电压为零，故

$$i(0_-) = \frac{U}{R} = \frac{35}{0.189}\text{A} = 185.2\text{A}$$

根据换路定则，$i(0_+) = i(0_-) = 185.2\text{A}$，所以

$$i(t) = i(0_+)\text{e}^{-\frac{t}{\tau}} = 185.2\text{e}^{-12560t}\text{A}$$

$$u_V = -R_V i = -926\text{e}^{-12560t}\text{kV}$$

(3)求开关断开时，电压表处电压

$$u_V(0_+) = -926\text{kV}$$

在这个时刻电压表要承受很高的电压，其绝对值将远大于直流电源的电压 U，而且初始瞬间的电流也很大，可能损坏电压表。由此可见，切断电感电流时必须考虑磁场能量的释放。如果磁场能量较大，而又必须在短时间内完成电流的切断，则必须考虑如何熄灭因此出现的电弧（一般出现在开关处）的问题。

第三节　一阶电路的零状态响应

所谓电路的零状态，是指动态元件没有储能，即 $u_C(0_+) = 0$ 或 $i_L(0_+) = 0$。在此条件下，由电源激励所产生的电路的响应，称为零状态响应。

一、*RC* 电路的零状态响应

分析 *RC* 电路的零状态响应，实际上就是分析它的充电过程。图 5-12 是一个 *RC* 串联电路。在 $t=0$ 时将开关 S 合上，电路即与一恒定电压为 U_S 的电压源接通，对电容元件开始充电。

根据基尔霍夫电压定律，列出 $t \geqslant 0_+$ 时电路中电压的微分方程

$$RC\frac{du_C}{dt}+u_C=U_S \tag{5-3}$$

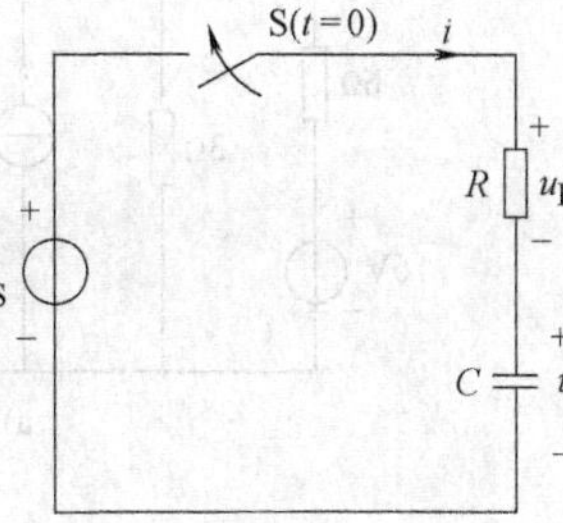

图 5-12　*RC* 充电电路

式(5-3)是一阶常系数的非齐次微分方程，它的解由对应的齐次方程(式(5-1))的通解 u''_C 和非齐次方程特解 u'_C 组成，即

$$u_C=u'_C+u''_C$$

对应齐次方程的通解 $u''_C=Ae^{-\frac{t}{\tau}}$，$\tau=RC$；特解就是换路后时间趋向∞时电路的稳态解，电容两端的电压就是此处的开路电压，在此不难得出 $u'_C=u_C(\infty)=U_S$。因此

$$u_C=U_S+Ae^{-\frac{t}{\tau}}$$

根据换路定则，得到初始值

$$u_C(0_+)=u_C(0_-)=0$$

在 $t=0_+$ 时，$u_C(0_+)=U_S+A=0$，则积分常数 $A=-U_S$。所以电容元件两端的电压

$$u_C=U_S-U_Se^{-\frac{t}{\tau}}=U_S(1-e^{-\frac{t}{\tau}}) \tag{5-4}$$

相应的电容充电电流及电阻电压也可求出

$$i=C\frac{du_C}{dt}=\frac{U_S}{R}e^{-\frac{1}{\tau}t}$$

$$u_R=Ri$$

所求 u_C、u_R、i 随时间的变化曲线如图 5-13 所示。u_C 按指数规律随时间增长而趋于稳态值 U_S，而 u_R、i 则按指数规律衰减而趋于零。

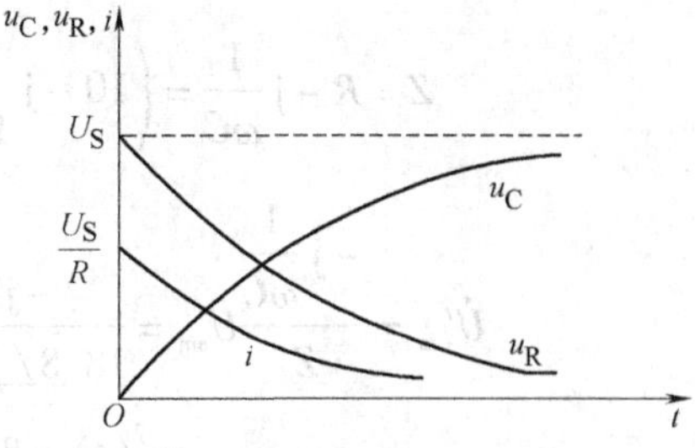

图 5-13　u_C、u_R、i 随时间的变化曲线

从式(5-4)可以看到，电路动态过程中电容元件两端的电压 u_C 是由两个分量相加而得，其一是 u_C 到达稳定状态时的电压 u'_C，称为稳态分量，它的变化规律和大小都与电源电压 U_S 有关；其二是 u''_C，仅存在于动态过程中，称为暂态分量，它的变化规律与电源无关，仅由电路中的 *RC* 结构参数决定，总是按指数规律衰减，但是它的大小与电源有关。当电路中储能元件的能量增长到某一稳态值或衰减到某一稳态值或零值时，电路的动态过程随即终止，暂态分量也趋于零(*RC* 电路的零输入响应中，稳态分量为零值)。

例 5-5　电路如图 5-14a 所示，开关闭合前电路已处于稳态。在 $t=0$ 时，将开关闭合，试求换路后电容电压 u_C。

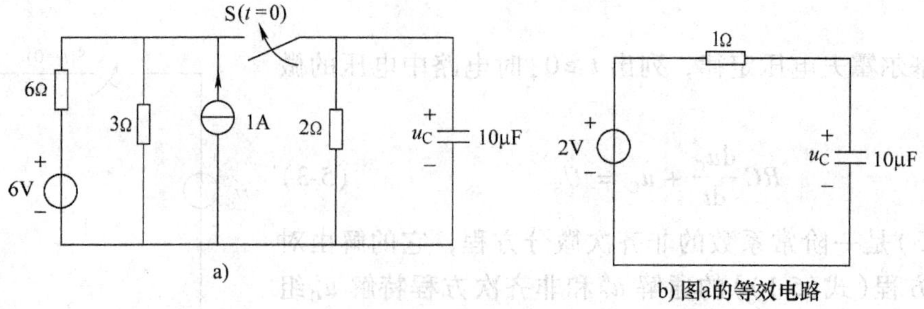

图5-14 例5-5图

解 换路前，电路已稳定，电容内已无储能，所以

$$u_C(0_-)=0$$

换路后，先求电容元件以外电路的等效电路，应用戴维南定理可得如图5-14b所示电路。该电路的电路方程与式(5-3)相同，所以其初始值、特解、时间常数为

$$u_C(0_+)=u_C(0_-)=0$$

$$u_C'=2\text{V}$$

$$\tau=RC=10^{-5}\text{s}$$

电容电压的解为

$$u_C=u_C'+A\text{e}^{-\frac{t}{\tau}}$$

将特解 $u_C'=2\text{V}$，初始值 $u_C(0_+)=0$ 代入上式，求得积分常数 $A=-2$，于是

$$u_C=(2-2\text{e}^{-10^5t})\text{V}$$

例5-6 $R=10\Omega$，$C=200\mu\text{F}$，$u_C(0_-)=0\text{V}$ 的 RC 串联电路接到 $u_S(t)=10\sin(100\pi t-45°)\text{V}$ 的电压源，试求电路中的 $u_C(t)$ 和 $i(t)$。

解 (1)求稳态分量 $u_C'(t)$。由于激励为正弦量，采用相量法。

$$Z=R-\text{j}\frac{1}{\omega C}=\left(10-\text{j}\frac{1}{100\pi\times200\times10^{-6}}\right)\Omega=18.8\angle-57.87°\Omega$$

$$\dot{U}'_{\text{Cm}}=\frac{-\text{j}\dfrac{1}{\omega C}}{Z}\dot{U}_{\text{sm}}=\frac{-\text{j}15.92}{18.8\angle-57.87°}\times10\angle-45°\text{V}=8.468\angle-77.13°\text{V}$$

$$u_C'(t)=8.468\sin(100\pi t-77.13°)\text{V}$$

(2) 时间常数 τ

$$\tau=RC=(10\times200\times10^{-6})\text{s}=2\times10^{-3}\text{s}$$

(3) 求积分常数

$$u_C(t)=u_C'(t)+u_C''(t)=8.468\sin(100\pi t-77.13°)+A\text{e}^{-\frac{t}{\tau}}$$

将 $u_C(0_+)=u_C(0_-)=0V$ 代入得

$$A=0-8.468\sin(-77.33°)V=8.255V$$

故得

$$u_C(t)=[8.468\sin(100\pi t-77.33°)+8.255e^{-500t}]V$$

并得

$$i(t)=C\frac{d}{dt}u_C(t)=200\times10^{-6}\frac{d}{dt}[8.468\sin(100\pi t-77.33°)+8.255e^{-500t}]A$$

$$=[0.532\sin(100\pi t+12.87°)-0.8255e^{-500t}]A$$

二、*RL* 电路的零状态响应

在图 5-15 中，开关打开前电感中的电流为零，$i_L(0_-)=0$。开关打开后，根据换路定则有 $i_L(0_+)=i_L(0_-)=0$，所以电路为零状态响应。电路方程为

$$\frac{L}{R}\frac{di_L}{dt}+i_L=I_S$$

与 *RC* 电路的零状态响应相似，该方程的通解 $i''_L=Ae^{-\frac{t}{\tau}}$，特解为电路达到稳态时，通过电感元件的短路电流 $i'_L=i_L(\infty)=I_S$，时间常数 $\tau=\frac{L}{R}$，于是

$$i_L=i'+i''=I_S+Ae^{-\frac{t}{\tau}}$$

代入初始值 $i_L(0_+)=0$，可确定积分常数 $A=-I_S$，最后求得

$$i_L=I_S(1-e^{-\frac{t}{\tau}})=I_S(1-e^{-\frac{Rt}{L}})$$

所求电流随时间变化曲线如图 5-16 所示。

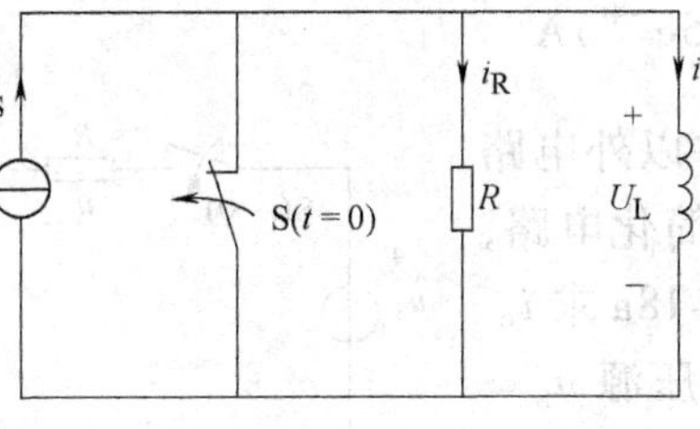

图 5-15　*RL* 电路的零状态响应

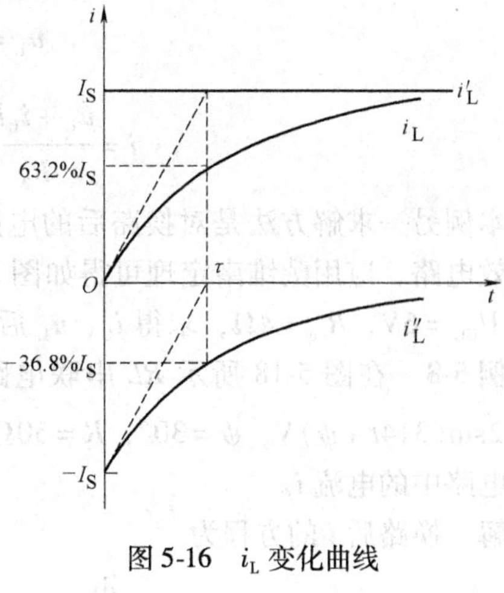

图 5-16　i_L 变化曲线

分析较为复杂电路的动态过程时，也可以应用戴维南定理将换路后的电路化简为一个简

单电路(将 L 或 C 元件以外电路化简)，而后利用由上述经典法进行求解。

例5-7 电路如图5-17a所示，换路前电路已稳定，在 $t=0$ 时刻开关 S 闭合，$R_1=1.5\Omega$，$R_2=3\Omega$，$R_3=3\Omega$，电感 $L=1\text{H}$，$U_S=9\text{V}$，求 $t\geqslant0$ 时 i_L、i 和 u_L。

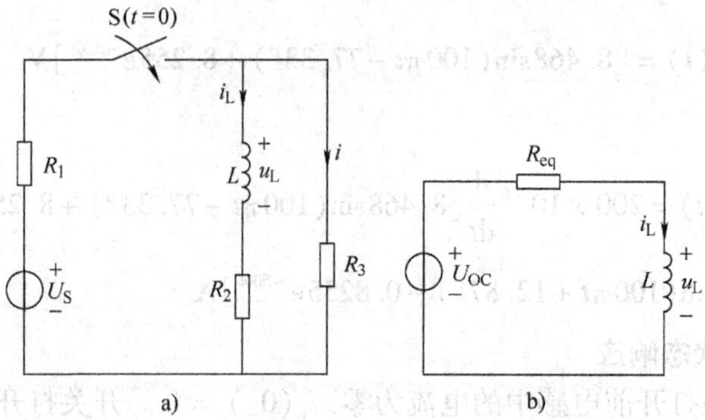

图5-17 例5-7图

解

$$i_L(0_+)=i_L(0_-)=0$$

$$i_L(\infty)=\frac{U_S}{R_1+\frac{R_2R_3}{R_2+R_3}}\frac{R_3}{R_2+R_3}=1.5\text{A}$$

电感两端看进去的等效电阻 R_{eq} 为

$$R_{eq}=R_2+\frac{R_1R_3}{R_1+R_3}=4\Omega$$

$$\tau=\frac{L}{R_{eq}}=0.25\text{s}$$

$$i_L=i_L(\infty)(1-e^{-\frac{t}{\tau}})=1.5(1-e^{-4t})\text{A}$$

$$u_L=L\frac{di_L}{dt}=6e^{-4t}\text{V}$$

$$i=\frac{u_L+i_LR_2}{R_3}=(1.5-0.5e^{-4t})\text{A}$$

本例另一求解方法是对换路后的电路求电感元件以外电路的等效电路，应用戴维南定理可得如图5-18b所示的简化电路，其中 $U_{OC}=6\text{V}$，$R_{eq}=4\Omega$，求得 i_L、u_L 后，再返回图5-18a求 i。

例5-8 在图5-18所示 RL 串联电路中，正弦电压源 $u_S=220\sqrt{2}\sin(314t+\psi)\text{V}$，$\psi=30°$，$R=50\Omega$，$L=0.2\text{H}$，求开关接通后电路中的电流 i。

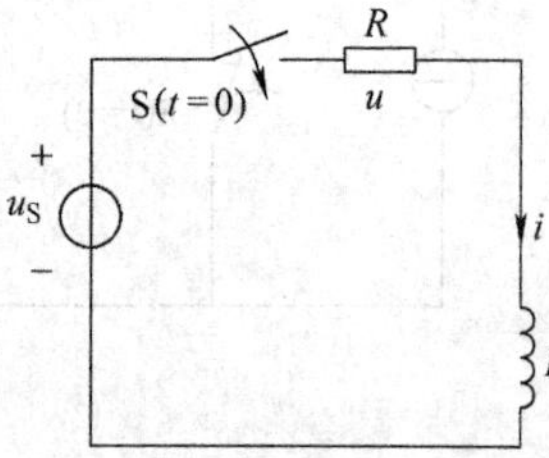

图5-18 例5-8图

解 换路后 i 的方程为

$$L\frac{di}{dt}+Ri=220\sqrt{2}\sin(314t+\psi)\text{V}$$

初始条件为

$$i(0_+)=i(0_-)=0$$

电流 i 可表示为稳态分量与暂态分量之和

$$i=i'+i''$$

稳态分量可用相量法求出，设电路阻抗 Z 的阻抗角为 φ，则

$$Z=|Z|\underline{/\varphi}=R+j\omega L=(50+j314\times0.2)\Omega=80\underline{/51.5^\circ}\Omega$$

$$\dot{I}'=\frac{\dot{U}_S}{Z}=\frac{U_S\underline{/\psi}}{|Z|\underline{/\varphi}}=\frac{220\underline{/30^\circ}}{80\underline{/51.5^\circ}}A=2.74\underline{/-21.5^\circ}A$$

稳态电流解析式为

$$i'=2.74\sqrt{2}\sin(314t-21.5^\circ)A$$

暂态分量可表示为指数函数

$$i''=Ae^{-\frac{t}{\tau}}A$$

式中，τ 为时间常数，其值为

$$\tau=\frac{L}{R}=4\times10^{-3}s$$

因此暂态分量为

$$i''=Ae^{-250t}A$$

电流为

$$i=i'+i''=[2.74\sqrt{2}\sin(314t-21.5^\circ)+Ae^{-250t}]A$$

代入初始条件以确定积分常数 A

$$i(0_+)=[2.74\sqrt{2}\sin(-21.5^\circ)+A]A=0$$

即

$$A=-2.74\sqrt{2}\sin(-21.5^\circ)=1.41$$

代入电流表达式中即可求得电流为

$$i=[2.74\sqrt{2}\sin(314t-21.5^\circ)+1.41e^{-250t}]A$$

由所得可见，暂态分量仍以 $\tau=L/R$ 为时间常数按指数规律衰减。暂态分量衰减为零时，电路进入正弦稳态。暂态分量的大小除与电路的阻抗模及阻抗角 φ 有关外，还与换路时电压源电压的初相 ψ 有关，即与开关动作的时间有关。换路时若 $\psi=\varphi$ 或 $\psi-\varphi=180^\circ$，则暂态分量为零，开关闭合后电路立即进入稳态；换路时若 $\psi-\varphi=\pm90^\circ$，此时电流暂态分量的初始值最大，等于稳态最大值。如果电路的时间常数较大，暂态分量衰减较慢，$i(t)$ 的最大值就有可能接近稳态最大值 I_m 的 2 倍，但不会超过 2 倍。

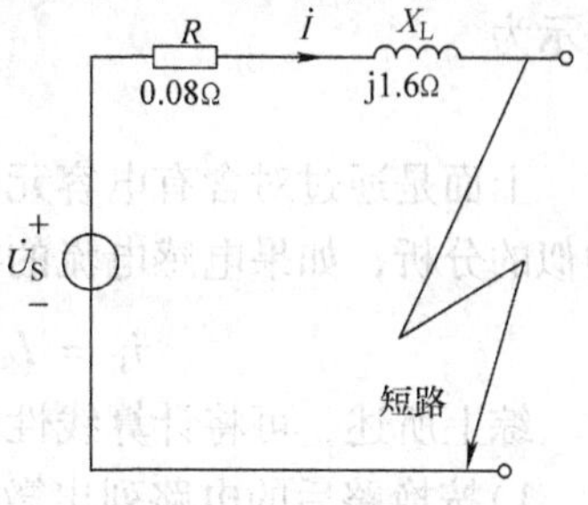

图 5-19　例 5-9 图

例 5-9　在图 5-19 所示输电线路的等效电路中，R 和 X_L 分别代表发电机和输电线路的总电阻和总电抗，电源 $U_S=6.3kV$。试计算此线路在负载侧短路时，电路中可能出现的

最大瞬时电流。

解　设输电线是在未带负载时发生短路的，线路中电流为0，电路处于零状态。

短路故障是换路的一种情况，输电线路发生短路相当于 $t=0$ 时刻将零状态的 RL 电路接通于正弦交流电源。

短路电流 i 中稳态分量的幅值为

$$I_m = \frac{U_m}{|Z|} = \frac{\sqrt{2}U_S}{\sqrt{R^2+X_L^2}} = \frac{\sqrt{2}\times 6.3\times 10^3}{\sqrt{0.08^2+1.6^2}}\text{A} = 5500\text{A}$$

可见短路电流是数值很大的电流，由于 R 很小，且 R 远小于 X_L，故该电路的时间常数很大，暂态延续的时间很长，因此可能出现瞬时电流最大值

$$i_{max} = 2I_m = 2\times 5500\text{A} = 11000\text{A}$$

第四节　一阶电路的全响应

所谓电路的全响应，是指有电源激励，动态元件也有储能时电路的响应。

在图5-12的电路中，设电源电压值为 U_S，$u_C(0_-)=U_0$。开关在 $t=0$ 时合上，这时电路的响应就是全响应，电路的微分方程和式(5-3)相同，由此得出

$$u_C = U_S + Ae^{-\frac{t}{\tau}}$$

但积分常数 A 与零状态时不同。在 $t=0_+$ 时，$u_C(0_+)=u_C(0_-)=U_0$，则 $A=U_0-U_S$，所以

$$u_C = U_S + (U_0 - U_S)e^{-\frac{t}{\tau}} \tag{5-5}$$

经改写后得出

$$u_C = U_0 e^{-\frac{t}{\tau}} + U_S(1 - e^{-\frac{t}{\tau}})$$

显然，上式右边第一项是零输入响应，第二项是零状态响应。于是

全响应＝零输入响应＋零状态响应

这是叠加定理在电路动态分析中的体现。在求全响应时，可把电容元件的初始状态 $u_C(0_+)$ 看作是一种电压源。$u_C(0_+)$ 和电源激励分别单独作用时所得出的零输入响应和零状态响应叠加，即为全响应。

式(5-5)的右边也有两项，U_S 为稳态分量，$(U_0-U_S)e^{-\frac{t}{\tau}}$ 为暂态分量。于是全响应也可表示为

全响应＝稳态分量＋暂态分量

上面是通过对含有电容元件动态电路的全响应分析。对于电感元件电路的全响应也可做类似的分析，如果电感电流的初始值为 I_0，稳态值为 I_S，时间常数为 τ，则

$$i_L = I_S + (I_0 - I_S)e^{-\frac{t}{\tau}} = I_0 e^{-\frac{t}{\tau}} + I_S(1 - e^{-\frac{t}{\tau}})$$

综上所述，可将计算线性电路动态过程的步骤归纳如下：

1）按换路后的电路列出微分方程式。

2）求微分方程式的特解，即稳态分量。

3）求微分方程式的通解，即暂态分量。

4）按照换路定则确定动态过程的初始值，从而定出积分常数。

例 5-10　如图 5-20 所示电路，$t=0$ 时刻开关 S 闭合，换路前电路已处于稳态。求换路后 u_C 和 i_C。

解

$$u_C(0_+)=u_C(0_-)=2\text{V}$$

$$u_C(\infty)=3\text{V}$$

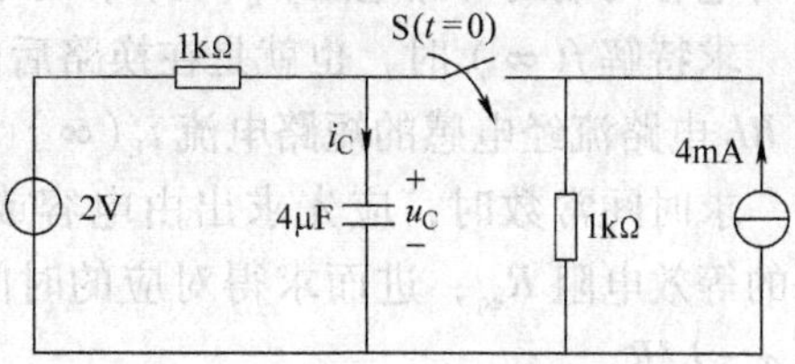

图 5-20　例 5-10 图

电容两端看进去的等效电阻 R_{eq} 为

$$R_{eq}=\frac{1\times1}{1+1}\text{k}\Omega=0.5\text{k}\Omega$$

$$\tau=R_{eq}C=0.5\times10^3\times4\times10^{-6}\text{s}=0.002\text{s}$$

$$u_C=(3-\text{e}^{-500t})\text{V}$$

$$i_C=C\frac{\text{d}u_C}{\text{d}t}=(2\text{e}^{-500t})\text{mA}$$

例 5-11　图 5-21 所示电路原先处于直流稳态，$t=0$ 时开关 S 打开。试求换路后电流 i。

解

$$i_L(0_+)=i_L(0_-)=\frac{U_S}{R}$$

$$i_L(\infty)=\frac{U_S}{R_1+R}$$

$$\tau=\frac{L}{R_1+R}$$

$$i=i_L=\frac{U_S}{R_1+R}+\frac{U_SR_1}{R(R_1+R)}\text{e}^{-\frac{R_1+R}{L}t}$$

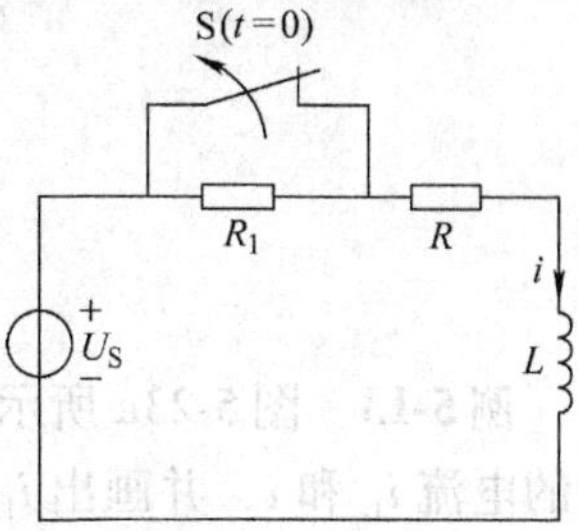

图 5-21　例 5-11 图

第五节　一阶线性电路动态分析的三要素法

只含有一个储能元件或可等效为一个储能元件的线性电路，它的电路方程都是一阶常系数线性微分方程。这种电路称为一阶线性电路。

在前面的分析中，我们看到无论把全响应分解为零输入响应和零状态响应，还是分解为稳态分量和暂态分量，都不过是从不同的角度去分析全响应的。而全响应总是由初始值、特解和时间常数三个要素决定的。在直流电源激励下，若初始值为 $f(0_+)$，特解为稳态解 $f(\infty)$，时间常数为 τ，则全响应 $f(t)$ 可写为

$$f(t)=f(\infty)+[f(0_+)-f(\infty)]\text{e}^{-\frac{t}{\tau}} \tag{5-6}$$

只要知道 $f(0_+)$、$f(\infty)$、τ 这三个要素，就可以根据式(5-6)直接写出直流激励下一阶电路的全响应，这种方法称为三要素法。

对于 RC 电路有

$$u_C(t)=u_C(\infty)+[u_C(0_+)-u_C(\infty)]\text{e}^{-\frac{t}{\tau}} \tag{5-7}$$

对于 RL 电路有

$$i_L(t) = i_L(\infty) + [i_L(0_+) - i_L(\infty)]e^{-\frac{t}{\tau}} \quad (5\text{-}8)$$

为了求出 $f(0_+)$，必须先求出 $f(0_-)$。如果换路前电路已达稳态，对于 RC 电路就是求此时电容两端的开路电压 $u_C(0_-)$；对于 RL 电路就是求此时流经电感的短路电流 $i_L(0_-)$。

求特解 $f(\infty)$ 时，也就是在换路后的电路中求 RC 电路电容两端的开路电压 $u_C(\infty)$ 或求 RL 电路流经电感的短路电流 $i_L(\infty)$。

求时间常数时，应先求出由电容或电感两端看进去的等效电阻 R_{eq}，进而求得对应的时间常数 $\tau = R_{eq}C$ 或 $\tau = L/R_{eq}$。

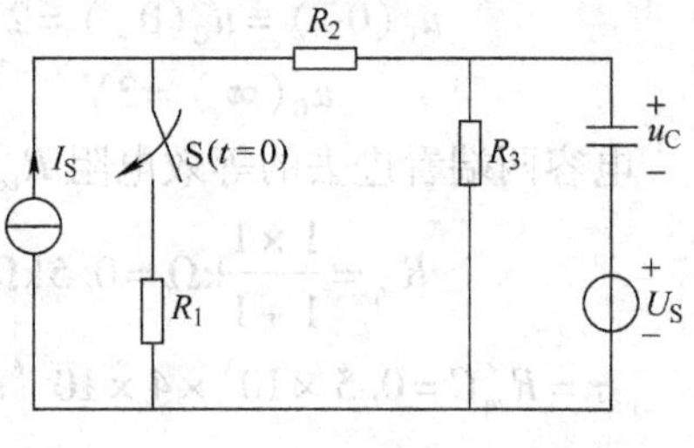

图 5-22　例 5-12 图

例 5-12　图 5-22 所示电路换路前处于稳态，试用三要素法求换路后的全响应 u_C。图中 $C = 0.01\text{F}$，$R_1 = R_2 = 10\Omega$，$R_3 = 20\Omega$，$U_S = 10\text{V}$，$I_S = 1\text{A}$。

解

$$u_C(0_+) = u_C(0_-) = I_S R_3 - U_S = 10\text{V}$$

$$u_C(\infty) = I_S \times \frac{R_1}{R_1 + R_2 + R_3} R_3 - U_S = -5\text{V}$$

$$\tau = RC = \frac{R_3(R_1 + R_2)}{R_3 + R_1 + R_2} \times 0.01\text{F} = 0.1\text{s}$$

$$u_C = (-5 + 15e^{-10t})\text{V}$$

例 5-13　图 5-23a 所示电路中，$U_S = 10\text{V}$，$I_S = 2\text{A}$，$R = 2\Omega$，$L = 4\text{H}$。试求 S 闭合后电路中的电流 i_L 和 i，并画出 i_L 的波形。

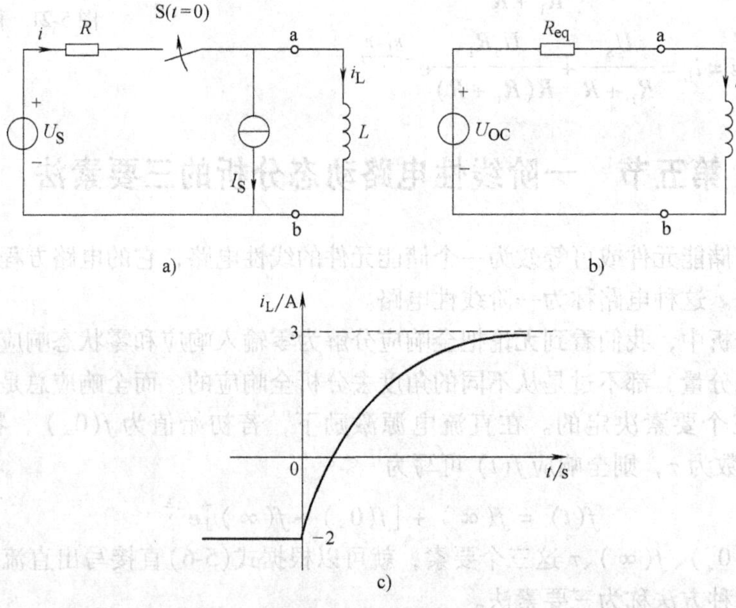

图 5-23　例 5-13 图

解　应用戴维南定理，图 5-23a 电路化简为图 5-23b 电路，其中

$$U_{\mathrm{OC}} = U_{\mathrm{S}} - RI_{\mathrm{S}} = (10 - 2 \times 2)\mathrm{V} = 6\mathrm{V}$$

$$R_{\mathrm{eq}} = R = 2\Omega$$

$$\tau = \frac{L}{R_{\mathrm{eq}}} = 2\mathrm{s}$$

$$i_{\mathrm{L}}(0_+) = i_{\mathrm{L}}(0_-) = -2\mathrm{A}$$

特解

$$i_{\mathrm{L}}(\infty) = \frac{6}{2}\mathrm{A} = 3\mathrm{A}$$

按式(5-8)解得

$$i_{\mathrm{L}} = [3 + (-2 - 3)\mathrm{e}^{-\frac{1}{2}t}]\mathrm{A}$$

$$= (3 - 5\mathrm{e}^{-\frac{1}{2}t})\mathrm{A}$$

i_{L} 随时间变化的曲线如图 5-23c 所示。电流 i 可以根据 KCL 求得

$$i = I_{\mathrm{S}} + i_{\mathrm{L}} = (5 - 5\mathrm{e}^{-\frac{1}{2}t})\mathrm{A}$$

习　题

5-1　图 5-24 电路原处于稳定状态，若突然将开关 S 闭合，求换路瞬间各支路电流及储能元件电压。

5-2　电路如图 5-25 所示。求在开关 S 闭合瞬间($t=0_+$)各元件中的电流及其两端电压，当电路到达稳态时又各等于多少？设在 $t=0_-$ 时，电路中的储能元件均未储能。

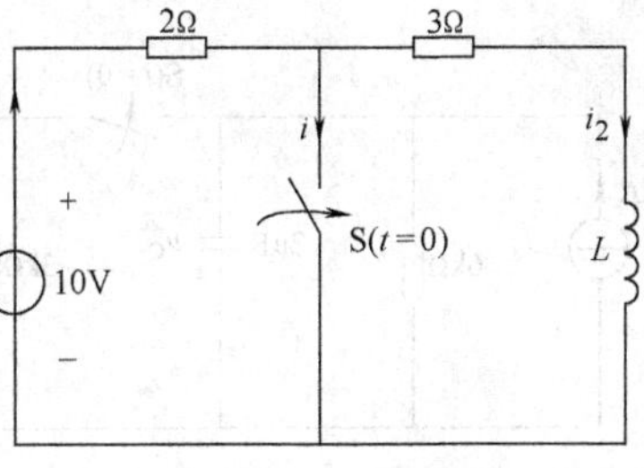

图 5-24　习题 5-1 图

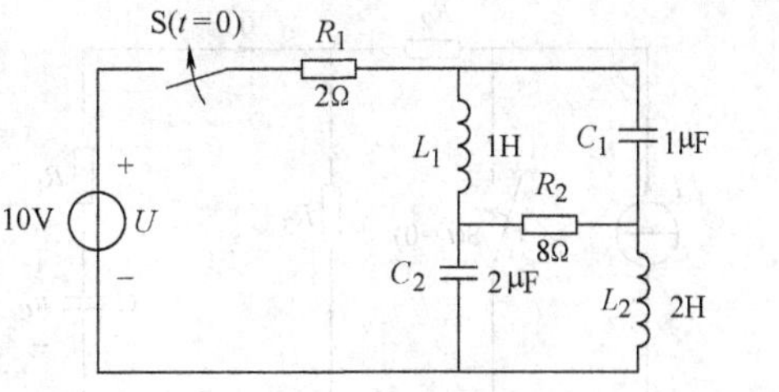

图 5-25　习题 5-2 图

5-3　图 5-26 所示各电路原处于稳定状态，若突然将开关 S 闭合，求 S 闭合瞬间电路中的电流 i 的初始值 $i(0_+)$和稳态值 $i(\infty)$。

5-4　在图 5-27 中，$U=20\mathrm{V}$，$R_1=12\mathrm{k\Omega}$，$R_2=6\mathrm{k\Omega}$，$C=6.67\mu\mathrm{F}$。电容元件原先未储能，求开关闭合后的电压 u_{C}。

5-5　如图 5-28 所示电路，在 $t=0$ 时开关闭合，开关闭合前电路已达稳态。试列出求电感电流 i_{L} 的微分方程，求开关闭合后的 i_{L} 和 u_{L}，并画出 i_{L} 和 u_{L} 随时间变化的曲线。

5-6　在图 5-29 中，$I=10\mathrm{mA}$，$R_1=3\mathrm{k\Omega}$，$R_2=3\mathrm{k\Omega}$，$R_3=6\mathrm{k\Omega}$，$C=2\mu\mathrm{F}$。在开关 S 闭合前电路已达稳态。求在 $t\geqslant0$ 时 u_{C} 和 i_1，并作出它们随时间变化的曲线。

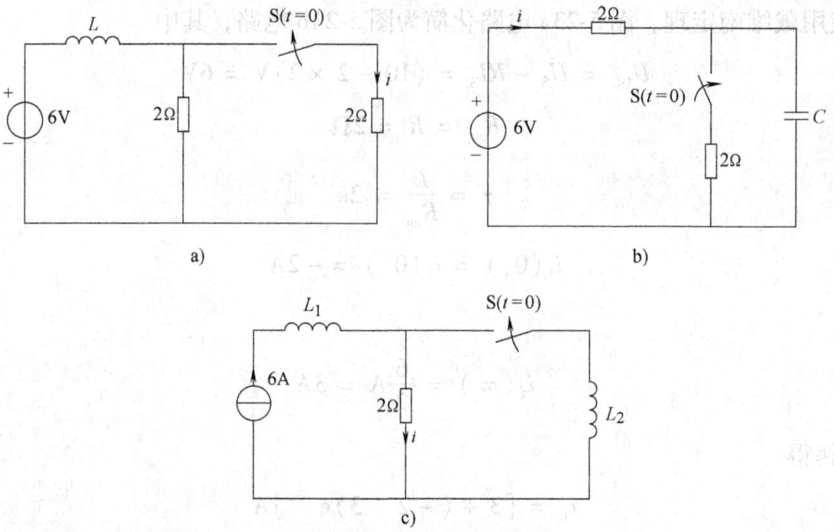

图5-26　习题5-3图

5-7　电路如图5-30所示，在开关S闭合前电路已处于稳态，求开关闭合后的电压 u_C。

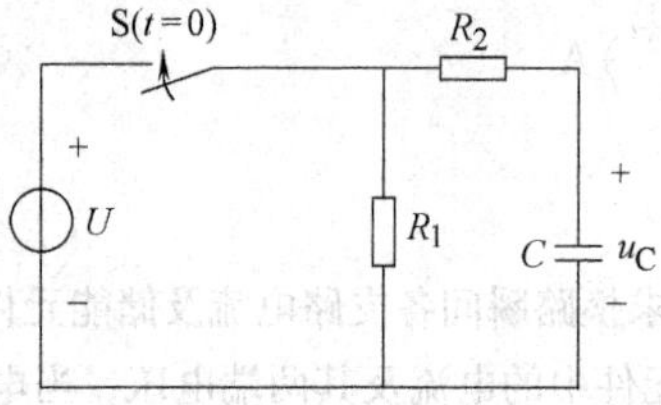

图5-27　习题5-4图

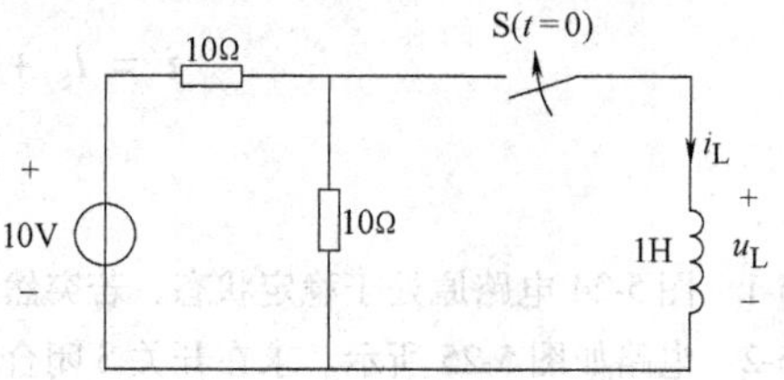

图5-28　习题5-5图

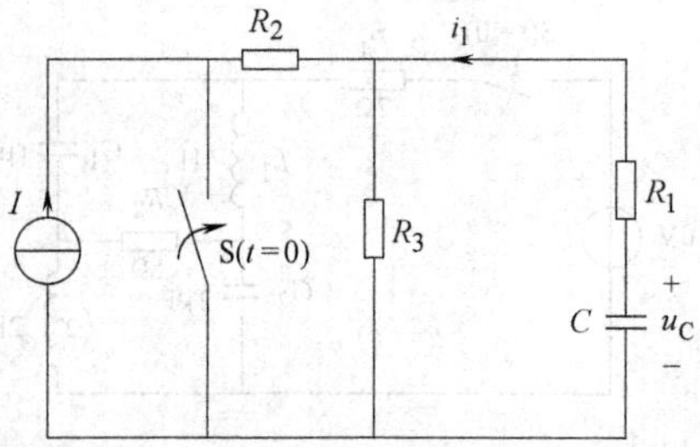

图5-29　习题5-6图

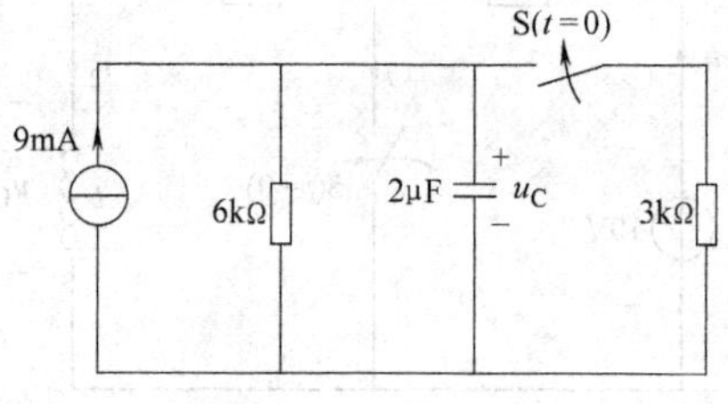

图5-30　习题5-7图

5-8　如图5-31a所示电路中有一线性无源二端网络N，其中储能元件未储有能量，当输入电流 i（其波形如图5-31b所示）后，其两端电压 u 的波形如图5-31c所示。(1)写出 u 的指数形式；(2)画出该网络的电路，并确定元件的参数值。

5-9　电路如图5-32a所示，输入电压 u 如图5-32b所示，设 $u_C(0_-)=0$。求 u_{ab}，并画出其波形。

5-10　在图5-33中，已知 $R_1=2\Omega$，$R_2=1\Omega$，$L_1=0.01\text{H}$，$L_2=0.02\text{H}$，$U=6\text{V}$。(1)求 S_1 闭合后电路中电流 i_1 和 i_2 的变化规律；(2)当 S_1 闭合后电路到达稳定状态时再闭合 S_2，求 i_1 和 i_2 的变化规律。

5-11　图5-34所示电路，在换路前已处于稳态。当将开关从1的位置合到2的位置后，求 i_L 和 i，并作出它们的变化曲线。

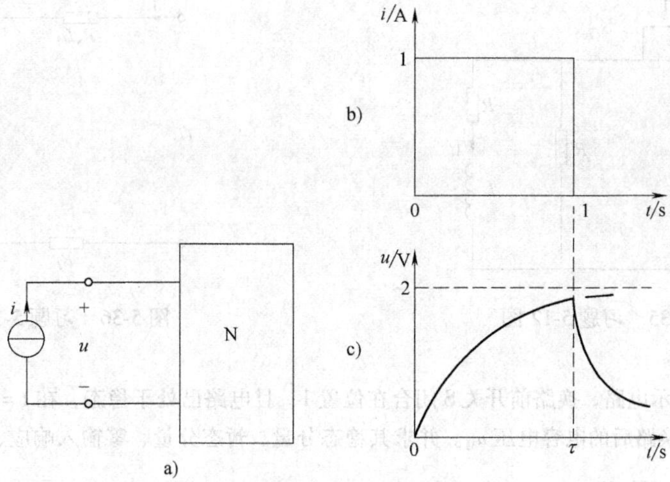

图 5-31　习题 5-8 图

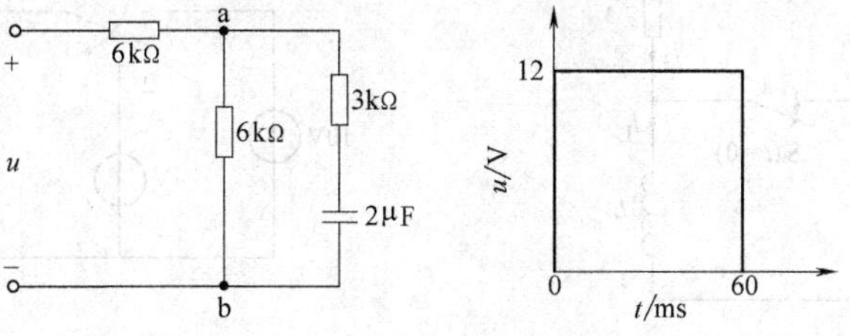

图 5-32　习题 5-9 图

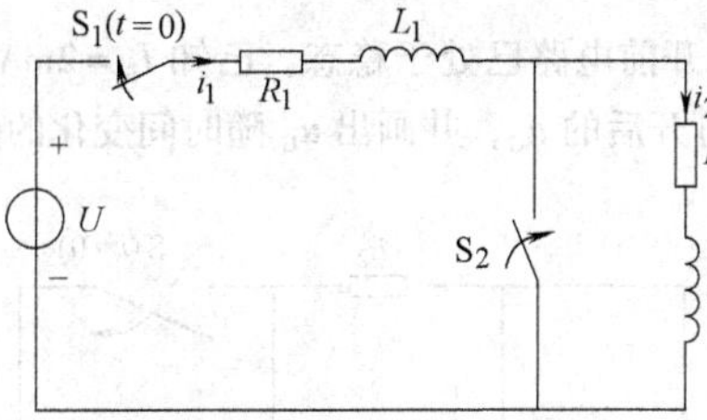

图 5-33　习题 5-10 图

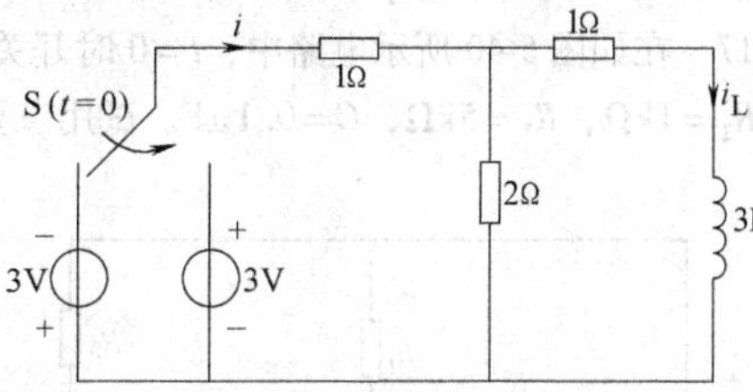

图 5-34　习题 5-11 图

5-12　在图 5-35 中，RL 为电磁铁线圈，R'为泄放电阻，$R'=500\Omega$，R_1 为限流电阻，$R_1=50\Omega$。当电磁铁未吸合时，时间继电器的触点 KT 是闭合的，R_1 被短接，使电源电压全部加在电磁铁线圈上以增大吸力。当电磁铁吸合后，触点 KT 断开，将电阻 R_1 接入电路以减小线圈中的电流。求触点 KT 断开后线圈中的电流 i_L 的变化规律。设 $U=200V$，$L=25H$，$R=R_1=50\Omega$，$R'=500\Omega$。

5-13　如图 5-36 所示电路，当具有电阻 $R=1\Omega$ 及电感 $L=0.2H$ 的电磁继电器线圈中的电流 $i=30A$ 时，继电器即动作而将电源切断。设负载电阻和输电导线电阻分别为 $R_L=20\Omega$ 和 $R_l=1\Omega$，直流电源电压 $U=220V$，试问当负载被短路后，需要经过多少时间，继电器才能将电源切断？

5-14　在图 5-37 中，$U=30V$，$R_1=60\Omega$，$R_2=R_3=40\Omega$，$L=6H$，换路前电路处于稳态。求 $t\geqslant0$ 时的电流 i_L、i_2 和 i_3。

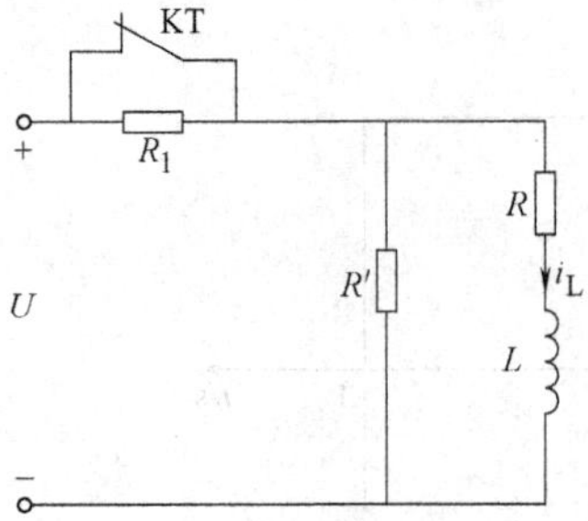

图5-35　习题5-12图

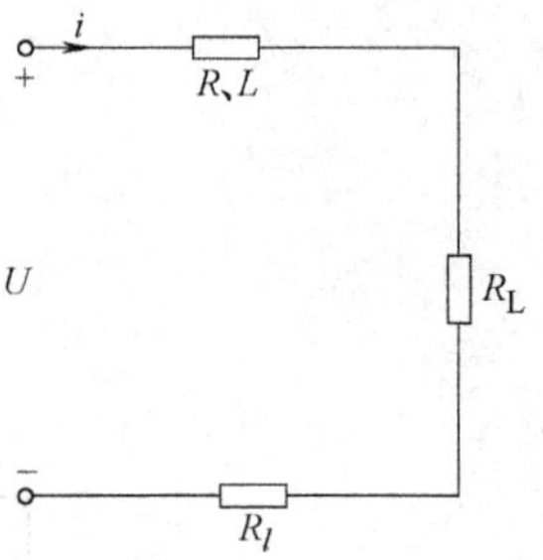

图5-36　习题5-13图

5-15　图5-38所示电路，换路前开关S闭合在位置1，且电路已处于稳态，在 $t=0$ 时开关S从位置1迅速拨到位置2。求换路后的电容电压 u_C。并求其稳态分量、暂态分量、零输入响应、零状态响应，并画出波形图。

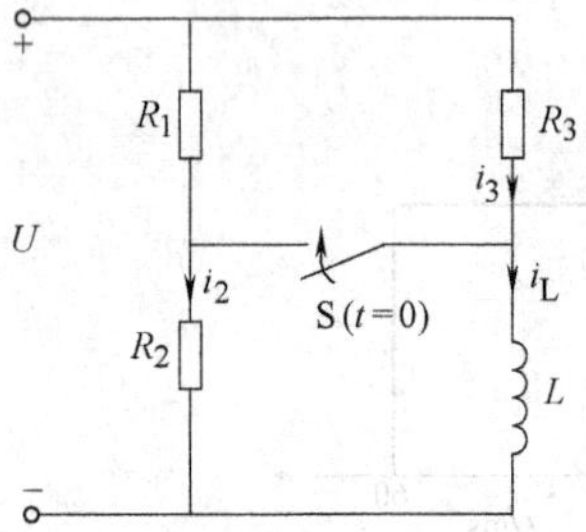

图5-37　习题5-14图

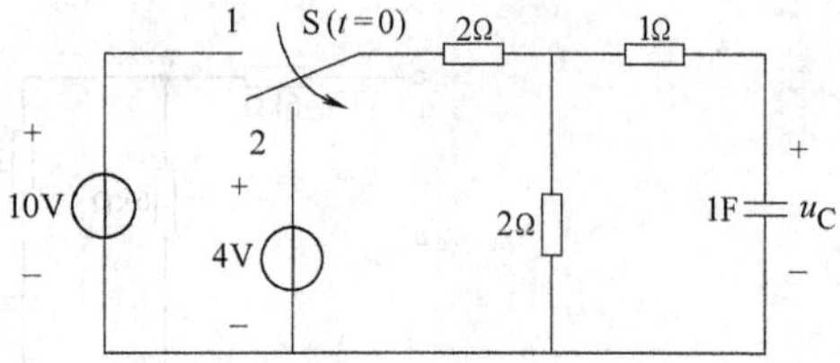

图5-38　习题5-15图

5-16　如图5-39所示电路原已稳定，$t=0$ 时开关闭合，求 $t \geqslant 0$ 时的 u_C，并画出其随时间变化的曲线。已知 $U_S=9V$，$R_1=6\Omega$，$R_2=3\Omega$，$R_3=6\Omega$，$C=2F$。

5-17　在如图5-40所示电路中，$t=0$ 时开关打开，开关打开前电路已处于稳态。已知 $I_S=2mA$，$R_1=4k\Omega$，$R_2=1k\Omega$，$R_3=5k\Omega$，$C=0.1\mu F$。试用三要素法求开关打开后的 u_C，并画出 u_C 随时间变化的曲线。

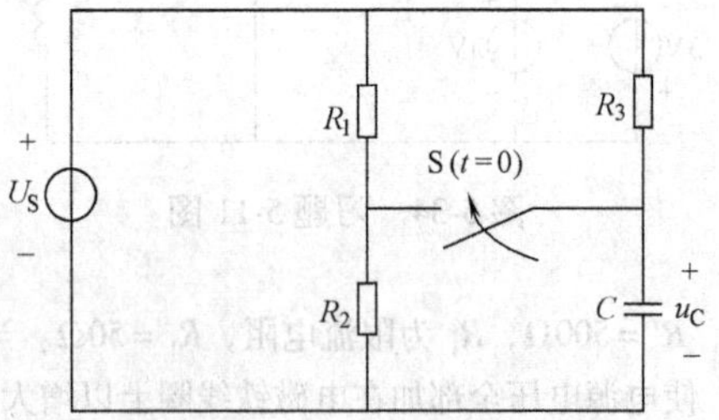

图5-39　习题5-16图

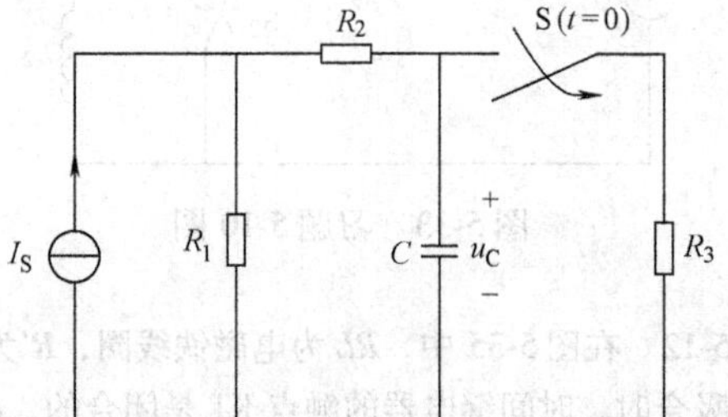

图5-40　习题5-17图

5-18　如图5-41所示电路原已处于稳态，在 $t=0$ 时开关S闭合。已知 $U_{S1}=12V$，$U_{S2}=9V$，$R_1=6\Omega$，$R_2=3\Omega$，$L=1H$。试用三要素法求换路后的电感电压 u_L 和电流 i_L、i_1、i_2。

5-19　在图5-42a的电路中，u 为一阶跃电压，如图5-42b所示，求 i_1 和 u_C。设 $u_C(0_-)=1V$。

5-20　如图5-43所示电路换路前已处于稳态，求换路后($t \geqslant 0$)的 u_C。

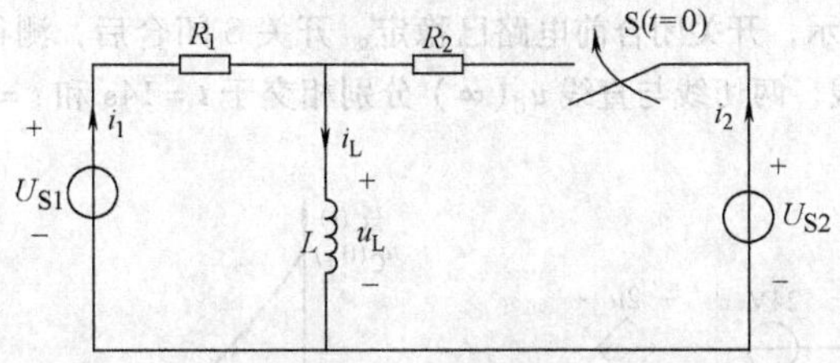

图 5-41 习题 5-18 图

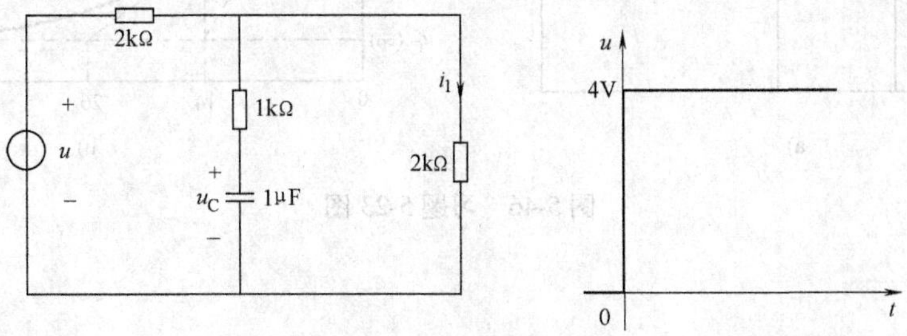

a) b)

图 5-42 习题 5-19 图

5-21 在图 5-44 电路中，开关 S 原接在位置 1，电路处于稳态。$t=0$ 时，将开关从位置 1 换接到位置 2，求 $t=\tau$ 时 u_C 之值。在 $t=\tau$ 时，又将开关接到位置 1，求 $t=2\times10^{-2}$s 时 u_C 之值。此时再将开关接到 2，作出 u_C 的变化曲线。充电电路和放电电路的时间常数是否相等？

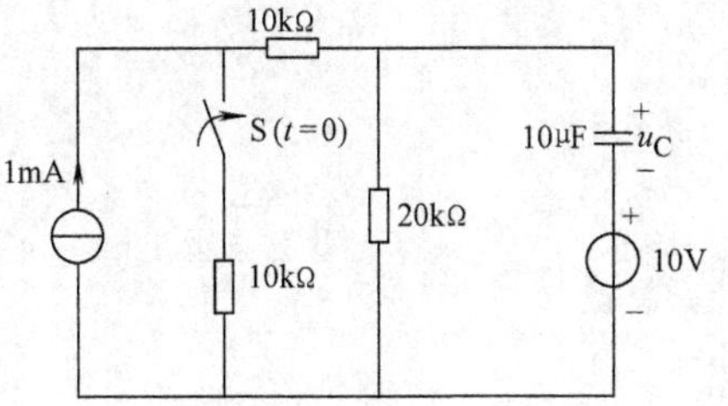

图 5-43 习题 5-20 图

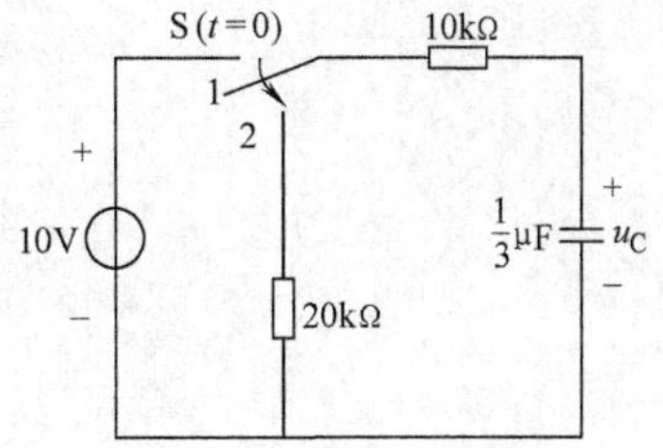

图 5-44 习题 5-21 图

5-22 如图 5-45 所示电路，在开关 S 断开前已处于稳态，求开关 S 断开瞬间电压 u_C 和电流 i_C、i_1、i_2 的初始值。

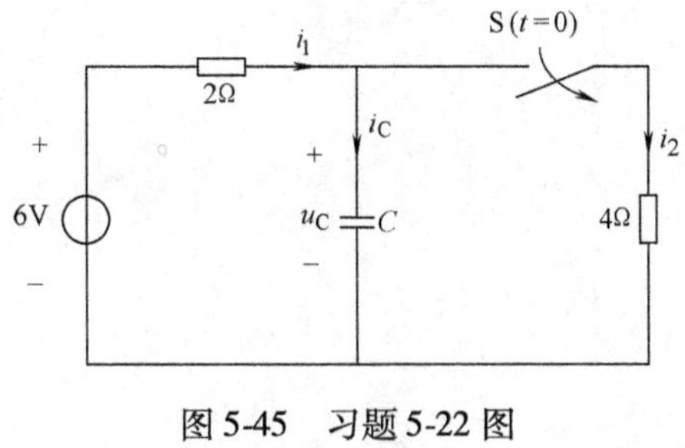

图 5-45 习题 5-22 图

5-23 电路如图5-46a所示，开关闭合前电路已稳定。开关S闭合后，测得u_C的变化曲线如图5-46b所示，在1、2点对u_C做切线，两切线与直线$u_C(\infty)$分别相交于$t=14s$和$t=26s$处。求：(1)R的数值；(2)$u_C(t)$，$t \geqslant 0$。

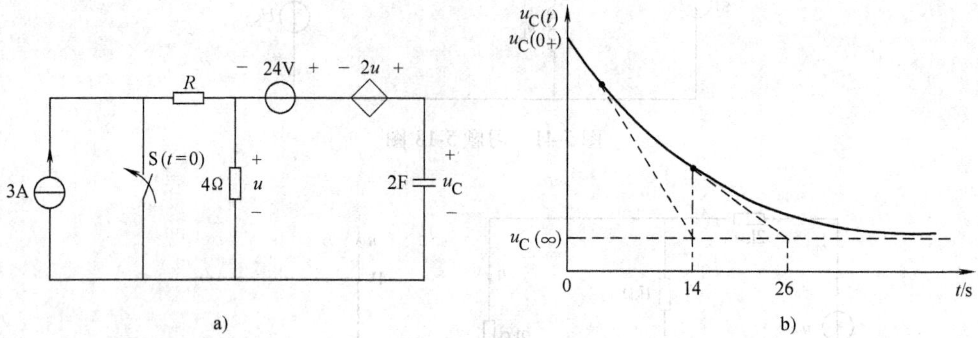

图5-46 习题5-23图

第六章　磁路与变压器

许多电工设备（像变压器、电机、电磁铁等）都是通过电磁感应作用进行工作的。只有掌握了电路和磁路的基本理论，才能全面分析电工设备内部的电磁过程及其所表现的特性，实现电工设备机电能量转换。

本章结合磁路和铁心线圈电路的分析，讨论作为应用实例的变压器和电磁铁。

第一节　磁路及其分析方法

根据电磁场理论，磁场是由电流产生的，它与电流在空间的分布和周围空间介质的性质密切相关。磁场的强弱和方向可用磁力形象地表示，磁力线上每一点的切线方向，表示该点的磁场方向。磁力线的疏密程度，表示磁场的强弱。磁力线总是闭合的，而且其方向与产生它的电流方向必须遵守右手螺旋定则。对载流长直导线，用右手伸直的拇指顺着导线中电流的方向，则弯曲的四指就表示磁力线的方向，如图 6-1 所示。对于通电的线圈，用弯曲的四指顺着电流方向，则伸直的拇指就表示磁力线的方向，如图 6-2 所示。

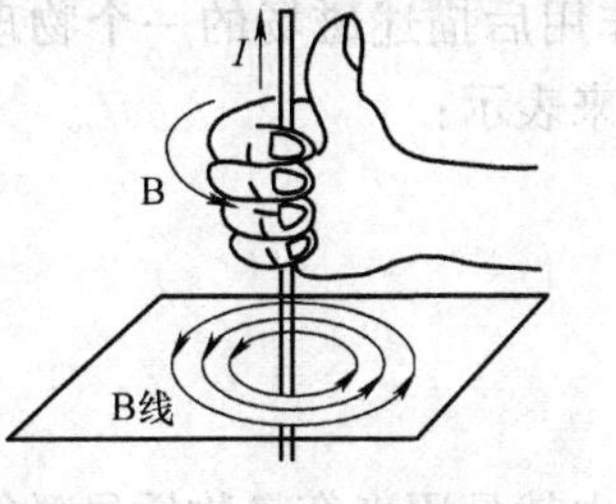

图 6-1　载流直导线的磁力线

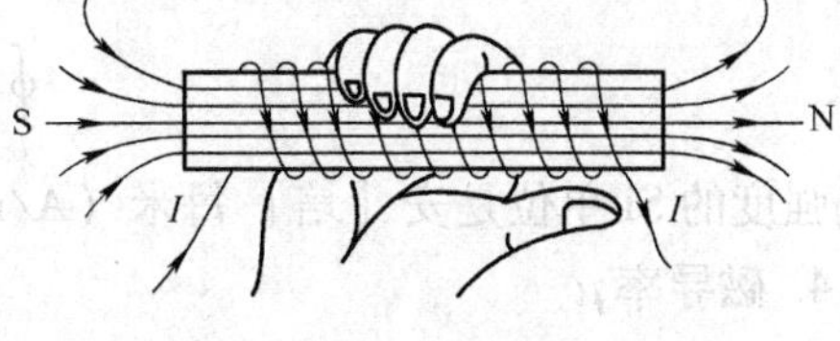

图 6-2　通电线圈的磁力线

电工设备中，常用铜或铝导线制成线圈绕在铁磁材料做成一定形状的铁心上，由于铁心的磁导率比周围空气或其他物质的磁导率高得多，因此铁心线圈中电流产生的磁通绝大部分经过铁心而闭合。这种人为造成的磁通的闭合路径，称为磁路。图 6-3 为几种常用电工设备的磁路。磁通经过铁心（磁路的主要部分）和空气隙（有的磁路中没有空气隙）而闭合。

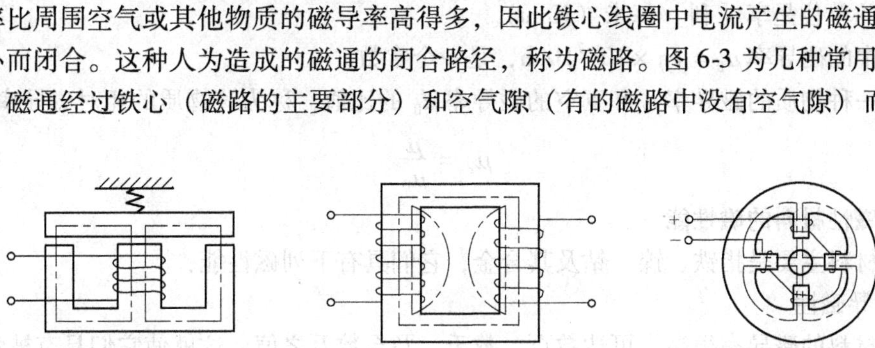

图 6-3　几种常用电器的磁路

一、磁场的基本物理量

分析磁路就是求解局限于一定路径内的电磁场问题。描述磁场的特性可用下列几个基本物理量来表示。

1. 磁感应强度 B

磁感应强度 B 是一个矢量，用于表示磁场内某点的磁场强弱和方向的物理量。它与电流（电流产生磁场）之间的方向关系可用右螺旋定则来确定。

如果磁场内各点的磁感应强度的大小相等，方向相同，这样的磁场则称为均匀磁场。

磁感应强度 B 的 SI 单位是特［斯拉］（T），特［斯拉］也就是韦［伯］每平方米（Wb/m^2）。

2. 磁通 Φ

穿过某一截面 S 的磁感应强度 B 的通量称为磁通 Φ，它定义为

$$\Phi = \int_S B \cdot dS$$

当 B（如果不是均匀磁场，则取 B 的平均值）与截面 S 垂直时，有

$$\Phi = BS \quad 或 B = \frac{\Phi}{S}$$

磁通的单位是伏·秒（V·s），通常称为韦［伯］（Wb）。

3. 磁场强度 H

磁场强度 H 也是矢量，是计算磁场时计及磁介质作用后描述磁场的一个物理量，通过它来确定磁场与电流之间的关系，可以用安培环路定律来表示：

$$\oint_l H \cdot dl = \sum i$$

磁场强度的 SI 单位是安［培］每米（A/m）。

4. 磁导率 μ

磁导率 μ 是一个用来表示磁场媒质磁性的物理量，也就是用来衡量物质导磁能力的物理量。它与磁场强度的乘积就等于磁感应强度，即

$$B = \mu H$$

磁导率 μ 的单位是亨［利］每米（H/m）。

真空中的磁导率 $\mu_0 = 4\pi \times 10^{-7}$ H/m，是一个常数。

任意一种物质的磁导率 μ 和真空的磁导率 μ_0 的比值，称为该物质的相对磁导率 μ_r，即

$$\mu_r = \frac{\mu}{\mu_0}$$

二、磁性材料的磁性能

磁性材料主要是指铁、镍、钴及其合金，它们具有下列磁性能：

1. 高导磁性

磁性材料的磁导率很高，可达数百、数千、乃至数万之值。这就使它们具有被强烈磁化（呈现磁性）的特性。

在具有高导磁性铁心的线圈中通入不大的励磁电流，便可产生足够大的磁通和磁感应强度，可使电器设备的重量和体积大大减轻和减小。

非磁性材料的相对磁导率近似为1。

2. 磁饱和性

将磁性材料放入磁场强度为H的磁场（常为线圈的励磁电流产生）内，会受到强烈的磁化，其磁化曲线（B-H曲线）如图6-4所示。

开始时，B与H近于成正比地增加。随着H的增加，B的增加缓慢下来，最后趋于磁饱和。

由于B-H曲线为非线性，因此磁性物质的磁导率不是常数，随H而变。另外Φ必与B成正比，而产生Φ的励磁电流I与H成正比，因此在存在磁性物质的情况下，Φ与I也不成正比。图6-5所示为几种常用磁性材料的磁化曲线。

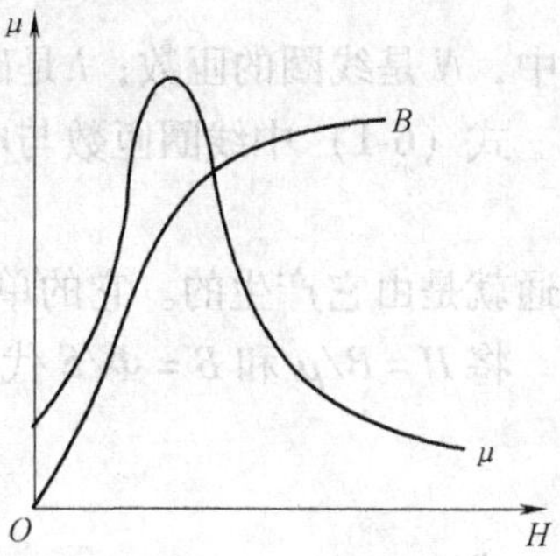

图6-4　B和μ与H的关系

3. 磁滞性

当铁心线圈中通有交流励磁电流时，铁心就受到交变磁化。B随磁场强度H而变化的关系如图6-6所示。

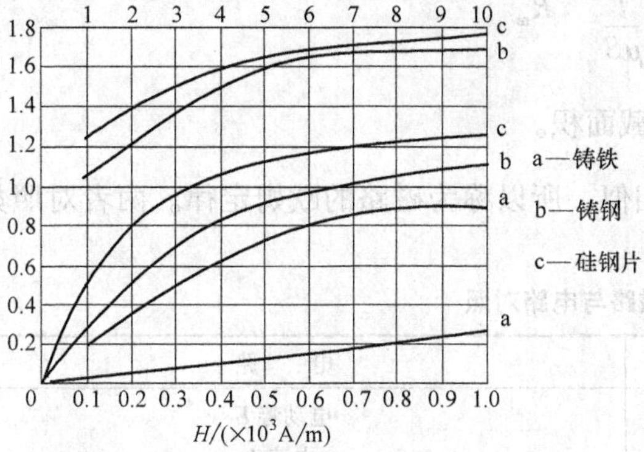

图6-5　几种常用磁性材料的磁化曲线

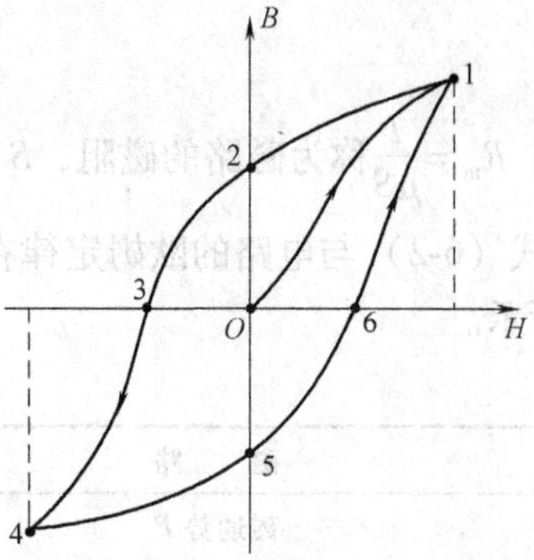

图6-6　磁滞回线

由图6-6可见，当H已减到零值时，B并未回到零值。这种磁感应强度滞后于磁场强度变化的性质称为磁性物质的磁滞性。图6-6所示的曲线也就称为磁滞回线。

当线圈中电流减为零值（即$H=0$）时，这时铁心磁性并未消失，保留的磁感应强度称为剩磁感应强度B_r（剩磁），在图6-6中即为纵坐标0～2和0～5。

如果磁滞回线横向宽度较窄（回线所围成的面积较小），则铁磁材料称为软磁材料，电机、变压器等铁心是用软磁材料制成的。如果磁滞回线横向宽度较宽，则铁磁材料称为硬磁材料，工业中广泛使用的永久磁铁就是利用硬磁材料的剩磁制造的。

剩磁有时也是有害的。例如，当工件在平面磨床上加工完毕后，由于电磁吸盘有剩磁，会将工件吸住。为此，要通入反向去磁电流，去掉剩磁，才能将工件取下。再如有些工件（如轴承）在平面磨床上加工后得到的剩磁也必须去掉。

三、恒定磁通磁路的分析

恒定磁通磁路是指磁路中各励磁线圈的电流是直流，磁路中的磁通和磁通势都是恒定的。下面以图6-7所示的磁路为例，介绍恒定磁通磁路的分析方法。根据安培环路定律

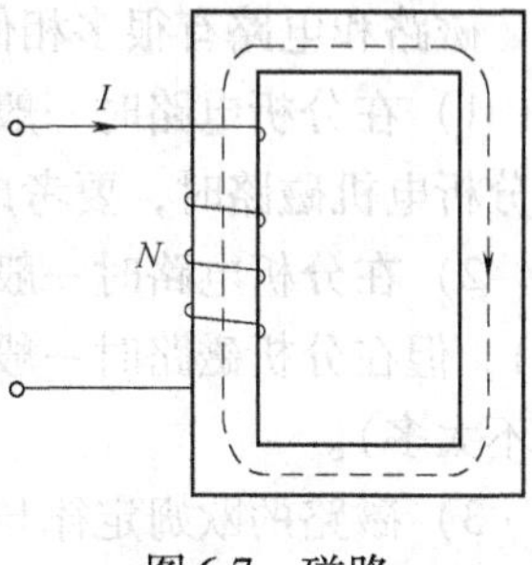

图6-7　磁路

$$\oint_l H\mathrm{d}l = \sum I$$

可得

$$Hl = NI \tag{6-1}$$

式中，N 是线圈的匝数；l 是磁路（闭合回线）的平均长度；H 是磁路铁心的磁场强度。

式（6-1）中线圈匝数与电流的乘积 NI 称为磁通势，用字母 F 表示，即

$$F = NI$$

磁通就是由它产生的。它的单位是安 A。

将 $H = B/\mu$ 和 $B = \Phi/S$ 代入式（6-1），得

$$F = NI = Hl = \frac{B}{\mu}l = \frac{\Phi}{\mu S}l$$

或

$$\Phi = \frac{NI}{\frac{l}{\mu S}} = \frac{F}{R_m} \tag{6-2}$$

式中，$R_m = \frac{l}{\mu S}$ 称为磁路的磁阻，S 为磁路的截面积。

式（6-2）与电路的欧姆定律在形式上相似，所以称为磁路的欧姆定律。两者对照如表 6-1 所示。

表 6-1 磁路与电路对照

磁　　路	电　　路
磁通势 F	电动势 E
磁通 Φ	电流 I
磁感应强度 B	电流密度 J
磁阻 $R_m = \frac{l}{\mu S}$	电阻 $R = \frac{l}{\gamma S}$
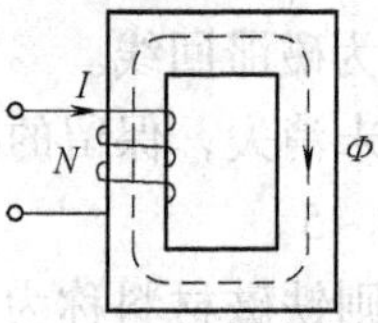	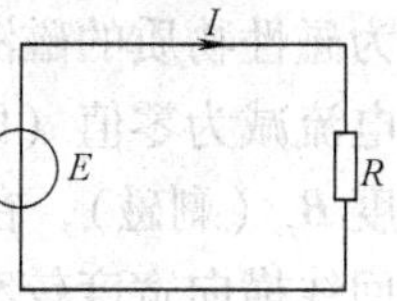
$\Phi = \frac{F}{R_m} = \frac{NI}{\frac{l}{\mu S}}$	$I = \frac{E}{R} = \frac{E}{\frac{l}{\gamma S}}$

磁路和电路有很多相似之处，但分析与处理磁路比电路难得多，例如：

1）在分析电路时一般不涉及电场分布问题，而在分析磁路时要考虑磁场的分布。例如在分析电机磁路时，要考虑气隙中磁感应强度的分布情况。

2）在分析电路时一般可以不考虑漏电流（因为导体的电导率比周围介质的电导率大得多），但在分析磁路时一般都要考虑漏磁通（因为磁路材料的磁导率比周围介质的磁导率大得不太多）。

3）磁路的欧姆定律与电路的欧姆定律只是在形式上相似。由于 μ 不是常数，它随励磁电流而变所以不能直接应用磁路的欧姆定律来计算，它只能用于定性分析。

4）在电路中，电压为零时，电流也为零；但在磁路中，由于有剩磁，磁通势为零时，磁通却不为零。

在计算电机、电器等的磁路时有两类问题：一类是预先给定磁通（或磁感应强度），然后按照给定的磁通和磁路的结构及材料去求所需磁通势；另一类问题是预先给定磁通势，要求求出磁路中的磁通。

对于给定磁通求磁通势的问题，一般可按下列步骤进行求解：

1）根据磁路中各部分的材料和截面积进行分段，每段磁路具有相同的材料和截面积。

2）算出各段磁路的平均长度和有效截面积。计算铁心有效截面积时要扣除硅钢片间的绝缘层。计算空气隙的有效截面积时要考虑边缘效应，因为磁路中存在空气隙，则磁通会向外扩张，造成边缘效应，如图 6-8 所示，增大了有效面积。

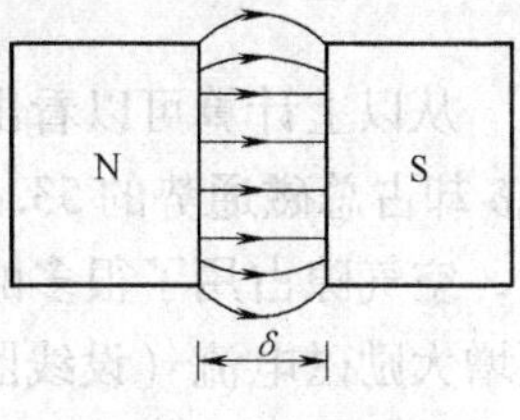

图 6-8　空气隙中磁通的边缘效应

3）根据已知的磁通 Φ 计算各段的磁感应强度 B。

4）根据每段磁路的 B，由磁化曲线查得对应的磁场强度 H；对于空气隙有 $H_0=\dfrac{B_0}{\mu_0}$。

5）求出每段的 Hl。

6）按式（6-1）求出所需磁通势

$$F = NI = H_1l_1 + H_2l_2 + \cdots = \sum Hl$$

式中，H_1l_1，H_2l_2，…为磁路各段的磁压降。

例 6-1　图 6-9 所示某磁路由三段串联（其中一段是空气隙）而构成，铁心用硅钢片制成。已知磁通 $\Phi=1.5\times10^{-4}\text{Wb}$，各段尺寸为：$S_1=22.5\times10^{-4}\text{m}^2$，$S_2=9\times10^{-4}\text{m}^2$；$l_1=0.16\text{m}$，$l_2=0.398\text{m}$；气隙长度 $\delta=0.002\text{m}$，考虑到边缘效应，气隙处有效面积 $S_0=11.4\times10^{-4}\text{m}^2$，励磁绕组匝数 $N=120$。试求所需磁通势和励磁电流。

解　（1）由于各段磁路的截面积不同，但其中又通过同一磁通，因此各段磁路的磁感应强度也就不同，可分别按下列各式计算：

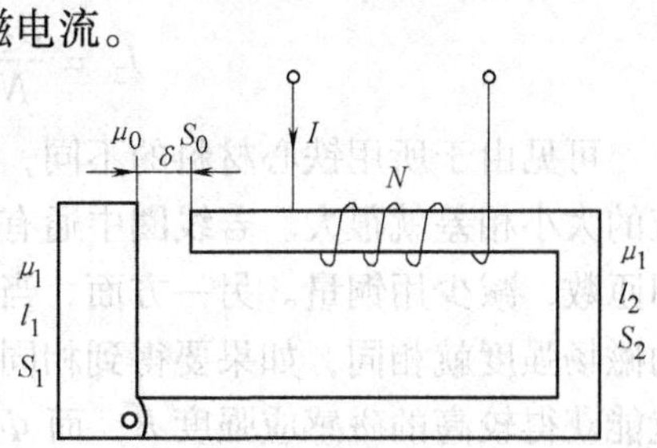

图 6-9　例 6-1 图

$$B_1 = \frac{\Phi}{S_1} = 0.667\text{T}$$

$$B_2 = \frac{\Phi}{S_2} = 1.667\text{T}$$

$$B_0 = \frac{\Phi}{S_0} = 1.316\text{T}$$

（2）根据各段磁路材料的磁化曲线 $B=f(H)$，找出与上述 B_1、B_2 相对应的磁场强度为

$$H_1 = 170\text{A/m}$$

$$H_2 = 4500\text{A/m}$$

计算空气隙或其他非磁性材料的磁场强度 H_0 时，可直接应用下式计算：

$$H_0 = \frac{B_0}{\mu_0} = 10.53\times10^5\text{A/m}$$

（3）每段磁路的 Hl

$$H_1l_1 = 27.2\text{A}$$

$$H_2 l_2 = 1791\text{A}$$

$$H_0 \delta = 2106\text{A}$$

（4）磁通势和励磁电流为

$$F = NI = H_1 l_1 + H_2 l_2 + H_0 \delta = 3924\text{A}$$

$$I = \frac{F}{N} = \frac{3924}{120}\text{A} = 32.7\text{A}$$

从以上计算可以看出，空气隙虽然很短，它只占磁路平均长度的0.35%，但空气隙的$H_0\delta$却占总磁通势的53.4%。这是由于空气的磁导率比硅钢片的磁导率小很多，其磁阻较大，空气隙占用了很多的磁通势。与无空气隙的磁路相比，要得到相等的磁感应强度，就必须增大励磁电流（设线圈匝数一定）。在本例中，l_2部分的截面积较小，在磁通$\Phi = 1.5 \times 10^{-4}$Wb的作用下已处于饱和状态，使这部分硅钢片的磁导率显著下降，所以这一段的磁阻较大，磁位差增大，否则空气隙的磁位差所占比例还要高。

例6-2 一个具有闭合的均匀铁心的线圈，其匝数为$N = 300$，铁心中的磁感应强度为$B = 0.9$T，磁路的平均长度为$l = 0.45$m，试求：（1）铁心材料为铸铁时线圈中的电流；（2）铁心材料为硅钢片时线圈中的电流。

解 根据磁感应强度$B = 0.9$T，先从图6-5中的磁化曲线查出铸铁及硅钢片的磁场强度分别为

$$H_1 = 9000\text{A/m}$$

$$H_2 = 260\text{A/m}$$

所以铁心材料为铸铁及硅钢片时线圈中的电流分别为

$$I_1 = \frac{H_1 l}{N} = \frac{9000 \times 0.45}{300}\text{A} = 13.5\text{A}$$

$$I_2 = \frac{H_2 l}{N} = \frac{260 \times 0.45}{300}\text{A} = 0.39\text{A}$$

可见由于所用铁心材料的不同，要得到同样的磁感应强度，则所需要的磁通势或励磁电流的大小相差就很大。若线圈中通有同样大小的电流，采用磁导率高的铁心材料，可减少线圈匝数，减少用铜量。另一方面，当线圈中通有同样大小的电流时，磁路长度相同，磁路中的磁场强度就相同，如果要得到相同的磁通Φ，由$B = \mu H$可知，采用磁导率高的铁心材料，就能获得较高的磁感应强度B，而$\Phi = BS$，可见此时只要较小的铁心截面积S就能满足要求，用铁量大为降低。

第二节 交流铁心线圈电路

铁心线圈分为直流铁心线圈和交流铁心线圈两种。

前一节介绍的恒定磁通磁路，就是属于直流铁心线圈。电工设备中，如直流电机的励磁线圈、电磁吸盘及各种直流电器的线圈，都是通入直流电流，由于产生的磁通是恒定的，所以在线圈和铁心中不会感应出电动势，线圈中的电流I只和线圈本身的电阻R有关，功率损耗也只有RI^2，因此直流铁心线圈电路的分析比较简单。

交流铁心线圈是通入交流电流来励磁（如交流电机、变压器及各种交流电器的线圈），

由于电流是交变的，产生的磁通也是交变的，因此交流铁心线圈在电磁关系、电压电流关系及功率损耗等几个方面与直流铁心线圈有所不同。

一、交流铁心线圈的电磁关系

图 6-10 所示的是具有铁心的交流线圈。当在交流铁心线圈上施加交流电压 u 时，线圈中便会产生交变电流 i 和交变磁通。磁通绝大部分通过铁心而闭合，这部分磁通称为主磁通或工作磁通，用 Φ 表示。此外还有很少的一部分磁通主要经过空气或其他非导磁媒质而闭合，这部分磁通称为漏磁通 Φ_σ。这两部分磁通在线圈中产生两个感应电动势：主磁电动势和漏磁电动势，用 e 和 e_σ 表示。此外，主磁通的交变会在铁心中引起涡流和磁滞损耗，并使铁心发热，电流流过线圈时，会在线圈的电阻上产生压降。

图 6-10 所示的铁心线圈交流电路的电压电流关系可由 KVL 得出

$$u + e + e_\sigma = Ri \tag{6-3}$$

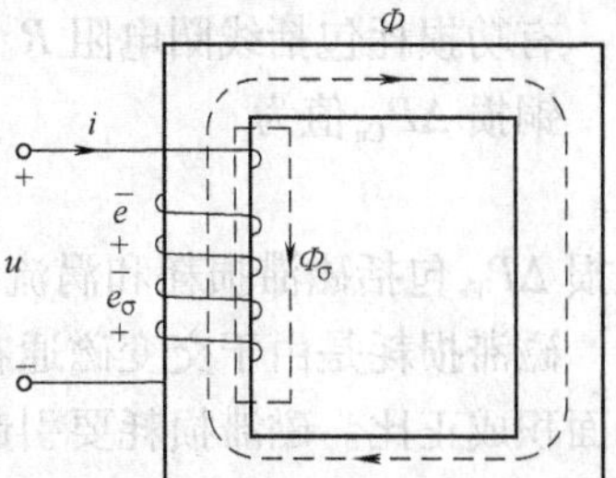

图 6-10　铁心交流线圈的交流电路

式中的 R 为铁心线圈的电阻。设主磁通按正弦规律变化，即

$$\Phi = \Phi_m \sin\omega t$$

则

$$e = -N\frac{\mathrm{d}\Phi}{\mathrm{d}t} = -\omega N\Phi_m\cos\omega t = E_m\sin(\omega t - 90°)$$

式中，E_m 为主磁通电动势 e 的振幅，$E_m = \omega N\Phi_m$，其有效值为

$$E = \frac{E_m}{\sqrt{2}} = \frac{\omega N\Phi}{\sqrt{2}} = 4.44fN\Phi_m \tag{6-4}$$

式（6-4）是分析变压器、交流电动机等电气设备常用的重要公式。

漏磁通磁路主要不经过铁心，磁路可以认为是非磁性物质，其磁阻为常数，漏磁通的变化引起的漏磁电动势为

$$e_\sigma = -L\frac{\mathrm{d}i}{\mathrm{d}t}$$

式中，L 称为漏磁电感，只与铁心线圈的结构有关，是一个常数。

但主磁通通过铁心，所以铁心线圈的主磁电感不是一个常数，它随励磁电流而变化的关系和磁导率 μ 随磁场强度而变化的关系相似，因此铁心线圈是一个非线性电感元件，于是式（6-3）可改写为

$$u = Ri - e_\sigma - e = Ri + L\frac{\mathrm{d}i}{\mathrm{d}t} - e$$

当 u 是正弦电压时，可将上式写成相量形式

$$\dot{U} = R\dot{I} + \mathrm{j}X\dot{I} - \dot{E}$$

式中，X 为漏磁感抗，$X = \omega L$，是由漏磁通引起的。

通常由于线圈的电阻 R 和感抗 X 较小，它们上边的电压降也较小，与主磁通电动势比较起来，可以忽略不计。于是

$$u \approx -e$$

相量关系为

$$\dot{U} \approx -\dot{E}$$

有效值关系为

$$U \approx E = 4.44fN\Phi_{m} \quad (6\text{-}5)$$

式（6-5）表明，当忽略线圈的电阻 R 和漏磁通 Φ_{σ} 时，如果线圈匝数 N 及电源频率 f 一定，主磁通的幅值 Φ_{m} 由外加在励磁线圈上的电压有效值 U 确定，与铁心材料及尺寸无关。这一点和直流铁心线圈不同，直流铁心线圈的电压不变时，电流也不变，而 Φ 却随磁路情况而改变。

二、铁心线圈的功率损耗与等效电路

交流铁心线圈的功率损耗包括有功损耗和无功损耗。

有功损耗包括线圈电阻 R 上的铜损和在交变磁通作用下铁心中的铁损 ΔP_{Fe} 两部分。

铜损 ΔP_{Cu} 值为

$$\Delta P_{Cu} = I^{2}R$$

铁损 ΔP_{Fe} 包括磁滞损耗和涡流损耗。

磁滞损耗是由于交变磁通在铁磁物质中有磁滞现象而产生。磁滞损耗与磁滞回线所包围的面积成正比。磁滞损耗要引起铁心发热。为了减小磁滞损耗，应选用磁滞回线狭小的磁性材料制造铁心。硅钢就是变压器和电机中常用的铁心材料，其磁滞损耗较小。

当线圈中通有交流电流时，它所产生的磁通也是交变的。交变磁通不仅要在线圈中产生感应电动势，而且在铁心内也要产生感应电动势和感应电流。这种感应电流称为涡流，它在垂直于磁通方向的平面内环流着，如图6-11所示。由涡流所产生的铁损称为涡流损耗。

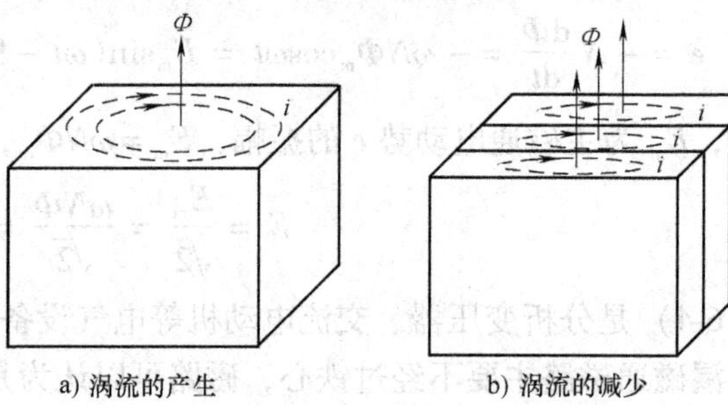

a) 涡流的产生　　b) 涡流的减少

图6-11　铁心中的涡流损耗

涡流损耗也要引起铁心发热。为了减小涡流损耗，在顺磁场方向铁心可由彼此绝缘的很薄硅钢片叠成，这样就可以限制涡流只能在较小的截面内流通。

涡流有有害的一面，但在另外一些场合下也有有利的一面。对其有害的一面应尽可能地加以限制，而对其有利的一面则应充分加以利用。例如，利用涡流的热效应来冶炼金属，利用涡流和磁场相互作用而产生电磁力的原理来制造感应式仪器及涡流测矩器等。

从上述可知，铁心线圈交流电路的有功功率为

$$P = UI\cos\varphi = \Delta P_{Cu} + \Delta P_{Fe} = I^{2}R + I^{2}R_{0}$$

式中，R_{0} 是和铁损相应的等效电阻。

直流铁心线圈没有磁滞损耗和涡流损耗，所以铁心不必造成片状。

交流铁心线圈的无功损耗是由铁心线圈中的能量的储放引起的。设此无功损耗大小的感抗为 X_{0}，则交流铁心线圈的等效电路如图6-12所示。

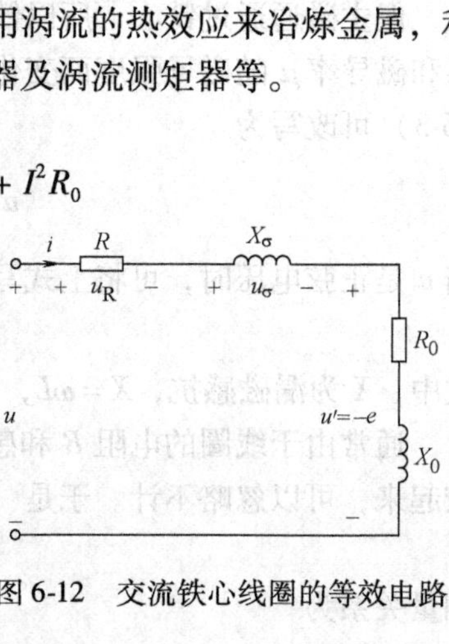

图6-12　交流铁心线圈的等效电路

例6-3　一铁心线圈接于220V工频电源。已知线圈匝数为800，铁心由硅钢片叠成，截面积为12cm²，磁路平均

长度为 40cm，设叠片间隙系数为 0.9。试求：（1）主磁通的最大值 Φ_m；（2）励磁电流 I。

解　（1）由题意可知，$U=220V$，$f=50Hz$，$N=800$，所以主磁通的最大值为

$$\Phi_m = \frac{U}{4.44fN} = \frac{220}{4.44\times 50\times 800}\text{Wb} = 1.24\times 10^{-3}\text{Wb}$$

（2）考虑铁心叠片之间具有间隙，铁心的有效截面积应按其几何尺寸乘以叠片间隙系数计算

$$S = (12\times 0.9)\text{cm}^2 = 10.8\text{cm}^2$$

铁心的磁感应强度最大值为

$$B_m = \frac{\Phi_m}{S} = \frac{1.24\times 10^{-3}}{10.8\times 10^{-4}}\text{T} = 1.15\text{T}$$

由图 6-5 查得当硅钢片 $B_m=1.15T$ 时，$H_m=4.6A/cm$。所以励磁电流的最大值为

$$I_m = \frac{H_m l}{N} = \frac{4.6\times 40}{800}\text{A} = 0.23\text{A}$$

励磁电流的有效值为

$$I = \frac{I_m}{\sqrt{2}} = 0.163\text{A}$$

例 6-4　一铁心线圈接到 $U=220V$，$f=50Hz$ 的交流电源上，测得电流 $I=2A$，功率 $P=50W$。试求：（1）不计线圈电阻及漏磁通，试求铁心线圈的等效电路的 R_0 及 X_0；（2）若线圈电阻 $R=1\Omega$，试计算线圈的铜损及铁损。

解　（1）由 $P=UI\cos\varphi$，得

$$\varphi = \arccos\frac{P}{UI} = \arccos\frac{50}{220\times 2} = 83.5°$$

阻抗为

$$Z = R_0 + jX_0 = \frac{U}{I}\angle\varphi = \frac{220}{2}\angle 83.5°\Omega = (12.5 + j109.3)\Omega$$

所以

$$R_0 = 12.5\Omega, X_0 = 109.3\Omega$$

（2）铜损

$$\Delta P_{Cu} = I^2 R = 4\text{W}$$

铁损

$$\Delta P_{Fe} = P - \Delta P_{Cu} = (50-4)\text{W} = 46\text{W}$$

或由 $\Delta P_{Fe}=I^2R_0$ 求得。

第三节　单相变压器

变压器是一种常见的电气设备，广泛应用于电力系统和电子线路中。

在电力系统输电方面，当输送功率及负载功率因数为一定时，电压 U 越高，则线路电流 I 越小。这不仅可以减小输电线的截面积，节省材料，同时还可减小线路的功率损耗（I^2R）。因此在输电时必须利用变压器将电压升高，进行高压输电。在用电方面，为了满足

用电设备的电压要求和保证用电安全，要利用变压器将高电压降为低电压，如380V、220V、36V、24V或12V等。

在电子线路中，除电源变压器外，变压器还用来耦合、隔离电路，传递信号，并实现阻抗匹配。

变压器的种类很多，有自耦变压器、互感器及各种专用变压器（如用于电焊、电炉及整流等），但它们的基本构造和工作原理是相同的。

一、变压器的工作原理

变压器通常由一个公共的铁心和高、低压绕组（线圈）组成，它们紧密地绕制在一起，有较好的耦合效果。绕组一般有两个或两个以上，并以一定方式连接。按照铁心和绕组结构形式的不同，分为心式变压器和壳式变压器，如图6-13所示。

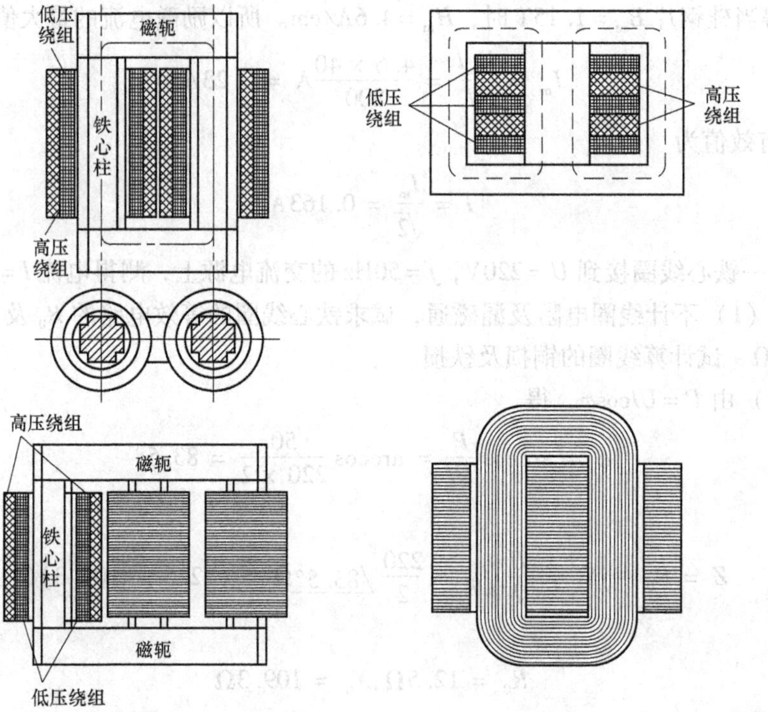

a) 心式变压器　　b) 壳式变压器

图6-13　变压器的构造

与电源相连的绕组称为一次绕组（或称初级绕组、原绕组），与负载相连的绕组称为二次绕组（或称次级绕组、副绕组）。一、二次绕组的匝数分别为 N_1 和 N_2。为了便于分析，将一次绕组和二次绕组分别画在两边，如图6-14a所示的是单相变压器的原理图，图6-14b是单相变压器的电路符号。

图6-14c是单相变压器工作原理图。当一次绕组施加交流电压 u_1 时，一次绕组中便有电流 i_1 通过。一次绕组的磁通势 N_1i_1 产生的磁通绝大部分通过铁心而闭合，从而在二次绕组中感应出电动势。如果二次绕组接有负载 Z，那么二次绕组中就有电流 i_2 通过。二次绕组的磁通势 N_2i_2 也产生磁通，其绝大部分也通过铁心而闭合。因此铁心中的磁通是由一、二次绕组的磁通势共同产生的合成磁通，它称为主磁通，用 Φ 表示。主磁通穿过一次绕组和二次绕组而在其

中感应出的电动势分别为 e_1 和 e_2。此外，一、二次绕组的磁通势还分别产生漏磁通 $\Phi_{\sigma1}$ 和 $\Phi_{\sigma2}$（仅与本绕组相链），从而在各自的绕组中分别产生漏磁电动势 $e_{\sigma1}$ 和 $e_{\sigma2}$。

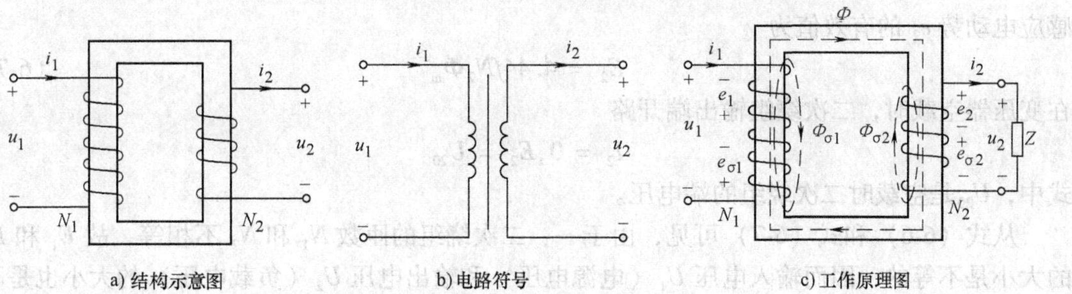

a) 结构示意图　　b) 电路符号　　c) 工作原理图

图 6-14 单相变压器结构示意图、符号及工作原理图

上述的电磁关系可表示如下：

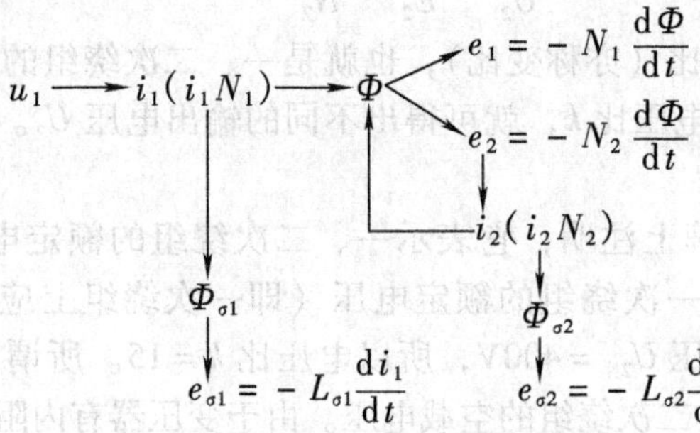

下面分别讨论变压器的电压变换、电流变换及阻抗变换。

1. 电压变换

一次绕组与铁心线圈相似，由式（6-3）可列出电路的电压方程

$$u_1 + e_1 + e_{\sigma1} = R_1 i_1$$

或

$$u_1 = R_1 i_1 + (-e_{\sigma1}) + (-e_1) = R_1 i_1 + L_{\sigma1}\frac{\mathrm{d}i_1}{\mathrm{d}t} + (-e_1)$$

通常一次绕组上所加的是正弦电压，在正弦电压作用的情况下，上式可用相量表示：

$$\dot{U}_1 = R_1\dot{I}_1 + (-\dot{E}_{\sigma1}) + (-\dot{E}_1) = R_1\dot{I}_1 + \mathrm{j}X_1\dot{I}_1 + (-\dot{E}_1)$$

式中，R_1 和 $X_1(X_1 = \omega L_{\sigma1})$ 分别为一次绕组的电阻和感抗（漏磁感抗，由漏磁通产生）。

由于一次绕组的电阻 R_1 和 X_1 较小，因而它们两端的电压降也较小，与主磁电动势 E_1 相比可以忽略不计。于是

$$\dot{U}_1 \approx -\dot{E}_1$$

根据式（6-5），有效值为

$$E_1 = 4.44fN_1\Phi_{\mathrm{m}} \approx U_1 \tag{6-6}$$

同理，对二次绕组电路可列出

$$e_2 = R_2 i_2 + (-e_{\sigma2}) + u_2 = R_2 i_2 + L_{\sigma2}\frac{\mathrm{d}i_2}{\mathrm{d}t} + u_2$$

如用相量表示，则为

$$\dot{E}_2 = R_2\dot{I}_2 + jX_2\dot{I}_2 + \dot{U}_2$$

式中，R_2 和 X_2（$X_2 = \omega L_{\sigma 2}$）分别为二次绕组的电阻和感抗；$\dot{U}_2$为二次绕组的端电压。

感应电动势 e_2 的有效值为

$$E_2 = 4.44fN_2\Phi_m \tag{6-7}$$

在变压器空载时，二次绕组输出端开路

$$I_2 = 0, E_2 = U_{20}$$

式中，U_{20}是空载时二次绕组的端电压。

从式（6-6）和式（6-7）可见，由于一、二次绕组的匝数 N_1 和 N_2 不相等，故 E_1 和 E_2 的大小是不等的，因而输入电压 U_1（电源电压）和输出电压 U_2（负载电压）的大小也是不等的。

一、二次绕组的电压之比为

$$\frac{U_1}{U_2} \approx \frac{E_1}{E_2} = \frac{N_1}{N_2} = k \tag{6-8}$$

式中，k 称为变压器的电压比（亦称变比），也就是一、二次绕组的匝数比。可见，当电源电压 U_1 一定时，只要改变电压比 k，就可得出不同的输出电压 U_2。$k>1$ 时为降压变压器；$k<1$ 时升压变压器。

电压比在变压器的铭牌上注明，它表示一、二次绕组的额定电压之比，例如，6000/400V 的单相变压器，表示一次绕组的额定电压（即一次绕组上应加的电源电压）U_{1N} = 6000V，二次绕组的额定电压 U_{2N} = 400V，所以电压比 $k = 15$。所谓二次绕组的额定电压是指一次绕组加上额定电压时二次绕组的空载电压。由于变压器有内阻抗压降，所以二次绕组的空载电压一般应较满载时的电压高 5% ~10%。

2. 电流变换

由 $E_1 = 4.44fN_1\Phi_m \approx U_1$ 可见，当电源电压 U_1 和频率 f 不变时，E_1 和 Φ_m 也近于常数。就是说，铁心中主磁通的最大值在变压器空载或有负载时是基本恒定的。因此，有负载时产生主磁通的一、二次绕组的合成磁通势（$N_1i_1 + N_2i_2$）应该和空载时产生主磁通的一次绕组的磁通势 N_1i_0（i_0 为空载时一次绕组的电流）近似相等，即

$$N_1i_1 + N_2i_2 \approx N_1i_0$$

如用相量表示，则为

$$N_1\dot{I}_1 + N_2\dot{I}_2 \approx N_1\dot{I}_0 \tag{6-9}$$

变压器的空载电流 i_0 是励磁用的。由于铁心的磁导率高，空载电流是很小。它的有效值 I_0 在一次绕组额定电流 I_{1N}的 10% 以内，因此 N_1I_0 与 N_1I_1 相比，常可忽略。于是式（6-9）可写成

$$N_1\dot{I}_1 \approx -N_2\dot{I}_2$$

由上式可知，一、二次绕组的电流关系为

$$\frac{I_1}{I_2} \approx \frac{N_2}{N_1} = \frac{1}{k} \tag{6-10}$$

式（6-10）表明变压器一、二次绕组的电流之比近似等于它们的匝数比的倒数。可见，变压器中的电流虽然由负载的大小确定，但是一、二次绕组中电流比值是差不多不变的；因为当负载增加时，I_2 和 N_2I_2 随着增大，而 I_1 和 N_1I_1 也必须相应增大，以抵偿二次绕组的电

流和磁通势对主磁通的影响，从而维持主磁通的最大值近于不变。

变压器的额定电流 I_{1N} 和 I_{2N} 是指按规定工作方式（长时连续工作或短时工作或间歇工作）运行时一、二次绕组允许通过的最大电流，它们是根据绝缘材料允许的温度确定的。

二次绕组的额定电压与额定电流的乘积称为单相变压器的额定容量，即

$$S_N = U_{2N}I_{2N} \approx U_{1N}I_{1N}$$

它是视在功率（单位是 V · A），与输出功率（单位是 W）不同。

3. 阻抗变换

变压器不仅能起变换电压和变换电流的作用，而且还有变换负载阻抗的作用，以实现“匹配”。

如图 6-15a 所示，可以将负载阻抗 Z 通过变压器从二次侧映射到一次侧，用一个等效阻抗 Z' 来代替变压器与阻抗 Z 的组合（见图 6-15b），达到变换阻抗的目的。等效的结果不会改变输入电路的电压、电流和功率。两者的关系可根据式（6-8）和式（6-10）推导得出

$$\frac{U_1}{I_1} = \frac{\dfrac{N_1}{N_2}U_2}{\dfrac{N_2}{N_1}I_2} = \left(\frac{N_1}{N_2}\right)^2 \frac{U_2}{I_2}$$

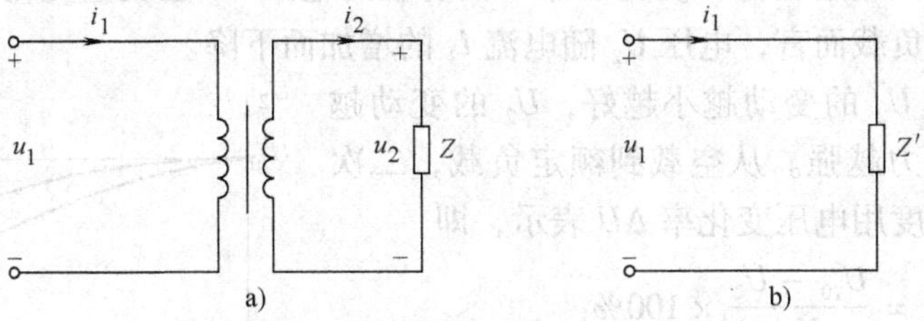

图 6-15　负载阻抗的等效变换

由图 6-15 可知

$$\frac{U_1}{I_1} = |Z'|, \frac{U_2}{I_2} = |Z|$$

代入则得

$$|Z'| = \left(\frac{N_1}{N_2}\right)^2 |Z|$$

上式也可表示成

$$Z' = \left(\frac{N_1}{N_2}\right)^2 Z$$

匝数比不同，负载阻抗 Z 折算到一次侧的等效阻抗 Z' 也不同。我们可以采用不同的匝数比，把负载阻抗变换为所需要的、比较合适的数值。这种做法通常称为阻抗匹配。

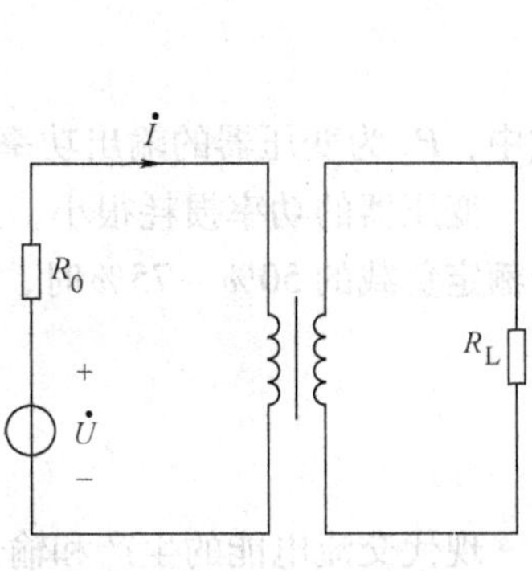

图 6-16　例 6-5 图

例 6-5　图 6-16 所示电路中，交流信号源的电压 $U = 100V$，内阻 $R_0 = 800\Omega$，负载电阻 $R_L = 8\Omega$。试求：(1) 将负载直接与信号源连接时，负载获得多大功率？(2) 经变压器进行阻抗匹配，求负载获得的最大功率是多少？变压器

电压比是多少？

解 （1）负载直接接信号源时，负载获得的功率为

$$P = I^2R_L = \left(\frac{U}{R_0 + R_L}\right)^2 R_L = \left(\frac{100}{800 + 8}\right)^2 \times 8\text{W} = 0.123\text{W}$$

（2）最大输出功率时，R_L 折算到一次绕组应等于内阻 $R_0 = 800\Omega$。负载获得的最大功率为

$$P_{max} = I^2R'_L = \left(\frac{U}{R_0 + R'_L}\right)^2 R'_L = \left(\frac{100}{800 + 800}\right)^2 \times 800\text{W} = 3.125\text{W}$$

变压器的电压比为

$$k = \frac{N_1}{N_2} = \sqrt{\frac{R_0}{R_L}} = \sqrt{\frac{800}{8}} = 10$$

二、变压器的外特性

当电源电压 U_1 和负载功率因数 $\cos\varphi_2$ 为常数时，U_2 与 I_2 的变化关系 $U_2 = f(I_2)$ 称为变压器的外特性。一般情况下，电源电压 U_1 不变，当负载（即 I_2）变化时，一、二次绕组的电阻和漏抗上的电压发生变化，使变压器二次绕组的电压 U_2 也发生变化，如图6-17所示，对电阻性和电感性负载而言，电压 U_2 随电流 I_2 的增加而下降。

通常希望电压 U_2 的变动越小越好，U_2 的变动越小，变压器带载能力越强。从空载到额定负载，二次绕组电压的变化程度用电压变化率 ΔU 表示，即

$$\Delta U = \frac{U_{20} - U_2}{U_{20}} \times 100\%$$

在一般变压器中，由于其电阻和漏磁感抗均很小，电压变化率是不大的，约为5%左右。

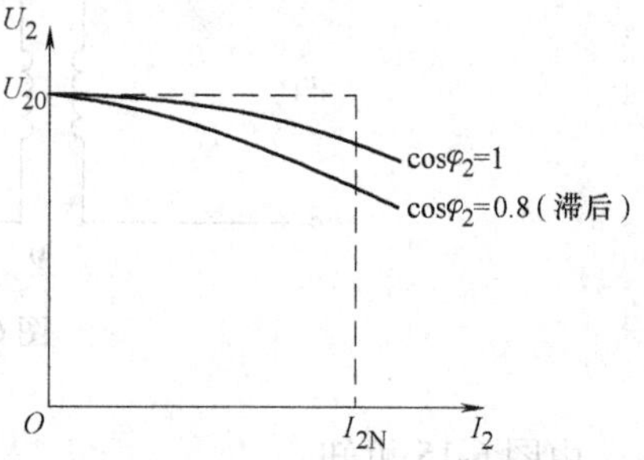

图6-17 变压器的外特性曲线

三、变压器的损耗与效率

和交流铁心线圈一样，变压器的功率损耗包括绕组上的铜损 ΔP_{Cu} 和铁心中的铁损 ΔP_{Fe} 两部分。铁损的大小与铁心内磁感应强度的最大值 B_m 有关，与负载大小无关，而铜损则与负载大小（正比于电流平方）有关。

变压器的效率常用下式确定：

$$\eta = \frac{P_2}{P_1} = \frac{P_2}{P_2 + \Delta P_{Fe} + \Delta P_{Cu}}$$

式中，P_2 为变压器的输出功率；P_1 为输入功率。

变压器的功率损耗很小，效率很高，通常在95%以上。在一般电力变压器中，当负载为额定负载的50%～75%时，效率达到最大值。

第四节 三相变压器

现代交流电能的生产和输送几乎都用三相制，因而输送电能的主要设备是三相变压器，它在电力系统中实现高压输电和低压配电。目前输电电网额定电压有特高压1000kV，超高

压500kV以及220kV、110kV、35kV和10kV等。在用电方面，各类用电设备所需的电压也不一样，多数采用220V、380V。因此，高压输电到用电的地区后，再用降压变压器将电压降到配电电压（一般为10kV），分配到工厂、居民区，最后用配电变压器将电压降到用户所需的电压（220/380V），供用户使用。

一、三相变压器的结构

三相变压器主要有油浸式和干式两种。10kV以上的三相变压器多数是油浸式，其外形如图6-18所示。三相变压器主要由主体部分、冷却部分、引出部分和保护装置等构成。

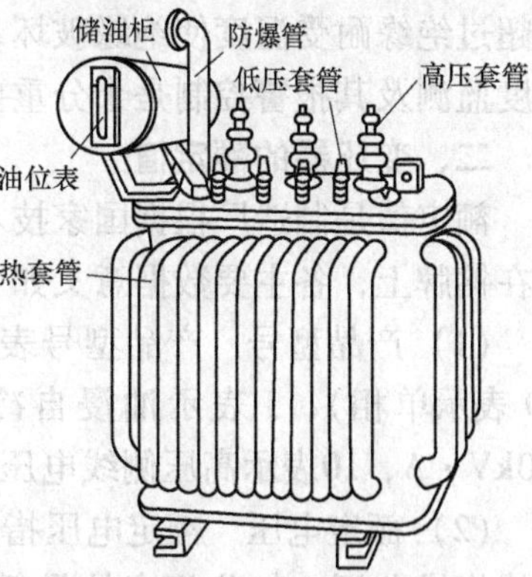

图6-18　油浸式三相变压器的外形

(1) 主体部分　主体部分包括铁心和绕组。电力变压器的铁心一般采用三柱式，三相绕组套在心柱上，如图6-19所示。

三个心柱上分别套装有完全一样的一个一次绕组和一个二次绕组，相当于三台单相变压器。为绝缘方便起见，通常里面是低压绕组，外面是高压绕组。高压绕组的首端和末端分别用大写字母A、B、C和X、Y、Z表示；低压绕组的首端和末端分别用小写字母a、b、c和x、y、z表示。一、二次绕组都可以接成星形或三角形。

铁心和绕组在生产出厂时已装配成一整体，简称心部，油浸式三相变压器的心部完全浸在变压器油里，安装变压器时一般不需要对这部分进行拆卸或组装。

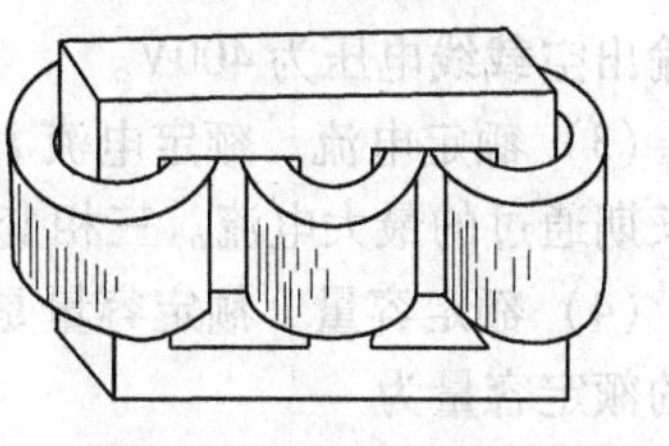
图6-19　三相变压器的铁心绕组

(2) 冷却部分　冷却部分主要包括油箱、散热油管、储油柜（又称油枕）和油位表等。油箱是变压器的外壳，内装变压器油。变压器油起绝缘和冷却两种作用。多数中小型变压器采用油浸自冷式，运行时，浸没在油中的铁心和绕组所产生的热经油传给油箱壁散发到空气中。

设置储油柜的目的在于减少油与外界空气的接触面，减轻油的氧化和受潮程度。储油柜用连通管与油箱连通，油面的高度只达到储油柜的一半左右，以便给油热胀冷缩时留有余地。储油柜的一侧还装有油位表，可随时观察油面位置。储油柜的油通过小孔经吸潮剂与大气相通。变压器工作时间长了，油会受潮，其水分多数沉积在储油柜底部，一般不会流到油箱而影响变压器工作。

(3) 引出装置　引出装置主要包括高、低压套管。变压器的高、低压绕组引出线必须经过绝缘套管从油箱引出。套管常用瓷质材料制成，固定在油箱顶部。高压套管高而大，低压套管低而小；高压引线线径细，低压引线线径粗。

(4) 保护装置　大中型电力变压器设置防爆管和气体继电器。防爆管装在油箱顶盖上，管口高于储油柜并用薄膜封住，当变压器发生故障，油箱内油压增加，压力超过允许值时，油将经防爆管冲破薄膜向外喷出，防止油箱因压力过大而破坏。

气体继电器装在油箱与储油柜的连通管中间，当变压器发生故障其铁心或绕组发热时，变压器油分解出气体（瓦斯），气体从油箱经连通管冲向储油柜，气体继电器便会动作。轻瓦斯动作是发出故障信号；重瓦斯动作经自动装置使变压器脱离电源。

干式变压器它没有油箱，只有铁心、绕组和一些主要辅件，依靠空气对流进行冷却。绕组经环氧树脂固化后套入铁心。目前干式变压器制造成本较高，价格贵，但因它不会燃烧，主要用在防火条件要求高的场合，作为户内10/0.4kV配电变压器。

干式变压器安全运行和使用寿命，很大程度上取决于变压器绕组绝缘安全可靠。绕组温度超过绝缘耐受温度使绝缘破坏，是导致变压器不能正常工作主要原因之一，对变压器运行温度监测及其报警控制是十分重要。

二、变压器的额定值

额定值是制造厂根据国家技术标准，对变压器正常可靠工作做出的使用规定。额定值都标在铭牌上，各主要数据意义如下：

（1）产品型号　产品型号表示变压器的结构和规格，如SJL-500/10，其中S表示三相（D表示单相），J表示油浸自冷式，L表示铝线（铜线无文字表示），500表示容量为500kV·A，10表示高压侧线电压为10kV。

（2）额定电压　额定电压指高压绕组接于电网的额定电压，对于三相变压器，额定电压均指线电压。与此相应的是低压绕组的空载线电压，如10000（1±5%）/400V，其中10000（1±5%）表示高压绕组额定线电压为10000 V，并允许在±5%范围内变动，低压绕组输出空载线电压为400V。

（3）额定电流　额定电流I_{1N}和I_{2N}是指一次绕组加上额定电压U_{1N}时，一、二次绕组允许长期通过的最大电流。三相变压器的I_{1N}和I_{2N}均为线电流。

（4）额定容量　额定容量是在额定工作条件下，变压器输出能力的保证值。三相变压器的额定容量为

$$S_N = \sqrt{3}U_{2N}I_{2N} \approx \sqrt{3}U_{1N}I_{1N}$$

（5）连接组标号　连接组标号表明变压器高压、低压绕组的连接方式。星形联结时，高压端用大写字母Y表示，低压端用小写字母y表示。三角形联结时，高压端用大写字母D表示，低压端用小写字母d表示。有中性线时加n。例如，Yyn0表示该变压器的高压侧为无中性线引出的星形联结，低压侧为有中性线引出的星形联结，标号的最后一个数字0表示高低压对应绕组的相位差为零。

如图6-20所示为三相变压器的结构原理和两种接法。图6-20b中的三相变压器采用Yyn0接法，当一次侧线电压为U_l时，相电压为$\frac{U_l}{\sqrt{3}}$，若变压器的电压比为k，则二次侧相电压为$\frac{U_l}{\sqrt{3}k}$，线电压为$U_2=\frac{U_l}{k}$。图6-20c中的三相变压器采用Yd接法，同样分析可知，当一次侧线电压为U_l时，二次侧线电压为$U_2=\frac{U_l}{\sqrt{3}k}$。

例6-6　有一带电阻负载的三相变压器，其额定数据如下：$S_N=100\text{kV}\cdot\text{A}$，$U_{1N}=6000\text{V}$，$U_{2N}=U_{20}=400\text{V}$，$f=50\text{Hz}$。绕组为Yyn0联结。由试验测得：$\Delta P_{Fe}=600\text{W}$，额定负载时的$\Delta P_{Cu}=2400\text{W}$。试求：（1）变压器的额定电流；（2）满载和半载时的效率。

解　（1）求额定电流

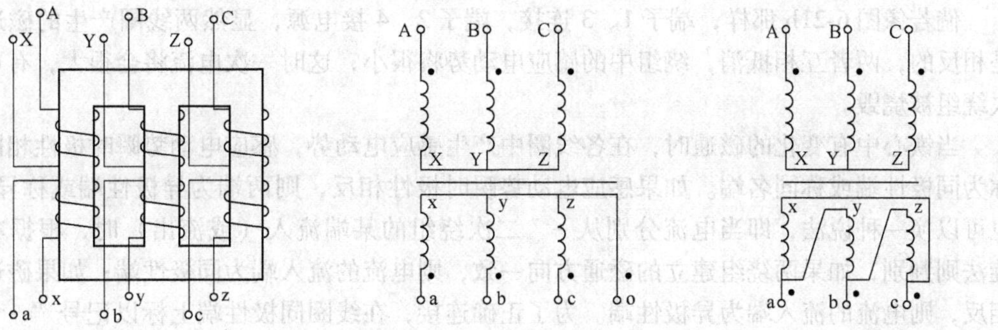

a) 结构原理　　b) Yyn0 联结　　c) Yd 联结

图 6-20　三相变压器

$$I_{2N} = \frac{S_N}{\sqrt{3}U_{2N}} = \frac{100 \times 10^3}{\sqrt{3} \times 400}\text{A} = 144\text{A}$$

$$I_{1N} = \frac{S_N}{\sqrt{3}U_{1N}} = \frac{100 \times 10^3}{\sqrt{3} \times 6000}\text{A} = 9.62\text{A}$$

（2）满载时，$I_2 = I_{2N}$。由于是电阻负载，输出功率 P_2 与 S_N 相同，此时效率为

$$\eta_1 = \frac{P_2}{P_2 + \Delta P_{Fe} + \Delta P_{Cu}} = \frac{100 \times 10^3}{100 \times 10^3 + 600 + 2400} = 97.1\%$$

半载时，$I_2 = \frac{1}{2}I_{2N}$，输出功率为 $\frac{1}{2}S_N$，效率为

$$\eta_{\frac{1}{2}} = \frac{\frac{1}{2}P_2}{\frac{1}{2}P_2 + \Delta P_{Fe} + \left(\frac{1}{2}\right)^2 \Delta P_{Cu}} = \frac{\frac{1}{2} \times 100 \times 10^3}{\frac{1}{2} \times 100 \times 10^3 + 600 + \left(\frac{1}{2}\right)^2 \times 2400} = 97.6\%$$

三、变压器绕组的同极性端及其测定

（一）绕组的极性与正确连接

在使用变压器或者其他有磁耦合的互感线圈时，要注意绕组的正确连接，如图 6-21 所示的电源变压器一次侧有两个绕组端子为 1、2 和 3、4（二次绕组未画出），如果每个绕组的额定电压是 110V，当电源电压为 220V 时，两个绕组应当串联后才能接到电源上。正确的接线应如图 6-21a 那样，端子 2、3 连接，1、4 接电源，则瞬时电流从端子 1 流入，从端子 4 流出，这时两绕组中产生的磁通方向一致，这是正

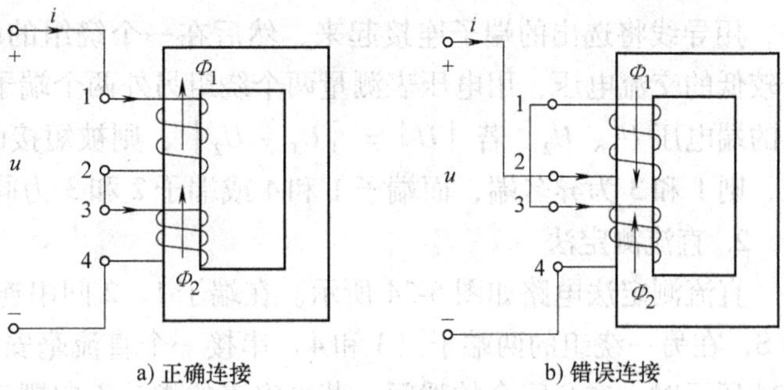

a) 正确连接　　b) 错误连接

图 6-21　变压器绕组的连接

确的连接方式。

倘若像图6-21b那样，端子1、3连接，端子2、4接电源，显然两线圈产生的磁通方向是相反的，两者互相抵消，绕组中的感应电动势将很小，这时一次电流将会很大，有可能一次绕组被烧毁。

当铁心中有变化的磁通时，在各线圈中产生感应电动势，感应电动势瞬时极性相同的端称为同极性端或称同名端。如果感应电动势瞬时极性相反，则两端为异极性端或称异名端。也可以换一种说法，即当电流分别从一、二次绕组的某端流入（或流出）时，根据右手螺旋法则判别，如果两绕组建立的磁通方向一致，则电流的流入端为同极性端；如果磁通方向相反，则电流的流入端为异极性端。为了正确连接，在线圈同极性端上标以记号“·”（也可以用“*”或“Δ”来标记）。

在图6-22a中，变压器的两个绕组绕在同一铁心柱上，且绕制方向相同。当交变电流从1、3端流入，用右手螺旋法则可知它们产生的磁通方向一致，故1、3端为同极性端。当然电流的流出端2、4也为同极性端。

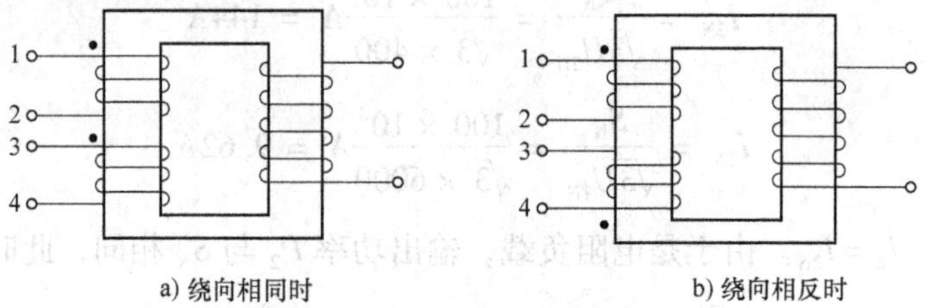

图6-22 变压器绕组的同极性端

在图6-22b中，变压器的两个绕组绕在同一铁心柱上，且绕制方向相反。根据上述类似的分析可知，1、4端为同极性端，2、3端也是同极性端。可见，变压器绕组的同极端与绕组的绕向有关。

（二）绕组极性的测定方法

由于变压器绕组的同极性端与绕组的绕向有关，如果绕向可见，可根据绕组的绕向运用右手螺旋定则来确定同极性端。但是，已经制成的变压器或电器，从外观已无法辨认各绕组的具体绕向，同极性端也就无法看出，这就要用实验的方法来测定同极性端。

1. 交流测定法

交流测定法电路如图6-23所示，首先从两个绕组中各任选出一个端子（如端子1和3），用导线将选出的端子连接起来，然后在一个绕组的端子上（一般取高压绕组）加上一个较低的交流电压，用电压表测量两个绕组另外两个端子（即2和4）之间的电压U和两绕组的端电压U_1、U_2。若$|U| = |U_1 - U_2|$，则被短接的两个端子（1和3）为同名端；反之，则1和3为异名端，而端子1和4或端子2和3为同名端。

2. 直流测定法

直流测定法电路如图6-24所示。在端子1、2间串连接入一个直流电源E（电池）和开关S，在另一绕组的两端子（3和4）串接一个直流毫安表。当电源E和毫安表的极性如图6-24所示时，在S闭合的瞬间，若毫安表的指针正向摆动，则表明接表正极的端子3和接电源正极的端子1为同名端；若表针反向摆动，则端子1和4为同名端。按图示线圈的绕向，指针一定是反向摆动，因此1和4互为同名端。

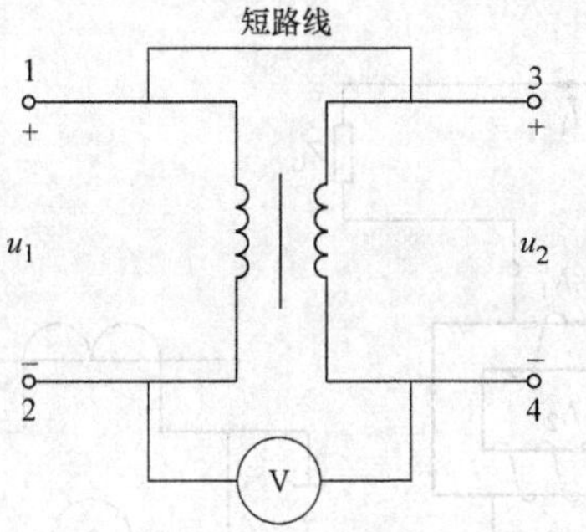

图6-23 交流法测定绕组极性

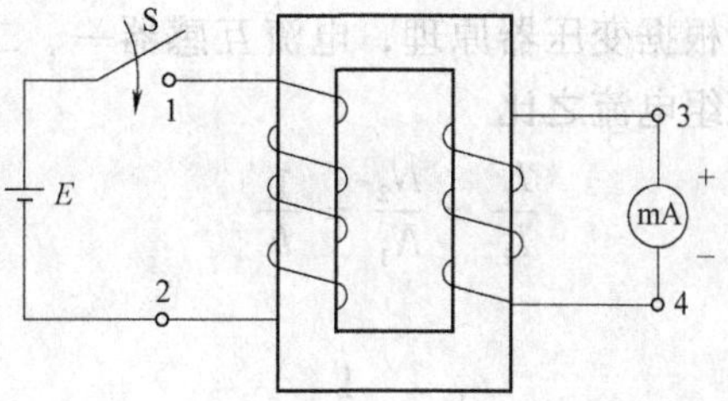

图6-24 直流法测定绕组极性

第五节 特殊变压器

下面简单介绍几种特殊用途的变压器。

一、自耦变压器

自耦变压器的结构特点是只有一个绕组，其中一次绕组中的一部分兼做二次绕组，因此高低压绕组之间不但有磁的联系，也有电的联系，如图6-25所示。

一、二次绕组电压之比和电流之比与单相变压器一样，存在如下关系：

$$\frac{U_1}{U_2}=\frac{N_1}{N_2}=k$$

$$\frac{I_1}{I_2}=\frac{N_2}{N_1}=\frac{1}{k}$$

自耦变压器分为可调式和固定式两种结构。实验室中常用的调压器就是一种可改变二次绕组匝数的自耦变压器，其外形和电路如图6-26所示。

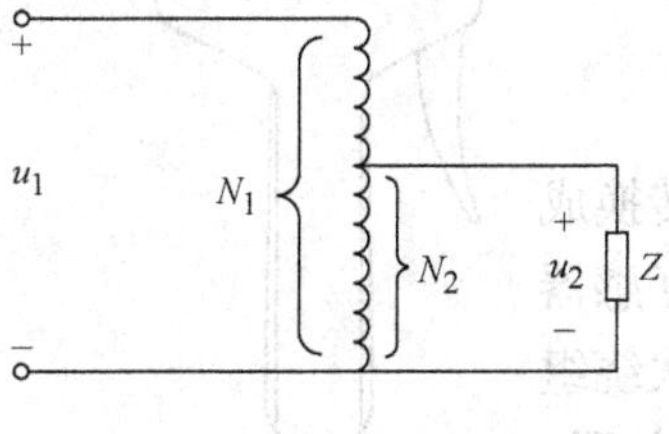

图6-25 自耦变压器

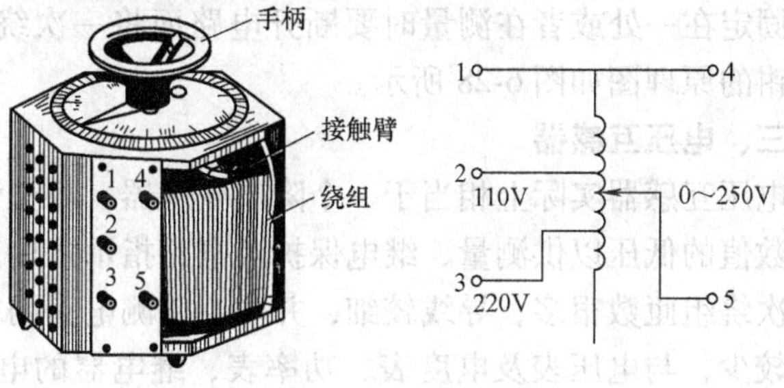

图6-26 调压器外形和电路

二、电流互感器

电流互感器是根据变压器的原理制成，主要作用是将电路中的大电流转换成小电流，配合电流表以扩大测量交流电流的量程，同时也是为了使测量仪表与高压电路隔开，以保证人身与设备的安全。

电流互感器的接线图及其符号如图6-27所示。一次绕组的导线较粗、匝数很少（只有一匝或几匝），它串联在被测电路中，二次绕组的匝数较多，它与电流表或其他仪表及继电器的电流线圈相连接。

根据变压器原理，电流互感器一、二次绕组电流之比

$$\frac{I_1}{I_2} = \frac{N_2}{N_1} = \frac{1}{k}$$

令

$$k_i = \frac{1}{k}$$

则

$$I_1 = k_i I_2 \qquad (6\text{-}11)$$

式中，k_i 为电流比。

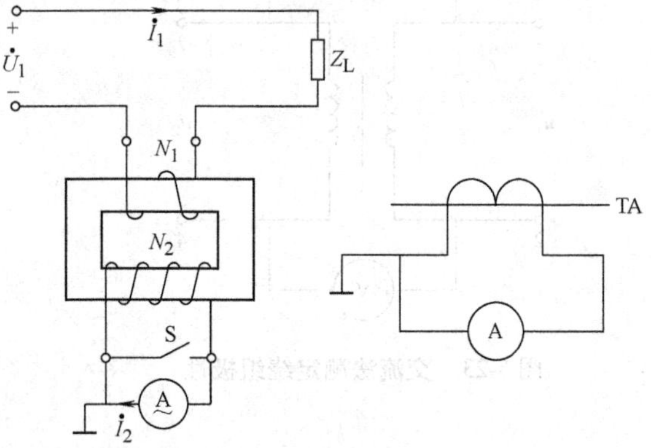

图6-27　电流互感器的接线图及其符号

由式（6-11）可见，电流表的读数 I_2 乘上电流比 k_i，即为被测的大电流 I_1。通常电流互感器二次绕组的额定电流设计成专用的5A或1A，因此，用一只5A的电流表，配以相应的电流互感器，就可以测量任意大的电流。

电流互感器在使用中二次绕组电路不允许断开，因为它的一次绕组是与负载串联的，电流 I_1 的大小由负载决定，不是决定于二次绕组电流 I_2。由于二次绕组匝数远比一次绕组多，如果二次绕组电路断开（譬如在拆下仪表时未将二次绕组短接），二次绕组中将产生很高的感应电动势，危及人身和设备安全。此外，电流互感器的铁心及二次绕组的一端必须可靠接地，以防止一、二次绕组绝缘击穿时，一次绕组的高电压窜入二次绕组而危及人身和设备安全。

测流钳（钳形电流表）是电流互感器的一种变形。它的铁心做成钳形，用弹簧压紧。测量时将钳压开而引入被测导线。这时该导线就是一次绕组，二次绕组绕在铁心上并与电流表接通。利用测流钳可以随时随地测量线路中的电流，不必像普通电流互感器那样必须固定在一处或者在测量时要断开电路而将一次绕组串接进去。测流钳的原理图如图6-28所示。

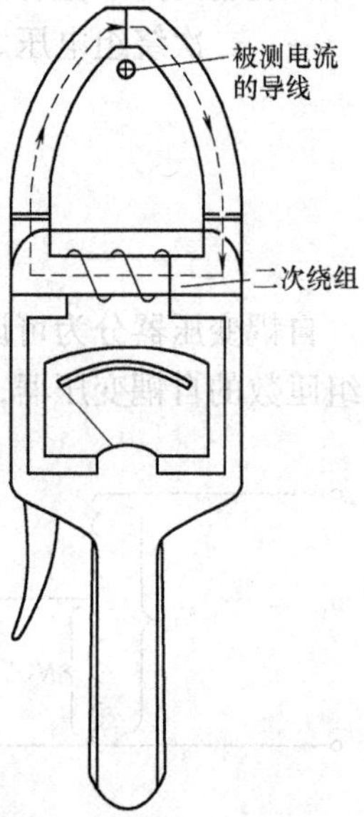

图6-28　测流钳原理图

三、电压互感器

电压互感器实际上相当于一个降压变压器，将交流高压转换成一定数值的低压以供测量、继电保护及电路指示之用。电压互感器的一次绕组匝数很多，导线较细，并联于待测电路两端；二次绕组匝数较少，与电压表及电度表、功率表、继电器的电压线圈并联，如图6-29所示。

根据变压器电压变换原理，电压互感器一、二次绕组电压之比为

$$\frac{U_1}{U_2} = \frac{N_1}{N_2} = k$$

通常将电压互感器二次绕组的额定电压设计成标准值100V。用一只100V的电压表，只要选择适当电压比的电压互感器，就能从二次侧的电压表上间接的读出高压侧的电压值。目

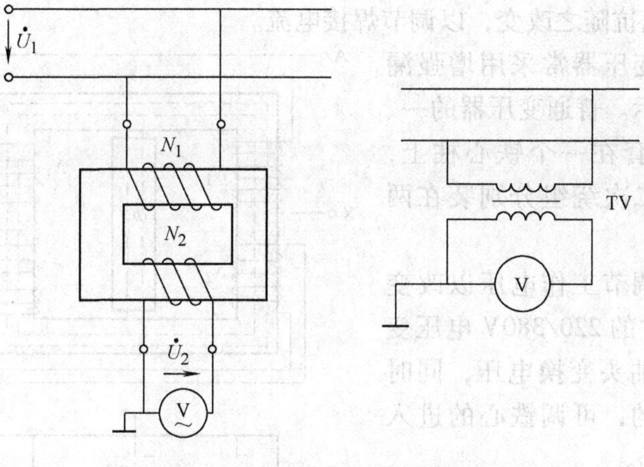

图 6-29　电压互感器的接线图及符号

前，在低压 220/380V 系统中很少用电压互感器，而将仪表直接接电源。但在高压系统中则必须使用电压互感器。

使用电压互感器时，二次绕组不得短路，因为电压互感器二次绕组所接的电压线圈阻抗很高，工作时接近开路状态，如果发生短路，将产生很大的短路电流，烧坏互感器，甚至影响主电路的安全运行。此外，电压互感器的铁心及二次绕组的一端必须接地，以防高压侧绕组绝缘损坏时在低压侧引起高压造成危险。

四、电焊变压器

电焊变压器是在短路状态下工作的一种特殊的降压变压器，按焊接方式可分为弧焊变压器和阻焊变压器两类。

（一）弧焊变压器

弧焊是通过电弧产生的热量熔化焊件接头处而实现焊接。弧焊变压器二次侧空载电压 U_{20} 为 60 ~ 80V，作为焊接的电弧点火电压。在焊接过程中，电焊变压器的负载经常处于从空载（当焊条与工件分离时）到短路（当焊条与工件接触时）或者从短路到空载之间急剧变化的状态，为了保证焊接质量和电弧的稳定性，弧焊变压器必须具有如图 6-30 所示的陡降外特性。在焊条引燃后输出电压下降；在焊条被粘连短路时，输出电压也下降。短路时由于输出电压迅速下降，二次电流不至于过大；空载时，由于二次电流为零，输出电压能迅速恢复到点火电压。这种电压急剧下降现象产生的原因，是电焊变压器的铁心特性产生的。

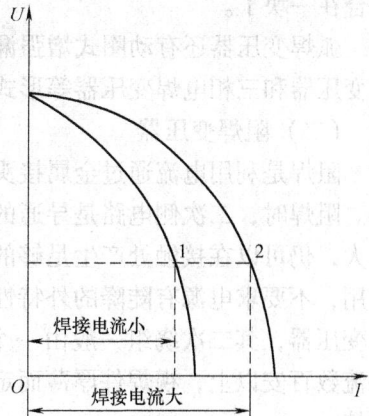

图 6-30　电焊变压器的外特性

电焊时，焊件内有电流通过，形成电弧。变压器中的电抗起限流作用，并产生电压降，使焊枪与焊件间的电压降低，形成陡降的外特性。为了维持电弧，工作电压通常为 2.5 ~ 30V。当电弧长度变化时，电流变化比较小，可保证焊接质量和电弧的稳定。为了满足大小不同、厚度不同的焊件对焊接电流的要求，可调节电抗器活动铁心的位置，即改变变压器磁路中的空气隙，使电抗随之改变，以调节焊接电流。

实际上的弧焊变压器常采用增强漏磁式，如图6-31所示。普通变压器的一、二次绕组是同心地套在一个铁心柱上，而电焊变压器一、二次绕组分别装在两个铁心柱上。

电焊变压器可调节工作电压以改变焊接电流。除了一次的220/380V电压变换，二次线圈也有抽头变换电压，同时还有用铁心来调节的，可调铁心的进入越多，焊接电压越低。

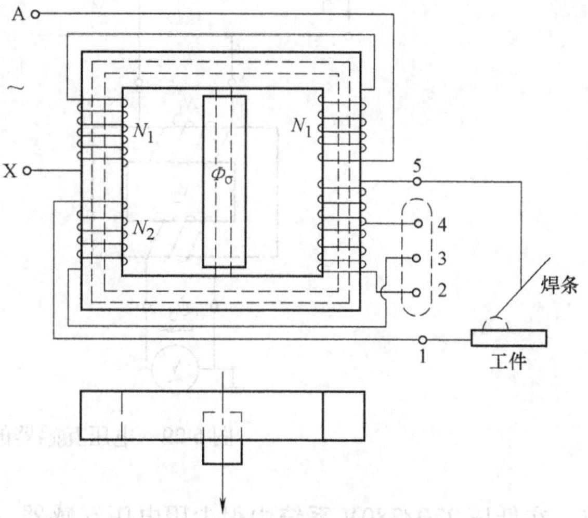

图6-31 增强漏磁式电焊变压器

图6-31中，变压器二次绕组分成两部分，其中一部分有中间抽头4，3与4连接是大电流，3与2连接是小电流。中间的活动铁心是用来调节漏磁，它的漏磁通比普通变压器大许多倍，而且漏磁通绝大多数从活动铁心通过，所以这种变压器又称磁分路电焊变压器。当磁分路铁心向前移出时，磁阻增大，漏磁通减小，因而漏抗变小，使电焊变压器的工作电流增大；反之，工作电流减小，达到调节焊接电流的目的。

焊接时电路构成闭回路，且电流处处相等，但各处的电阻是不一样的，特别是在不固定接触处的接触电阻最大，电阻越大的部位发热越高。焊接时，焊条的触头与被焊接的金属体的接触处的接触电阻最大，则在这个部位产生的电热自然也就最多，焊条又是熔点较低的合金，自然的容易熔化了，熔化后的合金焊条芯沾合在被焊物体上后经过冷却，就把焊接对象粘合在一块了。

弧焊变压器还有动圈式增强漏磁电焊变压器、饱和磁分路式电焊变压器、交直流两用电焊变压器和三相电焊变压器等形式，其基本原理是相同的。

（二）阻焊变压器

阻焊是利用电流通过金属接头处的电阻产生热量，并在接头处施加压力使金属在该处焊接。阻焊时，二次侧电路是导通的，不需要较高的起弧电压，因此需要的电压较低，但电流很大，仍可以在接触处产生足够的热量进行焊接。这时二次侧阻抗也比较稳定，它只起限流作用，不要求电源有陡降的外特性。因此，阻焊变压器是一种低电压、大电流、低漏抗的特殊变压器，其二次绕组一般由一个或几个并行的回路组合而成。输出电压通常为1~30V，电流数百安以上，视焊件厚薄而定。阻焊变压器可用于点焊、缝焊和对焊等，还可用于多点焊接。

五、电磁铁

电磁铁是利用铁心线圈通电产生电磁吸力来操纵机械装置，以完成预期动作的一种电器。铁心要用容易磁化，又容易消失磁性的软铁或硅钢来制做。电磁铁磁性的有无，可以用通、断电流控制。磁性的大小可以用电流的强弱或线圈的匝数来控制。

电磁铁在日常生活中有极其广泛的应用，如电磁继电器、电磁起重机、磁悬浮列车等。

如果按照用途来划分电磁铁，主要可分成以下 5 种：①牵引电磁铁——主要用来牵引机械装置、开启或关闭各种阀门，以执行自动控制任务；②起重电磁铁——用作起重装置来吊运钢锭、钢材、铁砂等铁磁性材料；③制动电磁铁——主要用于对电动机进行制动以达到准确停车的目的；④自动电器的电磁系统——如电磁继电器和接触器的电磁系统、断路器的电磁脱扣器及操作电磁铁等；⑤其他用途的电磁铁——如磨床的电磁吸盘以及电磁振动器等。

电磁铁可分为线圈、铁心及衔铁三部分。它的结构形式通常有图 6-32 所示的几种。

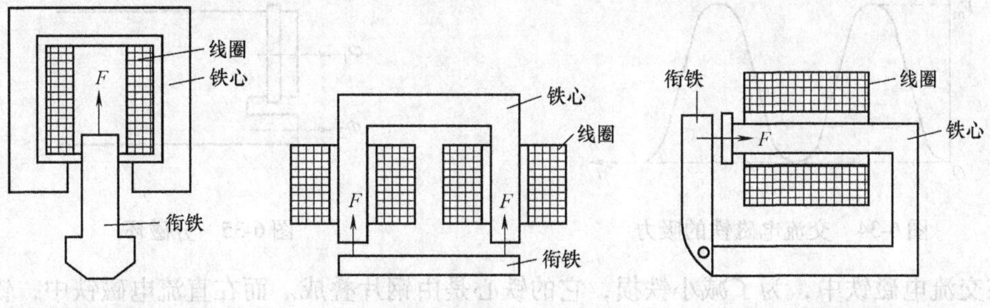

a) 直流螺线管式电磁铁　　b) 直动式电磁铁　　c) 拍合式交流电磁铁

图 6-32　电磁铁的几种形式

图 6-33 所示的例子是用它来制动电梯和起重机的电动机。当接通电源时，电磁铁动作而拉开弹簧，把抱闸提起，于是放开了装在电动机轴上的制动轮，这时电动机便可自由转动。当电源断开时，电磁铁的衔铁落下，弹簧便把抱闸压在制动轮上，于是电动机就被制动。采用了这种制动方法，可以避免工作过程中因断电而使重物滑下所造成的事故。

电磁铁可以分为直流电磁铁和交流电磁铁两大类型。电磁铁的吸力是它的主要参数之一。吸力的大小与气隙的截面积 S_0 及气隙中磁感应强度 B_0 的二次方成正比。

直流电磁铁中的磁感应强度 B_0 为恒定值，吸力可用公式表示为

$$F = \frac{10^7}{8\pi}B_0^2 S_0 \qquad (6\text{-}12)$$

式（6-12）是计算电磁吸力的基本公式。式中，B_0 的单位是 T，S_0 的单位是 m^2，F 的单位是 N。

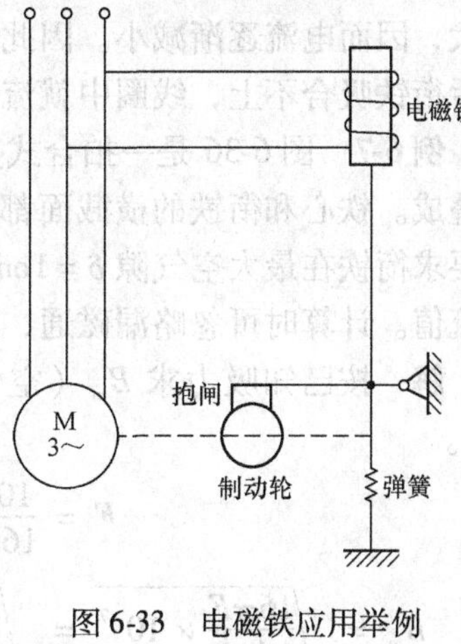

图 6-33　电磁铁应用举例

交流电磁铁中磁场是交变的，设

$$B_0 = B_m \sin\omega t$$

由式（6-12）可得交流电磁铁的吸力为

$$F = \frac{10^7}{8\pi}B_m^2 S_0 \sin^2\omega t = \frac{10^7}{8\pi}B_m^2 S_0\left(\frac{1-\cos 2\omega t}{2}\right)$$

$$= F_m\left(\frac{1-\cos 2\omega t}{2}\right) = \frac{1}{2}F_m - \frac{1}{2}F_m\cos 2\omega t \qquad (6\text{-}13)$$

式中，$F_m = \frac{10^7}{8\pi}B_m^2 S_0$ 是吸力的最大值。在计算时只考虑吸力的平均值

$$F = \frac{1}{T}\int_0^T f\mathrm{d}t = \frac{1}{2}F_m = \frac{10^7}{16\pi}B_m^2 S_0$$

由式（6-13）可知，吸力在零与最大值 F_m 之间脉动（见图6-34）。因而衔铁以两倍电源频率在颤动，引起噪声，同时触点容易损坏。为了消除这种现象，可在磁极的部分端面上套一个分磁环（见图6-35）。于是在分磁环（或称短路环）中便产生感应电流，以阻碍磁通的变化，使在磁极两部分中的磁通 Φ_1 与 Φ_2 之间产生一相位差，这样磁极各部分的吸力也就不会同时降为零，这就消除了衔铁的颤动，除去了噪声。

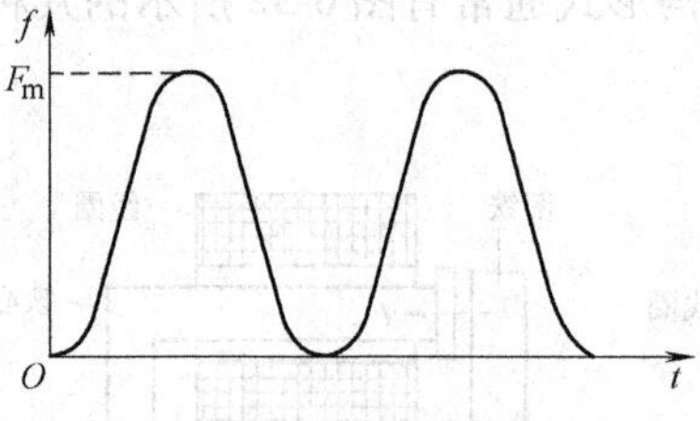

图6-34　交流电磁铁的吸力

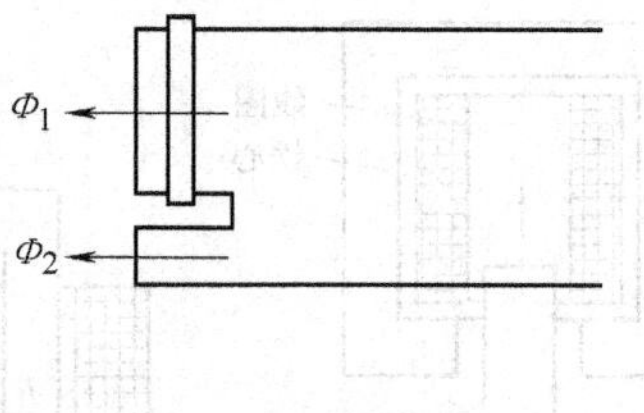

图6-35　分磁环

在交流电磁铁中，为了减小铁损，它的铁心是由钢片叠成。而在直流电磁铁中，铁心是用整块软钢制成的。

交直流电磁铁除有上述的不同外，在使用时还应该知道，它们在吸合过程中电流和吸力的变化情况也是不一样的。

在直流电磁铁中，励磁电流仅与线圈电阻有关，不因气隙的大小而变。但在交流电磁铁的吸合过程中，线圈中电流（有效值）变化很大。因为其中电流不仅与线圈电阻有关，而主要的还与线圈感抗有关。在吸合过程中，随着气隙的减小，磁阻减小，线圈的电感和感抗增大，因而电流逐渐减小。因此，如果由于某种机械障碍，衔铁或机械可动部分被卡住，通电后衔铁吸合不上，线圈中就流过较大电流而使线圈严重发热，甚至烧毁。

例6-7　图6-36是一拍合式交流电磁铁，其磁路尺寸为：$b=7\text{cm}$，$c=4\text{cm}$。铁心由硅钢片叠成。铁心和衔铁的横截面都是正方形，每边长度 $a=1\text{cm}$。励磁线圈电压为交流220V。今要求衔铁在最大空气隙 $\delta=1\text{cm}$（平均值）时须产生吸力50N，试计算线圈匝数和该时的电流值。计算时可忽略漏磁通，并认为铁心和衔铁的磁阻与空气隙相比可以不计。

解　按已知吸力求 B_m（空气隙中的和铁心中的可认为相等）。

$$F=\frac{10^7}{16\pi}B_m^2S_0$$

$$B_m=\sqrt{\frac{16\pi F}{S_0}\times10^{-7}}=\sqrt{\frac{16\pi\times50}{1\times10^{-4}}\times10^{-7}}\text{T}\approx1.6\text{T}$$

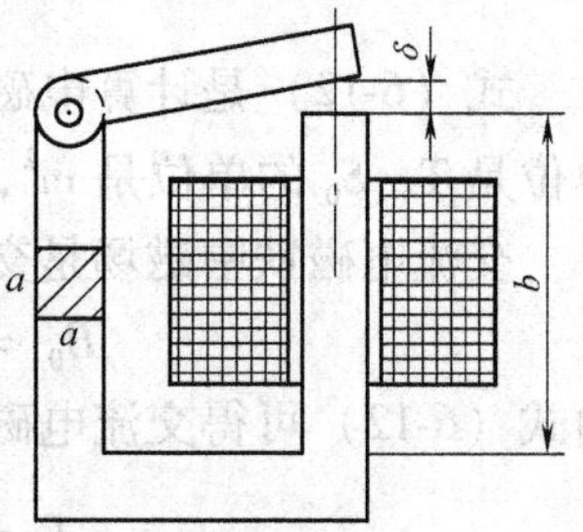

图6-36　例6-7图

计算线圈匝数

$$N=\frac{U}{4.44fB_mS_0}=\frac{220}{4.44\times50\times1.6\times1\times10^{-4}}=6200$$

求初始励磁电流

$$\sqrt{2}NI\approx H_m\delta=\frac{B_m}{\mu_0}\delta$$

$$I=\frac{B_m\delta}{\sqrt{2}N\mu_0}=\frac{1.6\times1\times10^{-2}}{\sqrt{2}\times6200\times4\pi\times10^{-7}}\text{A}=1.5\text{A}$$

习　题

6-1　由铸钢制成的闭合铁心上绕有1000匝线圈，铁心的截面积 $S_{Fe}=20cm^2$，铁心的平均长度 $l_{Fe}=50cm$。如要在铁心中产生磁通 $\Phi=0.002Wb$，试问线圈中应通入多大直流电流？

6-2　如果上题的铁心中含有一长度为 $\delta=0.2cm$ 的空气隙（与铁心柱垂直），由于空气隙较短，磁通的边缘扩散可忽略不计，试问线圈中的电流必须多大才可使铁心中的磁通强度保持上题中的数值？

6-3　在题6-1中，如将线圈中的电流调到2.5A，试求铁心中的磁通。

6-4　有一铁心线圈，试分析铁心中的磁感应强度、线圈中的电流和铜损 RI^2 在下列几种情况下将如何变化：

（1）直流励磁——铁心截面积加倍，线圈的电阻和匝数以及电源电压保持不变；

（2）交流励磁——同（1）；

（3）直流励磁——线圈匝数加倍，线圈的电阻及电源电压保持不变；

（4）交流励磁——同（3）；

（5）交流励磁——电流频率减半，电源电压的大小保持不变；

（6）交流励磁——频率和电源电压的大小减半。

假设在上述各种情况下工作点在磁化曲线的直线段。在交流励磁的情况下，设电源电压与感应电动势在数值上近于相等，且忽略磁滞和涡流。铁心是闭合的，截面均匀。

6-5　为了求出铁心线圈的铁损，先将它接在直流电源上，从而测得线圈的电阻为1.75Ω；然后接在 $U=120V$ 交流电源上，测得功率 $P=70W$，电流 $I=2A$，试求铁损和线圈的功率因数。

6-6　有一直流电磁铁，其磁路由铁心、衔铁和气隙三部分构成（见图6-37）。铁心的材料是硅钢片，衔铁的材料是铸钢。各部分的尺寸（以cm计）（见图6-37）。今需要在空气隙中产生磁通0.06Wb，而已知线圈匝数为2500，试求线圈中必须通入的电流，并计算电磁铁的吸力。

6-7　有一交流铁心线圈，接在 $f=50Hz$ 的正弦电源上，已知磁通的最大值 $\Phi_m=2.25\times10^{-3}Wb$。若在磁铁心上再绕一个匝数为200的线圈，当此线圈开路时，求其两端电压。

6-8　将一铁心线圈接于电压 $U=100V$，频率 $f=50Hz$ 的正弦电源上，测得其电流 $I_1=5A$，$\cos\varphi_1=0.7$。若将此线圈中的铁心抽出，再接于上述电源上，测得线圈中电流 $I_2=10A$，$\cos\varphi_2=0.05$。试求线圈在具有铁心时的铜损和铁损。

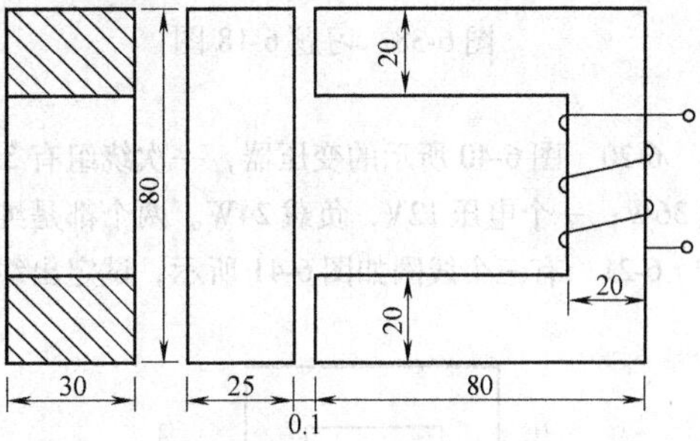

图6-37　习题6-6图

6-9　有一容量为10kV·A单相变压器，电压为3300/220V，变压器在额定情况下运行。若要在二次绕组接上60W 220V的白炽灯，则这种电灯可接多少个？并求一、二次绕组的额定电流。

6-10　SJL型三相变压器的铭牌数据如下：$S_N=180kV\cdot A$，$U_{1N}=10kV$，$U_{2N}=400V$，$f=50Hz$，Yyn联结。已知每匝线圈感应电动势为5.133V，铁心截面积为160cm²。试求：（1）一、二次绕组每相匝数；（2）电压比；（3）一、二次绕组的额定电流；（4）铁心中磁感应强度 B。

6-11　有一台变压器，一次绕组接线端为A、B，二次绕组接线端为C、D，现测出某瞬间电流从A流进，该瞬间感应电流从D流出，试确定一、二绕组的同极性端。

6-12　一台单相变压器铭牌是220/36V，500 V·A。如果要使变压器在额定情况下运行，应在二次绕组接多少盏36V、15W的灯泡？并求一、二次绕组中的额定电流。

6-13　信号源电压 $U_S=10V$，内阻 $R_0=400\Omega$，负载电阻 $R_L=8\Omega$。为使负载能获得最大功率，在信号源与负载之间接入一台变压器。求变压器的电压比，变压器一、二次电压、电流，以及负载的功率。

6-14 一台降压变压器，一次侧额定电压 $U_{1N}=220V$，二次侧额定电压 $U_{2N}=36V$，铁心中磁通最大值 $\Phi_m=10\times10^{-4}Wb$，电源频率 $f=50Hz$，二次侧负载电阻 $R_2=30\Omega$，试求：(1) 变压器一、二次绕组匝数 N_1 和 N_2；(2) 变压器一、二次电流 I_1 和 I_2。

6-15 一台容量为 100kV · A 的三相变压器，一次侧额定电压 $U_{1N}=10kV$，二次侧额定电压 $U_{2N}=400V$，Yyn0 接法。问：(1) 这台变压器一、二次侧额定电流 I_{1N} 和 I_{2N} 各为多少？(2) 如果负载是 220V、100W 的电灯，这台变压器在额定情况下运行时可接入 多少盏这样的电灯？(3) 如果负载是 220V、100W，$\cos\varphi=0.5$ 的荧光灯，这台变压器在额定情况下运行时可接入多少盏这样的荧光灯？

6-16 电流互感器和电压互感器在结构和接法上有什么区别？使用时各应注意什么？

6-17 某电流互感器电流比为 400/5A，问：(1) 若二次绕组电流为 3.5A，一次绕组电流为多少？(2) 若一次绕组电流为 350A，则二次绕组电流为多少？

6-18 在图 6-38 中，将 $R_L=8\Omega$ 的扬声器接在输出变压器的二次绕组，已知 $N_1=300$，$N_2=100$，信号源电动势 $U=6V$，内阻 $R_0=100\Omega$，试求信号源输出的功率。

6-19 在图 6-39 中，输出变压器的二次绕组有中间抽头，以便接 8Ω 或 3.5Ω 的扬声器，两者都能达到阻抗匹配。试求二次绕组两部分匝数之比 N_2/N_3。

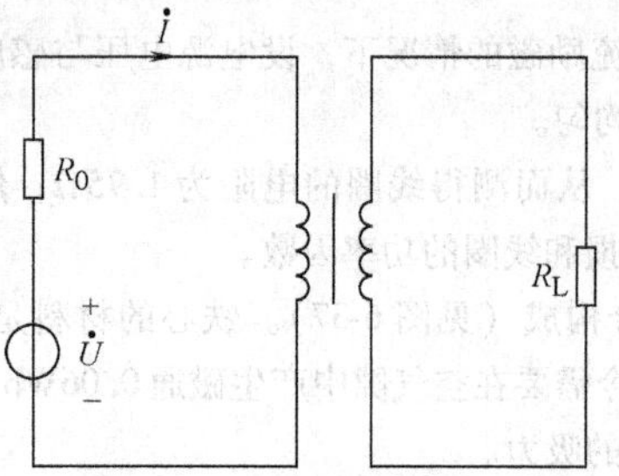

图 6-38 习题 6-18 图

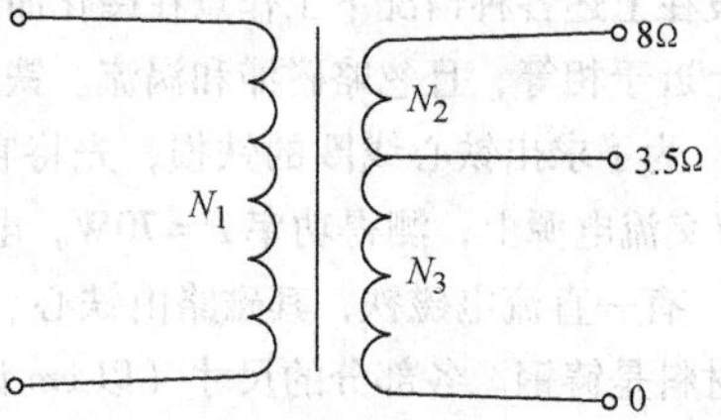

图 6-39 习题 6-19 图

6-20 图 6-40 所示的变压器，一次绕组有 550 匝，接 220V 电压。二次绕组有两个：一个电压 36V，负载 36W；一个电压 12V，负载 24W。两个都是纯电阻负载。求一次电流 I_1 和两个二次绕组的匝数。

6-21 有三个线圈如图 6-41 所示，试定出线圈 1 和 2，2 和 3，3 和 1 的同极性端，用三种记号标出。

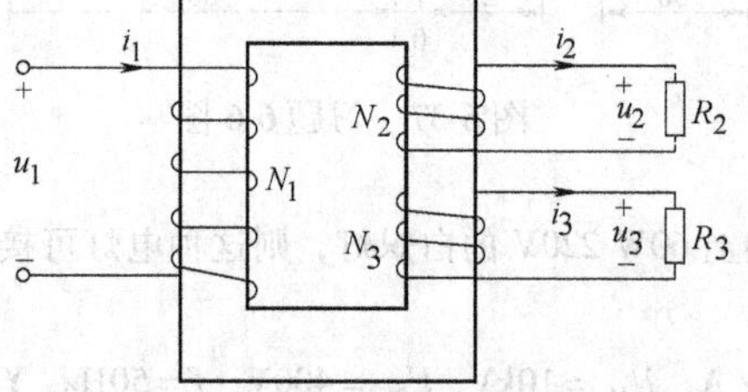

图 6-40 习题 6-20 图

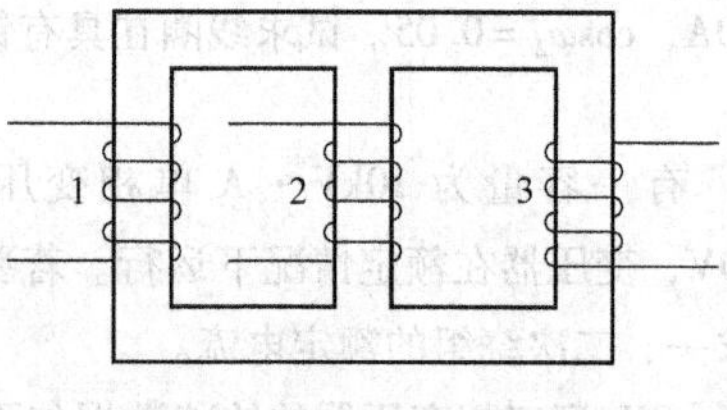

图 6-41 习题 6-21 图

6-22 当闭合 S 时（见图 6-42），画出两回路中电流的实际方向（M 为两个线圈磁耦合的互感系数）。

6-23 图 6-43 所示的变压器，有三个二次绕组，问能得出多少种输出电压？

6-24 直流电磁铁的铁心是否需要用互相绝缘的硅钢片叠成？为什么？

6-25 一交流电磁铁线圈所接正弦电压源电压的有效值不变，频率增加一倍，其平均吸引力如何变化？如电源频率不变，电压有效值减少一半，电磁铁的吸引力如何变化？（只考虑磁饱和影响）。

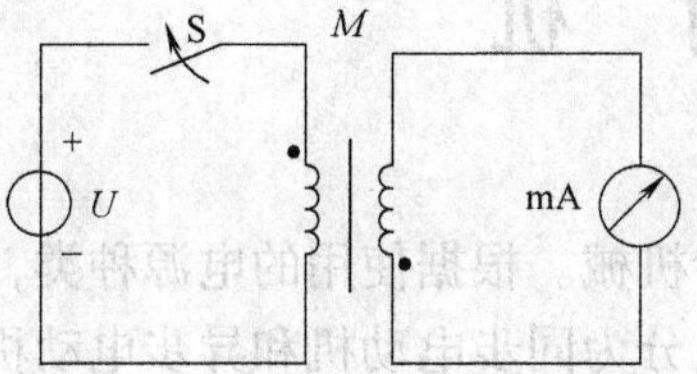

图 6-42　习题 6-22 图

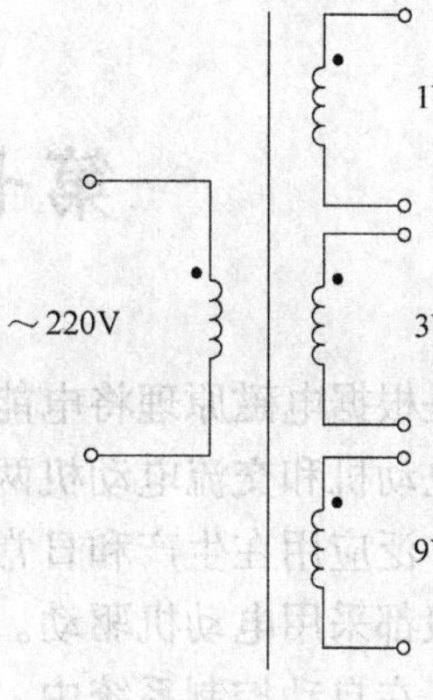

图 6-43　习题 6-23 图

6-26　有一交流电磁铁误接到电压大小相等的直流电源上使用，将会产生什么样的后果？若将一直流电磁铁误接到电压大小相等的交流电源上时，又会产生什么样的后果？

6-27　有一交流接触器 CJ0-10A，其线圈电压为 380V，匝数为 8750 匝，导线直径为 0.09mm。今要用在 220V 的电源上，问应如何改装？计算线圈匝数和换用直径为多少毫米的导线。[提示：(1) 改装前后吸力不变，磁通最大值 Φ_m 应该保持不变；(2) Φ_m 保持不变，改装前后磁通势应该相等；(3) 电流与导线截面积成正比。]

第七章　电　动　机

电动机是根据电磁原理将电能转换为机械能的旋转机械。根据使用的电源种类，电动机可分为直流电动机和交流电动机两大类。交流电动机又分为同步电动机和异步电动机。

电动机广泛应用在生产和日常生活中。各种各样的生产机械，如机床、吊车、轧钢机、水泵等，一般都采用电动机驱动。洗衣机、电风扇、电冰箱等家用电器也都离不开电动机的使用。此外，在自动控制系统中，各式各样的微型电动机还用作检测、放大、执行和解算元件。

生产机械用电动机驱动具有许多优点，可以简化生产机械的结构，提高生产率，实现自动控制和远距离操纵，减轻劳动强度等。

本章主要介绍三相异步电动机的结构、转动原理、机械特性、运行控制方法及使用方法，并对单相异步电动机和直流电动机的结构和运行原理作简要介绍。

第一节　三相异步电动机的结构

三相异步电动机具有结构简单、使用方便、运行可靠、价格低廉等一系列优点，所以在各种电力拖动系统中，三相异步电动机一直是使用最为普遍的电气设备。

三相异步电动机主要由定子（固定部分）和转子（旋转部分）两个基本部分构成，它们之间由气隙分开。图 7-1 所示的是三相异步电动机的结构。

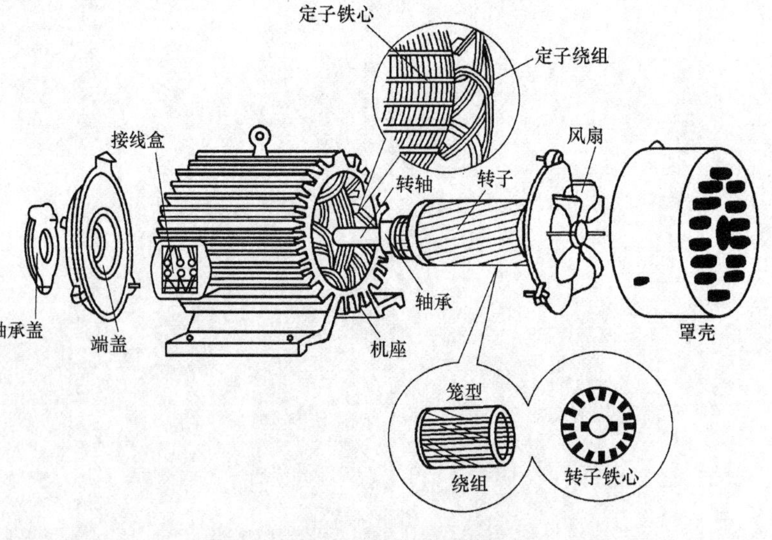

图 7-1　三相异步电动机的结构

一、定子

三相异步电动机的定子由机座和装在机座内的圆筒形铁心以及其中的定子三相绕组组成。机座是电动机的外壳，用铸铁或铸钢制成。定子铁心是由互相绝缘的硅钢片叠成的圆筒形，压装在机座内。定子铁心内圆表面冲有槽口（见图 7-2），定子的三相绕组按一定规律嵌放槽内（见图7-3），根据电源电压和绕组电压的额定值，三相绕组可以接成星形或三角形。

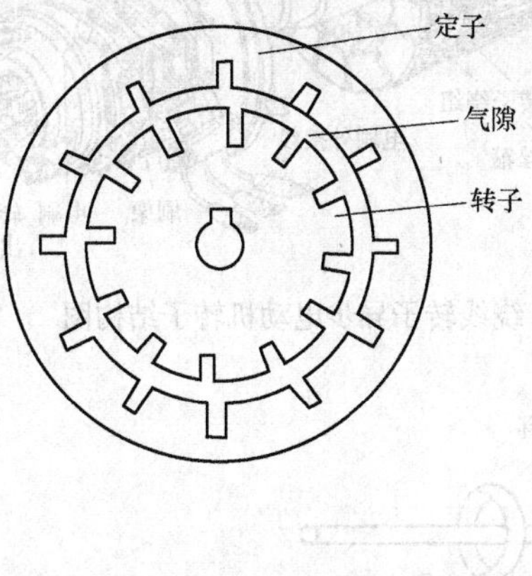

图 7-2 定子、转子相对位置示意图

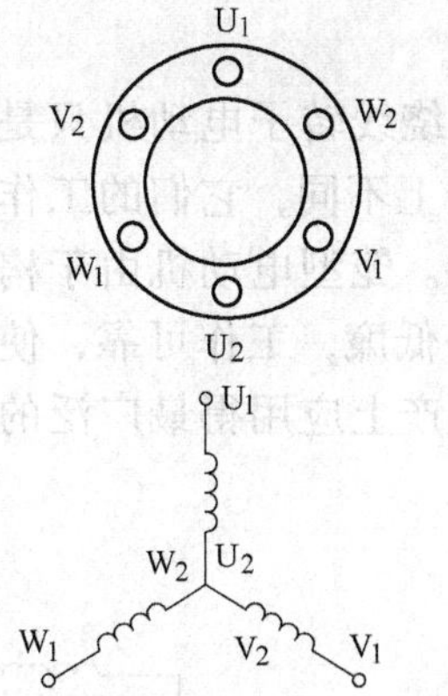

图 7-3 定子三相绕组星形联结示意图

二、转子

转子是三相异步电动机的旋转部件，是由转子铁心、转子绕组和转轴组成。转子铁心是由外圆表面冲有槽口的硅钢片叠成，压装在转轴上，轴上可加机械负载。

根据转子绕组结构的不同，转子可分为笼型和绕线转子两种。

笼型的转子绕组做成笼状，就是在转子铁心的槽中放铜条，其两端用端环连接（见图 7-4a）；或者在槽中浇铸铝液，铸成笼型（见图 7-4b），这样便可以用比较便宜的铝来代替铜，同时制造也快。因此，目前中小型笼型电动机的转子很多是铸铝的。

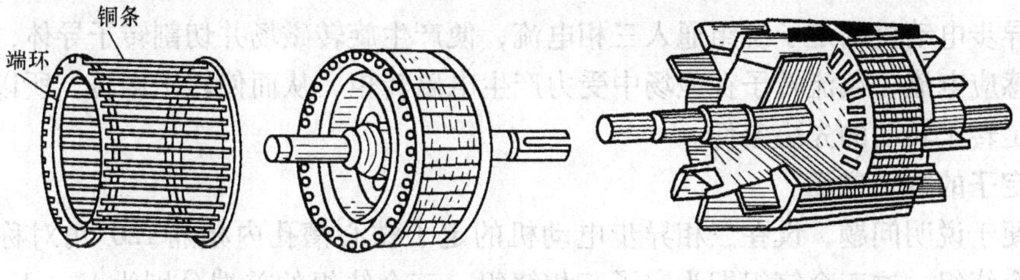

a) 笼型绕组及转子外形 b) 铸铝笼型转子

图 7-4 笼型转子

绕线转子异步电动机的定子结构与笼型电动机相同，转子结构如图 7-5 所示，它的转子绕组同定子绕组相似，也是由绝缘导线做成绕组元件，放在转子铁心槽内，然后连接成对称的三相绕组。转子三相绕组通常接成星形，星形绕组的三根端线接到装在转轴上的三个铜集电环上，通过弹簧将一组电刷压在集电环上，把转子绕组从三个接线端引出来并与外电路相连接。环与环，环与转轴都互相绝缘。具有三个集电环的构造特点，是识别绕线转子异步电动机的依据。

绕线转子异步电动机的转子电路如图 7-6 所示 ，其转子的特点是可以通过集电环和电刷在转子电路中接入附加电阻，以改善异步电动机的起动性能或调节电动机的转速。在正常工作情况下，转子绕组是短接的，不接入附加电阻。

笼型与绕线转子电动机只是在转子的构造上不同，它们的工作原理是一样的。笼型电动机由于构造简单，价格低廉，工作可靠，使用方便，是生产上应用得最广泛的一种电动机。

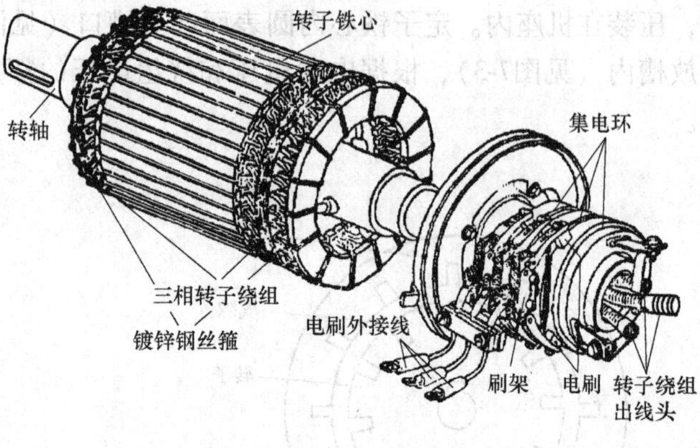

图 7-5　绕线转子异步电动机转子结构图

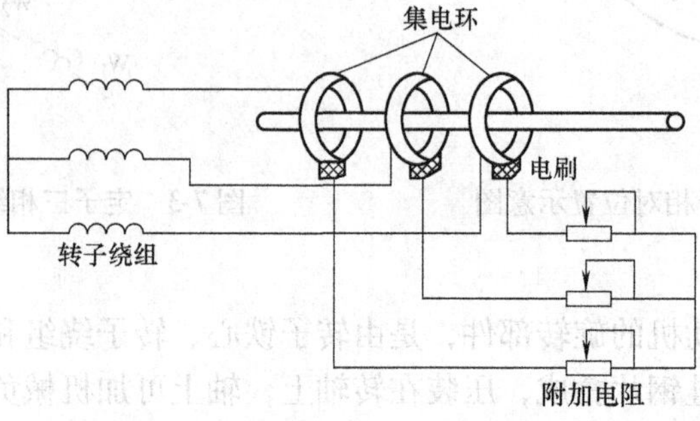

图 7-6　绕线转子异步电动机的转子电路

第二节　三相异步电动机的转动原理

三相异步电动机的定子绕组通入三相电流，便产生旋转磁场并切割转子导体，在转子电路中产生感应电流，载流转子在磁场中受力产生电磁转矩，从而使转子旋转。所以，旋转磁场的产生是转子转动的先决条件。

一、定子的旋转磁场

为了便于说明问题，设在三相异步电动机的定子铁心槽孔内相隔 120°角对称放置匝数相同的三个绕组，这三个绕组即为定子三相绕组。三个绕组的首端分别为 U_1、V_1、W_1，末端分别为 U_2、V_2、W_2，并且将三个绕组接成星形，如图 7-7 所示。当定子三相绕组接到三相对称电源 L_1、L_2、L_3 上时，定子绕组中便有三相对称电流流过。设电流的参考方向为由各个绕组的始端流向末端，电流出现正幅值的顺序即相序为 $U_1 \to V_1 \to W_1$，则流过三相绕组的电流分别为

$$i_U = I_m \sin\omega t$$

$$i_V = I_m \sin(\omega t - 120°)$$

$$i_W = I_m \sin(\omega t + 120°)$$

电流波形如图 7-8 所示。在正半周电流实际方向与参考方向一致，其值为正；在负半周电流实际方向与参考方向相反，其值为负。

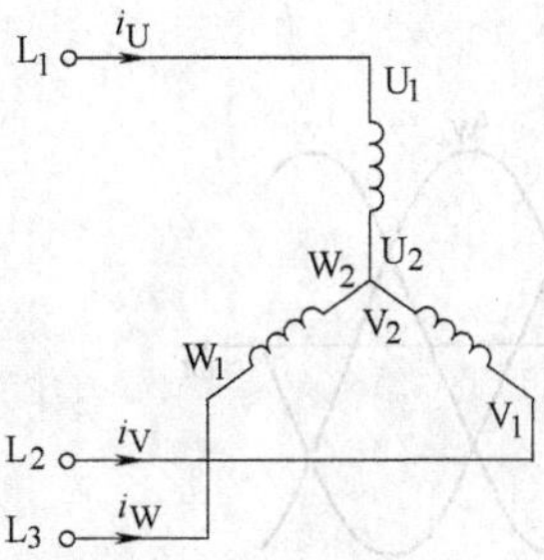

图 7-7　绕组接法

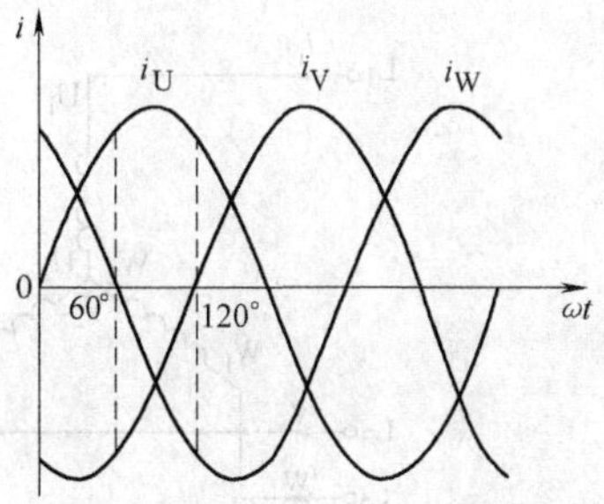

图 7-8　定子绕组电流波形

在 $\omega t=0°$ 的瞬间，定子绕组中的电流方向如图 7-9a 所示，这时定子绕组中 $i_U=0$；i_V 为负，其方向与参考方向相反，电流从 V_2 流到 V_1；i_W 为正，其方向与参考方向相同，电流从 W_1 流到 W_2。假定流入电流的端子用⊗表示，流出电流的端子可用⊙表示。根据右手定则，将每相电流所产生的磁场相加，便得出三相电流的合成磁场。在图 7-9a 中，合成磁场轴线的方向是自上而下，并且是两极磁场。

图 7-9b 所示的是 $\omega t=60°$ 时，定子绕组中电流的方向和三相电流的合成磁场的方向。这时的合成磁场已在空间转过了 60°。

同理可得在 $\omega t=120°$ 时的三相电流的合成磁场，它比 60°时的合成磁场在空间上又转过了 60°，如图 7-9c 所示。其他时刻三相电流的合成磁场可按同样方法进行分析。

由以上分析可知，当定子绕组中通入三相对称电流后，它们共同产生的合成磁场是随电流的交变而在空间不断地旋转着，这就是旋转磁场。图 7-9 中的 n_0 为旋转磁场的旋转速度。

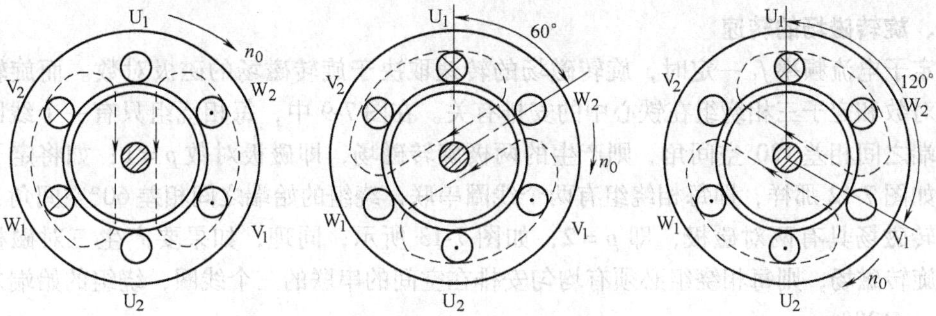

图 7-9　由三相对称电源产生的两极旋转磁场

二、旋转磁场的转向

由前面的分析还可以看到，当电流的相序是由 $U_1 \to V_1 \to W_1$ 时，合成的旋转磁场轴线的旋转方向也是从 $U_1 \to V_1 \to W_1$。

只要将定子三相绕组与三相电源连接的三根导线中的任意两根互调位置，例如将电源相线 L_2、L_3 互换接入 V_1、W_1 端（见图 7-10a），流入定子绕组电流的相序变为 $U_1 \to W_1 \to V_1$（见图 7-10b），这时合成磁场的旋转方向也变为 $U_1 \to W_1 \to V_1$，则磁场的旋转方向也就改变了，图 7-11 给出了 $\omega t=0°$ 和 $\omega t=60°$ 两个时刻的情况，其他时刻可依次类推。

由此可见，旋转磁场的旋转方向与通入定子三相绕组的三相电流的相序一致。

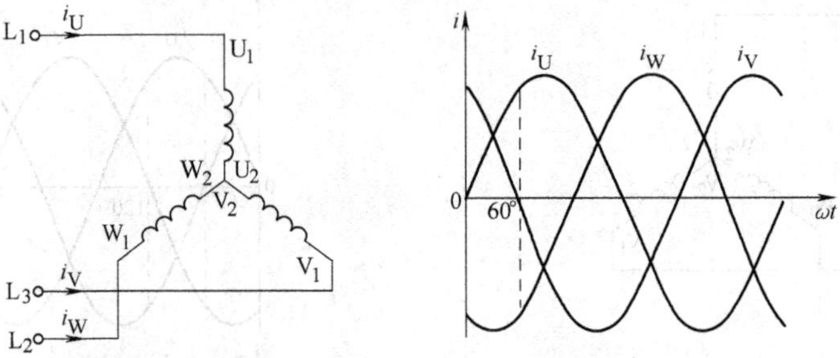

a) 将电源相线 L_2、L_3 互换　　b) 定子绕组电流相序改变

图 7-10　电源相线 L_2、L_3 互换后的定子绕组电流波形

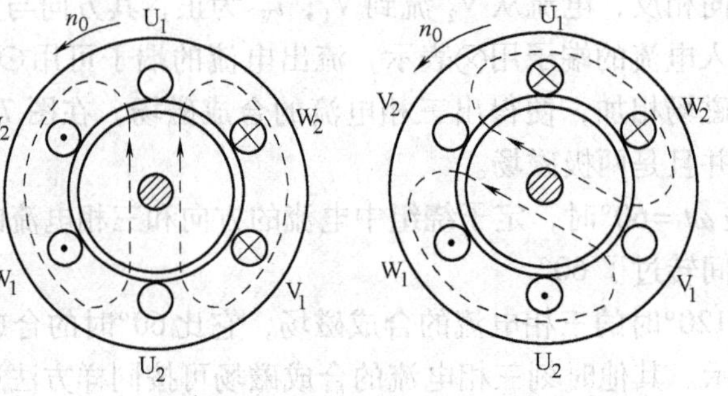

a) $\omega t=0°$　　b) $\omega t=60°$

图 7-11　旋转磁场反向旋转

三、旋转磁场的转速

在定子电流频率 f_1 一定时，旋转磁场的转速取决于旋转磁场的磁极对数。而旋转磁场的磁极对数和定子三相绕组在铁心中的安排有关。在图 7-9 中，每相绕组只有一个线圈，绕组的始端之间相差 120°空间角，则产生的两极旋转磁场，即磁极对数 $p=1$；如将定子绕组安排的如图 7-12 那样，即每相绕组有两个线圈串联，绕组的始端之间相差 60°空间角，则产生的旋转磁场具有两对磁极，即 $p=2$，如图 7-13 所示；同理，如果要产生三对磁极，即 $p=3$的旋转磁场，则每相绕组必须有均匀安排在空间的串联的三个线圈，绕组的始端之间相差 40° $\left(=\dfrac{120°}{p}\right)$空间角。

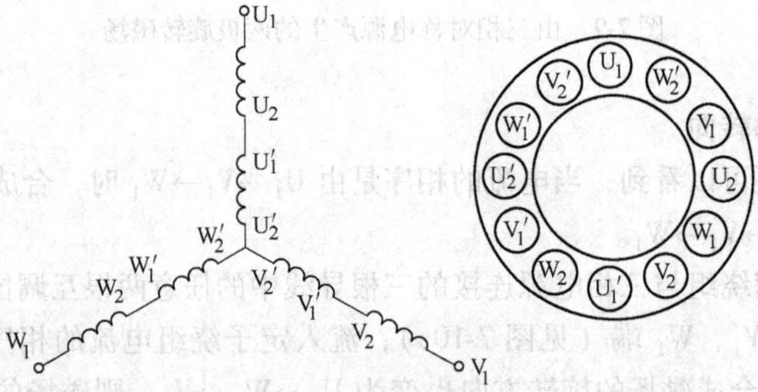

图 7-12　4 极绕组

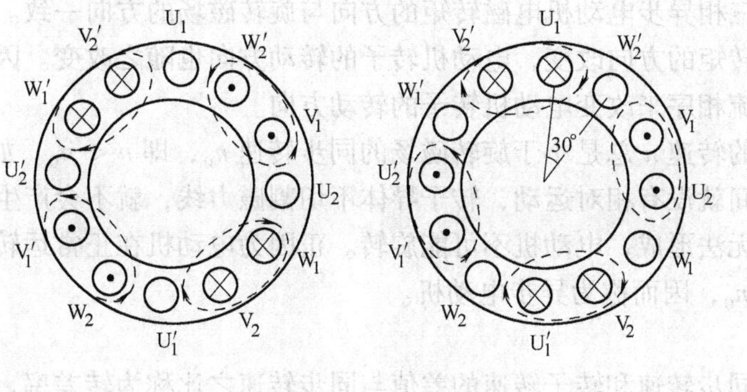

图 7-13 4 极旋转磁场

旋转磁场的转速称为同步转速，用 n_0 表示。电流变化一周 360°（电角度），在一对磁极（$p=1$）的情况下，旋转磁场在空间旋转一周。设电流的频率为 f，即电流每秒钟交变 f 次或每分钟交变 $60f$ 次，则旋转磁场的转速为 $n_0=60f$。旋转磁场的同步转速 n_0 还和磁场的磁极对数有关，当 $p=2$ 时，旋转磁场在空间旋转 1/2 周；当 $p=3$ 时，旋转磁场在空间旋转 1/3 周。如果电动机的磁极对数增加时，同步转速将按比例减小。可以证明，磁场同步转速 n_0 和旋转磁场磁极对数 p 的关系为

$$n_0=\frac{60f}{p}$$

转速的单位为 r/min。我国电网频率（工频）$f=50\text{Hz}$，对于制成的电动机，磁极对数 p 已定，可得出对应于不同磁极对数 p 的旋转磁场转速，对应关系见表 7-1。

表 7-1 同步转速 n_0 与旋转磁场磁极对数 p 对照表

磁场磁极对数 p	1	2	3	4	5	6
同步转速 n_0/（$\text{r}\cdot\text{min}^{-1}$）	3000	1500	1000	750	600	500

四、电动机的转动原理

由以上分析可知，三相异步电动机的定子绕组通入三相电流后，即在定子铁心、转子铁心及其之间的气隙中产生一个同步转速为 n_0 的旋转磁场。在旋转磁场的作用下，转子导体将切割磁力线而产生感应电动势。

在图 7-14 中，旋转磁场在空间按顺时针方向旋转，因此转子导体相对于磁场按逆时针方向旋转而切割磁力线。根据右手定则可确定感应电动势的方向。转子上半部分导体中产生的感应电动势方向是从里向外，转子下半部分导体中产生的感应电动势方向是从外向里。因为笼型转子绕组是短路的，所以，在感应电动势作用下，转子导体中产生出感应电流，即转子电流。由于异步电动机的转子电流是由电磁感应产生的，所以异步电动机又称为感应电动机。

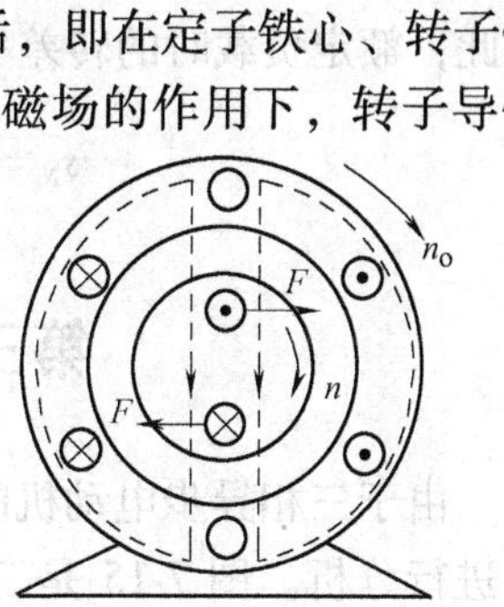

图 7-14 三相异步电动机的转动原理

通有电流的转子处在旋转磁场中，将受到电磁力的作用。电磁力的方向可用左手定则判定。在图 7-14 中，转子上半部分导体受力的方向向右，下半部分导体受力的方向向左。这一对电磁力对于转轴形成转动力矩，称为电磁转矩。图 7-14 所示电磁转矩方向为顺时针方向，在该方向的电磁转矩作用下，转子便按顺时针方向旋转起来，其转速用 n 表示。

由此可见，三相异步电动机电磁转矩的方向与旋转磁场的方向一致。如果旋转磁场的方向改变，则电磁转矩的方向改变，电动机转子的转动方向也随之改变。因此，可以通过改变三相绕组中的电流相序来改变电动机转子的转动方向。

电动机转子的转速 n 总是小于旋转磁场的同步转速 n_0，即 $n < n_0$。如果 $n = n_0$，转子导体与旋转磁场之间就没有相对运动，转子导体不切割磁力线，就不会产生感应电动势和感应电流，电磁转矩无法形成，电动机不可能旋转。正因为电动机在正常运转时，其转速 n 总是稍低于同步转速 n_0，因而称为异步电动机。

五、转差率

异步电动机同步转速和转子转速的差值与同步转速之比称为转差率，用 s 表示，即

$$s = \frac{n_0 - n}{n_0} \times 100\%$$

转差率 s 是描述异步电动机运行情况的一个重要参数。在起动初始瞬间，$n = 0$，转差率 $s = 1$；空载运行时，转子转速最高，转差率最小，$s < 0.5\%$。

三相异步电动机的转子额定转速与同步转速十分接近，较空载转速要低。转差率很小，s 的值在 0 ~1 范围内。额定负载时的转差率 s_N 很小，为 1% ~6%。

例 7-1 有一台三相异步电动机，额定转速 $n_N = 730\text{r/min}$，电源频率 $f = 50\text{Hz}$，空载转差率为 0.00267，试求这台电动机的磁极对数、同步转速、空载转速及额定负载时的转差率。

解 由于三相异步电动机的额定转速略低于同步转速，而同步转速对应于不同磁极对数有一系列固定的数值（见表 7-1）。显然，与 730r/min 最接近的同步转速为

$$n_0 = 750\text{r/min}$$

与此相应的磁极对数为

$$p = 4$$

空载转速为

$$n_0' = n_0(1 - s_0) = 750 \times (1 - 0.00267)\ \text{r/min} = 748\text{r/min}$$

因此，额定负载时的转差率为

$$s_N = \frac{n_0 - n_N}{n_0} \times 100\% = \frac{750 - 730}{750} \times 100\% = 2.67\%$$

第三节 三相异步电动机的电路分析

由于三相异步电动机的绕组是对称的，每一相电路工作情况相同，因此可取任意一相电路进行分析。图 7-15 是三相异步电动机每相的电路图，其电磁关系和变压器相似，定子绕组相当于变压器的一次绕组，转子绕组相当于输出短接的二次绕组。设电源相电压为 u_1，相电流为 i_1，定子和转子每相绕组的匝数分别为 N_1 和 N_2。

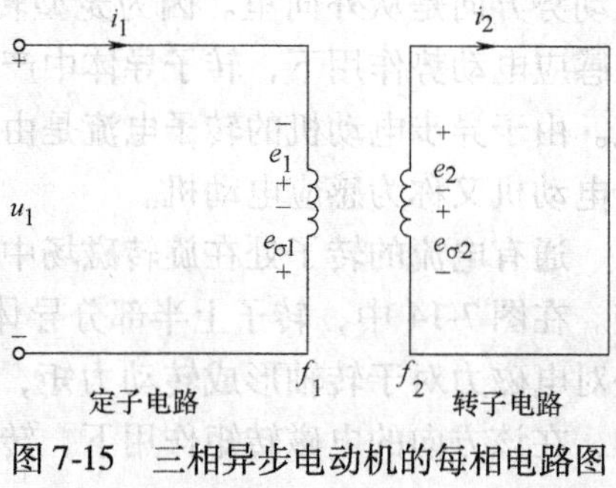

图 7-15 三相异步电动机的每相电路图

电动机接上三相电源后，通入定子三相绕组的电流产生旋转磁场，其磁通通过定子和转子铁心而闭合。这磁场不仅在转子每相绕组中要感应出电动势

e_2，并在转子绕组上产生感应电流 i_2，而且在定子每相绕组中也要感应出电动势 e_1。由于转子绕组有电流，也会产生磁场，因此三相异步电动机的旋转磁场是由定子电流和转子电流共同产生的。此外，还有漏磁通，在定子绕组和转子绕组中产生漏磁电动势 $e_{\sigma1}$ 和 $e_{\sigma2}$。

一、定子电路

定子每相电路的电压方程和变压器一次绕组电路的一样，即

$$u_1 = R_1 i_1 + (-e_{\sigma1}) + (-e_1) = R_1 i_1 + L_{\sigma1}\frac{\mathrm{d}i_1}{\mathrm{d}t} + (-e_1)$$

如用相量表示，则为

$$\dot{U}_1 = R_1\dot{I}_1 + (-\dot{E}_{\sigma1}) + (-\dot{E}_1) = R_1\dot{I}_1 + \mathrm{j}X_1\dot{I}_1 + (-\dot{E}_1)$$

式中，R_1 和 X_1 分别为定子每相绕组的电阻和感抗（漏磁感抗）。

和变压器一样，也可得出

$$\dot{U}_1 \approx -\dot{E}_1$$

和

$$E_1 = 4.44 f_1 N_1 \Phi_m \approx U_1$$

式中，f_1 是电源的频率；Φ_m 是通过每相绕组的磁通最大值，在数值上它等于旋转磁场的每极磁通。

二、转子电路

转子每相电路的电压方程为

$$e_2 = R_2 i_2 + (-e_{\sigma2}) = R_2 i_2 + L_{\sigma2}\frac{\mathrm{d}i_2}{\mathrm{d}t}$$

如用相量表示，则为

$$\dot{E}_2 = R_2\dot{I}_2 + \mathrm{j}X_2\dot{I}_2 \tag{7-1}$$

式中，R_2 和 X_2 分别为转子每相绕组的电阻和感抗（漏磁感坑）。

转子电路中各物理量影响着电动机的性能，而这些物理量与转子转速（或转差率）有着密切的关系，可以从以下几个方面得到说明。

1. 转子频率 f_2

因为旋转磁场和转子间的相对转速为（$n_0 - n$），所以转子频率

$$f_2 = \frac{p(n_0 - n)}{60}$$

上式也可写成

$$f_2 = \frac{n_0 - n}{n_0}\frac{pn_0}{60} = sf_1$$

可见转子频率 f_2 与转差率 s 有关，也就是与转速 n 有关。

在 $n=0$，即 $s=1$ 时（电动机起动初始瞬间），转子与旋转磁场间的相对转速最大，转子导条被旋转磁通切割得最快。所以这时 f_2 最高，即 $f_2 = f_1$。异步电动机在额定负载时，$s = 1\% \sim 6\%$，则 $f_2 = 0.5 \sim 3$ Hz（$f_1 = 50$ Hz）。

2. 转子电动势 E_2

转子电动势的有效值为

$$E_2 = 4.44 f_2 N_2 \Phi_m = 4.44 s f_1 N_2 \Phi_m$$

起动瞬间转子电动势最大为

$$E_{20} = 4.44 f_1 N_2 \Phi_m$$

s 为任意值时的转子电动势的有效值为

$$E_2 = sE_{20}$$

3. 转子感抗 X_2

转子感抗 X_2 与转子频率 f_2 有关，即

$$X_2 = 2\pi f_2 L_{\sigma 2} = 2\pi s f_1 L_{\sigma 2}$$

起动瞬间转子感抗最大为

$$X_{20} = 2\pi f_1 L_{\sigma 2}$$

s 为任意值时

$$X_2 = sX_{20}$$

4. 转子电流 I_2

转子每相电路的电流可由式（7-1）得出，即

$$I_2 = \frac{E_2}{\sqrt{R_2^2 + X_2^2}} = \frac{sE_{20}}{\sqrt{R_2^2 + (sX_{20})^2}}$$

当 s 增大，即转速 n 降低时，转子与旋转磁场间的相对转速（$n_0 - n$）增加，转子导体切割磁通的速度提高，于是 E_2 增加，I_2 也增加。

5. 转子电路的功率因数 $\cos\varphi_2$

由于转子有漏磁通，相应的感抗为 X_2，因此 $\dot{I}_2$ 比 $\dot{E}_2$ 滞后 φ_2 角。因而转子电路的功率因数为

$$\cos\varphi_2 = \frac{R_2}{\sqrt{R_2^2 + X_2^2}} = \frac{R_2}{\sqrt{R_2^2 + (sX_{20})^2}}$$

当 s 增大时，X_2 也增大，$\cos\varphi_2$ 减小。

I_2、$\cos\varphi_2$ 与 s 的关系曲线如图 7-16 所示。

由上述可知，转子电路的各个物理量，如电动势、电流、频率、感抗及功率因数等都与转差率有关，亦即与转速有关。这是学习三相异步电动机时所应注意的一个特点。

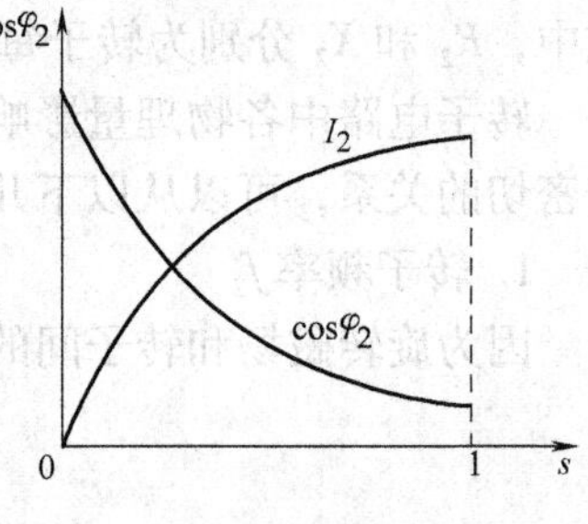

图 7-16 I_2、$\cos\varphi_2$ 与 s 的关系

第四节 三相异步电动机的电磁转矩与机械特性

异步电动机的工作过程实质是电—磁—机的能量转换过程。在定子旋转磁场的作用下，转子绕组中产生感应电动势，从而产生转子电流，而转子电流再与旋转磁场磁通相互作用便产生了使转子转动的电磁转矩。因此，电磁转矩 T（以下简称转矩）是三相异步电动机的最重要的物理量之一，机械特性是它的主要特性。

一、转矩公式

异步电动机的转矩是由旋转磁场的每极磁通 Φ 与转子电流 I_2 相互作用而产生的。由于转子电路有电感存在，所以转子电流 $\dot{I}_2$ 比转子电动势 $\dot{E}_2$ 滞后 φ_2 角；而电磁转矩是反映电动机做功能力的一个物理量，所以只有转子电流的有功分量 $\dot{I}_2\cos\varphi_2$ 与定子旋转磁场的每极磁通 Φ 相互作用，才产生电磁转矩，由此得出电磁转矩公式为

$$T = K_T \Phi I_2 \cos\varphi_2$$

式中，K_T 是一个与电动机的结构有关的常数。

将 I_2、$\cos\varphi_2$ 的表达式及 Φ 与 U_1 的关系式代入上式，则得出转矩的另一个表示式

$$T = K\frac{sR_2U_1^2}{R_2^2 + (sX_{20})^2} \tag{7-2}$$

式中，K 是一常数。

由式（7-2）可见，转矩 T 与定子相电压 U_1 的二次方成比例，电源电压如有变动，对转矩的影响是很大的。同时，转子电阻 R_2 对转矩 T 也有影响。对于制成的电动机，R_2 为定值，只有绕线转子异步电动机可以通过外接电阻改变转子电路的电阻，进而改变电动机的转矩。

二、机械特性曲线

当电源电压 U_1、频率 f_1 和转子电阻 R_2 一定时，转矩 T 与转差率 s 的关系曲线 $T=f(s)$ 称为异步电动机的转矩特性，如图 7-17 所示。

从图 7-17 看出，$0<s<s_m$ 时，T 随 s 的增大而增大，在 $s_m<s<1$，T 随 s 的增大而减小。

根据 $n=n_0(1-s)$，可以把 $T=f(s)$ 曲线转换成 $n=f(T)$ 曲线，即电动机的机械特性曲线，如图 7-18 所示。

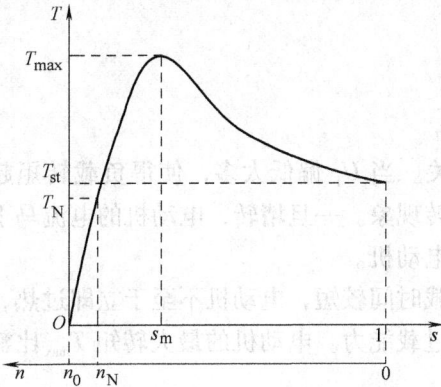

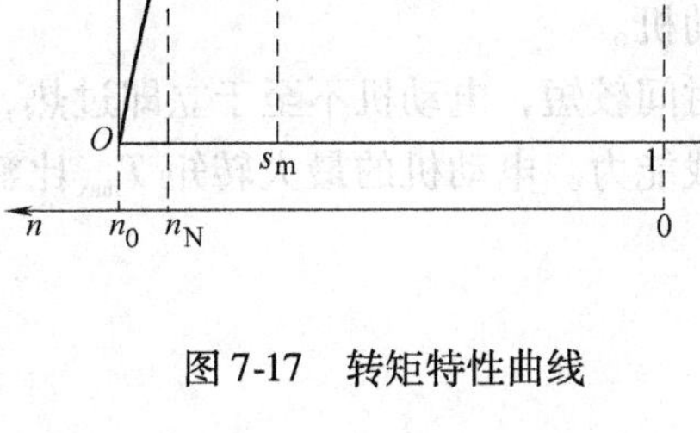

图 7-17　转矩特性曲线

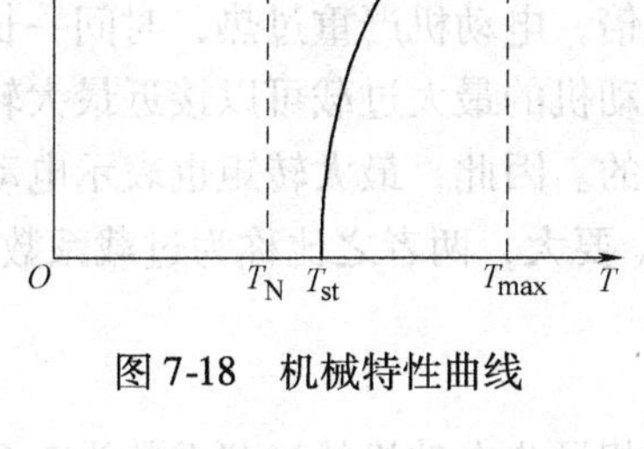

图 7-18　机械特性曲线

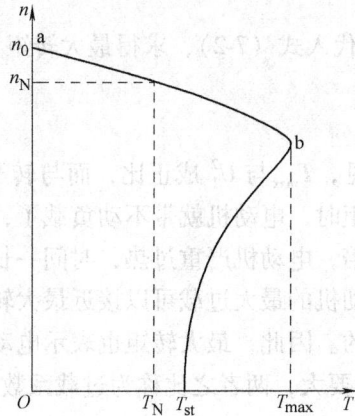

研究机械特性的目的是为了分析异步电动机的外部特性，尤其是特性曲线上三个特殊工作点所对应的转矩。

1. 额定转矩 T_N

额定转矩 T_N 是电动机在额定负载时的转矩。在 $n=f(T)$ 曲线上，与额定转速 n_N 对应的转矩是额定转矩 T_N，这个对应点称为额定工作点。若 T_N 的单位是 N·m，电动机额定功率 P_N

的单位是 kW，额定转速的单位是 r/min，由下式可求得 T_N

$$T_N = 9550 \frac{P_N}{n_N}$$

电动机运行在额定工作点及其附近时，其效率和功率因数都比较高。如果电动机工作在非额定点时，当电动机轴上输出功率 P_2 与负载平衡时，电动机匀速转动，此时电动机转矩为

$$T = 9550 \frac{P_2}{n}$$

例如某普通车床的主轴电动机的铭牌上标出 $P_N = 7.5\text{kW}$，$n_N = 1440\text{r/min}$，则额定转矩为

$$T_N = 9550 \frac{P_N}{n_N} = 49.7\text{N} \cdot \text{m}$$

通常三相异步电动机都工作在图 7-18 所示特性曲线的 ab 段。当负载转矩增大时，在最初瞬间电动机的负载转矩大于电磁转矩，电动机转速 n 开始下降。随着转速的下降，电动机的转矩增加了，当电磁转矩增加到与负载转矩相等时，电动机在新的稳定状态下运行，这时转速较前为低。但是，ab 段比较平坦，当负载在空载与额定值之间变化时，电动机的转速变化不大。这种特性称为硬的机械特性。三相异步电动机的这种硬特性非常适用于一般金属切削机床。

2. 最大转矩 T_{max}

异步电动机的最大转矩 T_{max}（临界转矩）及其对应的转差率 s_m（临界转差率），可通过式（7-2）对 s 求导，并令 $dT/ds = 0$，求得

$$s_m = \frac{R_2}{X_{20}}$$

将 s_m 值代入式（7-2），求得最大转矩为

$$T_{max} = K \frac{U_1^2}{2X_{20}}$$

可见，T_{max} 与 U_1^2 成正比，而与转子电阻 R_2 无关。当 U_1 偏低太多，使得负载转矩超过最大转矩时，电动机就带不动负载了，发生所谓堵转现象。一旦堵转，电动机的电流马上升高六七倍，电动机严重过热，时间一长，就会烧毁电动机。

电动机的最大过载可以接近最大转矩。如果过载时间较短，电动机不至于立即过热，还是容许的。因此，最大转矩也表示电动机短时容许过载能力。电动机的最大转矩 T_{max} 比额定转矩 T_N 要大，两者之比称为过载系数 λ，即

$$\lambda = \frac{T_{max}}{T_N}$$

一般三相异步电动机的过载系数为 1.8 ~2.2。

在选用电动机时，必须考虑可能出现的最大负载转矩，可根据所选电动机的过载系数算出电动机的最大转矩，它必须大于最大负载转矩。

虽然最大转矩 T_{max} 与转子电阻 R_2 无关，但对应最大转矩的临界转差率 s_m 与 R_2 有关，R_2 愈大，s_m 也愈大。图 7-19 是电源电压 U_1 一定时，不同转子电阻下的转矩特性曲线。在同一负载下，R_2 越大，对应的转差率 s 也越大，因此转速越低；同时对应 $s = 1$ 的转矩 T_{st}

（起动转矩）也随 R_2 增加而增大。在实际应用中，只有绕线转子电动机可以通过适当调节异步电动机转子电路的电阻，达到改善起动性能和实现小范围内调速的目的。

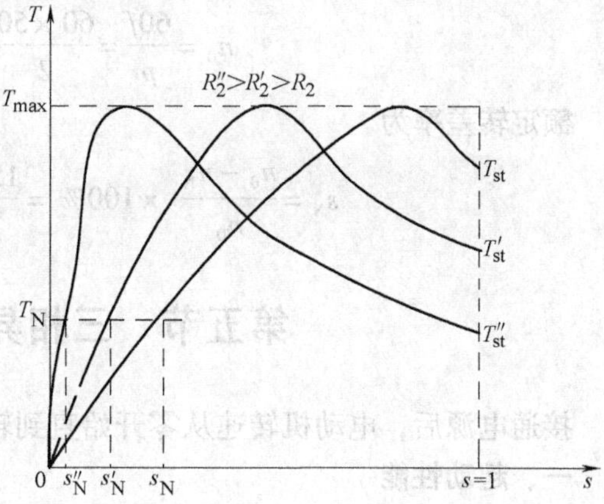

图 7-19　R_2 对 $T=f(s)$ 的影响

3. 起动转矩 T_{st}

电动机刚起动（$n=0$，$s=1$）时的转矩称为起动转矩 T_{st}。将 $s=1$ 代入式（7-2）即得

$$T_{st}=K\frac{R_2U_1^2}{R_2^2+X_{20}^2}$$

可见，T_{st} 与 U_1^2 及 R_2 有关。当电源电压 U_1 降低时，起动转矩会减小（见图 7-20），当转子电阻适当增大时，起动转矩会增大（见图 7-21）。

为了保证电动机能够起动，电动机的起动转矩必须大于静止时的负载转矩。通常用起动转矩 T_{st} 与额定转矩 T_N 的比值 λ_{st} 的大小来表示电动机的起动能力，即

$$\lambda_{st}=\frac{T_{st}}{T_N}$$

一般异步电动机的 λ_{st} 为 1.0～2.0。

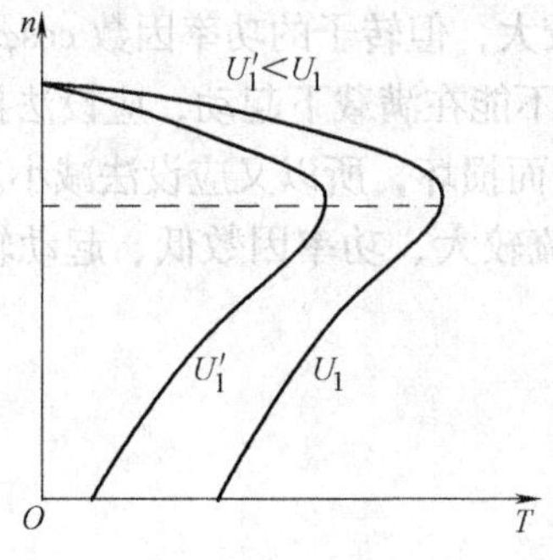

图 7-20　对应不同 U_1 的 $n=f(T)$ 曲线（R_2 = 常数）

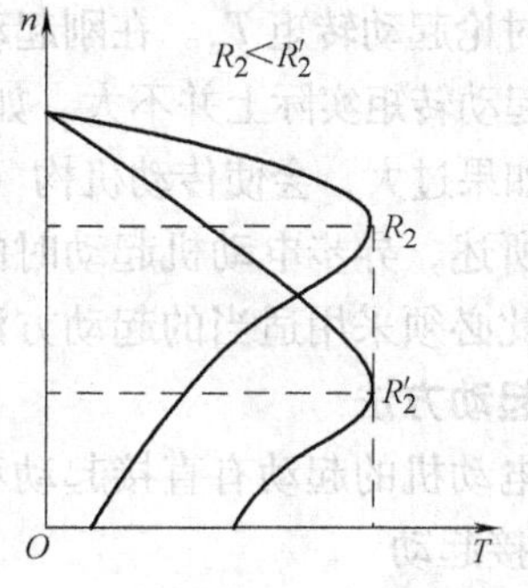

图 7-21　对应不同转子电路电阻的 $n=f(T)$ 曲线（U_1 = 常数）

例 7-2　有一台 4 极三相笼型异步电动机，其额定功率 $P_N=7.5\text{kW}$，额定转速 $n_N=1450\text{r/min}$，$\frac{T_{max}}{T_N}=1.8$，$\frac{T_{st}}{T_N}=1.2$，电源频率 $f=50\text{Hz}$，求这台电动机的额定转矩 T_N、最大转矩 T_{max}、起动转矩 T_{st} 和额定转差率 s。

解　额定转矩为

$$T_N=9550\frac{P_N}{n_N}=9550\times\frac{7.5}{1450}\text{N}\cdot\text{m}=49.4\text{N}\cdot\text{m}$$

最大转矩为

$$T_{max}=1.8T_N=88.9\text{N}\cdot\text{m}$$

起动转矩为

$$T_{st}=1.2T_N=59.3\text{N}\cdot\text{m}$$

因为电动机的磁极数为4，故磁极对数 $p=2$，所以同步转速为

$$n_0=\frac{60f}{p}=\frac{60\times 50}{2}\text{ r/min}=1500\text{r/min}$$

额定转差率为

$$s_N=\frac{n_0-n_N}{n_0}\times 100\%=\frac{1500-1450}{1500}\times 100\%=3.3\%$$

第五节　三相异步电动机的起动

接通电源后，电动机转速从零开始直到转速稳定为止的过程称为起动过程，简称起动。

一、起动性能

电动机起动性能主要从起动电流 I_{st} 和起动转矩 T_{st} 两个方面来分析。

首先讨论起动电流 I_{st}。在刚起动时，$n=0$，$s=1$，由于旋转磁场对静止的转子相对转速很大，磁通切割转子导条的速度很快，转子绕组中感应出的电动势和产生的转子感应电流都很大，定子电流必然相应增大。一般中小型笼型电动机的定子起动电流（指线电流）与额定电流之比值大约为4～7，即 $I_{st}=(4\sim7)I_N$。电动机起动时间一般很短，一经起动后，转速很快升高，电流便很快减小了。但是，这样大的起动电流会在线路上造成较大的电压降，致使负载端的供电电压降低，严重时会使接在同一电网的其他负载不能正常工作。

其次讨论起动转矩 T_{st}。在刚起动时，虽然转子电流较大，但转子的功率因数 $\cos\varphi_2$ 是很低的，因而起动转矩实际上并不大。如果起动转矩过小，就不能在满载下起动，应设法提高。但起动转矩如果过大，会使传动机构（比如齿轮）受到冲击而损坏，所以又应设法减小。

综上所述，异步电动机起动时的主要缺点是起动电流较大、功率因数低、起动转矩小等问题。为此必须采用适当的起动方法。

二、起动方法

笼型电动机的起动有直接起动和减压起动两种。

1. 直接起动

通过刀开关或接触器将额定电压直接接到电动机上的起动方法，就是直接起动或全压起动。

直接起动方法简单，但由于起动电流较大，将使线路电压下降，影响负载正常工作。因此，电动机采用直接起动方法是有条件的，应严格按电力规程执行。一般要求起动时的电网电压降应不大于电网电压的10%。没有独立的变压器，线路中有照明负载时，电网电压降应不大于电网电压的5%；有专用变压器供电时，电动机不经常起动，电动机的容量应不大于变压器容量的30%，电动机频繁起动时，电动机的容量应不大于变压器容量的20%。

二三十千瓦以下的异步电动机一般都是采用直接起动的。

2. 减压起动

对于容量较大的笼型异步电动机，在不允许直接起动的情况下，必须采用减压起动，就是在起动时降低加在电动机定子绕组上的电压，以减小起动电流。常用的减压起动方法有以下几种：

（1）星形-三角形（Y-△）换接起动　如果电动机正常工作时定子绕组是三角形联结的，起动时可把它接成星形，等到电动机转速接近额定值时再换接成三角形。这样，起动时定子每相绕组上的电压降为正常工作电压的 $1/\sqrt{3}$，即减压起动。

图 7-22 是定子绕组的星形和三角形两种联结，U_l 为电源的线电压，Z 为起动时每相绕组的等效阻抗。

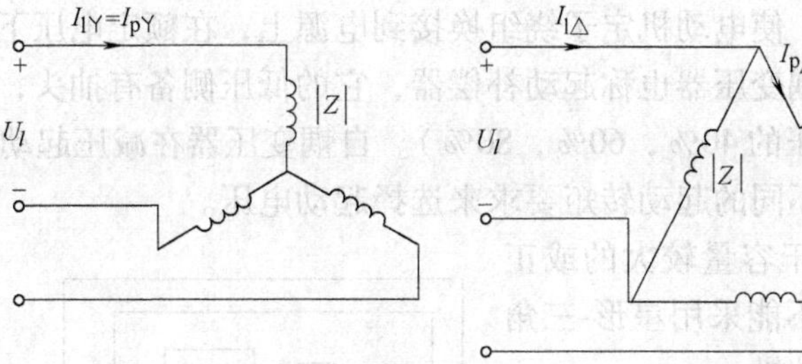

图 7-22　比较定子绕组两种接法时的起动电流

起动时如果定子绕组连成星形，每相绕组上的电压即为 $U_l/\sqrt{3}$，线电流为

$$I_{l\curlyvee}=I_{p\curlyvee}=\frac{U_l/\sqrt{3}}{|Z|}$$

如果直接起动时定子绕组连成三角形，线电流为

$$I_{l\triangle}=\sqrt{3}I_{p\triangle}=\sqrt{3}\frac{U_l}{|Z|}$$

比较两种起动时的线电流，可得

$$I_{l\curlyvee}=\frac{1}{3}I_{l\triangle}$$

即减压起动时的电流为直接起动时的 1/3。

由于转矩和电压的平方成正比，所以起动转矩也减小到直接起动时的 $(1/\sqrt{3})^2=1/3$。因此，这种方法只适合于空载或轻载时起动。为使笼型异步电动机在起动时具有较高的起动转矩，应该考虑采用高起动转矩的电动机，起动转矩值约为其额定转矩的 1.6～1.8 倍。

图 7-23 是利用三刀双投开关 2Q 来实现换接起动的，还可以用专门的Y-△起动器或用继电控制电路来实现换接。

(2) 自耦减压起动　自耦减压起动是利用三相自耦变压器降低电动机起动时的端电压，以达到减小起动电流的目的。其接线原理图如图 7-24 所示。

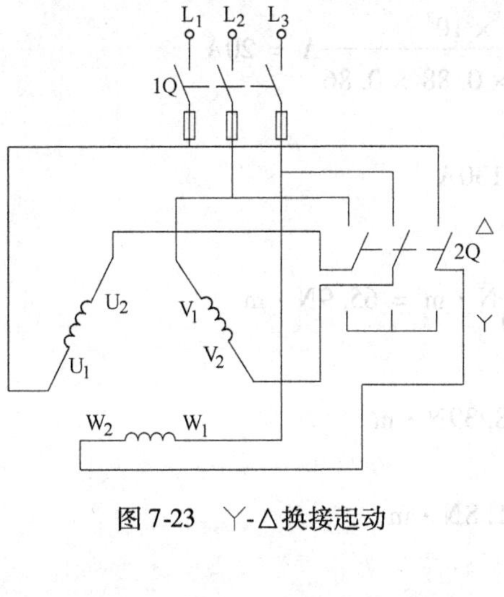

图 7-23　Y-△换接起动

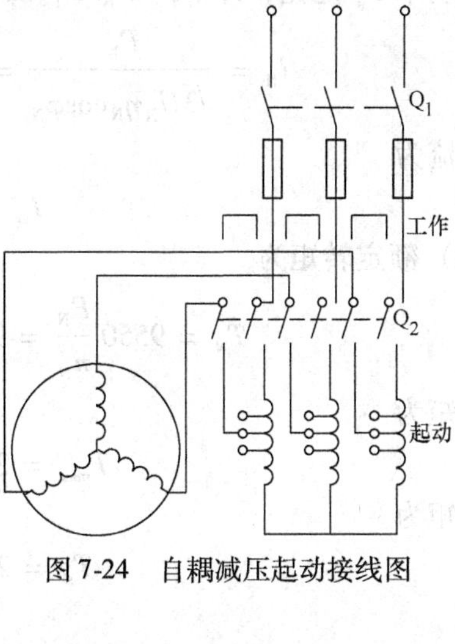

图 7-24　自耦减压起动接线图

起动时，先合上电源开关 Q_1，然后将开关 Q_2（手柄）扳到“起动”位置，降低加在定子绕组的电压以限制起动电流。当电动机转速接近额定转速时，迅速将手柄扳到“工作”位置，切除自耦变压器，使电动机定子绕组换接到电源上，在额定电压下进入工作运转。

用作起动的三相自耦变压器也称起动补偿器，它的低压侧备有抽头，以便得到不同的起动电压（例如为电源电压的40%，60%，80%）。自耦变压器在减压起动限流的同时也会使转矩减小，所以应根据不同的起动转矩要求来选择起动电压。

自耦减压起动适用于容量较大的或正常运行时为星形联结，不能采用星形-三角形起动器的笼型异步电动机。

绕线转子异步电动机的起动，通常只要在转子电路中接入大小适当的起动电阻 R_{st}，就可达到减小起动电流的目的。起动后，随着转速的上升将起动电阻逐段切除。由于这种起动方式既限制了起动电流，又能提高起动转矩，起动性能得到改善，常用于要求高起动转矩的机械上，例如卷扬机、起重机及转炉等。图7-25为绕线转子异步电动机起动接线图，图中起动变阻器内有三组可变电阻，可通过转动触点来实现起动电阻的投切。

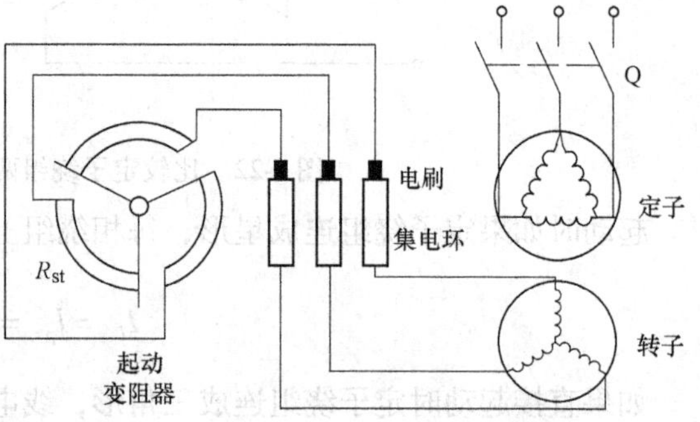

图7-25 绕线转子电动机起动接线图

例7-3 一台三相异步电动机的额定数据如下：$P_N=10kW$，$n_N=1450r/min$，$U_N=380V$，效率 $\eta_N=0.88$，$\cos\varphi_N=0.86$，$\frac{I_{st}}{I_N}=6.5$，$\frac{T_{max}}{T_N}=2.1$，$\frac{T_{st}}{T_N}=2.0$，△联结。

试求：

（1）额定电流 I_N 和起动电流 I_{st}；（2）额定转矩 T_N、最大转矩 T_{max} 和起动转矩 T_{st}；（3）在额定负载及负载转矩为额定转矩65%的情况下，电动机能否采用Y-△换接起动?

解 （1）电动机的额定电流是指电动机在额定工作状态下运行时定子绕组中的线电流。根据定子功率计算公式 $P_1=\sqrt{3}U_N I_N\cos\varphi_N$，而效率是指电动机的额定功率 P_N 与电源输入到定子的功率 P_1 之比，即 $\eta_N=P_N/P_1$，因此额定电流为

$$I_N=\frac{P_N}{\sqrt{3}U_N\eta_N\cos\varphi_N}=\frac{10\times10^3}{\sqrt{3}\times380\times0.88\times0.86}A=20A$$

起动电流为

$$I_{st}=6.5I_N=130A$$

（2）额定转矩为

$$T_N=9550\frac{P_N}{n_N}=9550\times\frac{10}{1450}N\cdot m=65.9N\cdot m$$

最大转矩为

$$T_{max}=2.1T_N=138.39N\cdot m$$

起动转矩为

$$T_{st}=2.0T_N=131.8N\cdot m$$

(3) 星形起动转矩是三角形起动转矩的1/3，即

$$T_{st\curlyvee} = \frac{T_{st\triangle}}{3} = \frac{131.8}{3}\text{N} \cdot \text{m} = 43.93\text{N} \cdot \text{m}$$

可见，星形起动转矩小于电动机的额定转矩，故该电动机在额定负载情况下不能采用Y-△换接起动。

当负载转矩为额定转矩的65%，$T_N \times 0.65 = 42.84\text{N} \cdot \text{m} < T_{st\curlyvee} = 43.93\text{N} \cdot \text{m}$，可以采用Y-△换接起动。

如果由于断线，电动机的定子三相绕组只有两相电源接入，电动机则不能起动，只听到“嗡嗡”声，这时电流很大，时间长了，电动机就被烧坏。如果在运行中断了其中一相电源，则电动机仍将继续转动，若此时还带动额定负载，则势必超过额定电流，时间一长，也会使电动机烧坏。这种情况称为三相异步电动机缺相运行。

第六节 三相异步电动机的制动

由于电动机的转动部分有惯性，当把电源切断后，电动机还会继续转动一定时间而后停止。为了缩短辅助工时，提高生产率，以及为了安全可靠实现生产工艺要求，常要求电动机能够迅速停车和反转。这就需要对电动机制动，也就是要求电动机的转矩与转子的转动方向相反。这时的转矩称为制动转矩。

以下介绍常用的几种异步电动机制动方法。

一、能耗制动

这种制动方法就是在切断三相电源的同时，接通直流电源（见图7-26），使直流电流通入定子绕组。直流电流的磁场是固定不动的，而转子由于惯性继续在原方向转动。根据右手定则和左手定则，可以确定这时转子电流与固定磁场相互作用产生的转矩方向与电动机转动的方向相反，因而起制动作用。制动转矩的大小与直流电流的大小有关。直流电流的大小一般为电动机额定电流的0.5～1A。

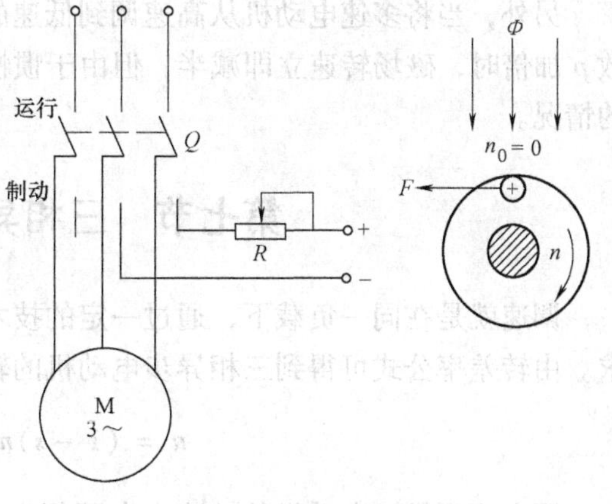

图7-26 能耗制动电路及原理

因为这种方法是用消耗转子的动能（转换为电能）来进行制动的，所以称为能耗制动。

能耗制动的特点是制动平稳、能量消耗小，但需要直流电源，且制动转矩随转速降低而减小。

二、反接制动

要使电动机停转，还可将定子绕组接到电源的三根导线中的任意两根的一端对调位置，使旋转磁场反向旋转，而转子由于惯性仍在原方向转动。这时的转矩方向与电动机的转动方向相反（见图7-27），因而起制动的作用。当转速接近零时，应使电动机脱离电源，否则电动机将会反转而达不到目的。但靠人工很难准确掌握，通常是利用具有速度继电器的继电接

触控制电路实现反接制动。反接制动时，旋转磁场与转子的相对转速（n_0+n）很大，因而电流也很大。为了限制电流，对功率较大的电动机进行制动时必须在定子电路（笼型）或转子电路（绕线型转子）中接入电阻，用于限制电流。反接制动比较简单，效果较好，但能量消耗较大。

三、发电反馈制动

运行工作中的异步电动机，当转子的转速 n 超过旋转磁场的同步转速 n_0 时，将产生与原转动方向相反的制动转矩（见图7-28）。例如起重机快速下放重物时，就会发生这种情况。这时重物拖动转子，使转子转速 $n>n_0$，电动机受到制动作用而使重物等速下降。此时电动机已转入发电机运行状态，将重物的位能转换为电能并反馈给电网，所以称为发电反馈制动。

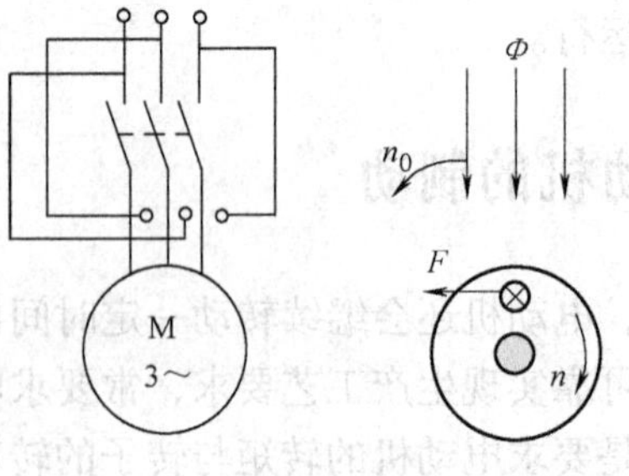

图 7-27　反接制动电路及原理

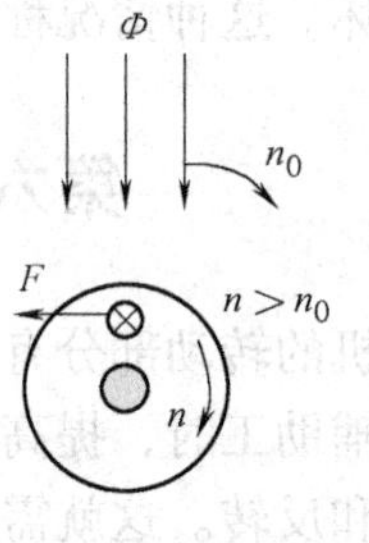

图 7-28　发电反馈制动

另外，当将多速电动机从高速调到低速的过程中，也自然发生这种制动。因为刚将极对数 p 加倍时，磁场转速立即减半，但由于惯性，转子转速只能逐渐下降，因此就出现 $n>n_0$ 的情况。

第七节　三相异步电动机的调速

调速就是在同一负载下，通过一定的技术手段改变电动机的转速，以满足生产过程的要求。由转差率公式可得到三相异步电动机的转速为

$$n=(1-s)n_0=(1-s)\frac{60f}{p}$$

可上式可见，电动机的转速由电源频率 f、极对数 p 及转差率 s 这三项决定，只要改变其中的任意一项，就能改变电动机的转速。

一、变频调速

对于成品电动机，其磁极对数 p 已经确定，转差率 s 变化不大，则电动机的转速 n 与电源频率 f 成正比，因此改变输入电源的频率就可以改变电动机的同步转速，进而达到异步电动机调速的目的。但是，为了保持在调速时电动机的最大转矩不变，必须维持电动机的磁通量恒定，因此定子的供电电压也要作相应调节。

变频调速的核心部件是变频器。变频器采用微机控制技术、电力电子技术及电动机传动技术，是一种能在调整频率（Variable Frequency）的同时还能调整电压（Variable Voltage）的装置，故简称 VVVF（装置）。变频调速是目前应用最为广泛的一种调速方法，通过变频

器把电压和频率固定不变的交流电变换为电压和频率可变的交流电，对交流异步电动机进行无级调速的方法。

笼型电动机的变频调速原理图如图 7-29 所示。变频器主要由整流器和逆变器两大部分组成。变频器的工作原理是把市电（380V、50Hz）通过整流器变成平滑直流，然后利用半导体器件（GTO、GTR 或 IGBT）组成的三相逆变器，将直流电变成可变电压和可变频率的交流电，由于采用微处理器编程的正弦脉宽调制（SPWM）方法，使输出波形近似正弦波，用于驱动异步电动机。上述的两次变换可简化为 AC—DC—AC（交—直—交）变频方式。由于频率连续可调，因此可对电动机进行无级调速，并具有硬的机械特性。

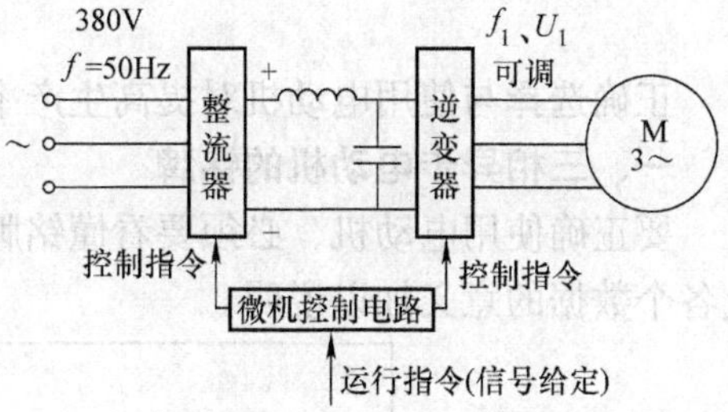

图 7-29　笼型异步电动机的变频调速原理图

变频器可以根据电动机负载的变化，按运行指令或反馈信号实现自动、平滑的增速或减速，基本保持异步电动机固有特性转差率小的特点，具有效率高、范围宽、准确度高且能无级变速的优点，这对于水泵、风机等设备是很适用的。另外，变频器可以使电动机以较小的起动电流，获得较大的起动转矩，即变频器可以起动重载负荷。

变频器具有过电流保护、过载保护、电压（过电压、欠电压）保护和其他保护功能。要想变频器长期稳定工作，则必须保证变频器各种器件工作在其允许的条件下，超出允许条件则必须立刻或延时停止变频器工作，待异常条件消失后重新开始工作。如保护失效或动作延迟将导致变频器出现不可恢复的损害。

选用变频器时应注意按照电动机的容量来选择。

二、变极调速

若电源频率 f 一定，改变电动机的磁极对数 p 可以达到调速的目的。改变电动机的磁极对数 p 是通过改变定子绕组的接法来实现的。但因为磁极对数只能按 1、2、3、…的规律变化，所以用这种方法不能连续、平滑地调节电动机的转速。

能够改变磁极对数的电动机称为多速电动机。这种电动机的定子有多套绕组或绕组有多个抽头引至电动机的接线盒，可以在外部改变绕组接线来改变电动机的磁极对数。

图 7-30 是单绕组双速电动机的接线图，在适当的位置引出 6 个接线端。将接线端 1、2、3 接电源，接线端 4、5、6 空着，则为三角形联结，每相两个线圈串联，形成两对磁极，为低转速状态。如将接线端 4、5、6 接电源，而 1、2、3 端短接，则为双星形联结，每相两个线圈并联，形成一对极，为高转速状态。

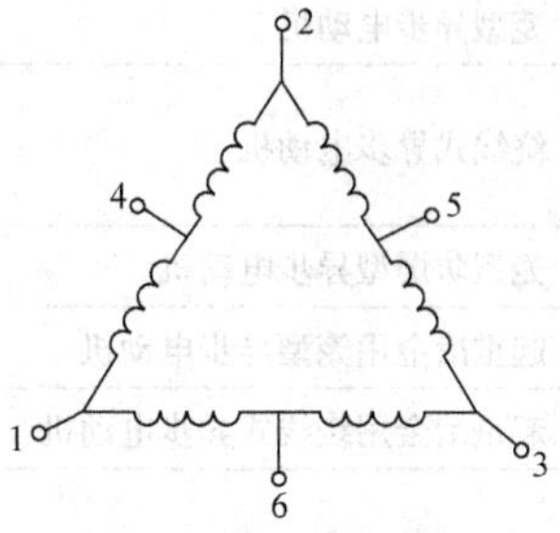

图 7-30　单绕组双速电动机的接线图

三、变转差率调速

这种调速方法仅适用于绕线转子异步电动机。只要在绕线转子电动机的转子电路中接入一组调速电阻就可改变转差率的大小，进行平滑调速，所以又称为变阻调速。例如增大调速电阻，转差率 s 上升，而转速 n 下降。这种调速方法的优点是设备简单、投资少，广泛应用于起重设备中，但能量损耗较大。

第八节　三相异步电动机的选择与使用

正确选择与使用电动机对提高生产率和维护、延长电动机的使用寿命有着重大意义。

一、三相异步电动机的铭牌

要正确使用电动机，必须要看懂铭牌。图7-31是YR180L-8型电动机的铭牌，现对铭牌上各个数据的意义加以说明。

三相异步电动机					
型号	YR180L-8	功率	11kW	频率	50Hz
电压	380V	电流	25.2A	接法	△
转速	746r/min	效率	86.5%	功率因数	0.77
工作方式	连续	绝缘等级	B	重量	kg
标准编号				出厂日期	
××电机厂					

图7-31　YR180L-8型电动机的铭牌

1．型号

为了适应不同用途和不同工作环境的需要，电动机制成不同的系列，各种系列用各种型号表示。

电动机的型号由产品代号、规格代号和工作环境代号三部分组成。其中产品代号又由电动机的类型代号、特点代号和设计序号组成。异步电动机的产品类型代号及主要用途如表7-2所示。

表7-2　异步电动机的代号及用途

产品名称	代号	主要用途
笼型异步电动机	Y	一般用途，如水泵、风扇、金属切割机床等
绕线式异步电动机	YR	用于电源容量较小，不足以起动笼型电动机，或要求较大起动转矩及小范围调速的场合
笼型防爆型异步电动机	YB	用于有爆炸性气体的场合
起重冶金用笼型异步电动机	YZ	用于起重机械或冶金机械
起重冶金用绕线式异步电动机	YZR	用于起重机械或冶金机械
高起动转矩笼型异步电动机	YQ	用于起动静止负载或惯性较大的机械，如压缩机、传送带、粉碎机等

设计序号是指电动机产品设计的顺序。

规格代号是指电动机的中心高、铁心外径、机座号、机座长度、功率、转速或极数等。电动机的机座号直接用电动机轴中心高度或机壳外径的毫米数表示。机座（铁心）长度等级用L、M、S分别表示长、中、短。铁心长度用数字表示，数字越大，铁心越长。极数用数字表示。特殊环境代号用字母表示，如：TH—湿热带用，TA—干热带用，G—高原用，W—户外用，F—化工防腐用，等等。

例如，型号为 YR180L-8 的异步电动机，其型号的意义如图 7-32 所示。

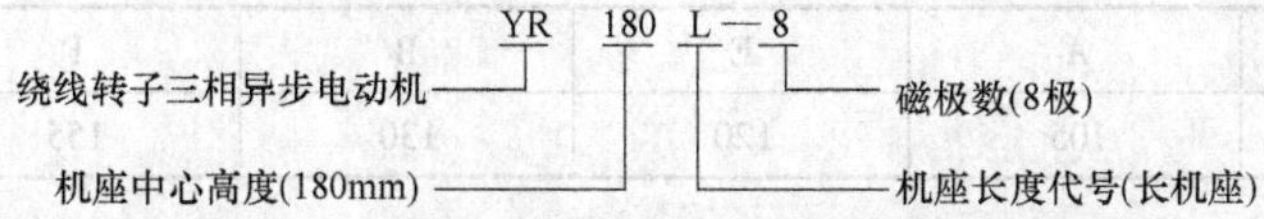

图 7-32　YR180L-8 异步电动机型号的意义

关于型号的具体标示有一定规则和标准，可查手册。

2. 功率

铭牌上所标的功率是指电动机在额定运行条件下转轴上输出的机械功率，称为额定功率或额定容量，单位用 kW。电动机的输出功率与输入功率并不相等，其差值等于电动机本身的损耗，包括铜损、铁损及机械摩擦损耗等。

3. 电压

铭牌上所标的电压指电动机在额定工作状态下定子绕组上应接电源的额定线电压。要求电源电压值的波动不应超过电动机额定电压的5%，电压过高或过低，对电动机运行都是不利的。有的电动机铭牌上标有两个电压值，如“220/380V”表示电动机绕组采用三角形和星形两种不同联结时，分别适用于这两种电源线电压。

4. 电流

铭牌上所标的电流是指电动机在额定工作状态下定子绕组中的额定线电流。如果电动机铭牌上有两个电流值，表示绕组采用三角形和星形两种不同联结方式时对应的输入电流。

5. 频率

指电动机所接交流电源的工作频率。我国工频为 50Hz 。

6. 转速

指额定转速，表示电动机在额定工作状态时转子每分钟的转数。

7. 接法

这里特指定子三相绕组的连接方法，即接成星形还是三角形。定子三相绕组 U_1-U_2、V_1-V_2、W_1-W_2 的 6 个出线头在出线盒的位置排列及星形和三角形两种联结方式如图 7-33 所示。

8. 工作方式

工作方式分连续、短时、断续三种。短时或断续工作的电动机，其运行时间有一定的限制。

9. 绝缘等级

绝缘等级是按电动机绕组所用的绝缘材料在使用时允许的极限温度来分级的。所谓极限温度，是指电动机绝缘结构中最热点的最高允许温度。若工作温度过高，会使绝缘材料老化。在修理电动机时，选用的绝缘材料要符合铭牌规定的绝缘等级。常用的绝缘

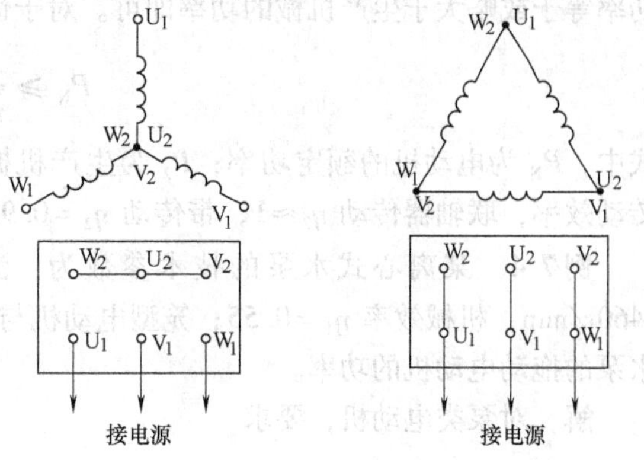

a) 星形联结　　b) 三角形联结

图 7-33　三相异步电动机定子绕组的接线方法

材料等级及其极限温度如表7-3所示。

表7-3 绝缘材料绝缘等级及其极限温度

绝缘等级	A	E	B	F	H
极限温度/℃	105	120	130	155	180

10. 功率因数

因为电动机是感性负载，定子相电流的相位比相电压的相位滞后一个 φ 角，$\cos\varphi$ 就是电动机的功率因数。电动机铭牌上的功率因数是指电动机在额定工作状态下运行时，定子电路的额定功率因数。三相异步电动机的功率因数较低，在额定负载时为0.7～0.9，空载时只有0.2～0.3，因此必须正确选择电动机的容量，防止大马拉小车，并力求缩短空载的时间。

11. 效率

指电动机在额定状态下运行时的额定效率，为电动机的额定功率 P_N 与电源输入到定子的功率 P_1 之比，即

$$\eta_N = \frac{P_N}{P_1} = \frac{P_N}{\sqrt{3}U_N I_N \cos\varphi_N}$$

二、三相异步电动机的选择

在生产上，三相异步电动机用得最为广泛，正确地选择它的功率、种类、型式，对提高生产率和改善经济技术指标有着重大意义。

（一）功率的选择

电动机的功率是由生产机械所需的功率来选定的。一般电动机的功率要比负载功率大一些，以留有一定余量，但也不宜太多，否则既浪费设备容量，又降低电动机的功率因数和效率。如果电动机功率选的太小，就不能保证电动机和生产机械的正常运行，并使电动机由于过载而过早地损坏。

1. 连续工作方式电动机功率的选择

连续工作方式的电动机适用于长期负载，可先算出生产机械的功率，再选电动机的额定功率等于或略大于生产机械的功率即可。对于恒定负载，电动机的功率应满足

$$P_N \geqslant \frac{P_2}{\eta_1 \eta_2}$$

式中，P_N 为电动机的额定功率；P_2 为生产机械的负载功率；η_1 为生产机械的效率；η_2 为传动效率，联轴器传动 $\eta_2 \approx 1$，带传动 $\eta_2 = 0.95$。

例7-4 某离心式水泵的技术参数为：流量 $Q = 0.03\text{m}^3/\text{s}$，扬程 $H = 20\text{m}$，转速为1460r/min，机械效率 $\eta_1 = 0.55$；笼型电动机与水泵用联轴器直接连接（$\eta_2 \approx 1$）。试选择该水泵的拖动电动机的功率。

解 对泵类电动机，要求

$$P_N \geqslant P_2/(\eta_1\eta_2) = \frac{Q\rho H}{102}/(\eta_1\eta_2)$$

将 $\rho = 1000\text{kg/m}^3$（水密度）代入得

$$P_N \geqslant \frac{0.03 \times 1000 \times 20}{102 \times 1 \times 0.55}\text{kW} = 10.7\text{kW}$$

选用 Y160M-4 型电动机，其额定功率 $P_N = 11\text{kW}$（$P_N > P_2$），额定转速 $n_N = 1460\text{r/min}$。

对于长期变动负载的生产机械，选择电动机的功率一般要根据其负荷图进行等值计算来确定，对选定的电动机还要进行过载能力校验。这里不做介绍。

2. 短时运行电动机功率的选择

对于短时运行的工作场合，如果选用连续工作型电动机，因为允许电动机短时过载，所以所选电动机的额定功率可以略小一些，一般可以是生产机械要求功率的 $1/\lambda$（λ 为电动机的过载系数）即

$$P_N \geqslant P_2/\lambda$$

（二）类型和结构型式的选择

1. 类型的选择

通常生产场所用的都是三相交流电源，如果没有特殊要求，一般都应考虑选用异步电动机。

对于功率不大，要求机械特性较硬而无特殊调速要求的一般生产机械的拖动，应尽可能采用工作可靠，价格低廉，维护方便的笼型电动机。

对有一定调速要求，又经常起动和功率较大的生产机械，如起重机、卷扬机及重型机床的横梁移动等不能采用笼型电动机的场合，可选用绕线转子电动机。

2. 结构型式的选择

为了保证电动机在不同环境条件下安全可靠运行，必须正确选择电动机的结构型式。电动机常制成下列几种结构型式供选用。

（1）防护式

在空气干燥、尘土少、无水土飞溅和无腐蚀性气体的场所选用。

（2）封闭式

在灰尘多、潮湿或含有酸性气体的场所选用。

（3）防爆式

整个电机严密封闭，用于有爆炸性气体的场所。

此外，也要根据安装要求，采用不同的安装结构型式。

（三）电源和转速的选择

1. 电源的选择

电动机电源的选择，要根据电动机类型、功率以及使用地点的电源电压来决定。

在三相异步电动机中，中小功率电动机大多采用三相 380V 电压，也有使用三相 220V 电压的。在电源频率方面，我国自行生产的电动机采用 50Hz 的频率，而世界上有些国家采用 60Hz 的交流电源。虽然频率不同不至于烧毁电动机，但其工作性能将大不一样，因此，选择电动机时应根据电源的情况和电动机的铭牌正确选用。

2. 转速的选择

应该根据生产机械的要求选择电动机的额定转速，转速不宜选择过低（一般不低于 500r/min）。如果电动机转速和机械转速不一样，可以用带轮或齿轮等变速装置变速。在负载转速要求不严格的情况下，尽量选用 4 极电动机，因为在相同容量下，二极电动机起动电

流大、起动转矩小且机械磨损大，而多极电动机体积大，造价高，空载损耗大。

第九节 单相异步电动机

单相异步电动机由单相交流电源供电，常用于功率不大的电动工具（如电钻、搅拌器等）和家用电器上（如洗衣机、电冰箱、电风扇、抽排油烟机等）。

单相异步电动机的总体结构与三相电动机相似，转子大多采用笼型转子，定子是单相的。下面介绍两种常用的单相异步电动机。

一、电容分相式异步电动机

图7-34所示的是电容分相式异步电动机。在它的定子中放置一个起动绕组 V_1V_2，它与工作绕组 U_1U_2 在空间相隔90°。绕组 V_1V_2 与电容 C 串联，使两个绕组中的电流在相位上近于相差90°，这就是分相。这样，在空间相差90°的两个绕组，分别通有在相位上相差90°（或接近90°）的两相电流。

设两相电流为

$$i_U = I_{Um}\sin\omega t$$

$$i_V = I_{Vm}\sin(\omega t + 90°)$$

它们的正弦曲线如7-35所示。两相电流所产生的合成磁场在空间也是旋转的。在这旋转磁场的作用下，电动机的转子就转动起来。

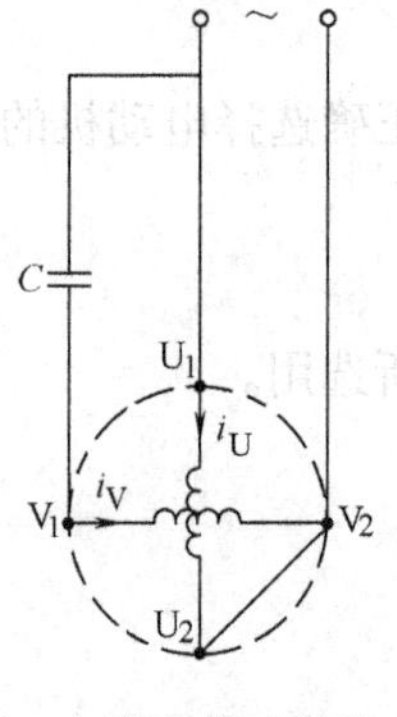

图7-34 电容分相式异步电动机

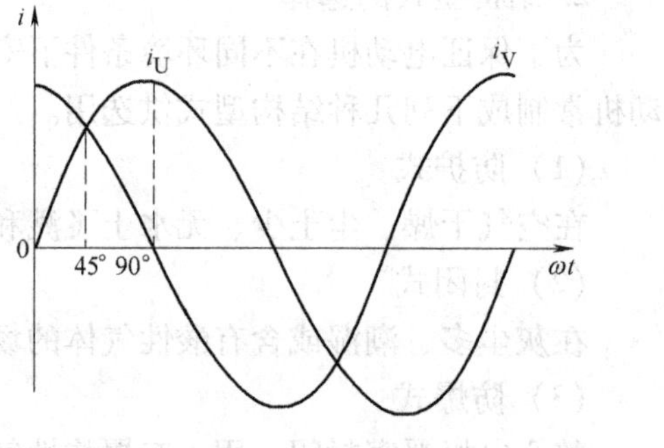

图7-35 两相电流

改变电容 C 的串联位置，可使单相异步电动机反转。在图7-36中，将开关S合在位置1，电容 C 与 V_1V_2 绕组串联，电流 i_V 较 i_U 超前近90°；当将S切换到位置2，电容 C 与 U_1U_2 绕组串联，i_U 较 i_V 超前近90°，这样就改变了旋转磁场的转向，从而实现电动机的反转。洗衣机中的电动机就是由定时器的转换开关来实现这种自动切换的。

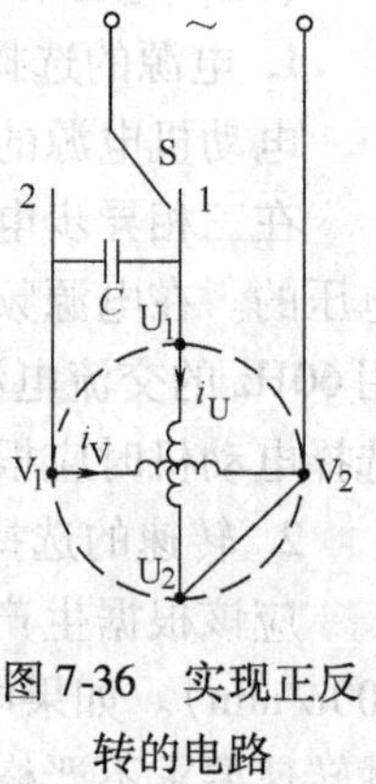

图7-36 实现正反转的电路

二、罩极式异步电动机

罩极式单相异步电动机的结构如图7-37所示。单相绕组绕在定子磁极上，并在定子磁极面上约1/3处套装一短路铜环，套有短路铜环的磁极部分称为罩极。

在图7-38中，当定子绕组通入电流产生磁通，有一部分磁通穿过短路铜环，在短路铜环中产生感应电流。感应电流所产生的磁场阻止铜环部分磁通的变化，使得没套铜环部分磁极中的磁通与套有铜环部分磁极中的磁通产生相位差，罩极外的磁通超前罩极内的磁通一个相位角，这两部分的磁场随着定子绕组中电流的变化，合成磁场的方向也不断发生变化，相当于在电动机内形成一个旋转磁场，它便使笼型转子产生转矩而起动。

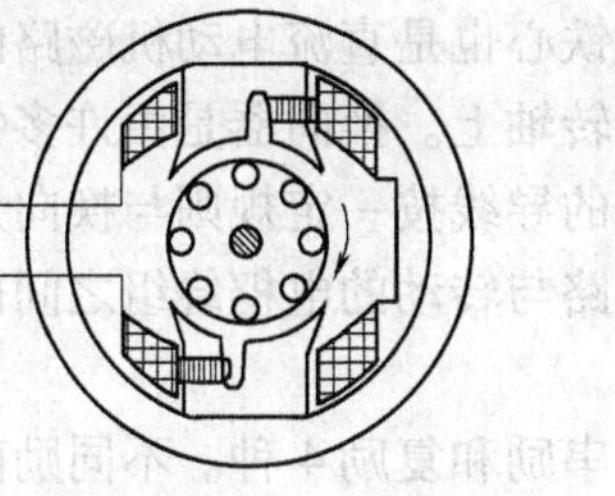

图 7-37 罩极式单相异步电动机结构图

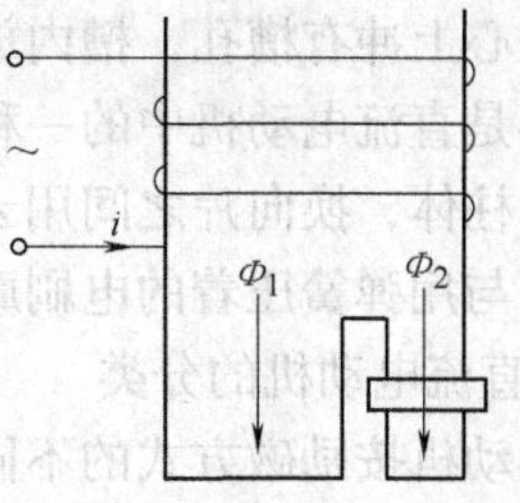

图 7-38 罩极式单相异步电动机的移动磁场

罩极式单相异步电动机结构简单，工作可靠，但起动转矩较小，常用于对起动转矩要求不高的设备中，如风扇、吹风机等。

第十节 直流电动机

直流电动机是将直流电能转化为机械能的旋转机械装置，它的结构比三相异步电动机复杂，日常维护比较麻烦，制造成本高。但是由于它具有调速性能好，过载能力大，并且具有快速地起动、反转、制动等特点，适用于生产过程中对电动机的起动和调速性能要求较高或需要较大起动转矩的生产机械（轧钢机、起重机械等）。

一、直流电动机的结构及分类

（一）直流电动机的结构

直流电动机主要由定子、转子和换向器等部分组成，如图 7-39 所示。

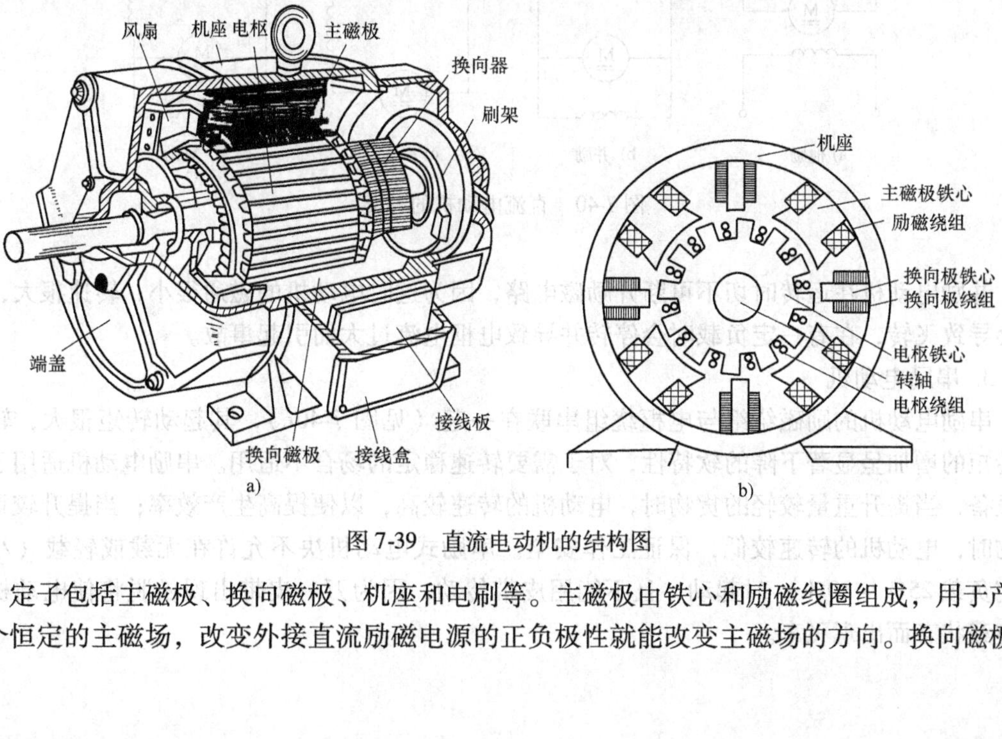

图 7-39 直流电动机的结构图

定子包括主磁极、换向磁极、机座和电刷等。主磁极由铁心和励磁线圈组成，用于产生一个恒定的主磁场，改变外接直流励磁电源的正负极性就能改变主磁场的方向。换向磁极也由铁心和绕在上面的线圈组成，安装在两个相邻的主磁极之间，用来减小电枢绕组换向时产生的火花。电刷装置的作用是通过与换向器之间的滑动接触，把直流电流引入或引出电枢绕组。

转子又称电枢，其主要作用是产生电磁转矩。转子由电枢铁心、电枢绕组和换向器等组成。电枢铁心上冲有槽孔，槽内放置电枢绕组，电枢铁心也是直流电动机磁路的组成部分。

换向器是直流电动机中的一种特殊装置，安装在转轴上。换向器是由许多铜质换向片组成的一个圆柱体，换向片之间用云母绝缘。电枢绕组的导线按一定规则与换向片相连接，换向片的表面与用弹簧压着的电刷摩擦接触，实现外电路与转动的电枢绕组之间的连接。

（二）直流电动机的分类

直流电动机按励磁方式的不同分为他励、并励、串励和复励4种。不同励磁方式的直流电动机有不同的特点，使用时应予以注意。

1. 他励电动机

他励电动机的励磁绕组和电枢绕组分别由不同的直流电源供电，如图7-40a所示，用于对调速范围要求很宽的重型机床等设备中。

他励电动机在使用中有以下两点值得注意：

1）使用中必须先给励磁绕组加上电压，再给电枢绕组加电压，否则将损坏电枢绕组。

2）他励式电动机起动时，电枢电流比额定电枢电流大10多倍，因此应逐渐升高电枢电压至额定电压，避免因起动电流过大导致电枢绕组、控制电器和控制线路过热而烧毁，同时应在电枢电路中串接起动限流电阻。

2. 并励电动机

并励电动机的励磁绕组与电枢绕组并联在同一个电源上（见图7-40b），励磁绕组匝数较多，电阻较大，故可以起到减小励磁电流的作用。

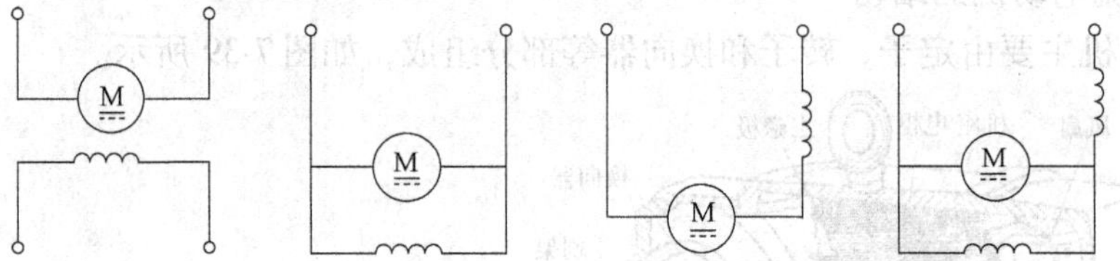

图7-40　直流电动机的种类

并励电动机在运转时切不可断开励磁电路，因为这时电动机的磁通很小，转速很大，空载会导致飞转，在有一定负载时会停转并导致电枢电流过大而引起事故。

3. 串励电动机

串励电动机的励磁绕组与电枢绕组串联在一起（见图7-40c），其起动转矩很大，转速随转矩的增加呈显著下降的软特性，对于需要转速稳定的场合不适用。串励电动机适用于起重设备，当提升重量较轻的货物时，电动机的转速较高，以便提高生产效率；当提升较重的货物时，电动机的转速较低，保证工作安全。串励式电动机决不允许在无载或轻载（小于额定负载25%～30%）时起动，且不能用皮带传动，因为万一皮带出现松脱将使电动机处于空载状态而出现飞车。

4. 复励电动机

复励电动机上有两个励磁绕组：一个与电枢绕组串联；另一个与电枢绕组并联（见图7-40d）。当复励电动机的两个励磁绕组产生的磁通方向一致时，称为积复励；两个绕组产生的磁通方向相反时，称为差复励。使用较多的积复励电动机，其机械特性介于并励电动机和串励电动机之间，主要用于负载力矩有突然变化的场合。

并励、串励和复励电动机的共同特点是励磁电流和电枢电流由同一个直流电源提供。

二、直流电动机的工作原理和机械特性

1. 直流电动机的转动原理

图7-41a为简化的直流电动机原理图，图中N和S代表定子绕组产生的一对固定磁极，a、b代表电枢绕组的一匝线圈，A、B为电刷及一对换向片，U是电枢绕组的外加直流电源电压。

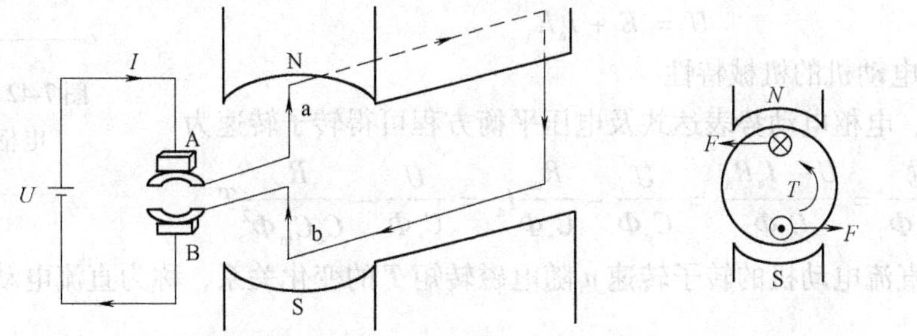

a) 直流电动机原理图　　b) 线圈受力方向

图7-41　直流电动机转动原理

当接通直流电压U时，直流电流I从a边流入，b边流出，由于电枢的a边处于N极之下，b边处于S极之下，线圈两边将受到电磁力的作用，从而形成一个逆时针方向的电磁转矩T，这个电磁转矩将使电枢绕组绕轴线方向逆时针转动，见图7-41b。

当电枢转动半周后，电枢的a边正好处于S极之下，b边正好处于N极之下。由于采用了电刷和换向器装置，当电枢处于上述位置时，电刷A、B所接触的换向片恰好对调，因此，电枢中的直流电流方向也得到了改变，即电流从b边流入，a边流出。这样一来，电枢仍然受到一个逆时针方向的电磁转矩T的作用，所以，电枢继续绕轴线方向逆时针转动。这就是直流电动机的转动原理。

直流电动机采用换向器结构是将外部直流电流转换成电枢内部的交流电流的关键，它保证了每个磁极之下的线圈边电流始终有一个固定不变的方向，从而保证电枢导体所受到的电磁力对转子产生确定方向的电磁转矩，这就是换向器的作用。

从上述分析可以知道，改变定子绕组中励磁电流的方向或改变电枢绕组中直流电流的方向都可以使直流电动机反转。

实际直流电动机的电枢绕组是由许多多匝线圈组成并均匀分布嵌在转子表面，磁极对数$p \geqslant 1$。转子在转动过程中，尽管原先与电刷相连的换向片上的线圈脱离直流电源，失去电磁力，但在惯性的作用下，又有新的线圈通过换向片依次与电刷接触得电，使得电动机转子获得恒转矩。

2. 直流电动机的电磁转矩与电压平衡方程

和交流电动机一样，直流电动机的电磁转矩也是由于载流转子导体在磁场中受电磁力作用而产生的。电磁转矩 T 与定子磁通 Φ、电枢电流 I_a 成正比，即

$$T = C_m \Phi I_a$$

式中，C_m 是与电动机结构有关的转矩常数。

当直流电动机转动时，电枢绕组切割磁力线而产生感应电动势，称为电枢电动势。电枢电动势 E 与定子磁通 Φ 成正比，并且还与转子转速 n 成正比，即

$$E = C_e \Phi n$$

式中，C_e 为电动势常数，与电动机结构有关。

如图7-42所示是电枢回路的等效电路，图中 U 是外加电压，R_a 是回路直流电阻，I_a 是电枢电流，E 是电枢转动时产生的反电动势。由图7-42可得电枢回路的电压平衡方程为

$$U = E + I_a R_a$$

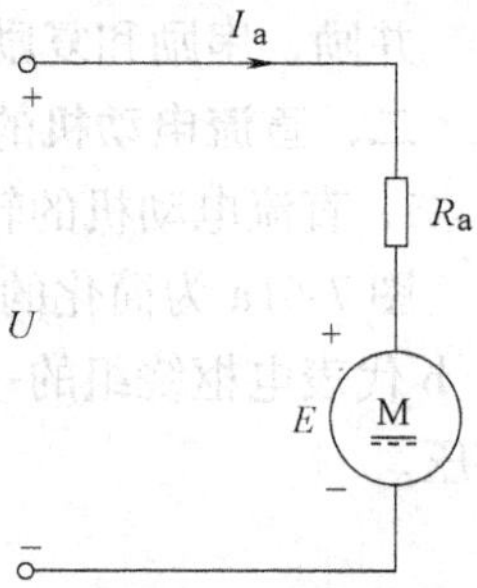

图7-42 直流电动机电枢等效电路

3. 直流电动机的机械特性

由转矩、电枢电动势表达式及电压平衡方程可得转子转速为

$$n = \frac{E}{C_e\Phi} = \frac{U - I_a R_a}{C_e\Phi} = \frac{U}{C_e\Phi} - \frac{R_a}{C_e\Phi}I_a = \frac{U}{C_e\Phi} - \frac{R_a}{C_e C_m \Phi^2}T$$

上式反映了直流电动机的转子转速 n 随电磁转矩 T 的变化关系，称为直流电动机的机械特性方程。令

$$n_0 = \frac{U}{C_e\Phi}$$

$$\Delta n = \frac{R_a}{C_e C_m \Phi^2}T$$

则上式可简化为

$$n = n_0 - \Delta n$$

式中，n_0 是电磁转矩 $T=0$ 时的转速，称为理想空载转速；Δn 是转速降，表示负载增加时，电动机的转速会下降。

直流电动机的机械特性曲线如图7-43所示。由于电枢电阻 R_a 很小，负载增加时转速 n 的下降并不大，因此直流电动机具有硬的机械特性。

三、直流电动机的运行与控制

直流电动机的基本运行与控制过程包括起动、正反转、调速和制动等。要正确使用直流电动机，必须掌握好运行与控制过程。

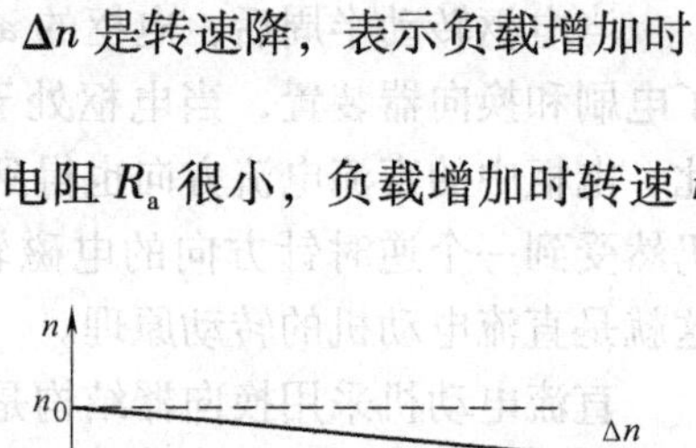

图7-43 直流电动机的机械特性曲线

1. 直流电动机的起动

直流电动机直接起动时的起动电流为

$$I_{st} = \frac{U}{R_a}$$

通常电枢电阻 R_a 很小，起动电流很大，达到额定电流的10～20倍，因此必须在电枢电路中串接起动电阻 R_{st} 限制起动电流，如图7-44所示。

在电枢电路中串接起动电阻 R_{st} 后，电枢中的起动电流为

$$I_{st} = \frac{U}{R_a + R_{st}}$$

由此可确定起动电阻的值为

$$R_{st} = \frac{U}{I_{st}} - R_a$$

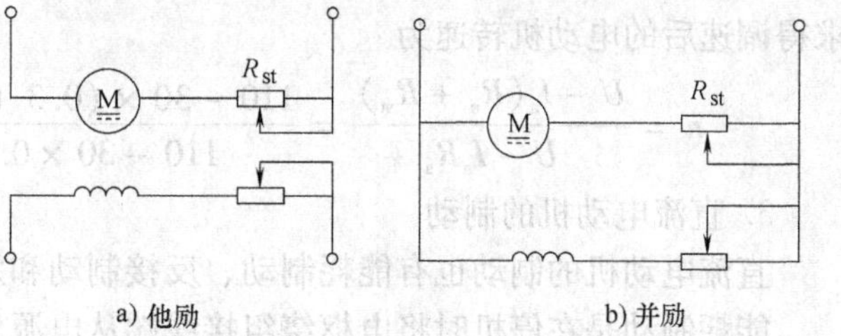

图 7-44 直流电动机串接起动电阻的接线图

一般规定起动电流不应超过额定电流的 1.5 ~ 2.5 倍。起动时将起动电阻调至最大，待起动后，随着电动机转速的上升将起动电阻逐渐减小。

例 7-5 一直流电动机额定电压 $U = 110V$，电枢电流 $I_a = 10A$，电枢电阻 $R_a = 0.4\Omega$。试求：(1) 求直接起动时的起动电流及正常运转时的反电动势；(2) 若要将起动电流减小到 20A，则应在电枢绕组中串联一个多大的起动电阻?

解 (1) 直接起动时的起动电流为

$$I_{st} = \frac{U}{R_a} = 275A$$

正常运转时的反电动势为

$$E = U - I_a R_a = 106V$$

(2) 若要将起动电流减小到 20A，应在电枢绕组中串联的起动电阻 R_{st} 为

$$R_{st} = \frac{U}{I'_{st}} - R_a = \left(\frac{110}{20} - 0.4\right)\Omega = 5.1\Omega$$

2. 直流电动机的调速

根据直流电动机的转速公式 $n = \frac{U - I_a R_a}{C_e \Phi}$ 可知，直流电动机的转速 n 与磁通 Φ、电枢电压 U 及电枢电阻 R_a 这三个参数有关，只要改变其中一个参数的量值，就能改变转速。

改变磁通调速的优点是调速平滑，可做到无级调速，且机械特性较硬，稳定性较好。但电动机在额定状态运行时磁路已接近饱和，所以通常只能减小磁通将转速往上调，调速范围较小。

改变电枢电压调速的优点是不改变电动机机械特性的硬度，稳定性好，可实现无级调速，且调速范围较宽，可达到 6 ~ 10。但电枢绕组需要一个单独的可调直流电源，设备较复杂。

改变电枢电阻调速，需要在电枢电路中串联调速电阻，其调速范围有限，机械特性变软，且电动机的损耗增大太多，因此只适用于调速范围要求不大的中、小容量直流电动机的调速。

例 7-6 有一台并励直流电动机，额定功率 $P_N = 10kW$，额定电压 $U_N = 110V$，额定电流 $I_N = 30A$，额定转速 $n_N = 1200r/min$，励磁电流 $P_m = 120W$，电枢电阻 $R_a = 0.30\Omega$。在额定转矩下，若电枢电路中串联调速电阻 $R_{st} = 0.7\Omega$，试求此时的转速 n。

解 因为调速前后并励电动机励磁线圈电压没有变化，因此磁通不变，负载转矩也没改

变，所以调速前后稳定运行情况下的电枢电流也将保持不变。

调速前的电枢反电动势

$$E = U - I_a R_a = C_e \Phi n_N$$

调速后稳定运行的电枢反电动势

$$E = U - I_a (R_a + R_{st}) = C_e \Phi n_N$$

求得调速后的电动机转速为

$$n = \frac{U - I_a (R_a + R_{st})}{U - I_a R_a} = \frac{110 - 30 \times (0.3 + 0.7)}{110 - 30 \times 0.3} \times 1200 \text{r/min} = 950 \text{r/min}$$

3. 直流电动机的制动

直流电动机的制动也有能耗制动、反接制动和发电反馈制动三种。

能耗制动是在停机时将电枢绕组接线端从电源上断开后立即与一个制动电阻短接，由于惯性，短接后电动机仍保持原方向旋转，电枢绕组中的感应电动势仍存在，并保持原方向，但因为没有外加电压，电枢绕组中的电流和电磁转矩的方向改变了，即电磁转矩的方向与转子的旋转方向相反，起到了制动作用。

反接制动是在停机时将电枢绕组接线端从电源上断开后立即与一个相反极性的电源相接，电动机的电磁转矩立即变为制动转矩，使电动机迅速减速至停转。

发电反馈制动是在电动机转速超过理想空载转速时，电枢绕组内的感应电动势将高于外加电压，使电机变为发电状态运行，电枢电流改变方向，电磁转矩成为制动转矩，限制电机转速过分升高。

习 题

7-1 三相异步电动机主要由哪几部分构成？各部分的主要作用是什么？

7-2 三相电源的相序对三相异步电动机旋转磁场的产生有何影响？

7-3 三相异步电动机转子的转速能否等于或大于旋转磁场的转速？为什么？

7-4 有一台4极、50Hz、1440r/min的三相异步电动机，转子每相电阻 $R_2 = 0.02\Omega$，感抗 $X_{20} = 0.08\Omega$，转子电动势 $E_{20} = 20\text{V}$。求该电动机起动时及在额定转速运行时的转子电流 I_2。

7-5 Y100L1-4型异步电动机的额定技术数据如下：$P_N = 2.2\text{kW}$，$n_N = 1420\text{r/min}$，$\eta_N = 81\%$，$U_N = 380\text{V}$，$\cos\varphi = 0.82$，Y接法，试计算：（1）相电流和线电流的额定值及额定负载时的转矩；（2）额定转差率及额定负载时的转子电流频率。（设电源频率为50Hz）

7-6 有台三相异步电动机，其额定转速为1470r/min，电源频率为50Hz。在（a）起动瞬间；（b）转子转速为同步转速的2/3时；（c）转差率为0.02时三种情况下，求：（1）定子旋转磁场对定子的转速；（2）定子旋转磁场对转子的转速；（3）转子旋转磁场对转子的转速（提示：$n_2 = \frac{60f_2}{p} = sn_0$）；（4）转子旋转磁场对定子的转速；（5）转子旋转磁场对定子旋转磁场的转速。

7-7 有Y112M-2型和Y160M1-8型异步电动机各一台，额定功率都是4kW，前者额定转速为2890r/min，后者为720r/min。试比较它们的额定转矩，并由此说明电动机的极数、转速及转矩三者之间的大小关系。

7-8 有一台4极50Hz，1425r/min的三相异步电动机，转子电阻 $R_2 = 0.02\Omega$，感抗 $X_{20} = 0.08\Omega$，$E_1/E_{20} = 10$，当 $E_1 = 200\text{V}$ 时，试求：（1）电动机在起动瞬间（$n = 0$，$s = 1$）转子每相电路的电动势 E_{20}、电流 I_{20} 和功率因数 $\cos\varphi_{20}$；（2）额定转速时的 E_1、I_2 和 $\cos\varphi_{20}$。比较在上述两种情况下转子电路的各个物理量（电动势、频率、感抗、电流及功率因数）的大小。

7-9 一台4极的三相异步电动机，电源频率$f_1=50\text{Hz}$，额定转速$n_N=1440\text{r/min}$。计算这台电动机在额定转速下的转差率s_N和转子电流的频率f_2。

7-10 三相异步电动机若有一相绕组开路，会产生什么后果？

7-11 Y132S-4型三相异步电动机的额定技术数据如下：$P_N=5.5\text{kW}$，$n_N=1440\text{r/min}$，$\eta_N=85.5\%$，$U_N=380\text{V}$，$\cos\varphi=0.84$，$I_{st}/I_N=7$，$T_{st}/T_N=2.2$，$T_{max}/T_N=2.2$，电源频率为50Hz。试求额定状态下的转差率s_N，电流I_N和转矩T_N，以及起动电流I_{st}，起动转矩T_{st}，最大转矩T_{max}。

7-12 某一三相异步电动机的额定功率为15kW，额定转速为970r/min，频率为50Hz，最大转矩为295.36N·m。试求电动机的过载系数。

7-13 某一4极三相异步电动机的额定功率为30kW，额定电压为380V，△接法，频率为50Hz。在其额定运行时，转差率为0.02，效率为90%，线电流为57.5A，试求：（1）转子旋转磁场切割转子导体的速度；（2）额定转矩和额定功率因数。

7-14 三相异步电动机的额定功率为20kW，额定电压为380V，△接法，频率为50Hz，$p=2$，$\dfrac{T_{st}}{T_N}=1.3$，$\dfrac{I_{st}}{I_N}=7$在额定负载下运行时的转差率为0.03，效率为85%，线电流为40A，试求：（1）电动机在额定负载下运行时的转矩和功率因数；（2）用Y-△减压起动时的起动电流和起动转矩；（3）当负载为额定转矩的80%和25%时，电动机能否起动？

7-15 习题7-13中电动机的$T_{st}/T_N=1.2$，$I_{st}/I_N=7$，求用Y-△减压起动时：（1）起动电流和起动转矩；（2）当负载转矩为额定转矩的60%和25%时，电动机能否带负载起动？

7-16 在习题7-13中，$I_{st}/I_N=6$，如果采用自耦减压起动，而使电动机的起动转矩为额定转矩的85%，求自耦变压器的电压比和电动机的起动电流。

7-17 有一带载起动的短时运行的三相异步电动机，折算到轴上的转矩为130N·m，转速为730r/min，试求电动机的功率。取过载系数$\lambda=2$。

7-18 试阐述分相式单相异步电动机改变旋转方向的原理。罩极式单相异步电动机能否改变旋转方向？

7-19 试阐述换向器在直流电动机中的作用。

7-20 一台直流电动机的额定转速为3000r/min，当电枢电压和励磁电流均为额定值时，问该电动机是否可以在转速为2500r/min下长期运行？为什么？

7-21 某一他励直流电动机的额定值为$P_N=2.2\text{kW}$，$U=U_f=110\text{V}$，$n=1500\text{r/min}$，$\eta=0.8$；已知$R_a=0.4\Omega$，$R_f=82.7\Omega$。试求：（1）额定电枢电流；（2）额定励磁电流；（3）励磁功率；（4）额定转矩；（5）额定电流时的反电动势。

7-22 对7-21题的电动机，试求：（1）起动瞬间的起动电流；（2）如果要使起动电流不超过$2I_N$，求此时的起动电阻和起动转矩？

7-23 对习题7-21的电动机，如果保持额定转矩不变，求用下列两种方法调速时的转速：（1）磁通不变，电枢电压降低20%；（2）磁通和电枢电压不变，电枢电路串联一个1.6Ω的电阻。

7-24 对题7-21的电动机，允许削弱磁场调到最高转速3000r/min。试求：保持电枢电流为额定值时，电动机调到最高转速后的电磁转矩。

7-25 一台并励电动机，其额定数据为$P_N=2.2\text{kW}$，$U=220\text{V}$，$I=53.8\text{A}$，$n=1500\text{r/min}$，已知$R_a=0.4\Omega$，$R_f=193\Omega$。今在励磁电路串联励磁调节电阻$R'_f=50\Omega$，采用调磁调速。试求：（1）保持额定转矩不变时的转速n，电枢电流I_a及输出功率；（2）保持额定电枢电流不变时的转速n，转矩T及输出功率。

7-26 某并励直流电动机的额定值为$P_N=20\text{kW}$，$n_N=1500\text{r/min}$，$I_N=104\text{A}$，$U_N=220\text{V}$，已知电枢电阻$R_a=0.5\Omega$，励磁回路电阻$R_f=55\Omega$。求：当磁通Φ减为额定值的80%时，带额定负载运行时的电枢电流，电动机的转速和输出功率。

第八章　继电接触器控制系统

采用继电器、接触器及按钮等控制电器对电动机或其他电气设备进行电源的接通或断开，来实现自动控制的系统，称为继电接触器控制系统。

各种生产机械的运动部件大多是由异步电动机带动的。采用继电接触器控制系统，可对电动机进行点动控制、单向连续运行控制、正反转控制、行程控制、时间控制，以及控制多台电动机有规律起停运行等，实现各种复杂的机械运动，满足生产过程和加工工艺的预定要求，自动完成各种加工过程，减轻劳动强度，提高劳动生产率。

电动机在运行过程中，由于各种原因可能会遇到电源电压过低、电动机电流过大、电源缺相、电动机定子绕组相间短路或电动机绕组与外壳短路等异常情况，若不及时切断电源则可能给设备或人身带来危险，因此控制电路中必须采取短路保护、过载保护、零电压保护和欠电压保护等措施。

本章首先介绍常用控制电器的结构、动作原理及其控制作用，在此基础上介绍三相异步电动机的一些典型控制电路和保护方法，最后通过实例介绍了继电接触器控制系统在生产生活中的应用。

第一节　常用控制电器

对电动机和生产机械实现控制和保护的电工设备叫做控制电器。控制电器按其动作方式可分为手动电器和自动电器两类。手动电器的动作是由工作人员手动操纵的，如刀开关、组合开关、按钮等。自动电器的动作是根据指令、信号或某个物理量的变化自动进行的，如中间继电器、交流接触器、行程开关等。

一、开关电器

开关电器是控制电路中用于不频繁接通或断开电路的开关，或用于机床电路电源的引入开关，开关电器包括刀开关、断路器及组合开关等。

1. 刀开关

刀开关是一种简单而使用广泛的手动电器，一般在不频繁操作的低压电路中用于接通和切断电源，有时也用来控制小容量电动机的直接起动与停机。

刀开关由闸刀（动触点）、静插座（静触点）、手柄和绝缘底板等组成，如图 8-1a 所示是常见的胶盖瓷底刀开关的结构示意图。

刀开关的种类很多。按极数（刀片数）分为单极、两极和三极；按结构分为平板式和条架式；按操作方式分为直接手柄操作式、

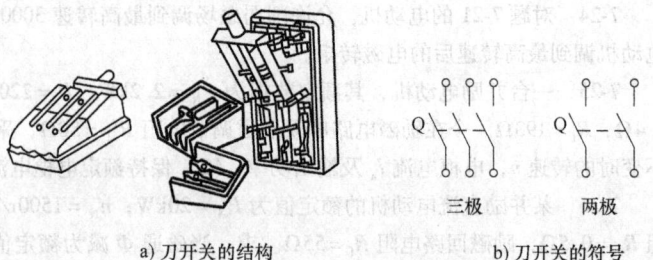

a) 刀开关的结构　　b) 刀开关的符号

图 8-1　刀开关的结构和符号

杠杆操作机构式和电动操作机构式；按转换方向分为单投和双投等。图 8-1b 所示的是两极和三极刀开关的符号。

刀开关的额定电压通常为 250V 和 500V，额定电流在 1500A 以下，一般与熔断器串联使用，以便在短路或过载时熔断器熔断而自动切断电路。

安装刀开关时，电源线应接在静触点上，负荷线接在与闸刀相连的端子上。对于有熔丝的刀开关，负荷线应接在闸刀下侧熔丝的另一端，以确保刀开关切断电源后闸刀和熔丝不带电。垂直安装时，手柄向上合为接通电源，向下拉为断开电源，不能反装，否则可能因闸刀松动自然落下而误将电源接通。

刀开关的选用主要考虑回路额定电压、长期工作电流以及短路电流等因素。刀开关的额定电流应大于其所控制的最大负载电流。用于直接起停 3 kW 及以下的三相异步电动机时，刀开关的额定电流必须大于电动机额定电流的 3 倍。

2. 断路器

断路器是常用的一种低压保护电器，它利用空气来熄灭开关过程中产生的电弧，所以俗称空气开关。

断路器在电路中作接通、分断和承载额定工作电流，并能在线路和电动机发生过载、短路、欠电压等故障时能自动切断电路，起到保护作用。

如图 8-2 所示是断路器的工作原理图，它主要由触点系统、操作机构和保护元件三部分组成。主触点靠操作机构（手动或电动）闭合。开关的脱扣机构是一套连杆装置，有过电流脱扣器和欠电压脱扣器等，它们都是电磁铁。主触点闭合后就被锁钩锁住。正常情况下，过电流脱扣器的衔铁是释放的，当线路发生短路或严重过载电流时，线圈电流超过瞬时脱扣整定电流值，电磁脱扣器产生足够大的吸力，将衔铁吸合并撞击杠杆，使搭钩绕转轴座向上转动与锁扣脱开，锁扣在反力弹簧的作用下将主触点分断，切断电源，起到过电流保护作用。欠电压脱扣器的工作情况与之相反，正常情况下吸住衔铁，主触点闭合，当电压严重下降或断电时释放衔铁，使主触点断开，实现欠电压保护。当电路发生一般性过载时，过载电流虽不能使电磁脱扣器动作，但能使热元件产生一定热量，促使双金属片受热向上弯曲，推动杠杆使搭钩与锁扣脱开，将主触点分断，实现过载保护。

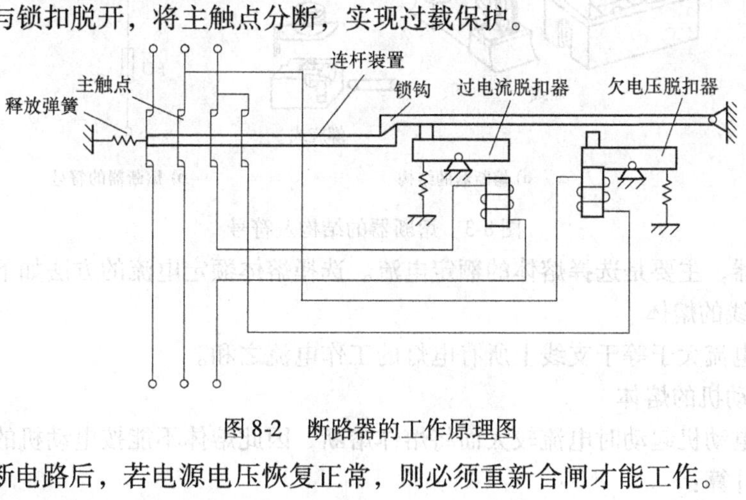

图 8-2　断路器的工作原理图

断路器切断电路后，若电源电压恢复正常，则必须重新合闸才能工作。

断路器的选择可按下列步骤进行：

1）其额定电压和额定电流应不小于电路正常工作电压和电路的计算电流。

2）热脱扣器的额定电流应稍大于电路的计算电流。

3）电磁脱扣器的瞬时动作整定电流，应大于电路的峰值电流。整定电流分下面两种情况确定：

单台电动机为

$$I_{zd} > KI_{st}$$

式中，I_{zd}为电磁脱扣器的瞬时动作整定电流；I_{st}为电动机的起动电流；K为考虑整定误差和起动电流容许变化的可靠系数，对动作时间在一个周波以内的断路器，还要考虑非周期分量的影响。故动作时间大于0.02s的断路器（DW型），K取1.35，动作时间小于0.02s的断路器（DZ型），K取1.7~2。

配电线路为

$$I_{zd} > KI_f$$

式中，K为可靠系数，取1.35；I_f为配电电路中的尖峰电流。配电电路中有多台电动机时，尖峰电流等于该电路中最大一台电动机的起动电流，再加上其余电动机额定电流之和。

二、熔断器

熔断器是一种简单而有效的短路保护电器，一般由支座、外壳和熔体组成，串接在被保护电路中。熔断器中的熔体有带状和丝状两种，熔体用电阻率较高的易熔合金制成，或用截面积甚小的良导体制成。线路在正常工作情况下，熔断器的熔体不应熔断，一旦发生短路或严重过载时，熔体应立即熔断，起到保护线路上电器设备作用。

熔断器应安装在开关的负载一侧，更换熔体时可先开断开关，以便在不带电的情况下安全操作。图8-3所示为熔断器的3种常用结构及符号。

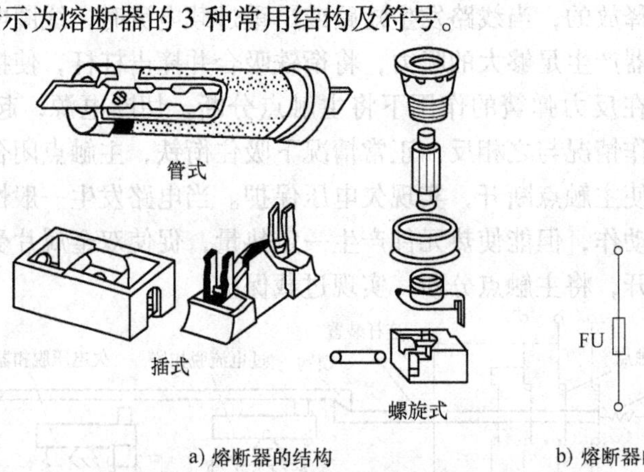

a) 熔断器的结构　　b) 熔断器的符号

图8-3　熔断器的结构及符号

选择熔断器，主要是选择熔体的额定电流。选择熔体额定电流的方法如下：

1. 电灯支线的熔体

熔体额定电流大于等于支线上所有电灯的工作电流之和。

2. 一台电动机的熔体

为了防止电动机起动时电流较大而将熔体熔断，因此熔体不能按电动机的额定电流来选择，应按下式计算：

$$\text{熔体额定电流} \geqslant \frac{\text{电动机的起动电流}}{2.5}$$

如果电动机起动频繁，则为

$$熔体额定电流 \geqslant \frac{电动机的起动电流}{1.6 \sim 2}$$

3. 几台电动机合用的总熔体

熔体额定电流 =（1.5 ~2.5）× 容量最大的电动机的额定电流 + 其余电动机的额定电流之和

三、主令电器

主令电器是一种专门发出指令、直接或通过电磁式电器间接作用于控制电路的电器。常用来控制电力拖动系统中电动机的起动、停车、调速及制动等。主令电器主要有控制按钮、行程开关、接近开关、万能转换开关等。这里只介绍应用较多的按钮、万能转换开关和行程开关。

1. 按钮

按钮是一种发出指令的电器，主要用于远距离操作继电器、接触器接通或断开控制电路，从而控制电动机或其他电气设备的运行。

按钮由按钮帽、复位弹簧、接触部件等组成，其外形、内部结构原理图和符号如图 8-4 所示。按钮的触点分为常闭触点（又叫动断触点）和常开触点（又叫动合触点）两种。常闭触点是按钮未按下时闭合、按下后断开的触点。常开触点是按钮未按下时断开、按下后闭合的触点。

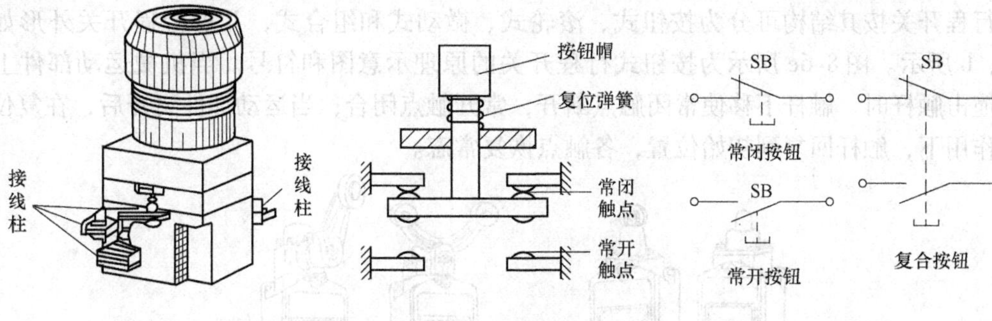

a) 按钮的外形　b) 按钮的结构　c) 按钮的符号

图 8-4　按钮的外形、结构和符号

按钮的种类很多。按钮内的触点对数及类型可根据需要组合，最少具有一对常闭触点或常开触点。由常闭触点和常开触点通过机械机构联动的按钮称为复合按钮或复式按钮。复式按钮按下时，常闭触点先断开，然后常开触点闭合；松开后，依靠复位弹簧使触点恢复到原来的位置，其动作顺序是常开触点先断开，然后常闭触点闭合。常开触点可用于接通某一控制电路，常闭触点可用于断开某一控制电路。

2. 万能转换开关

万能转换开关，是一种转动式的刀开关，主要用于接通或切断电路、换接电源、控制小型笼型三相异步电动机的起动、停止、正反转和局部照明。

万能转换开关的结构如图 8-5a 所示，它由若干节触点座组合而成，每节都装有一对触点，静触点的一端固定在绝缘垫板上，另一端与接线柱相连，动触点可根据需要错开一定角度装在转轴上，操作时手柄带动转轴和凸轮转动，使处于不同角度上的动触点与静触点接通或断开。图 8-5b 是用万能转换开关起、停电动机的接线图。

万能转换开关按通、断类型可分为同时通断和交替通断两种；按转换位数分为二位转换、三位转换、四位转换3种。额定电流有10A、25A、60A和100A等多种。

3. 行程开关

行程开关又称限位开关，用于控制机械设备的行程及限位保护。在实际生产中，将行程开关安装在预先安排的位置，当装于生产机械运动部件上的挡块撞击行程开关时，行程开关的触点动作，实现电路的切换。因此，行程开关是一种根据运动部件的行程位置而切换电路的电器，它的作用原理与按钮类似。行程开关广泛用于各类机床和起重机械，用以控制其行程、进行终端限位保护。在电梯的控制电路中，还利用行程开关来控制开关轿门的速度、自动开关门的限位，轿厢的上、下限位保护。

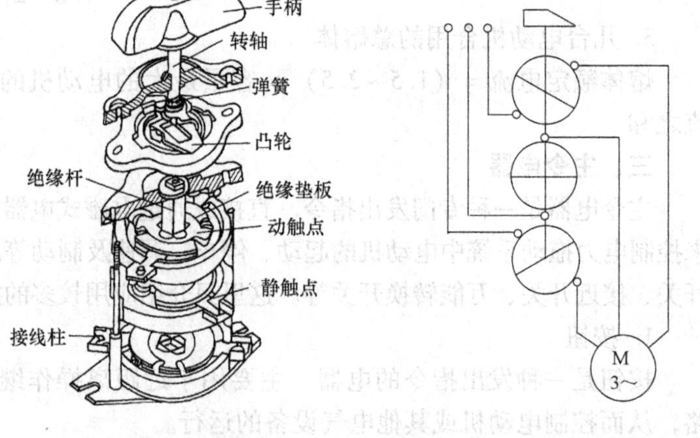

a) 万能转换开关的结构　b) 万能转换开关的接线图

图8-5　万能转换开关的结构与接线图

行程开关按其结构可分为按钮式、滚轮式、微动式和组合式，几种行程开关外形如图8-6a、b所示。图8-6c所示为按钮式行程开关的原理示意图和符号。当机械运动部件上的挡块撞击触杆时，触杆下移使常闭触点断开，常开触点闭合；当运动部件离开后，在复位弹簧的作用下，触杆回复到初始位置，各触点恢复常态。

c) 按钮式行程开关的结构　d) 行程开关的符号

图8-6　行程开关的外形、结构和符号

四、交流接触器

交流接触器是用来接通和断开电动机或其他设备主电路的一种控制电器，是电力拖动中最主要的控制电器之一。图 8-7 所示为交流接触器的结构、原理示意图和符号。

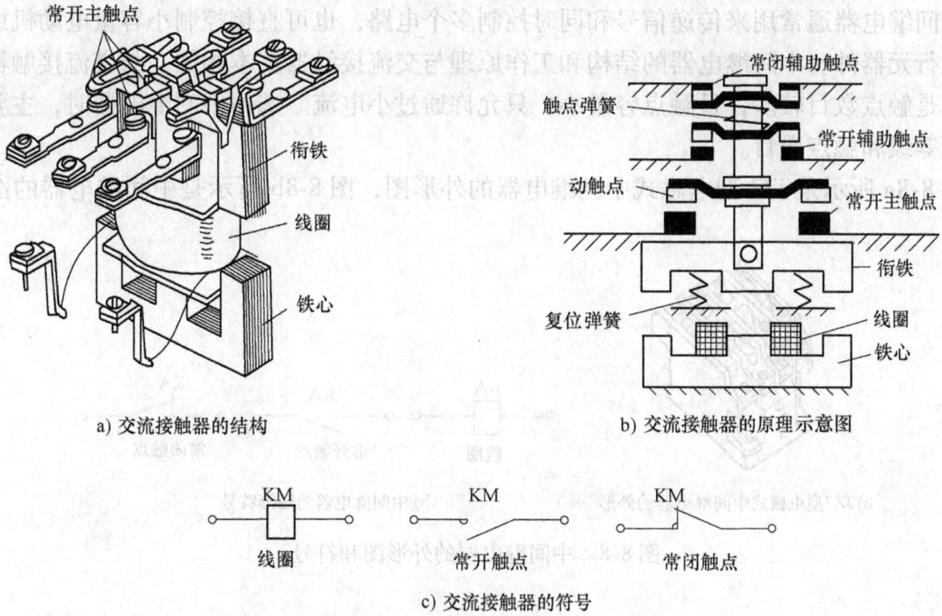

图 8-7　交流接触器的结构、原理示意图和符号

交流接触器主要由电磁系统、触点系统和灭弧装置组成。

触点系统是接触器的执行部分，包括主触点、辅助触点和弹簧。主触点的作用是接通和分断主电路，控制较大的电流，而辅助触点是在控制电路中，用于接通或分断较小的电流，以满足各种控制方式的要求。交流接触器一般具有三对常开主触点，常开、常闭辅助触点各两对。

电磁系统实际上是一个电磁铁，包括吸引线圈、铁心和衔铁，是接触器的重要组成部分。当电磁铁的线圈通电时，产生电磁吸引力，将衔铁吸下，带动常开触点闭合，常闭触点断开。电磁铁的线圈断电后，电磁吸引力消失，依靠弹簧使触点恢复到初始状态。

接触器用于接通或分断较大电流，为了迅速熄灭由于主触点断开时产生的电弧，在主触点上装有灭弧装置，以防止电弧烧坏触点。

选用接触器时，应注意主回路触点的额定电流应大于或等于被控设备的额定电流，控制电动机的接触器还应考虑电动机的起动电流，以及线圈工作电压和触点数量等。为了防止频繁操作的接触器主触点烧蚀，频繁动作的接触器额定电流可降低使用。

交流接触器线圈额定电压通常是 220V 或 380V，允许在额定电压的 80% ~105% 范围内使用。

五、继电器

继电器是一种根据某种输入信号（电压、电流、转速、时间、温度等）的变化来接通或断开控制电路，实现自动控制或保护电力装置的电器。继电器按输入信号的性质，可分为电压继电器、电流继电器、速度继电器、时间继电器、压力继电器、温度继电器等；按工作原理可分为电磁式继电器、感应式继电器、热继电器、电动式继电器、电子式继电器等；按用途可分为控制继电器、保护继电器等。

1. 中间继电器

中间继电器通常用来传递信号和同时控制多个电路，也可直接控制小容量电动机或其他电气执行元器件。中间继电器的结构和工作原理与交流接触器基本相同，与交流接触器的区别主要是触点数目较多，且触点容量小，只允许通过小电流。选用中间继电器时，主要是考虑电压等级和触点数目。

图 8-8a 所示是 JZ7 型电磁式中间继电器的外形图，图 8-8b 所示是中间继电器的图形符号。

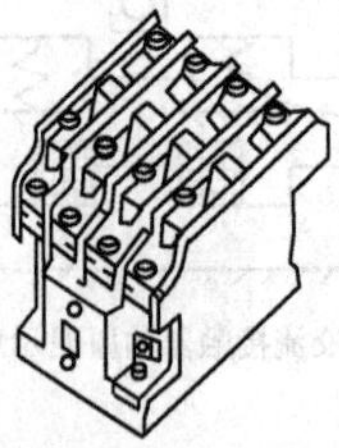

a) JZ7型电磁式中间继电器的外形

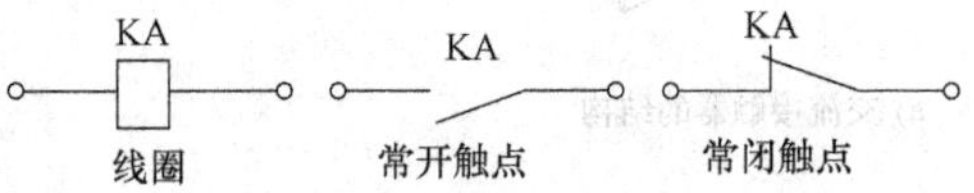

b) 中间继电器的图形符号

图 8-8　中间继电器的外形图和符号

2. 热继电器

热继电器主要由发热元件、双金属片和触点组成，在电路中用作三相异步电动机的过载保护。电动机在实际运行中经常会遇到过载情况，只要过载不太严重，时间较短，绕组不超过允许温升，这种过载是允许的。若电动机长期超载运行，其绕组温升会超过允许值，就会加速绝缘材料的老化，缩短电动机的使用年限，严重时会损坏电动机，因此必须对电动机进行过载保护。

图 8-9 所示是热继电器的外形结构、工作原理图和符号。

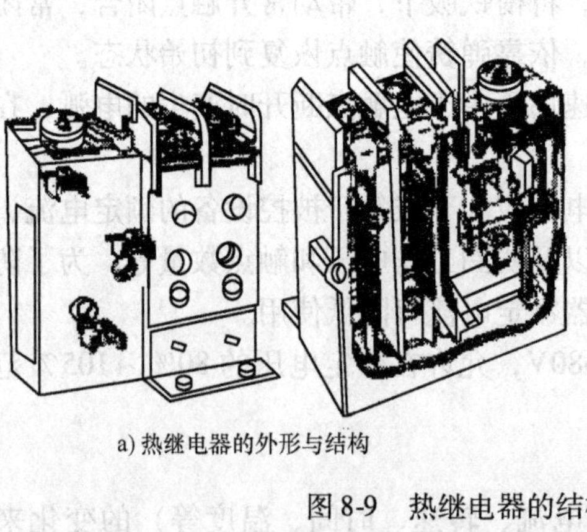

a) 热继电器的外形与结构

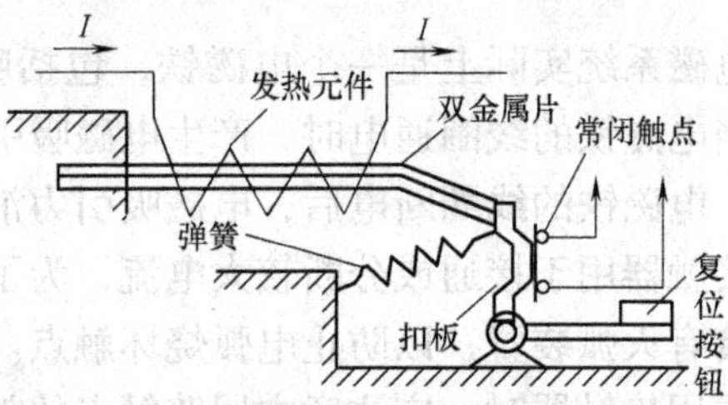

b) 热继电器的原理示意图

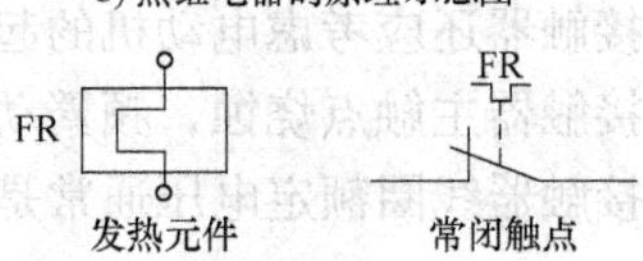

c) 热继电器的符号

图 8-9　热继电器的结构、工作原理图和符号

热继电器触点的动作是利用感温元件受热产生的机械变形推动机构动作来开闭触点。感

温元件串接于主电路中，而触点是接在电动机控制电路中的，控制电路断开将使接触器的线圈断电，从而断开电动机的主电路。热继电器中的发热元件是一段阻值不大的电阻丝，通过电流越大，发热量越大，使感温元件达到变形允许值的时间越短；感温元件是双金属片，由热膨胀系数不同的两种金属辗压而成，如图 8-9b 所示，下层金属的膨胀系数大，上层金属的膨胀系数小。当电动机正常运行时，发热元件产生的热量虽能使双金属片自由端弯曲上翘，但还不足于使热继电器触点动作。当电动机过载时，主电路中的电流超过允许值，使得双金属片弯曲位移增大超出扣板，扣板在弹簧拉力的作用下将常闭触点断开。

热继电器不能用作短路保护。因为发生短路事故时，电路应迅速断开，而热继电器由于热惯性是不会立即动作。但这个热惯性也符合人们要求，在电动机起动或短时过载时，热继电器不会动作可以避免电动机不必要的停车。

热继电器动作后不会自动复位，需等双金属片冷却后按下复位按钮复位。

热继电器中有 2 ~ 3 个发热元件，使用时应将各发热元器件分别串接在两根或三根电源线中，可直接反映三相电流的大小。两个发热元件的热继电器不能用做定子绕组为三角形联结的电动机的断相保护。

常用的热继电器有 JR0 和 JR10 系列，其主要技术数据是整定电流。所谓整定电流，就是发热元器件通过的电流为此值的 120% 时，热继电器应在 20min 内动作。整定电流与电动机的额定电流一致，应根据整定电流选择热继电器。热继电器上标有多个整定电流值，可借助旋转凸轮于不同位置来选择。

3. 时间继电器

时间继电器是一种利用电磁原理或机械动作原理实现触点延时接通或断开的自动控制电器。时间继电器的种类很多，有空气阻尼式、电磁式、电动式和电子式等，一般分为通电延时和断电延时两种类型。时间继电器的图形符号及文字符号如图 8-10 所示。现仅以通电延时空气式时间继电器（见图 8-11）为例来说明其工作原理。

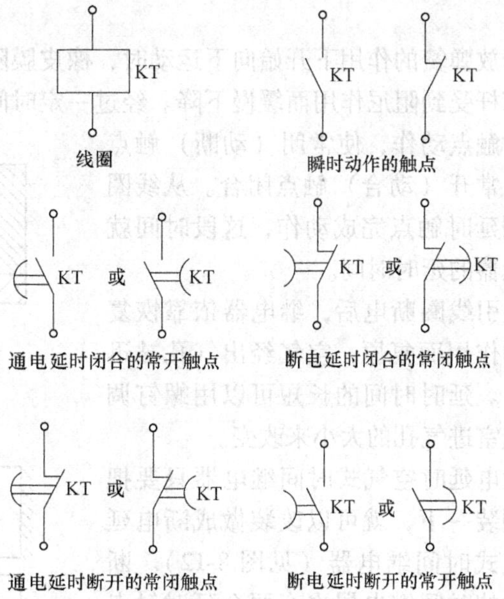

图 8-10 时间继电器的图形符号及文字符号

图 8-11 所示为通电延时空气式时间继电器的结构原理图，它有两个延时触点：一个是通电延时断开的常闭触点，另一个是通电延时闭合的常开触点，此外还有两个瞬动触点。通电延时空气式时间继电器利用空气的阻尼作用达到动作延时的目的，主要由电磁系统、触点、延时机构等组成，电磁机构为直动式双 E 形，触点系统是采用微动开关，延时机构采用气囊式阻尼器。

当线圈通电时，衔铁及托板被铁心吸引而瞬时下移，使瞬时动作触点接通或断开。但是活塞杆和杠杆不能同时跟着衔铁一起下落，因为活塞杆的上端连着气室中的橡皮膜，当活塞

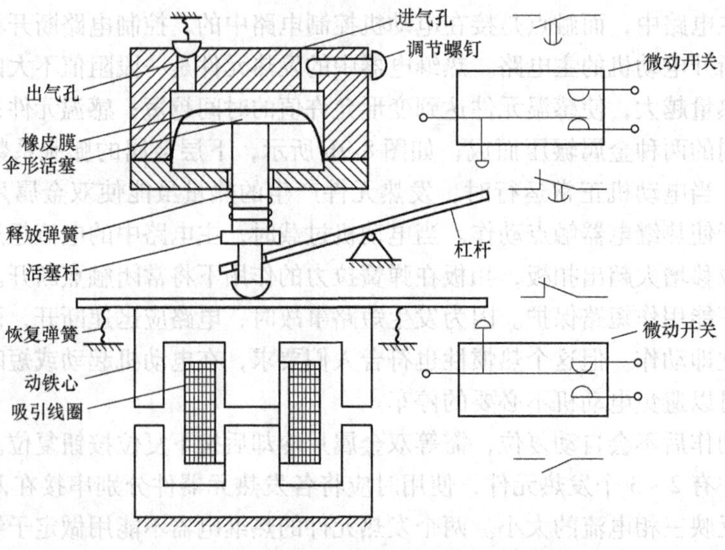

图 8-11 通电延时空气式时间继电器

杆在释放弹簧的作用下开始向下运动时，橡皮膜随之向下凹，上面空气室的空气变得稀薄而使活塞杆受到阻尼作用而缓慢下降。经过一定时间，活塞杆下降到一定位置，便通过杠杆推动延时触点动作，使常闭（动断）触点断开，常开（动合）触点闭合。从线圈通电到延时触点完成动作，这段时间就是继电器的延时时间。

吸引线圈断电后，继电器依靠恢复弹簧的作用而复原，空气经出气孔被迅速排出。延时时间的长短可以用螺钉调节空气室进气孔的大小来改变。

通电延时空气式时间继电器只要把铁心倒装一下，就可以改装做成断电延时空气式时间继电器（见图 8-12）。断电延时的时间继电器也有两个延时触点和两个瞬动触点，延时触点一个是断电延时闭合的常闭触点，另一个是断电延时断开的常开触点。

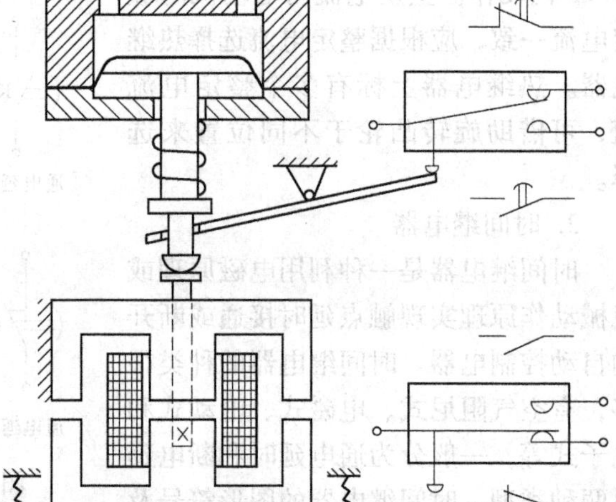
图 8-12 断电延时空气式时间继电器

空气阻尼型时间继电器的延时范围大（有 0.4～60s 和 0.4～180s 两种），结构简单，但准确度较低。

第二节 三相异步电动机的基本控制电路

三相异步电动机的基本控制电路包括点动控制、直接起动控制、正反转控制、多地控制、行程控制、时间控制等典型控制电路，都是用继电接触器和按钮控制电动机的起动与停止，用熔断器和热继电器对电动机进行短路保护和过载保护。掌握了这些典型控制电路，对其他复杂控制电路的设计、应用和分析都有指导意义。

一、点动控制

所谓点动控制就是按下按钮电动机就转动，释放按钮时电动机就停车的一种控制方法，用于机械的调整和调试。如起重机等生产机械上，都常用到点动控制。

图 8-13 所示是实现三相异步电动机点动控制的控制电路图，图中 SB 为按钮，KM 为接触器，FU_1、FU_2 为熔断器，FR 为热继电器。合上开关 Q，三相电源被引入控制电路，按下按钮 SB，接触器 KM 的线圈通电，衔铁吸合，常开主触点接通，电动机定子绕组接入三相电源，电动机起动运转。松开按钮 SB，接触器 KM 的线圈断电，衔铁松开，常开主触点断开，电动机因断电而停止运转。

在图 8-13a 中，各个电器是按照实际位置画出的，属于同一电器的各个部件集中画在一起，这样的图称为控制电路的接线图。接线图比较直观，容易识别电器，便于安装和检修，初学者容易接受，但当电路比较复杂、使用控制电器较多时，电路就不容易看清楚。同一电器的各部件在机械上虽然连在一起，但在电路上并不一定互相关联，因此，为了便于读图以及分析和设计电路，控制电路通常用规定的符号画成原理图。图 8-13b 即为图 8-13a 的电气原理图。

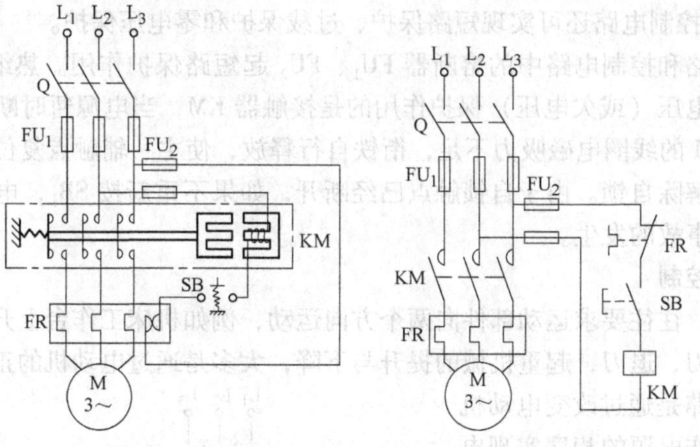

a) 接线示意图　　b) 电气原理图

图 8-13　点动控制

在绘制和阅读原理图时应注意以下几点：

1）弄清各种电器的符号和意义，图中各电器的触点均处于常态，即各电气元器件在未操作时触点所处的状态，如接触器线圈没有通电、按钮不受外力时的状态。

2）同一电器的各个部件（如接触器的线圈和触点），按其控制作用在原理图中往往很分散，为了识别方便，用同一文字符号标注。

3）习惯上，将主电路画在电路的左边（或上边）；控制电路画在电路的右边（或下边）。

4）电路垂直方向绘制时，常开触点向左，常闭触点向右，即左开右闭；电路水平方向绘制时，常开触点向下，常闭触点向上，即下开上闭。电路一般按垂直方向绘制。

二、直接起动控制

生产过程中常要求电动机起动后连续长时间运转，图 8-14 所示的电路就是为了满足这一要求而设计的，其工作过程如下：

（1）起动过程　按下起动按钮 SB_1，接触器 KM 的线圈通电，与 SB_1 并联的 KM 辅助常开触点闭合，以保证松开按钮 SB_1 后 KM 的线圈持续通电，串联在电动机回路中的 KM 主触点持续闭合，电动机连续运转，从而实现连续运转控制。与 SB_1 并联的 KM 辅助常开触点的这种作用称为自锁。

（2）停止过程　按下停止按钮 SB_2，接触器 KM 的线圈断电，与 SB_1 并联的 KM 辅助常开触点断开，以保证松开按钮 SB_2 后 KM 的线圈持续失电，串联在电动机回路中的 KM 主触点持续断开，电动机停转。

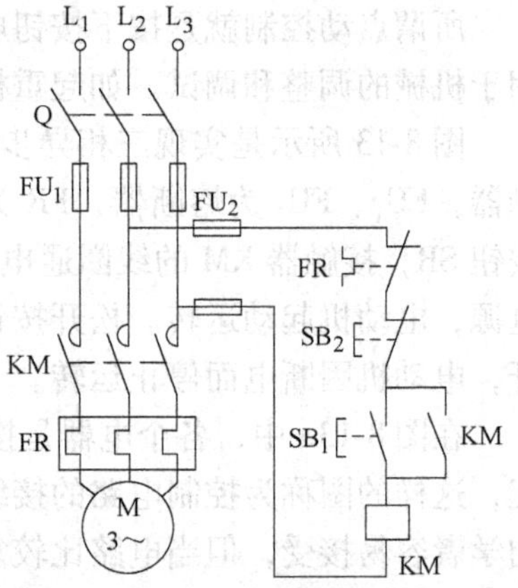

图 8-14　电动机直接起动控制电路

与点动控制电路相比，图 8-14 所示的控制电路增加了两个环节：①为了使电动机能够连续运转，增加了自锁环节；②要使连续运行的电动机停转，电路中串接了停止按钮。

图 8-14 所示控制电路还可实现短路保护、过载保护和零电压保护。

串接在主电路和控制电路中的熔断器 FU_1、FU_2 起短路保护作用。热继电器 FR 起过载保护作用。起零电压（或欠电压）保护作用的是接触器 KM，当电源暂时断电或电压严重下降时，接触器 KM 的线圈电磁吸力不足，衔铁自行释放，使主、辅触点复位，电动机脱离电源并停转，同时解除自锁。由于自锁触点已经断开，如果不重新按 SB_1，电动机不会自行起动，避免了生产事故的发生。

三、正反转控制

实际生产中，往往要求运动部件向两个方向运动，例如机床工作台上升、下降，前进与后退，车床的进刀、退刀，起重机械的提升与下降，大多是通过电动机的正反转实现的。图 8-15 所示控制电路是通过改变电动机定子三相绕组工作电源的相序实现电动机正反转的基本控制电路。

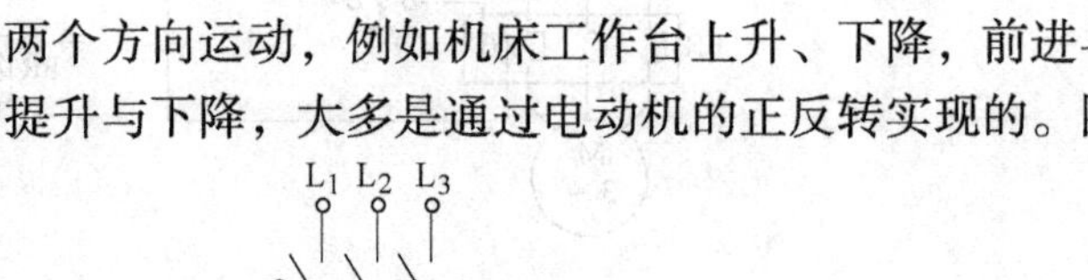

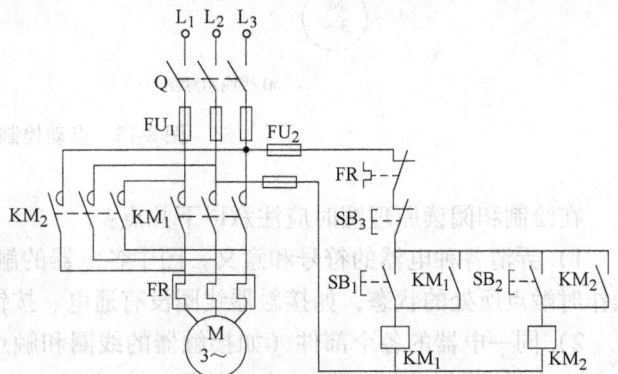

图 8-15　电动机正反转的基本控制电路

在主电路中，接触器 KM_1、KM_2 主触点的作用是将三相电源按正序或负序接入电动机的定子三相绕组。当接触器 KM_1 的主触点闭合，而 KM_2 的主触点断开时，电动机正向运转。当接触器 KM_2 的主触点闭合，而 KM_1 的主触点断开时，电动机反向运转。接触器 KM_1 和 KM_2 的主触点不允许同时闭合，否则将引起电源相间短路，给操作带来潜在的危险。

控制电路中 SB_1 为正向起动控制按钮，SB_2 为反向起动控制按钮，SB_3 为停机按钮。电路通过控制接触器 KM_1 或 KM_2 的线圈是否通电以决定电动机的正转或反转。控制动作过程如下：

（1）正向起动运转过程　按下起动按钮 SB_1，接触器 KM_1 的线圈通电，与 SB_1 并联的 KM_1 辅助常开触点闭合，以保证 KM_1 的线圈持续通电，串联在电动机回路中的 KM_1 主触点持续闭合，电动机连续正向运转。

（2）停机过程　按下停止按钮 SB_3，接触器 KM_1 的线圈断电，与 SB_1 并联的 KM_1 辅助触点断开，以保证 KM_1 的线圈持续失电，串联在电动机回路中的 KM_1 主触点持续断开，切断电动机定子电源，电动机停转。

（3）反向起动运转过程　按下起动按钮 SB_2，接触器 KM_2 的线圈通电，与 SB_2 并联的 KM_2 辅助常开触点闭合，以保证 KM_2 的线圈持续通电，串联在电动机回路中的 KM_2 主触点持续闭合，电动机连续反向运转。

图 8-15 所示的控制电路在使用时应特别注意 KM_1 和 KM_2 的线圈不能同时通电，因此不能同时按下 SB_1 和 SB_2，也不能在电动机正转时按下反转起动按钮，或在电动机反转时按下正转起动按钮，应先按 SB_3 停机后再换转向。

为了防止误操作，避免相间短路，确保 KM_1 和 KM_2 的线圈不会同时通电，可在图 8-15 所示的电动机基本控制电路中引入联锁解决这一问题。具体做法是将接触器 KM_1 的辅助常闭触点串入 KM_2 的线圈电路中，接触器 KM_2 的辅助常闭触点串入 KM_1 的线圈电路中，如图 8-16a 所示。这样，当一个接触器线圈通电时，另一个接触器线圈电路总是断开而不能通电。这种由接触器触点使两个接触器的线圈不能同时通电的控制方式称为电气联锁或互锁，两个辅助常闭触点称为联锁触点或互锁触点。

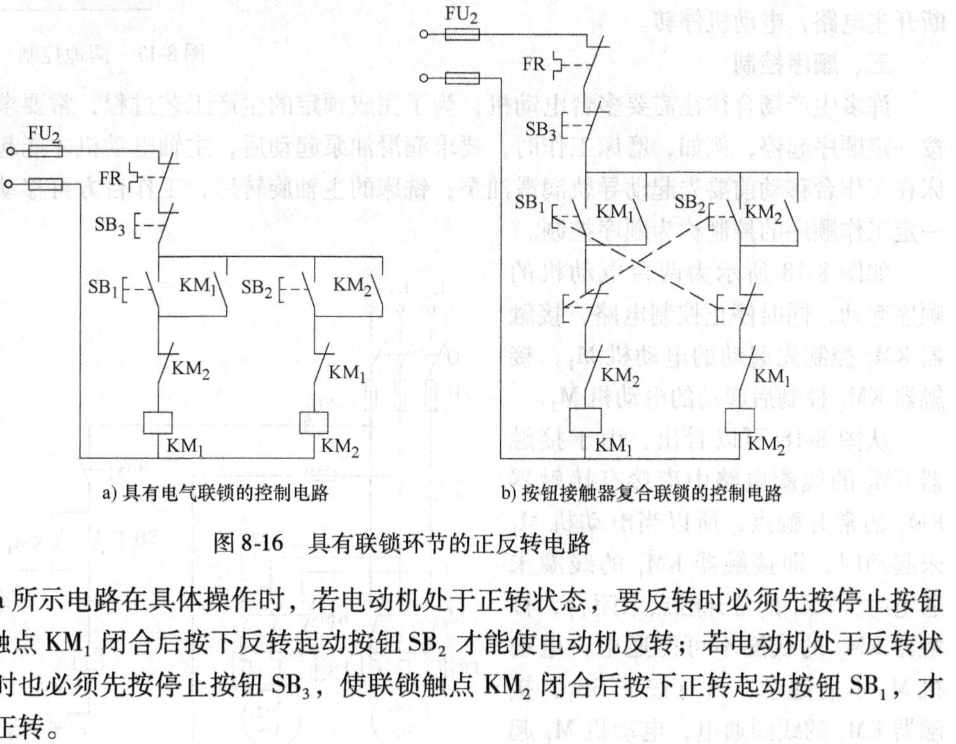

a) 具有电气联锁的控制电路　　b) 按钮接触器复合联锁的控制电路

图 8-16　具有联锁环节的正反转电路

图 8-16a 所示电路在具体操作时，若电动机处于正转状态，要反转时必须先按停止按钮 SB_3 使联锁触点 KM_1 闭合后按下反转起动按钮 SB_2 才能使电动机反转；若电动机处于反转状态，要正转时也必须先按停止按钮 SB_3，使联锁触点 KM_2 闭合后按下正转起动按钮 SB_1，才能使电动机正转。

若在图 8-16a 中采用复式按钮，可进一步实现机械联锁，如图 8-16b 所示，即将 SB_1 按钮的常闭触点串接在 KM_2 的线圈电路中；将 SB_2 的常闭触点串接在 KM_1 的线圈电路中。这样，如果电动机处于正转，现需要反转，则无论何时按下反转起动按钮SB_2，都能在KM_2的线圈通电之前就先使KM_1的线圈断电，从而保证KM_1和KM_2的线圈不同时通电；从反转到正转的情况也一样。这种由机械按钮实现的联锁称为机械联锁或按钮联锁。在图8-16b中用虚线表示机械联动关系，也可以不用虚线而将复式按钮用相同的文字符号表示。

四、多地控制

由于工作需要，有些生产机械要在两个或两个以上的地点进行控制，例如，为了便于集中管理，除了需要对每台设备进行就地控制外，还需要在中央控制台对设备进行控制，这就需要对设备实现多地控制。

要能够从多个地点控制同一台电动机，每一个控制点都必须有一个起动按钮和一个停机按钮。这些按钮的接线原则是：所有起动按钮并联，所有停机按钮串联。这样，按任意一处的起动按钮或停机按钮，都能控制电动机的起停。

图8-17所示是一个两地控制起停的控制电路，图中起动按钮SB_{11}和停机按钮SB_{21}安装在一个控制点，起动按钮SB_{12}和停机按钮SB_{22}安装在另一个控制点。按下SB_{11}或SB_{12}都可以使接触器KM的线圈通电，接通主电路，电动机运转；按下SB_{21}或SB_{22}都可以使接触器KM的线圈断电，断开主电路，电动机停转。

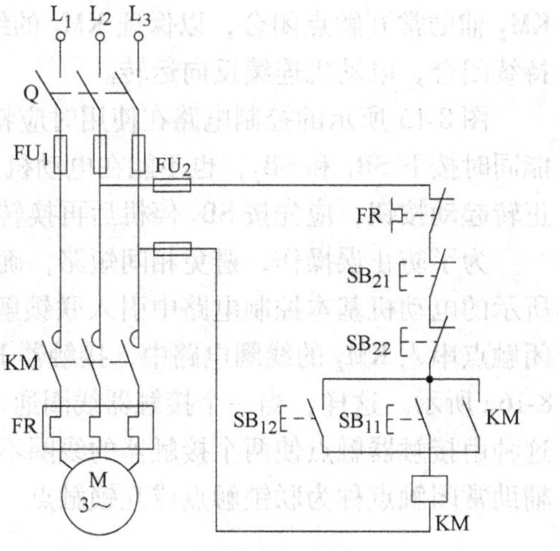

图8-17　两地控制

五、顺序控制

许多生产场合往往需要多台电动机，为了完成预定的生产工艺过程，常要求这些电动机按一定顺序起停，例如，磨床工作时，要求润滑油泵起动后，主轴电动机才能起动；龙门刨床在工作台移动前要先起动导轨润滑油泵；铣床的主轴旋转后，工作台方可移动。这种实现一定工作顺序的控制称为顺序控制。

如图8-18所示为两台电动机的顺序起动、同时停止控制电路，接触器KM_1控制先起动的电动机M_1，接触器KM_2控制后起动的电动机M_2。

从图8-18可以看出，由于接触器KM_2的线圈电路中串接有接触器KM_1的常开触点，所以当电动机M_1未起动时，即接触器KM_1的线圈未通电时，KM_1的常开触点未闭合，接触器KM_2的线圈不可能通电，电动机M_2不能起动；只有按下SB_1，接触器KM_1的线圈通电，电动机M_1起动后，再按SB_2，接触器KM_2的线圈通电，电动机M_2才起动。当按下

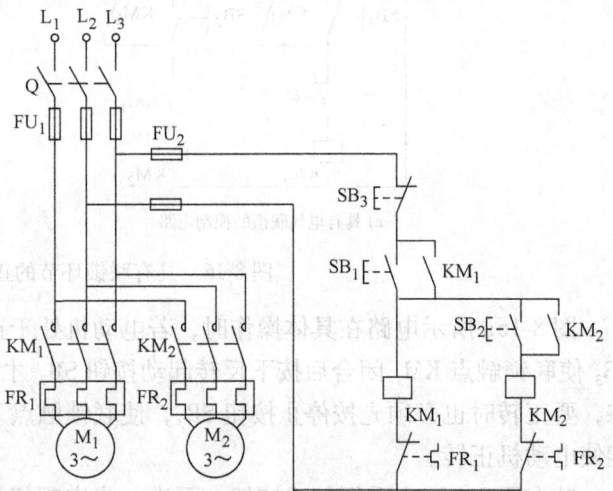

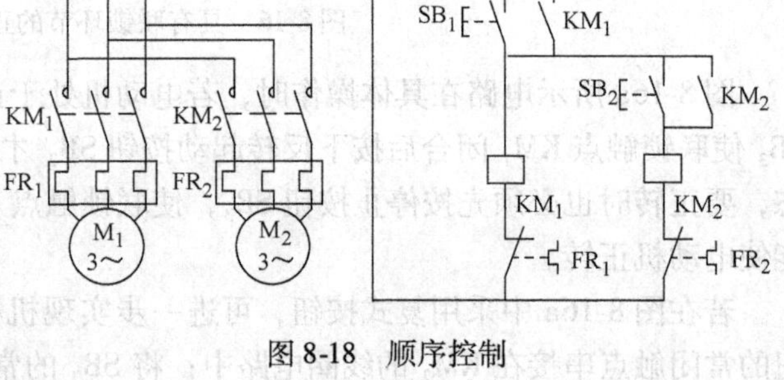

图8-18　顺序控制

SB_3 时，接触器 KM_1、KM_2 的线圈同时断电，电动机 M_1、M_2 同时停止运转。

从图 8-18 中还可以看出，如果由于过载使热继电器 FR_1 动作，接触器 KM_1 的线圈断电，电动机 M_1 停转。由于自锁触点 KM_1 断开使得接触器 KM_2 的线圈断电，电动机 M_2 也停转。若仅是电动机 M_2 过载，热继电器 FR_2 动作，使接触器 KM_2 的线圈断电，电动机 M_2 停转，电动机 M_1 仍可照常工作。

六、行程控制

根据生产机械运动部件的位置或行程距离进行的控制称为行程控制。行程开关是实现行程控制的自动电器，当运动部件到达预定位置时，运动部件上的挡块便撞动行程开关，使行程开关上的触点导通状态发生变化，常开触点导通，常闭触点断开，从而对控制电路进行切换。行程开关的种类很多，用处也各不相同，选择行程开关时，主要考虑其结构形式、动作力、触点形式以及能否自动复位等因素。

行程控制按其控制方式分限位控制和自动往返控制两种。

1. 限位控制

具有限位控制的控制电路是将行程开关 SQ 的常闭触点与接触器 KM 的线圈电路串联，如图 8-19 所示。当生产机械的运动部件到达预定位置时，运动部件上的挡块压下行程开关的触杆，将常闭触点断开，接触器的线圈断电，使电动机断电而停止运行。

2. 自动往返控制

许多机械设备都需要自动往返运动，如磨床是通过自动往返运动实现磨削加工的，这就要求电动机能够自动实现正反转控制。图 8-20a 所示是某工作台自动前进与后退的工作循环图，行程开关 SQ_1 和 SQ_2 分别装在工作台的原位和终点，用以检测工作台是否到达这两个位置。工作台由电动机带动，由于工作台要能前进与后退，因此电动机的主电路与正反转电路一样。行程开关由装在工作台上的挡块来撞动，以改变控制电路（见图 8-20b）工作状态的，该控制电路实质上是用行程开关控制的电动机正反转自动控制电路。

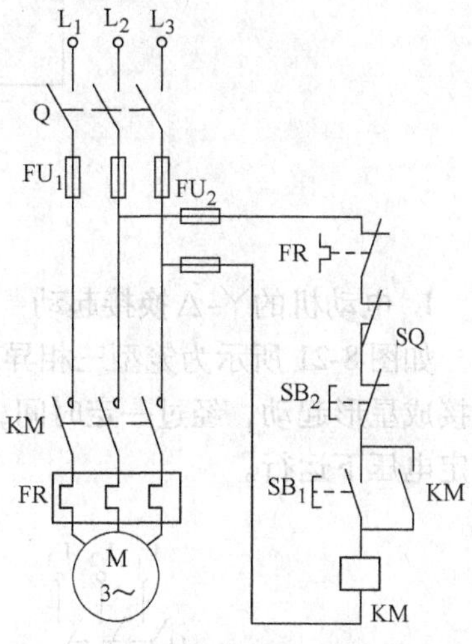

图 8-19　限位控制

按下正向起动按钮 SB_1，电动机正向起动运行，带动工作台向前运动，当运行到 SQ_2 位置时，挡块压下 SQ_2，接触器 KM_1 断电释放，KM_2 通电吸合，电动机反向起动运行，使工作台后退。工作台退到 SQ_1 位置时，挡块压下 SQ_1，KM_2 断电释放，KM_1 通电吸合，电动机又正向起动运行，工作台前进。如此一直循环下去，直到需要停止时按下 SB_3，KM_1 和 KM_2 同时断电释放，电动机脱离电源并停止转动。

电动机自动往返的控制电路采用行程开关完成电动机正反转的自动切换，这种利用运动部件行程实现的控制称为按行程原则的自动控制。在行程控制中，行程开关的常开触点应与相应的起动按钮并联，常闭触点作为互锁触点。这样，既能准确变换运动方向，又使运行安全可靠。

七、时间控制

时间控制就是利用时间继电器按要求间隔一定时间来切换控制电路的控制方式。生产中很多应用场合都要用到时间控制，下面举两个时间控制的基本电路。

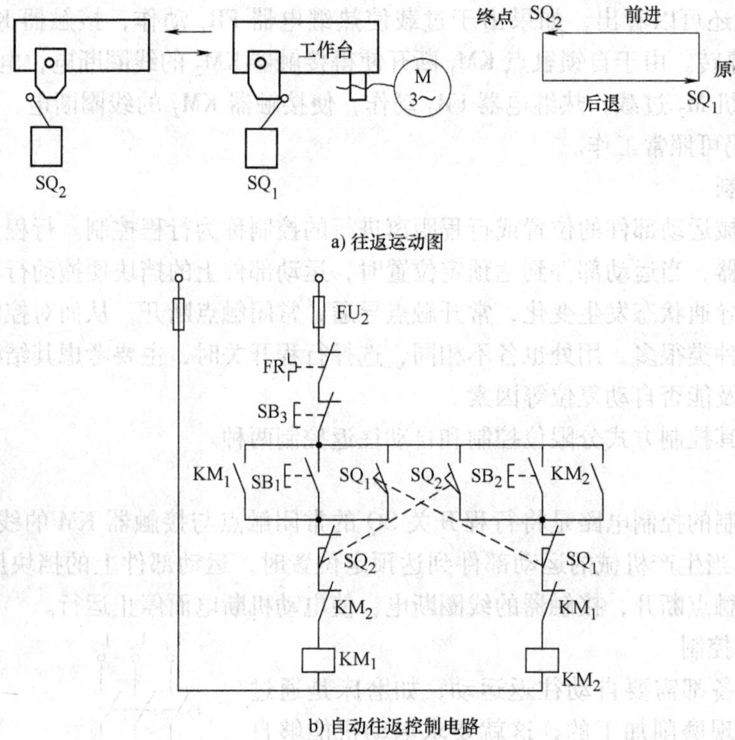

图 8-20　自动往返控制

1. 电动机的Y-△换接起动

如图 8-21 所示为笼型三相异步电动机Y-△换接起动控制电路，其控制方法是先将电动机接成星形起动，经过一定时间，当转速上升到接近额定值时换成三角形联结，使电动机在额定电压下运行。

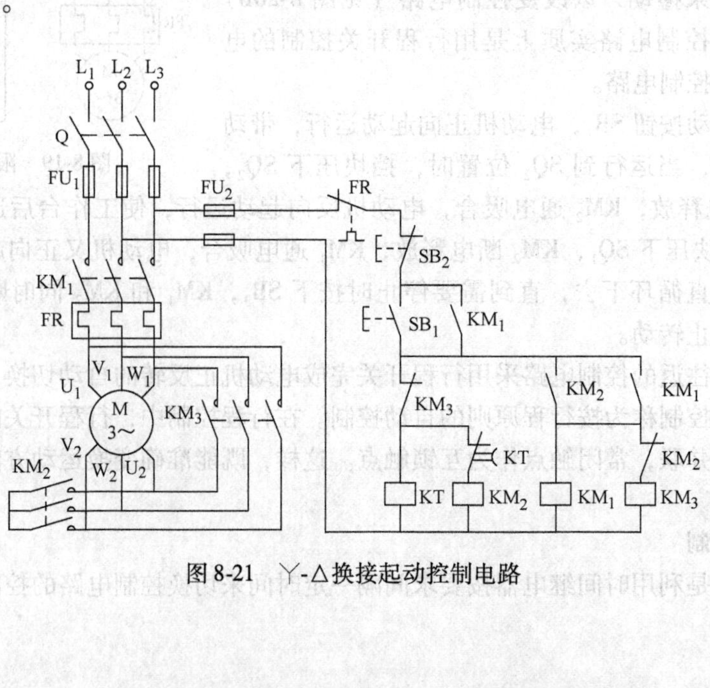

图 8-21　Y-△换接起动控制电路

按下起动按钮 SB_1，时间继电器 KT 和接触器 KM_2 同时通电吸合，KM_2 的常开主触点闭合，把定子绕组连成星形，其常开辅助触点闭合，接通接触器 KM_1。KM_1 的常开主触点闭合，将电源接入定子绕组，电动机在星形联结下起动。KM_1 的一对常开辅助触点闭合，进行自锁。经过一定延时，KT 的常闭触点断开，KM_2 断电复位，接触器 KM_3 通电吸合。KM_3 的常开主触点将定子绕组连成三角形，使电动机在额定电压下正常运行。与按钮 SB_1 串联的 KM_3 辅助常闭触点的作用是：当电动机正常运行时，该常闭触点断开，切断 KT，KM_2 的通路，即使误按 SB_1，KT 和 KM_2 也不会通电，以免影响电路正常运行。若要停车，则按下停止按钮 SB_2，接触器 KM_1 断电释放，电动机脱离电源并停止转动。

电动机Y-△换接起动的控制电路采用时间继电器延时动作来完成电动机从减压起动到全压运行的自动切换，延时时间的长短可根据起动过程所需时间设定。

2. 笼型电动机能耗制动的控制电路

这种制动方法是在断开三相电源的同时，将直流电流通入定子绕组，产生制动转矩，使电动机快速停转。

图 8-22 是能耗制动的控制电路，点画线框内是将交流电转换成直流电的桥式整流装置。

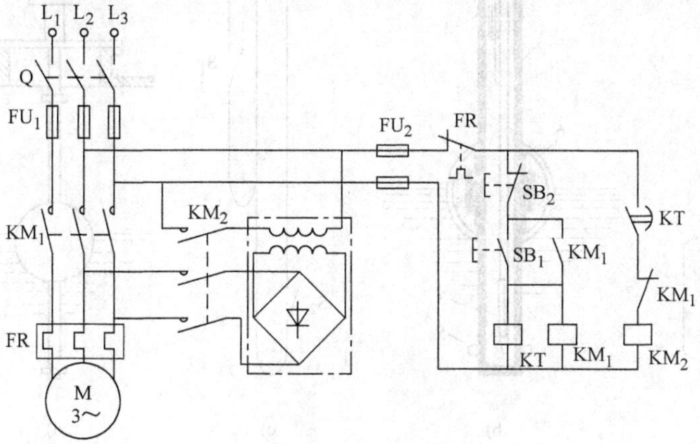

图 8-22　能耗制动控制电路

在制动时，电路的动作次序如下：

电动机正常运转时，KM_1、KT 线圈通电，KM_2 线圈电路上的 KT 触点为断电延时断开的常开触点，虽然此时 KT 触点导通，但 KM_1 辅助常闭触点断开，所以 KM_2 线圈没有通电。按下 SB_2，KM_1、KT 失电，电动机 M 断电，KM_2 线圈电路上的 KM_1 辅助常闭触点恢复闭合，而 KT 触点要延时一段时间才会断开，因此 KM_2 线圈通电，将直流电流通入定子绕组，产生制动转矩。延时时间一到，KT 触点断开，KM_2 断电，能耗制动结束。

第三节　应 用 举 例

一、水位控制

生产生活中常见到液位控制的情形，如水箱（水塔、水池）、锅炉水位的控制。要对水位进行控制，就要有感知水位的传感器，水位传感器应能根据需要输出便于控制电路利用的水位信号。

1. 水位传感器

水位传感器种类很多，应用场合也有所不同，下面介绍三种可用于的水位控制的传感器工作原理。

（1）直管浮球式水位传感器　直管浮球式水位传感器由包括封装在直管内的干簧管和套在直管外的装有磁铁的浮球组成，它不需要提供电源，没有复杂电路，是一种结构简单，使用方便的水位控制器件。

图8-23是直管浮球水位传感器原理示意图。图8-23a为磁铁干簧管示意图。图8-23b为在容器内自上而下插入下端封闭的不锈钢管1，在管内条形绝缘板的2处安装上限液位干簧管，3处安装下限液位干簧管。在不锈钢管外套有可上下滑动的佛珠形浮球6，其中有环形永磁铁氧体7。环形永磁体的两面分别为N、S极。管1和浮球壳体5都用非磁性的材料制成。

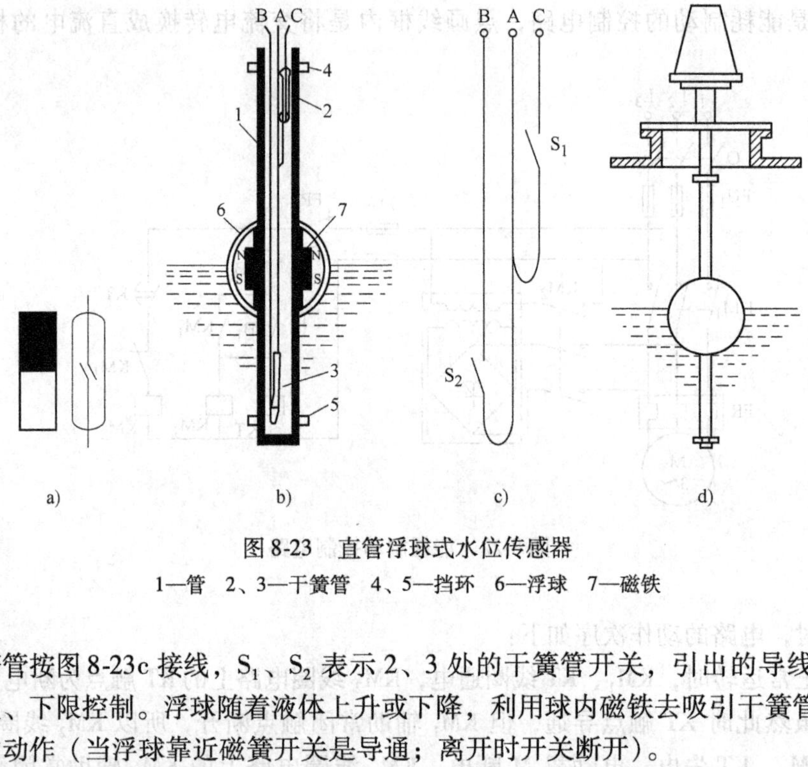

图8-23　直管浮球式水位传感器

1—管　2、3—干簧管　4、5—挡环　6—浮球　7—磁铁

将干簧管按图8-23c接线，S_1、S_2表示2、3处的干簧管开关，引出的导线接至控制电路做水位上、下限控制。浮球随着液体上升或下降，利用球内磁铁去吸引干簧管的接点，产生开与关的动作（当浮球靠近磁簧开关是导通；离开时开关断开）。

直管浮球式水位传感器安装方式如图8-23d所示。在竖管外固定两个挡环4和5，使浮球只能升或降到挡环为止，浮球里的磁铁就把干簧管的通断状态保持下去，直到浮球离开。如果没有挡环，浮球高于干簧管2或低于干簧管3都会发出错误的通断信号。

直管浮球式水位传感器适用于水位经常变化的场所。如果水位变化缓慢，干簧管在浮球里的磁铁长期作用下，有可能被磁化，影响干簧管动作的准确性。

（2）侧装式浮球液位开关　侧装式浮球液位开关可用在有一定压力的容器（如锅炉、气压水罐）内以检测水位。图8-24是侧装式浮球液位开关实现锅炉水位双位控制的系统原理图。浮球与水位同步变化，浮球杆绕枢轴4转动。通过上、下销钉带动永久磁铁的调节板转动。当水位达到上限值时，浮球杆与上面的销钉相接触，使动触点11绕轴顺时针转动，离开静触点，切断电动机电源，停止水泵向锅炉供水。由于外界负荷不断消耗蒸汽，水位会不断降低，浮球带动浮球杆绕枢轴4逆时针转动，但调节板暂时不动。当水位下降到接近下限值时，浮球杆与下面的销钉相碰并带动调节板一起转动。当水位下降到下限值时，两个同极性永久磁铁正好相遇并互相排斥，动触点11绕轴逆时针转动并与静触点接触，接通电动机电源并带动水泵向锅炉供水。可见只有水位处在上、下限值时，调节器输出状态才改变。水位在上、下限之间变化时，调节器输出状态不变。调整上、下销钉5的位置可调整水位上、下限值。若把上下销钉之间的距离调整得很小，此时水位波动范围较小，但电机起停频繁，这是不利的。

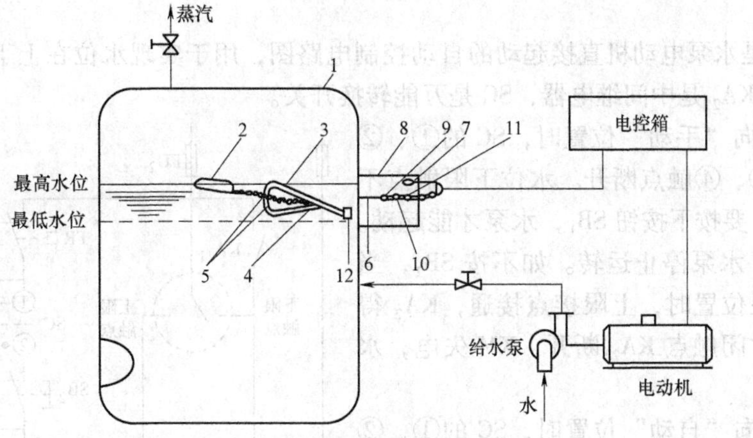

图 8-24 侧装式浮球液位开关

1—锅炉 2—浮球 3—调节板 4—枢轴 5—上、下销钉 6、12—同极性永久磁铁
7—静触点 8—触头盒 9—枢轴 10—连杆 11—动触点

（3）电接点压力表 图8-25为电接点压力表的构造示意图，指示部分的结构和普通压力表完全相同，但增加两对电接点分别提供上、下限报警信号。两对电接点分别由指针上所附的动触点和高、低值限定器上的静触点构成。上、下限的压力值可以调整。在压力的作用下，利用弹性元件的变形使指针偏转，当指针到达上限压力时，上限电接点接通。压力超过报警上限时，电接点保持在接通状态，而指针仍然能指示压力。下限电接点的动作原理也一样。这种电接点压力表把指示和位式信号功能结合在一起，比较方便、实用。

需要注意的是，电接点的通断由压力表指针带动，所以开闭动作缓慢。如果接点上的电流过大或是有感性负载的电流，就会在断开瞬间产生火花而损坏接点。

水位的高低也可以用水压来表示。在对水塔、高位水箱的水位控制中，如水泵安装在低处，可将电接点压力表安装在水泵附近的管网上，就可感知高位水箱内的水位情况，避免长距离传送控制信号，实现就近控制。

2. 控制电路

前面介绍的几种水位传感器，水位到达限位位置时都能给出对应的开关信号，可以直接用在继电接触器控制电路中。

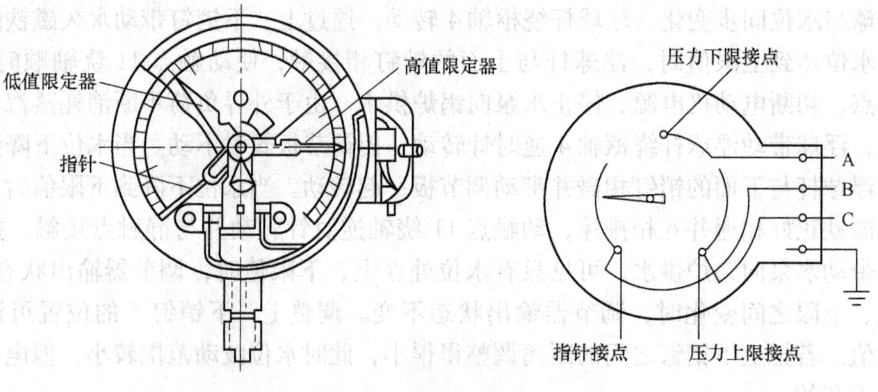

图 8-25　电接点压力表

图 8-26 是水泵电动机直接起动的自动控制电路图，用于实现水位在上下限之间的自动控制。KA_1、KA_2 是中间继电器，SC 是万能转换开关。

当 SC 转向“手动”位置时，SC 的①、②触点接通，③、④触点断开。水位下限触点不能起动水泵，要按下按钮 SB_1，水泵才能起动。按下按钮 SB_2 水泵停止运转。如不按 SB_2，当水位到达上限位置时，上限接点接通，KA_2 得电，KA_2 的常闭触点 KA_{22} 断开，KM 失电，水泵自动停转。

当 SC 转向“自动”位置时，SC 的①、②触点断开，③、④触点接通，控制电路处于自动运行状态，这时按钮 SB_1、SB_2 不起作用。当水位到达下限位置时，下限接点导通，KA_1 得电，其常闭触点 KA_{12} 接通，使 KM 得电，水泵起动供水，同时 KA_1 的另一常闭触点 KA_{11} 使 KA_1 自锁，以防水位离开下限而又未达上限时 KA_1 失电，造成水泵停转。水位到达上限位置时，上限接点接通，KA_2 得电，其常闭触点 KA_{21}、KA_{22} 分别使 KA_1、KM 失电，水泵停转。当水位再次下降到下限水位时，水泵才会重新起动。如果水泵在运行期间要让它停转，需将 SC 转到“手动”位置。

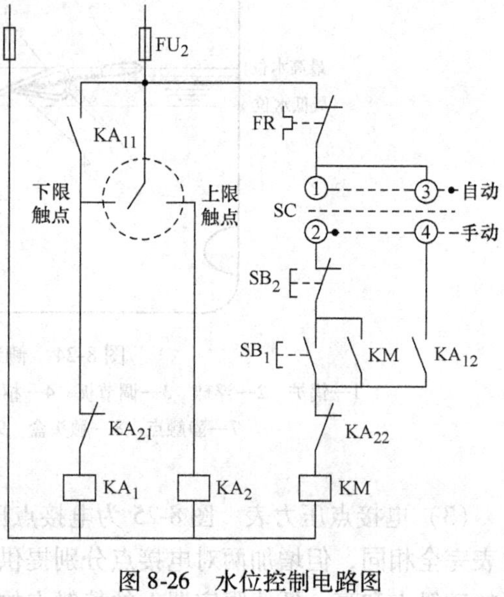

图 8-26　水位控制电路图

二、加热炉自动上料控制

图 8-27 为加热炉自动上料控制电路，可实现自动控制和手动控制。

1. 自动控制

推料机在原位且炉门处于关闭状态时，将转换开关 SC 转向“自动”位置，每按一次 SB_2 可以实现一个周期的自动控制。图中的常闭触点 KM_{F1}、KM_{F2}、KM_{R1}、KM_{R2} 是电动机正反转控制的联锁触点，ST_a、ST_b、ST_c、ST_d 分别为炉门开门到位、推料机前进送料入炉到位、推料机后退到位、炉门闭合到位的行程开关。自动控制动作次序如下：

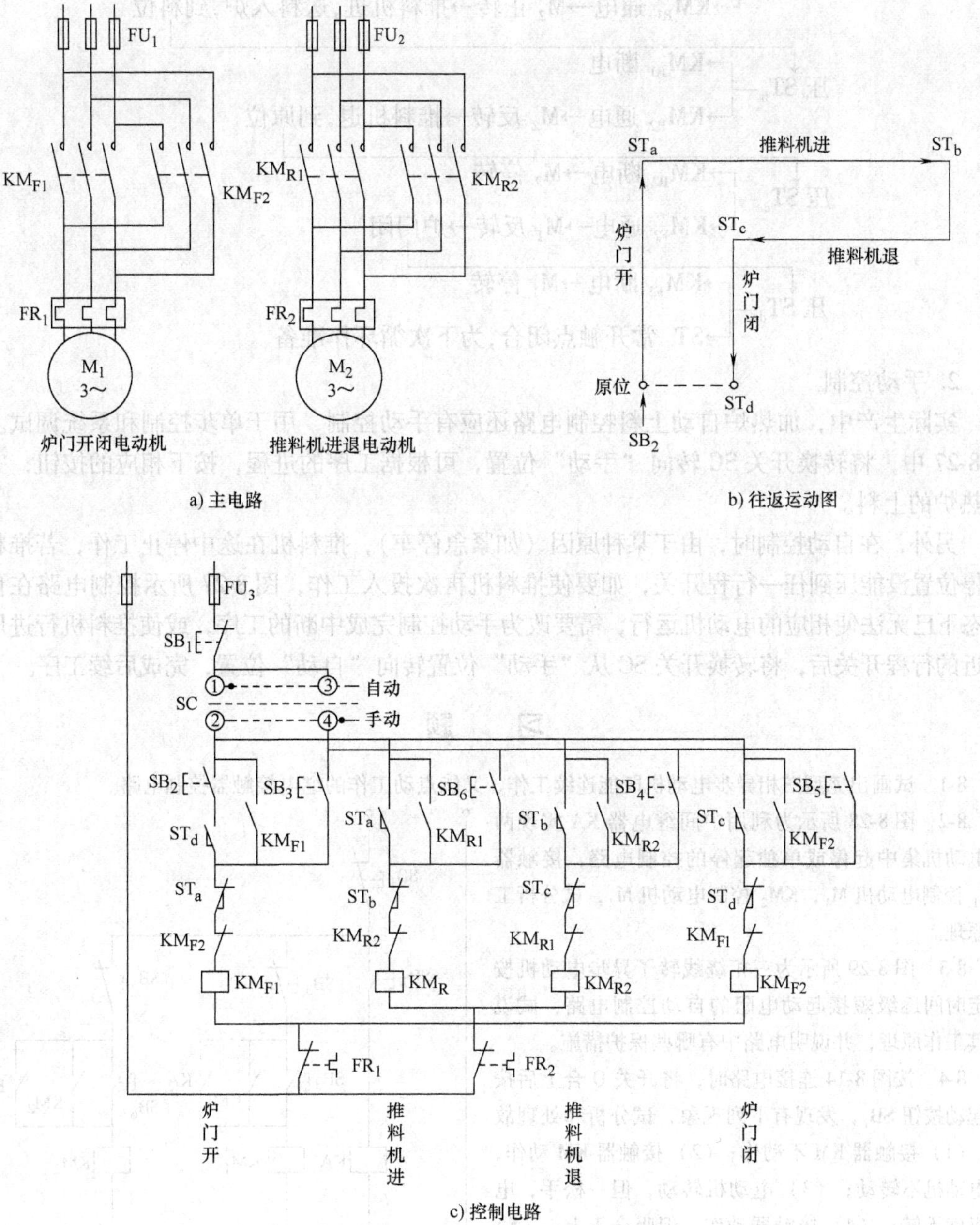

图 8-27　加热炉自动上料控制电路

按 SB_2→KM_{F1} 通电→M_1 正转→炉门开

压 ST_a—
  →KM_{F1} 断电→M_1 停转
  →KM_{R1} 通电→M_2 正转→推料机进，送料入炉，到料位

压 ST_b—
  →KM_{R1} 断电
  →KM_{R2} 通电→M_2 反转→推料机退，到原位

压 ST_c—
  →KM_{R2} 断电→M_2 停转
  →KM_{F2} 通电→M_1 反转→炉门闭

压 ST_d—
  →KM_{F2} 断电→M_1 停转
  →ST_d 常开触点闭合，为下次循环作准备

2. 手动控制

实际生产中，加热炉自动上料控制电路还应有手动控制，用于单步控制和系统调试。在图 8-27 中，将转换开关 SC 转向“手动”位置，可根据工序的进程，按下相应的按钮，完成加热炉的上料。

另外，在自动控制时，由于某种原因（如紧急停车），推料机在途中停止工作，若推料机所停位置没能压到任一行程开关，如要使推料机再次投入工作，图 8-27 所示控制电路在自动状态下已无法使相应的电动机运行，需要改为手动控制完成中断的工序，或使推料机行进压到就近的行程开关后，将转换开关 SC 从“手动”位置转向“自动”位置，完成后续工序。

习 题

8-1 试画出笼型三相异步电动机既能连续工作、又能点动工作的继电接触器控制电路。

8-2 图 8-28 所示为利用中间继电器 KA 实现两台电动机集中起停或单独起停的控制电路，接触器 KM_1 控制电动机 M_1，KM_2 控制电动机 M_2，试分析工作原理。

8-3 图 8-29 所示为三相绕线转子异步电动机按一定时间逐级短接起动电阻的自动控制电路，试说明其工作原理，并说明电路中有哪些保护措施。

8-4 按图 8-14 连接电路时，将开关 Q 合上后按下起动按钮 SB_1，发现有下列现象，试分析和处理故障：（1）接触器 KM 不动作；（2）接触器 KM 动作，但电动机不转动；（3）电动机转动，但一松手，电动机就不转；（4）接触器动作，但吸合不上；（5）接触器触点有明显颤动，噪声较大；（6）接触器线圈冒烟甚至烧坏；（7）电动机不转动或者转动得极慢，并有“嗡嗡”声。

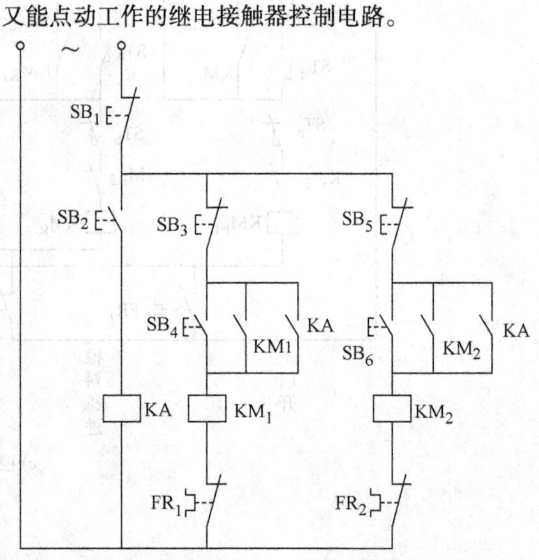

图 8-28 习题 8-2 图

8-5 设计控制电路，要求三台笼型电动机 M_1、M_2、M_3 按照一定顺序起动，即 M_1 起动后 M_2 才可起动，M_2 起动后 M_3 才可起动。

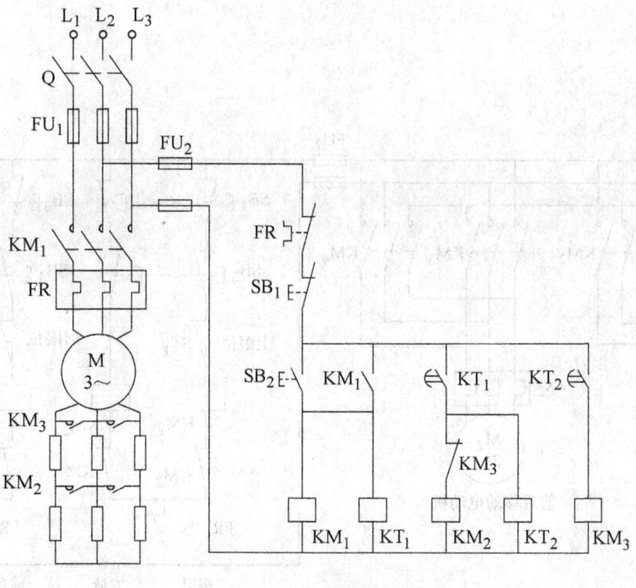

图 8-29　习题 8-3 图

8-6　在图 8-30 中，有几处错误？请改正。

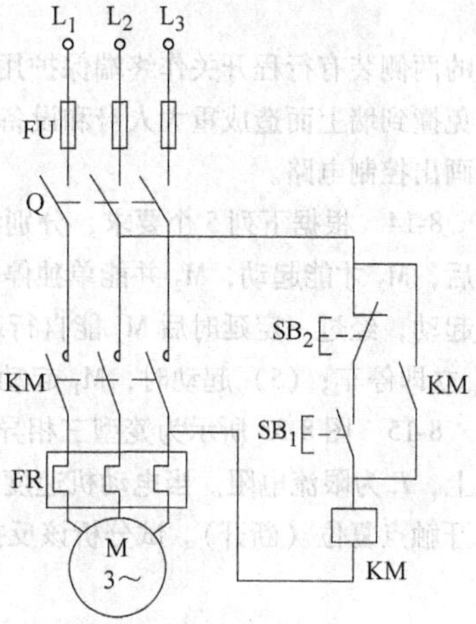

图 8-30　习题 8-6 图

8-7　某机床主轴由一台笼型电动机带动，润滑油泵由另一台笼型电动机带动。今要求：(1) 主轴必须在润滑油泵开动后，才能开动；(2) 主轴要求能用电器实现正反转，并能单独停车；(3) 有短路、零电压及过载保护。试绘出控制电路。

8-8　在图 8-16b 所示的控制电路中，如果常闭触点 KM_1 闭合不上，其后果如何？如何用 (1) 验电笔；(2) 万用表电阻档；(3) 万用表交流电压档来查处这一故障。

8-9　将图 8-20b 的控制电路怎样改一下，使得每按一次 SB_1，工作台实现一次往复运动？

8-10　根据图 8-20b 的控制电路，如果要求工作台到达终点时要停留一下再后退，控制电路该如何改动？

8-11　在图 8-31 中，要求按下起动按钮后能顺序完成下列动作：(1) 运动部件 A 从 1 到 2；(2) 接着 B 从 3 到 4；(3) 接着 A 从 2 回到 1；(4) 接着 B 从 4 回到 3。试画出控制电路。(提示：用 4 个行程开关，装在原位和终点，每个有一常开触点和一常闭触点。)

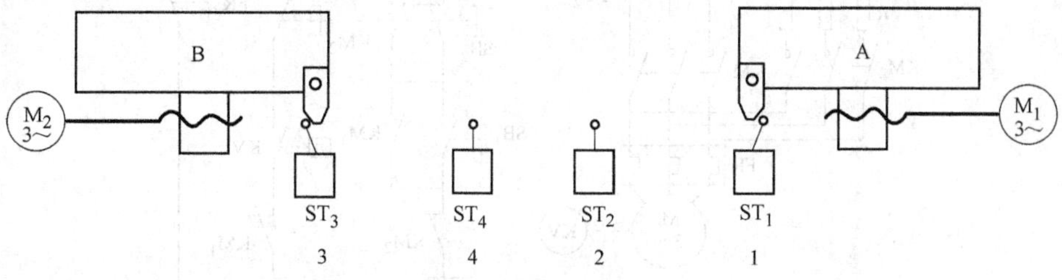

图 8-31　习题 8-11 图

8-12　图 8-32 是一种小型起重设备的控制电路，试分析其工作工程。

8-13　小型梁式起重机上有三台电动机：横梁电动机 M_1 带动横梁在车间前后移动；小车电动机 M_2 带动提升机构的小车在横梁上左右移动；提升电动机 M_3 升降重物。三台电动机都采用点动控制。在横梁一

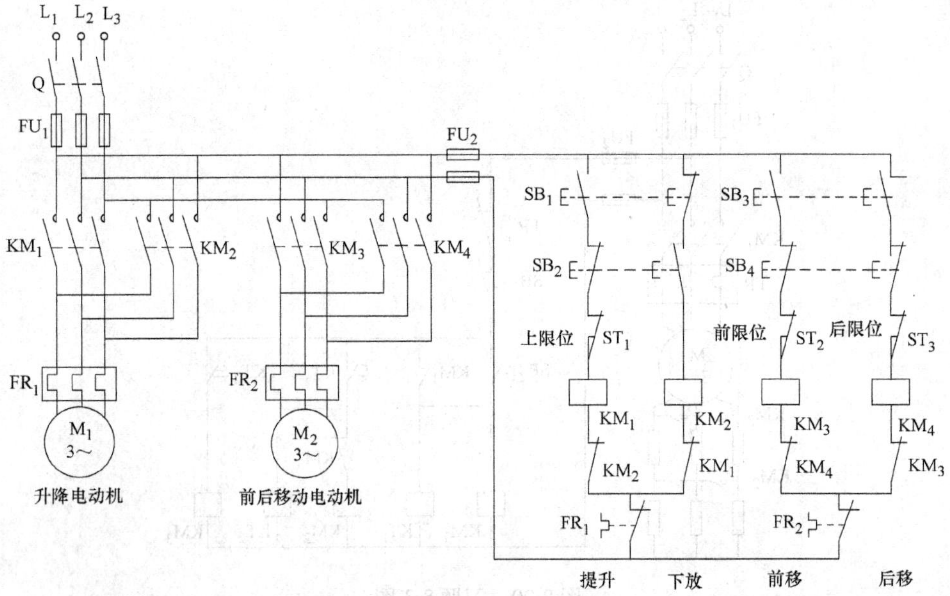

图 8-32 习题 8-12 图

端的两侧装有行程开关作终端保护用，即当起重机移到车间终端时，就把行程开关撞开，电动机停下来，以免撞到墙上而造成重大人身和设备事故。在提升机构上也装有行程开关作提升终端保护。根据上述要求试画出控制电路。

8-14 根据下列5个要求，分别绘出控制电路（M_1 和 M_2 都是三相笼型电动机）：(1) 电动机 M_1 先起动后，M_2 才能起动，M_2 并能单独停车；(2) 电动机 M_1 先起动后，M_2 才能起动，M_2 并能点动；(3) M_1 先起动，经过一定延时后 M_2 能自行起动；(4) M_1 先起动，经过一定延时后 M_2 能自行起动，M_2 起动后，M_1 立即停车；(5) 起动时，M_1 起动后 M_2 才能起动；停止时，M_2 停止后 M_1 才能停止。

8-15 图 8-33 所示为笼型三相异步电动机的反接制动控制电路，KV 是速度继电器，安装在电动机转轴上，R 为限流电阻。当电动机速度较高时，KV 的常开触点闭合；当电动机转速低于 100r/min 时，KV 的常开触点复位（断开）。试分析该反接制动控制电路的工作原理。

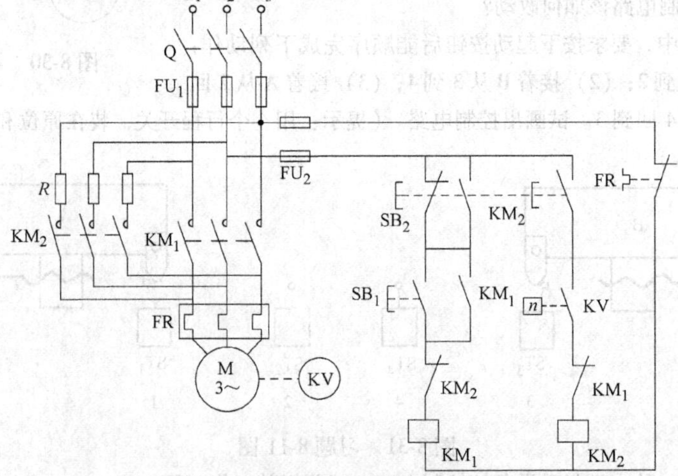

图 8-33 习题 8-15 图

第九章　可编程序控制器及其应用

继电接触器控制系统在生产上应用已久，也取得很大的成效。但当控制内容多且系统较为复杂时，其机械触点多、接线复杂的弱点就表现的尤为明显，使得系统的可靠性降低。特别是当生产工艺流程改变时需重新设计和改装控制电路，其通用性和灵活性也就较差，不能很好满足现代化生产过程复杂多变的控制要求。

可编程序控制器（PLC）是一种专门为在工业环境下应用而设计的数字运算操作的电子装置，它将继电接触器控制的优点与计算机技术相结合，用软件编程代替继电接触器控制中的中间控制环节，省去了中间继电器、时间继电器等器件及其硬件接线，电气接线及开关接点大为减少，因而控制系统故障发生率也就大大降低，特别是软件编程中的“软”继电器有任意多的触点，给复杂的控制设计带来了便利。当系统控制功能需要改变时，只要通过修改相应的控制程序，变更少量外部接线就能满足生产要求。

PLC 具有可靠性高、功能完善、组合灵活、编程简单以及功耗低等许多独特优点，已被广泛地应用于国民经济的各个控制领域，成为当今实现生产自动控制的主要手段之一。

本章只为初学者提供 PLC 的基础知识，重点是简单程序编制，重在应用，有些应用举例可与继电接触器控制相对照。

第一节　可编程序控制器的结构和工作方式

一、可编程序控制器的结构及各部分的作用

PLC 的类型繁多，功能和指令系统也不尽相同，结构形式可分为模块式和组合式两种。一般由主机、输入/输出接口、电源、编程器、扩展接口和外围设备接口等几个主要部分构成，如图 9-1 所示。使用 PLC 构成控制系统，它采用可以编制程序的存储器，用来在其内部存储执行逻辑运算、顺序运算、计时、计数和算术运算等操作的指令，并能通过数字式或模拟式的输入和输出，控制各种类型的机械或生产过程。

1. 主机

主机部分包括中央处理器（CPU）、系统程序存储器和用户程序及数据存储器。

CPU 是 PLC 的核心，主要用来运行用户程序，监控输入/输出接口状态，作出逻辑判断和进行数据处理。即读取输入变量，完成用户指令规定的各种操作，将结果送到输出端，并响应外围设备（如编程器、打印机等）的请求以及进行各种内部诊断等。

PLC 的内部存储器有两类：一类是系统程序存储器，主要存放系统管理和监控程序及对用户程序作编译处理的程序，系统程序已由厂家固定，用户不能更改；另一类是用户程序及数据存储器，主要存放用户编制的应用程序及各种暂存数据和中间结果。

2. 输入/输出（I/O）接口

I/O 接口是 PLC 与输入/输出设备连接的部件。输入接口接受输入设备（如按钮、行程开关、各种继电器触点、传感器等）的控制信号。输出接口是将经主机处理过的结果通过

输出电路去驱动输出设备（如继电器、接触器、电磁阀、指示灯等）。

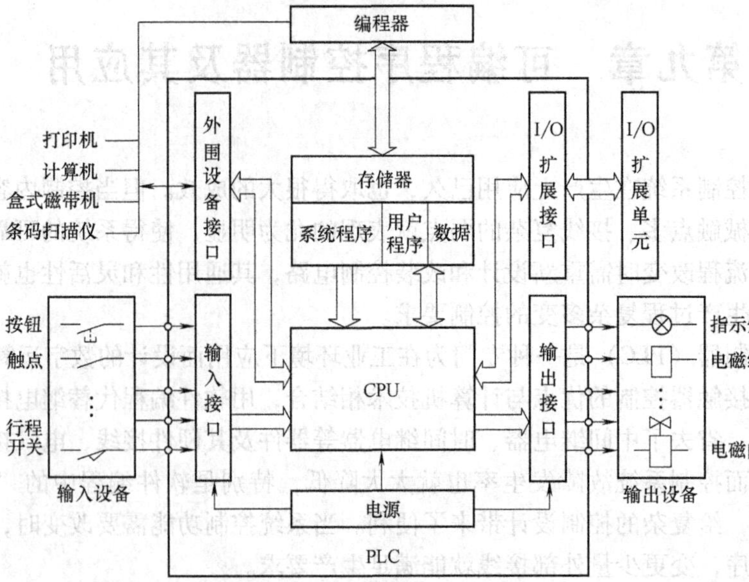

图 9-1 PLC 的硬件系统结构图

I/O 接口电路一般采用光电耦合电路，实现电气隔离，以减少电磁干扰。这是提高 PLC 可靠性的重要措施之一。

图 9-2 是 PLC 的输入接口电路与输入设备之间的连接示意图（直流输入型）。输入信号通过光电耦合电路传送给内部电路。LED1 和 LED2 是发光二极管，前者显示有无信号输入，后者与光敏晶体管 V 作光电耦合。

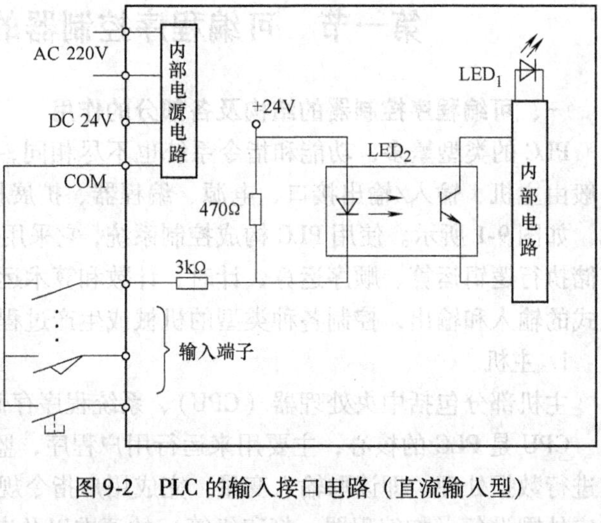

图 9-2 PLC 的输入接口电路（直流输入型）

图 9-3 和图 9-4 分别为 PLC 的继电器输出接口电路和晶体管输出接口电路。继电器输出型为有触点输出方式，存在触点的寿命问题，一般用于开关通断频率较低的直流负载和交流负载；晶体管输出型为无触点输出方式，可用于开关通断频率较高的直流负载。此外，还有晶闸管输出接口电路。

3. 电源

PLC 的电源是指为 CPU、存储器、I/O 接口等内部电子电路工作所配备的直流开关稳压电源。I/O 接口电路的电源相互独立，以避免或减小电源间的干扰。通常也为输入设备提供直流电源。电源组件中还有备用电池，以保证断电时存放在读写存储器中的信息不会丢失。

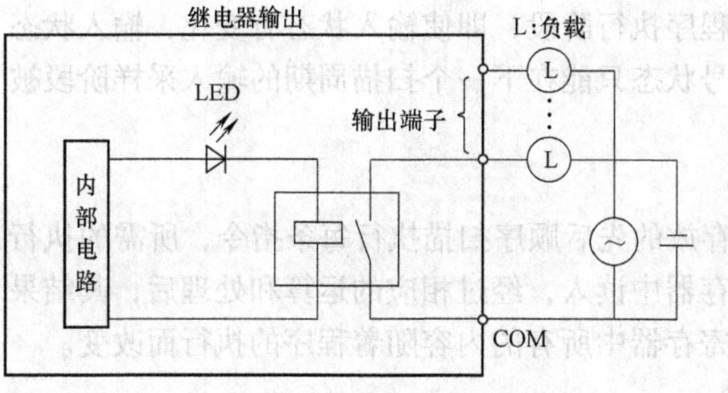

图 9-3　PLC 的继电器输出接口电路

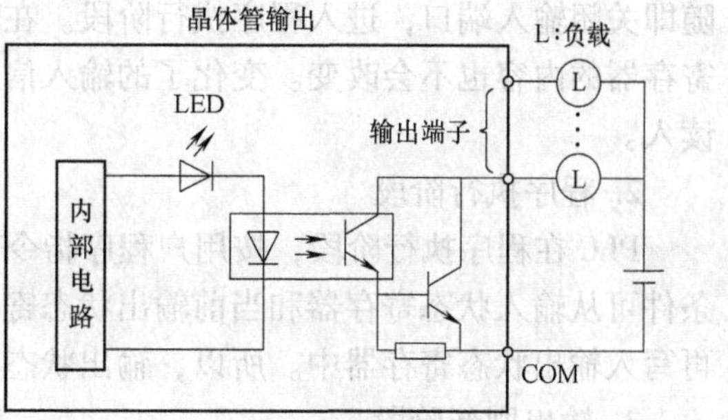

图 9-4　PLC 的晶体管输出接口电路

4. 编程器

编程器也是 PLC 的一种重要的外围设备，用于手持编程。用户可以用它输入、检查、修改、调试程序或用它监视 PLC 的工作情况。除手持编程器外，目前使用较多的是利用通信电缆将 PLC 和计算机连接，并利用专用的工具软件进行编程或监控。

5. 输入/输出扩展接口

I/O 扩展接口用于将扩充外部输入/输出端子数的扩展单元与基本单元（即主机）连接在一起。

6. 外围设备接口

此接口可将编程器、计算机、打印机等外围设备与主机相连，以完成相应操作。

二、可编程序控制器的工作方式

PLC 是采用“顺序扫描、不断循环”的方式进行工作的。即 PLC 运行时，CPU 根据用户按控制要求编制好并存于用户存储器中的程序，按指令步序号（或地址号）作周期性循环扫描。如果无跳转指令，则从第一条指令开始逐条顺序执行用户程序，直到程序结束，然后重新返回第一条指令，开始下一轮新的扫描。在每次扫描过程中，还要完成对输入信号的采样和对输出状态的刷新等工作。周而复始。

PLC 的扫描工作过程大致可分为输入采样、程序执行和输出刷新三个阶段，并进行周期性循环，如图 9-5 所示。

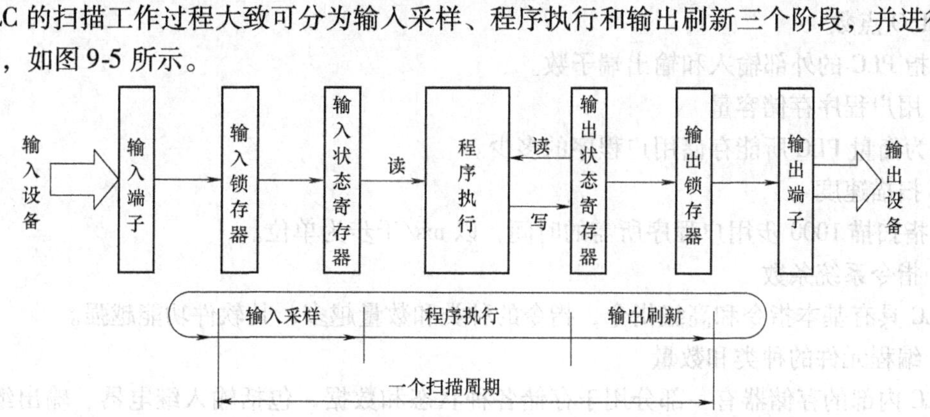

图 9-5　PLC 的扫描工作过程

1. 输入采样阶段

PLC 在输入采样阶段，首先以扫描方式按顺序将所有暂存在输入锁存器中的输入端子的通断状态或输入数据读入，并将其存入（写入）各对应的输入状态寄存器中，即刷新输入。

随即关闭输入端口，进入程序执行阶段。在程序执行阶段，即使输入状态有变化，输入状态寄存器的内容也不会改变。变化了的输入信号状态只能在下一个扫描周期的输入采样阶段被读入。

2. 程序执行阶段

PLC在程序执行阶段，按用户程序指令存放的先后顺序扫描执行每条指令，所需的执行条件可从输入状态寄存器和当前输出状态寄存器中读入，经过相应的运算和处理后，其结果再写入输出状态寄存器中。所以，输出状态寄存器中所有的内容随着程序的执行而改变。

3. 输出刷新阶段

当所有指令执行完毕，输出状态寄存器的通断状态在输出刷新阶段送至输出锁存器中，并通过一定方式（继电器、晶体管或晶闸管）输出，驱动相应输出设备工作，这就是PLC的实际输出。

经过这三个阶段，完成一个扫描周期。实际上PLC在程序执行后还要进行各种错误检测（自诊断）并与外围设备进行通信，这一过程称为"监视服务"。由于扫描周期为完成一次扫描所需的时间（输入采样、程序执行、监视服务、输出刷新），其长短主要取决于三个因素：即CPU执行指令的速度、每条指令占用的时间和执行指令的数量。用户程序长短一般不超过100 ms。

在每一个扫描周期中，只对输入状态采样一次，对输出状态刷新一次，在一定程度上降低了系统的响应速度，即存在输入/输出滞后的现象。但从另外一个角度看，却大大提高了系统的抗干扰能力，使可靠性增强。另外，PLC几毫秒至几十毫秒的响应延迟对一般工业系统的控制来讲是无关紧要的。但应注意，如果程序较长，输入信号只是瞬间出现而不能保持一定时间，则有可能采集不到。

三、可编程序控制器的主要技术性能

CPU速度和内存容量是PLC的重要参数，它们决定着PLC的工作速度、I/O数量及软件容量等，因此限制着控制规模。PLC的主要性能通常可用以下各种指标进行描述。

1. I/O点数

此指PLC的外部输入和输出端子数。

2. 用户程序存储容量

此为衡量PLC所能存储用户程序的多少。

3. 扫描速度

此指扫描1000步用户程序所需的时间，以ms/千步为单位。

4. 指令系统条数

PLC具有基本指令和高级指令，指令的种类和数量越多，其软件功能越强。

5. 编程元件的种类和数量

PLC内部的存储器有一部分用于存储各种状态和数据，包括输入继电器、输出继电器、内部辅助继电器、特殊功能内部继电器、定时器、计数器、通用"字"寄存器、数据寄存器等，其种类和数量的多少关系到编程是否方便灵活，也是衡量PLC硬件功能强弱的重要指标。

PLC内部这些继电器的作用和继电接触器控制系统中的继电器十分相似，也有"线圈"和"触点"。但它们不是物理意义上的继电器，而是PLC内部存储器的存储单元，所以PLC

内部用于编程的继电器可称为"软"继电器。

四、可编程序控制器的主要功能和特点

1. 主要功能

随着技术的不断发展，目前PLC已能完成以下功能：

（1）开关逻辑控制 开关量的逻辑控制是PLC最基本、最广泛的应用领域，它取代传统的继电器电路，实现逻辑控制、顺序控制，既可用于单台设备的控制，也可用于多机群控及自动化流水线。

（2）定时/计数控制 用PLC的定时/计数指令来实现定时和计数控制。

（3）步进控制 用步进指令实现一道工序完成后，再进行下一道工序操作的控制。

（4）数据处理 现代PLC具有数学运算（含矩阵运算、函数运算、逻辑运算）、数据传送、数据转换、排序、查表、功能，可以完成数据的采集、分析及处理。这些数据可以与存储在存储器中的参考值比较，完成一定控制操作，也可以利用通信功能传送到别的智能装置，或将它们打印制表。数据处理一般用于大型控制系统控制的柔性制造系统，也可用于过程控制系统。

（5）过程控制 可实现对温度、压力、速度、流量等模拟量参数进行自动调节。

（6）运动控制 PLC可以用于圆周运动或直线运动的控制。通过高速计数模块和位置控制模块进行单轴或多轴控制，如用于数控机床、电梯等控制。

（7）通信联网 通过PLC之间的联网及与计算机的连接，实现远程控制或数据交换。

（8）监控 能监视系统各部分的运行情况，并能在线修改控制程序和设定值。

（9）数字量与模拟量的转换 能进行A-D和D-A转换，以适应对模拟量的控制。

2. 主要特点

（1）可靠性高，抗干扰能力强 PLC采用大规模集成电路和计算机技术；对电源采取屏蔽，对I/O接口采取光电耦合；在软件方面定期进行系统状态及故障检测。这些都是继电接触器控制系统所不具备的。

（2）功能完善，编程简单，组合灵活，扩展方便 PLC采用软件编制程序来实现控制要求。编程时使用的各种编程元件，其实就是各个寄存器中的一个存储单元，它们可提供无数个常开触点和常闭触点，从而可以节省大量的中间继电器、时间继电器和计数继电器，使得整个控制系统大为简单，只需在外部端子上接上相应的输入输出信号线即可。因而能方便地编制程序，灵活组合要求不同的控制系统，并能在生产工艺流程改变或生产设备更新时，不必改变PLC的硬设备，只要改变程序即可。PLC能在线修改程序，也能方便地扩展I/O点数。

（3）体积小，质量轻，功耗低 PLC结构紧密，体积小巧，易于装入机械设备内部，是实现机电一体化的理想控制设备。

（4）可与各种组态软件结合 远程监控生产过程。

第二节 可编程序控制器的程序编制

可编程序控制器的程序有系统程序和用户程序两种。系统程序类似微机的操作系统，包括监控程序、编译程序、诊断程序等，主要用于将程序语言翻译成机器语言，诊断机器故障。系统软件由 PLC 厂家提供并已固化在存储器中，用户不能更改。用户程序是用户根据现场控制要求，利用 PLC 厂家提供的程序编制语言编写的应用程序。因此，编程就是编制用户程序。本章以日本 OMRON 公司的 CPM1A 系列 PLC 为例进行介绍。

一、可编程序控制器的编程语言

PLC 的控制作用是靠执行用户程序实现的，因此需将控制要求用程序的形式表达出来。程序编制就是通过特定的语言将一个控制要求描述出来的过程。PLC 的编程语言以梯形图语言和指令语句表语言（或称指令助记符语言）最为常用，并且两者常常联合使用。

1. 梯形图

梯形图是一种图形语言，它沿用传统控制图中继电器的常开触点、常闭触点、线圈以及串联与并联等术语和符号，根据控制要求连接而成的表示 PLC 输入和输出之间逻辑关系的图形，它既直观又易懂。不同的 PLC，编程元件的种类也有所不同，但主要编程元件的功能是相同的。因此在编写程序之前，有必要对所选用的 PLC 的编程元件有一个大体的了解，以便编程时考虑。表 9-1 为 CPM1A 系列 PLC 内部继电器的分配情况。

表 9-1　CPM1A 系列 PLC 内部继电器分配情况

项目		10 点 I/O 型	20 点 I/O 型	30 点 I/O 型	40 点 I/O 型
最大 I/O 点数	仅本体	10 点	20 点	30 点	40 点
	扩展时	—		50 点、70 点、90 点	60 点、80 点、100 点
输入继电器（IR）		IR00000 ~ IR00915		不作为 I/O 继电器使用的通道可作为内部辅助继电器使用	
输出继电器（IR）		IR01000 ~ IR01915			
内部辅助继电器（IR）		512 点：IR20000 ~ IR23115（IR200 ~ IR231）			
特殊辅助继电器（SR）		384 点：SR23200 ~ SR25515（SR232 ~ SR255）			
暂存继电器（TR）		8 点：TR0 ~ TR7			
保持继电器（HR）		320 点：HR0000 ~ HR1915（HR00 ~ HR19）			
辅助记忆继电器（AR）		256 点：AR0000 ~ AR1515（AR00 ~ AR15）			
链接继电器（LR）		256 点：LR0000 ~ LR1515（LR00 ~ LR15）			
定时器/计数器（TIM/CNT）		128 点：TIM/CNT000 ~ TIM/CNT127 100ms 型：TIM000 ~ TIM127 10ms 型（高速定时器）：TIM000 ~ TIM127（与 100ms 定时器号共用） 减法计数器、可逆计数器			

注：辅助继电器每一通道都有 16 位，即有 16 个继电器，例如内部辅助继电器（IR）的 200 通道，有 20001 ~ 20015 共 16 个继电器。

梯形图中的接点（触点）只有常开和常闭，接点可以是 PLC 输入、输出继电器的触点，也可以是 PLC 内部继电器的接点或内部计数器等的状态。接点可以任意串、并联，但线圈只能并联不能串联。内部继电器、计数器、寄存器等均不能直接控制外部负载，只能做中间结果供 CPU 内部使用。

梯形图中通常用┤├、┤/├、-( )-符号分别表示 PLC 编程元件的常开“触点”、常闭“触点”和“线圈”。梯形图按自上而下、从左到右的顺序排列。一般每个继电器线圈对应一个逻辑行。梯形图的最左边是起始母线，每一逻辑行必须从起始母线开始画起，然后是触点的各种连接，最后终了于继电器线圈。梯形图的最右边是结束母线，有时可以省去不画。在梯形图中的每个编程元件应按一定的规则加注字母和数字串，不同的编程元件常用不同的字母符号和一定的数字串来表示，如图 9-6 所示。

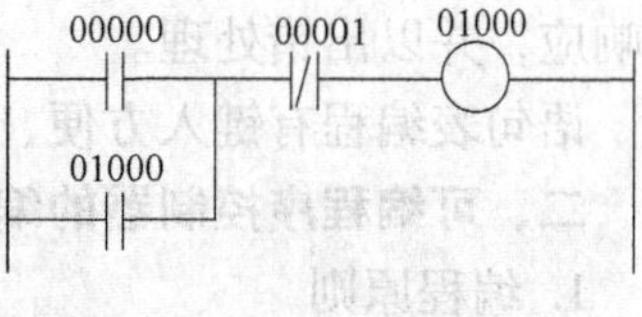

图 9-6　梯形图的基本画法

PLC 梯形图具有以下特点：

1）由于梯形图中的继电器是“软继电器”，每个继电器实际上是映像寄存器中的一个位，如果继电器的逻辑通道是接通的，相应位的状态为 1，表示该继电器线圈通电，其常开触点闭合，常闭触点断开；如果继电器的逻辑通道是断开的，相应位的状态为 0，表示该继电器线圈失电，其常开触点断开，常闭触点闭合。

梯形图中继电器线圈是广义的，除了输出继电器、辅助继电器线圈外，还包括定时器、计数器、移位寄存器以及各种算术运算等。

2）每个继电器对应映像寄存器中的一位，其状态可以反复读取，因此，可以认为继电器有无限多个常开触点和常闭触点，在程序中可以被反复引用。

3）梯形图是 PLC 形象化的编程手段，其两端母线没有接任何电源。线圈通道没有真实的物理电流流动，而仅只是“概念”电流从左向右流动。

4）输入继电器供 PLC 接收外部输入信号，它不是由内部其他继电器的触点驱动，因此，梯形图中只出现输入继电器的触点，而不出现输入继电器的线圈。输入继电器的触点表示相应的输入信号。

5）输出继电器供 PLC 作输出控制用。它通过开关量输出模块对应的输出开关（晶体管、双向晶闸管或继电器触点）去驱动外部负载。因此，当梯形图中输出继电器线圈满足接通条件时，就表示在对应的输出点有输出信号。

6）当 PLC 处于运行状态时，PLC 就开始按照梯形图符号排列的先后顺序（从上到下、从左到右）逐一处理，也就是说，PLC 对梯形图是按扫描方式顺序执行程序的。

7）用户程序解算时，输入触点和输出线圈的状态是从 I/O 映像寄存器中读取的，不是解算时现场开关的实际状态。梯形图中前面程序解算的结果马上可以被后面程序的解算所利用。

2. 指令语句表

语句表就是用一系列 PLC 操作命令组成的语句将梯形图控制逻辑描述出来，是一种助记符编程表达式。不同的 PLC，语句表使用的助记符不相同。对应图 9-6 的指令语句表为

LD	00000（表示逻辑操作开始，常开触点与母线连接）
OR	01000（表示常开触点并联）
AND NOT	00001（表示常闭触点串联）
OUT	01000（表示输出）

语句是用户程序的基础单元，每个控制功能由一条或多条语句组成的用户程序来完成。每条语句是规定 CPU 如何动作的指令。

PLC 的语句：操作码 + 操作数

操作码用来指定要执行的功能，告诉 CPU 该进行什么操作；操作数内包含为执行该操作所必须的信息，告诉 CPU 用什么地方的数据来执行此操作。

操作数应该给 CPU 指明为执行某一操作所需要信息的所在地，所以操作数的分配原则是：

1）为了让 CPU 区别不同的编程元件，每个独立的元件应指定一个互不重复的地址。

2）所指定的地址必须在该型机器允许的范围之内。超出机器允许的操作参数，PLC 不予响应，并以出错处理。

语句表编程有键入方便、编程灵活的优点，但不如梯形图形象、直观。

二、可编程序控制器的编程原则和方法

1. 编程原则

1）PLC 编程元件的触点在编制程序时的使用次数是无限制的。

2）梯形图的每一逻辑行（梯级）皆起始于左母线，终止于右母线。各种元件的线圈接于右母线；任何触点不能放在线圈的右边与右母线相连；线圈一般也不允许直接与左母线相连。正确的和不正确的接线如图 9-7 所示。

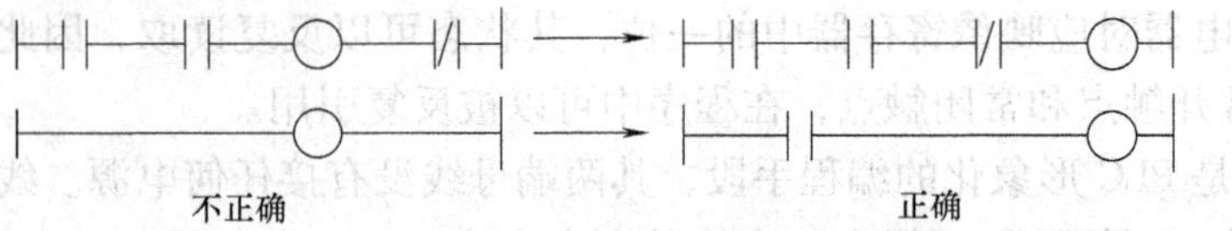

图 9-7 正确的和不正确的接线

3）编制梯形图时，应尽量做到“上重下轻、左重右轻”以符合“从左到右、自上而下”的执行程序的顺序，并易于编写指令语句表。图 9-8 所示的是合理的和不合理的接线。

图 9-8 合理的和不合理的接线

4）在梯形图中应避免将触点画在垂直线上，这种桥式梯形图无法用指令语句编程，应改画成能够编程的形式，如图 9-9 所示。

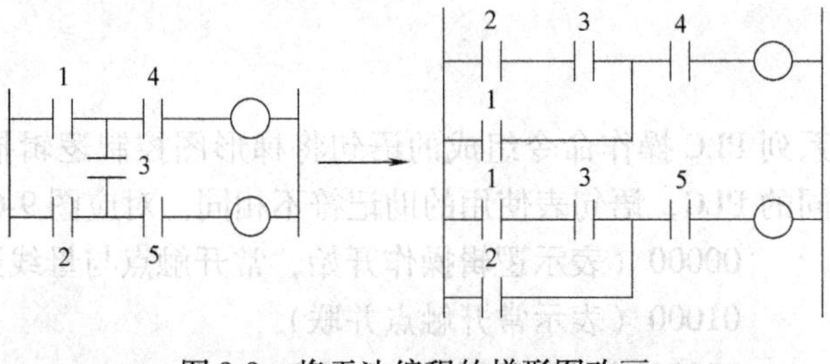

图 9-9 将无法编程的梯形图改画

5）同一继电器线圈在程序中不能重复输出，否则将引起误操作。

6）外部输入设备动断触点的处理：为了使梯形图和继电接触器控制电路一一对应，PLC 输入设备的触点应尽可能地接成动合形式。

此外，热继电器 FR 的触点只能接成动断的，通常不作为 PLC 的输入信号，而将其接在输出电路中直接通断接触器线圈。

2. 编程方法

今以笼型电动机正反转控制电路为例来介绍用 PLC 控制的编程方法。为了便于与梯形图进行对照，将图 8-15 具有联锁环节的正反转控制电路改画为如图 9-10 所示的形式。

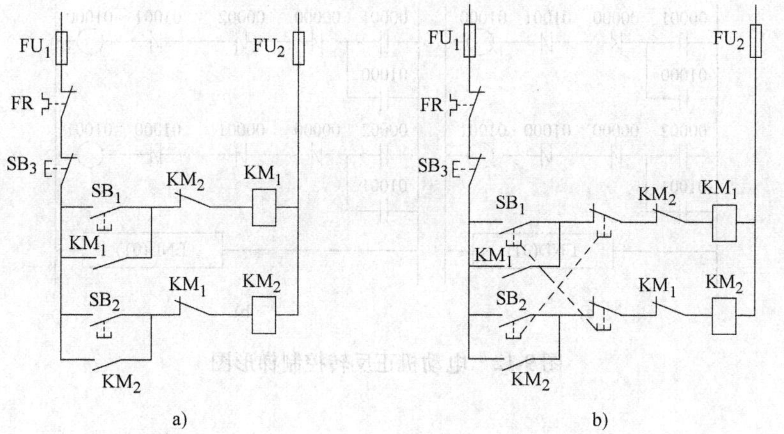

图 9-10　笼型电动机正反转的控制线路

（1）确定 I/O 点数及其分配　图 9-10a、b 两图的 I/O 点数及其分配相同，外部接线也相同。停止按钮 SB_3、正转起动按钮 SB_1、反转起动按钮 SB_2，这三个外部按钮须接在 PLC 的三个输入端子上，可分别分配地址为 00000、00001、00002 来接收输入信号；正转接触器线圈 KM_1 和反转接触器线圈 KM_2 需接在两个输出端子上，可分别分配地址为 01000、01001，共需用 5 个 I/O 点，即

输入：	停止按钮 SB_3	00000
	正转起动按钮 SB_1	00001
	反转起动按钮 SB_2	00002
输出：	正转接触器	01000
	反转接触器	01001

至于自锁和互锁触点是内部的“软”触点，不占用 I/O 点。此外，外部还可接入“硬”互锁触点 KM_1 和 KM_2，以确保正转和反转接触器不会同时接通，避免电源短路。这样就可以画出 PLC 外部接线如图 9-11 所示。

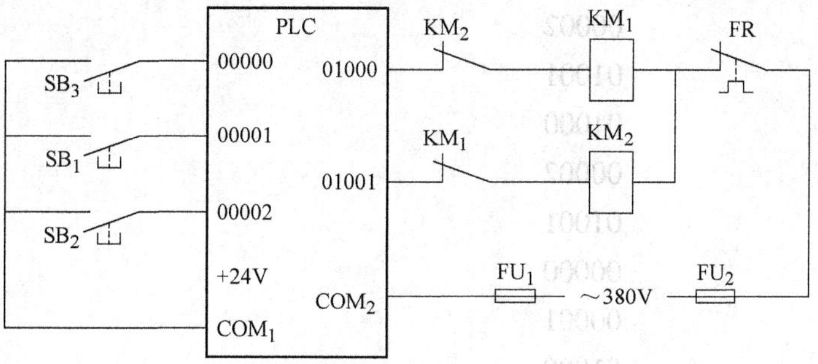

图 9-11　电动机正反转控制的外部接线图

（2）编制梯形图和指令语句表　本例的梯形图如图 9-12a、b 所示，分别对应图 9-10a、b 两种控制方式。

比较图 9-10 的电气控制图与图 9-12 的梯形图，两者一一对应。图 9-12a 对应的指令语句表为

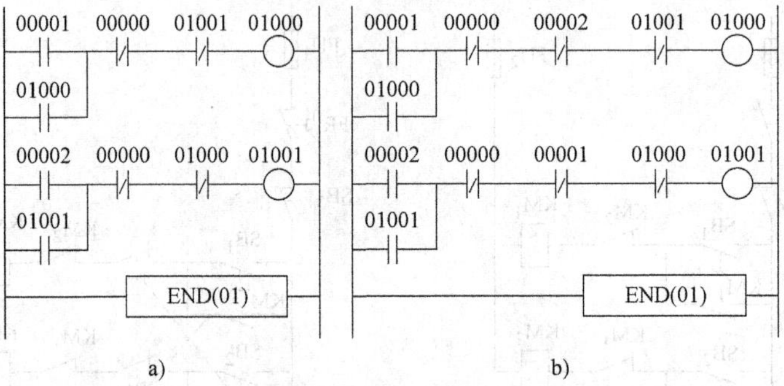

图9-12　电动机正反转控制梯形图

LD	00001
OR	01000
AND NOT	00000
AND NOT	01001
OUT	01000
LD	00002
OR	01001
AND NOT	00000
AND NOT	01000
OUT	01001
END	

图9-12b 对应的指令语句表为

LD	00001
OR	01000
AND NOT	00000
AND NOT	00002
AND NOT	01001
OUT	01000
LD	00002
OR	01001
AND NOT	00000
AND NOT	00001
AND NOT	01000
OUT	01001
END	

3. 可编程序控制器的指令系统

CPM1A 系列 PLC 的指令根据功能分为基本指令和应用指令两大类。基本指令直接对输入输出点进行操作，包括输入、输出和逻辑“与”、“或”、“非”基本运算等。应用指令包括定时/计数指令、十进制运算指令、二进制运算指令、逻辑运算指令、子程序控制指令、高速计数器控制指令、脉冲输出控制指令、中断控制指令、步进指令及一些特殊指令等。下面介绍一些最常用的指令。

（1）逻辑开始 LD、LD NOT

LD 指令梯形图符号为├┤├，表示常开触点与左侧母线连接。

LD NOT 指令梯形图符号为├/├，表示常闭触点与左侧母线连接。

（2）输出指令 OUT，OUT NOT

OUT 指令的梯形图符号为-○-，输出逻辑运算结果。

OUT NOT 指令的梯形图符号为-∅-，将逻辑运算结果取反后再输出。

输出位相当于继电器线路中的线圈。若输出位为 PLC 的输出点，则运算结果输出到 PLC 的外部；若输出位为 PC 的内部继电器，则逻辑运算结果为中间结果，不输出到 PLC 外部。

说明：1）OUT，OUT NOT 指令常用于一条梯形图支路的最后，但有时也用于分支点。

2）线圈并联输出时，可连续使用 OUT，OUT NOT 指令。

如图 9-13 所示的梯形图，线圈 01000、01001 并联输出，梯形图右侧为对应的指令语句表。当 00000 为 ON 时，01000 为 ON、01001 为 OFF；当 00000 为 OFF 时，01000 为 OFF、01001 为 ON。当 00001 为 ON 时，01002 为 OFF；当 00001 为 OFF 时，01002 为 ON。

指令语句表为

LD	00000
OUT	01000
OUT NOT	01001
LD NOT	00001
OUT	01002

（3）AND 和 AND NOT 指令　AND、AND NOT 指令的梯形图符号用┤├和┤/├表示。

AND 指令表示常开触点与前面的触点电路相串联，或者说 AND 后面的位与其前面的状态进行逻辑“与”运算；AND NOT 指令表示常闭触点与前面的触点电路相串联，或者说 AND NOT 后面的位取“反”后再与其前面的状态进行逻辑“与”运算。在此，串联触点的个数没有限制。

在图 9-14 中，第一条支路的常开触点 00001 与前面的触点相串联，OUT 输出位 01000 的状态是 00000 和 00001 逻辑“与”的结果，只有 00000 和 00001 都为 ON 时，01000 才为 ON，否则 01000 为 OFF。第二条支路的常闭触点 01000 与前面的触点相串联，OUT 输出位 01001 的状态是 01000 取“反”后再和 00000 逻辑“与”的结果，只有 01000 为 OFF，00000 为 ON 时，01001 才为 ON，否则 01001 为 OFF。

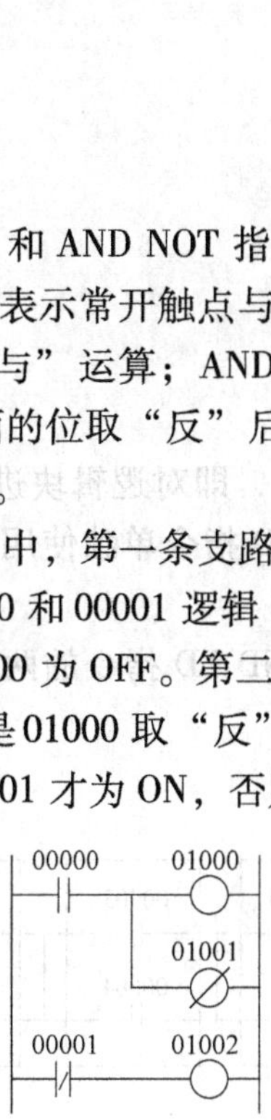

图 9-13　OUT、OUT NOT 指令的应用

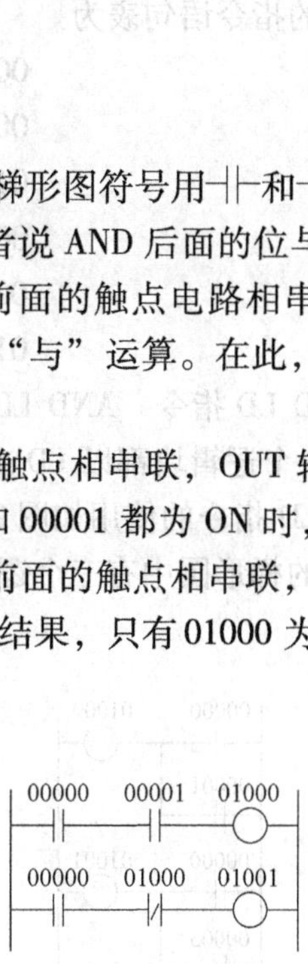

图 9-14　AND、AND NOT 指令的应用

由图9-14可写出对应的指令语句表为

LD	00000
AND	00001
OUT	01000
LD	00000
AND NOT	01000
OUT	01000

（4）OR和OR NOT指令　OR和OR NOT指令的梯形图符号如图9-15所示。

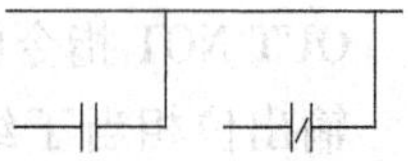

图9-15　OR和OR NOT指令的梯形图符号

OR指令表示常开触点与前面的触点电路相并联，或者说OR后面的位与其前面的状态进行逻辑“或”运算；OR NOT指令表示常闭触点与前面的触点电路相并联，或者说OR NOT后面的位取“反”后再与其前面的状态进行逻辑“或”运算。在此，并联触点的个数没有限制。

在图9-16中，常开触点00001与触点00000相并联，OUT输出位01000的状态是00000和00001逻辑“或”的结果，只有00000和00001都为OFF时，01000才为OFF否则01000为ON。常闭触点00003与触点00000相并联，OUT输出位01001的状态是00003取“反”后再和00000逻辑“或”的结果，只有00000为OFF，00003为ON时，01001才为OFF，否则01001为ON。

图9-16的指令语句表为

LD	00000
OR	00001
OUT	01000
LD	00000
OR NOT	00003
OUT	01001

（5）AND LD指令　AND LD指令用于逻辑块的串联连接，即对逻辑块进行逻辑“与”的操作。每一个逻辑块都以LD或LD NOT指令开始。AND LD指令单独使用，后面没有操作数。AND LD指令的使用如图9-17所示。

图9-17的梯形图中有三个逻辑块串联，下面给出使用AND LD指令的两种不同编程方法。

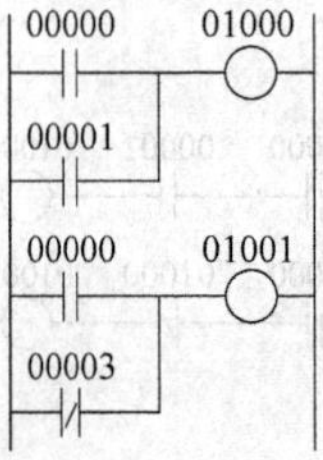

图9-16　OR和OR NOT指令的应用

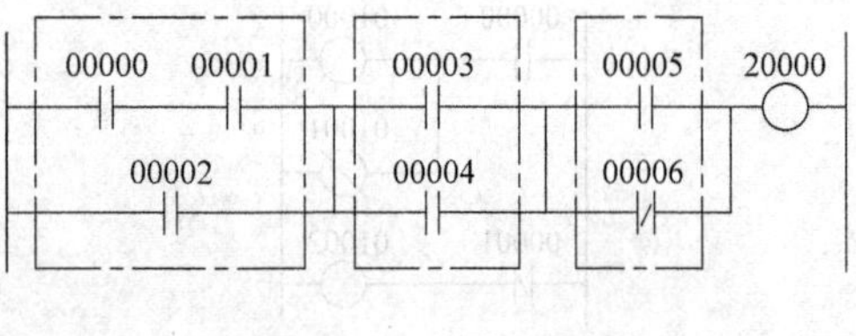

图9-17　AND LD指令应用

方法 1		方法 2	
LD	00000	LD	00000
AND	00001	AND	00001
OR	00002	OR	00002
LD	00003	LD	00003
OR	00004	OR	00004
AND LD		LD	00005
LD	00005	OR NOT	00006
OR NOT	00006	AND LD	
AND LD		AND LD	
OUT	20000	OUT	20000

在方法 2 中，AND LD 指令之前的逻辑块数应小于等于 8，而方法 1 对此没有限制。

（6）OR LD 指令　OR LD 指令用于逻辑块的并联连接，即对逻辑块进行逻辑“或”的操作。每一个逻辑块都以 LD 或 LD NOT 指令开始。OR LD 指令单独使用，后面没有操作数。OR LD 指令的使用如图 9-18 所示。

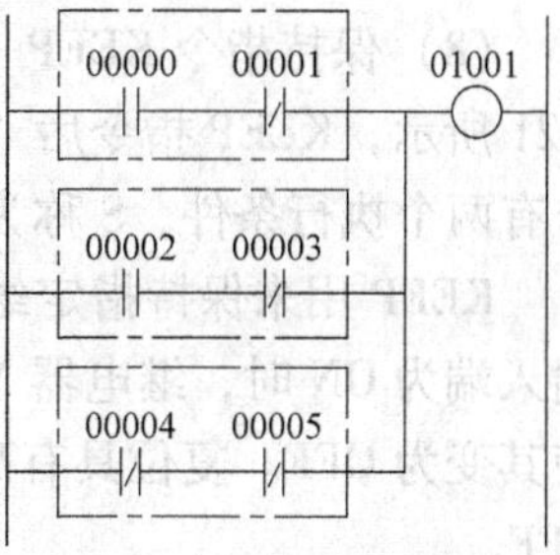

图 9-18　OR LD 指令应用

图 9-18 的梯形图中有三个逻辑块并联，下面给出使用 OR LD 指令的两种不同编程方法。

方法 1		方法 2	
LD	00000	LD	00000
AND NOT	00001	AND NOT	00001
LD	00002	LD	00002
AND	00003	AND	00003
OR LD		LD NOT	00004
LD NOT	00004	AND NOT	00005
AND NOT	00005	OR LD	
OR LD		OR LD	
OUT	01001	OUT	01001

在方法 2 中，OR LD 指令之前的逻辑块数应小于等于 8，而方法 1 对此没有限制。

（7）SET 和 RESET 指令　SET 和 RESET 是置位和复位指令，指令的梯形图符号如图 9-19 所示。

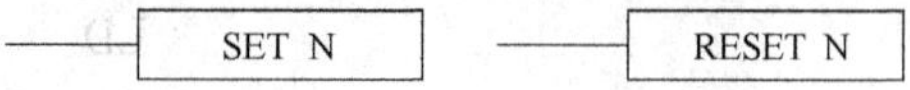

图 9-19　SET 和 RESET 指令梯形图符号

当 SET 指令的执行条件为 ON 时，使指定继电器 N 置位为 ON，当执行条件为 OFF 时，SET 指令不改变指定继电器 N 的状态。当 RESET 指令的执行条件为 ON 时，使指定继电器 N 复位为 OFF，当执行条件为 OFF 时，RESET 指令不改变指定继电器 N 的状态。

SET 和 RESET 指令的应用图例如图 9-20 所示，当 00000 由 OFF 变为 ON 后，继电器 20000 被置位为 ON，并保持 ON，即使 00000 变为 OFF，也仍保持 ON。当 00003 由 OFF 变为 ON 后，继电器 20000 被复位为 OFF，并保持 OFF，即使 00003 变为 OFF，也仍保持 OFF。

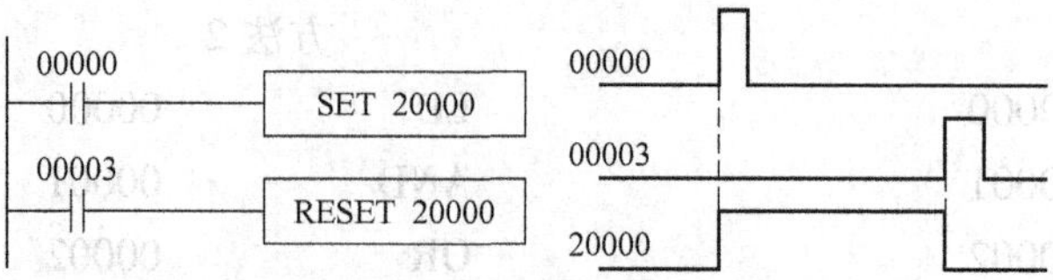

图 9-20 SET 和 RESET 指令的应用

图 9-20 的指令语句表为

LD	00000
SET	20000
LD	00003
RESET	20000

（8）保持指令 KEEP（11） 保持指令 KEEP 的梯形图符号如图 9-21 所示，KEEP 指令后“（11）”是该指令的功能代码。KEEP 指令有两个执行条件，S 称为置位输入，R 称为复位输入。

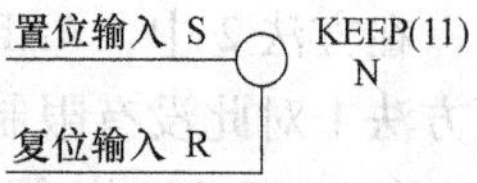

图 9-21 KEEP 指令的梯形图符号

KEEP 用来保持指定继电器 N 的 ON 状态或 OFF 状态。当置位输入端为 ON 时，继电器 N 保持为 ON 状态直至复位输入端为 ON 时使其变为 OFF。复位具有高优先级，当两个输入端同时为 ON 时，继电器 N 处在复位状态 OFF。

在图 9-22 中，当 00002 由 OFF 变 ON 时，继电器 HR0000 被置位为 ON，并保持 ON，即使 00002 变为 OFF，也仍保持 ON，直到 00003 由 OFF 变为 ON，HR0000 才被复位为 OFF，并保持 OFF，即使 00003 变为 OFF，也仍保持 OFF。波形如图中右侧所示。在用语句表编程时，先编置位端，再编复位端，最后编 KEEP（11）指令。

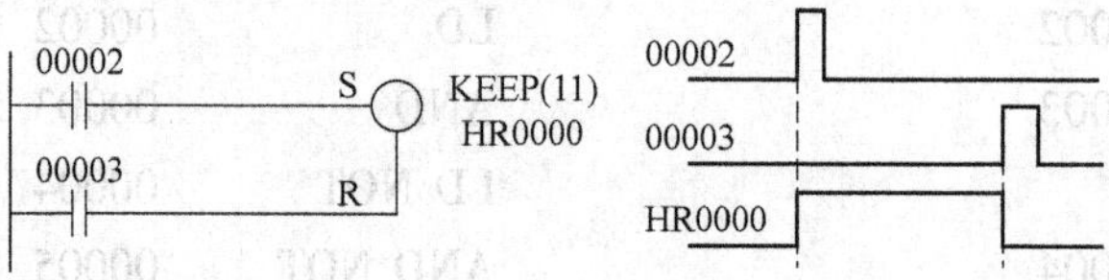

图 9-22 KEEP 指令的应用

图 9-22 的指令语句表为

LD	00002
LD	00003
KEEP(11)	HR0000

（9）上升沿微分和下降沿微分指令 DIFU（13）和 DIFD（14） DIFU（13）和 DIFD（14）指令的梯形图符号如图 9-23 所示。当执行条件由 OFF 变为 ON 时，上升沿微分 DIFU 使指定继电器在一个扫描周期内为 ON；当执行条件由 ON 变为 OFF 时，下降沿微分指令 DIFD 使指定继电器在一个扫描周期内为 ON。

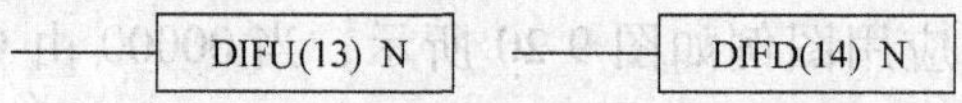

图 9-23 DIFU（13）和 DIFD（14）指令的梯形图符号

在图9-24中，当00000由OFF变为ON时，DIFU的输出20000接通，但接通时间只有一个周期。如果某条指令要求在00000由OFF变为ON时只执行一次，则可利用DIFU的输出20000作为该指令的执行条件。当00000由ON变为OFF时，DIFD的输出20001接通，但接通时间只有一个周期。如果某条指令要求在00000由ON变为OFF时只执行一次，则可利用DIFD的输出20001作为该指令的执行条件。

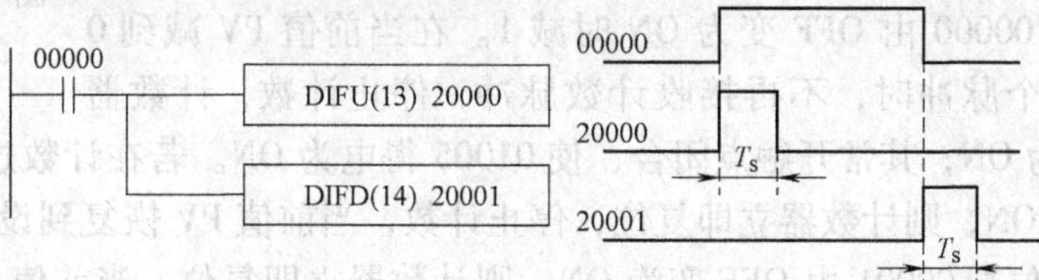

图9-24 DIFU和DIFD指令的应用

图9-24的指令语句表为

LD	00000
DIFU（13）	20000
DIFD（14）	20001

（10）定时器指令TIM TIM指令的梯形图符号如图9-25所示，N为定时器编号。

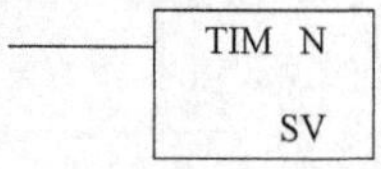

图9-25 TIM指令的梯形图符号

定时器的最小定时单位为0.1s，定时范围为0～999.9s，设定值SV的取值范围为0～9999，实际定时时间为SV×0.1s。设定值SV无论是常数还是通道内的内容，都必须是BCD数。

定时器为通电延时，当定时器的输入为OFF时，定时器的输出为OFF。当定时器的输入变为ON时，开始定时，定时时间到，定时器的输出变为ON。若输入继续为ON，则定时器的输出保持为ON。当定时器的输入变为OFF时，定时器的输出随之变为OFF。

图9-26中的定时器000，设定值为150，表示定时时间为15.0s。当00000为OFF时，TIM000处于复位状态，当前值PV=SV；当00000为ON时，TIM000开始定时，定时器的当前值PV从设定值150开始，每隔0.1s减去1，15s后，当前值PV减为0，此时定时器000输出为ON，TIM000的常开触点闭合，使01000为ON。此后，若00000一直为ON，则TIM000的状态不变，若00000变为OFF，则定时器复位，当前值PV恢复为设定值SV。

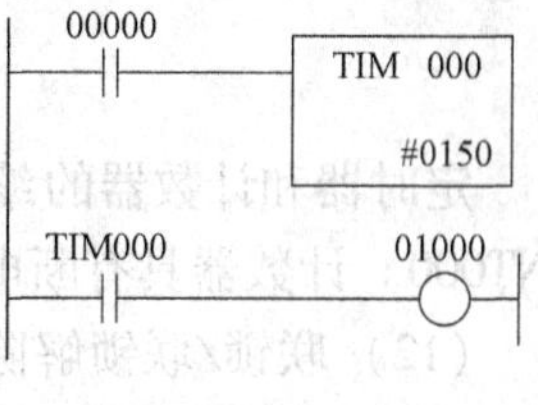

图9-26 TIM指令的应用

图9-26的指令表为

LD	00000
TIM	000
	#0150
LD	TIM000
OUT	01000

注意：定时器没有断电保持功能，断电时，定时器复位，不能保存定时器的当前值。

（11）计数器指令CNT CNT指令的梯形图符号如图9-27所示。N为计数器编号，SV

为计数设定值。CP为计数脉冲输入端，R为复位端。设定值SV无论是常数还是通道内的数据，都必须是BCD数，取值范围为0～9999。

计数器为递减计数，在图9-28中，CNT004的设定值为150。当复位端00001为ON时，计数器处于复位状态，不能计数，当前值PV=SV。当复位端由ON变为OFF后，计数器开始计数，当前值PV从设定值150开始，每当00000由OFF变为ON时减1。在当前值PV减到0时，也即计满150个脉冲时，不再接收计数脉冲，停止计数，计数器CNT004的输出变为ON，其常开触点闭合，使01005得电为ON。若在计数过程中，复位端00001由OFF变为ON，则计数器立即复位，停止计数，当前值PV恢复到设定值SV。若在计数结束以后，复位端00001由OFF变为ON，则计数器立即复位，当前值PV恢复到设定值SV。计数器CNT004复位后，输出为OFF，使01005断电为OFF。计数器编程时，先编计数输入端，再编复位端，最后编CNT指令。

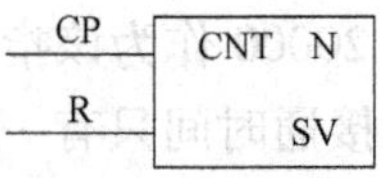

图9-27 CNT指令的梯形图符号

图9-28的指令表为

LD	00000
LD	00001
CNT	004
	#0150
LD	CNT004
OUT	01005

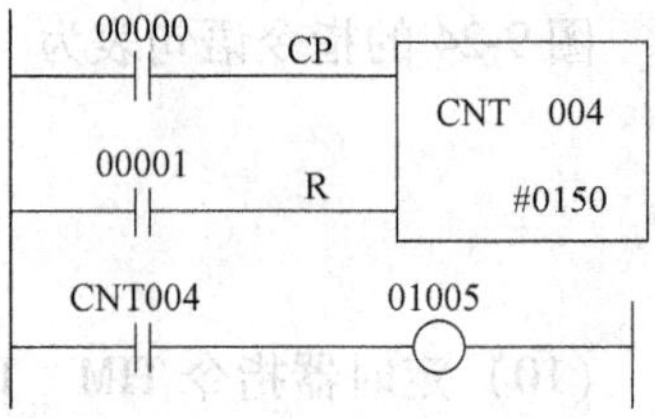

图9-28 CNT指令的应用

图9-28CNT的工作时序图如图9-29所示。

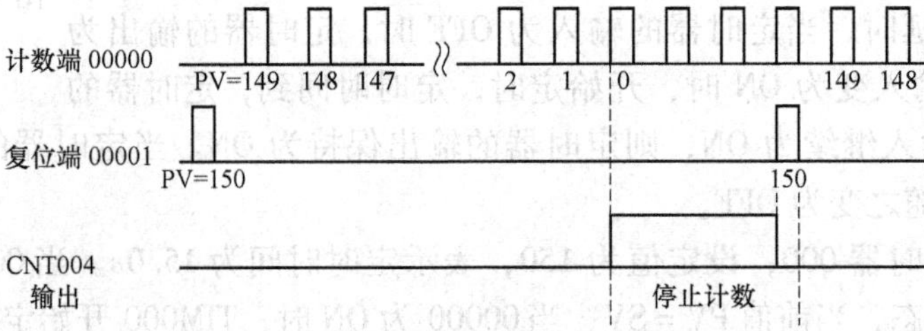

图9-29 CNT的工作时序图

定时器和计数器的编号是共用的，使用时不能冲突，如使用TIM000，就不能再使用CNT000。计数器具有断电保持功能，当电源断电时，计数器的当前值保持不变。

（12）联锁/联锁解除指令（IL（02）/ILC（03）） 该指令无操作数，梯形图符号如图9-30所示。

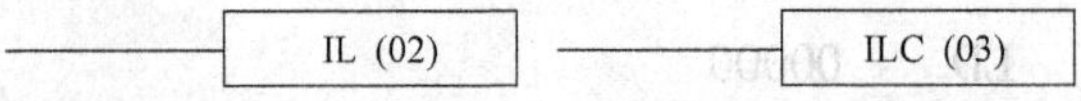

图9-30 IL（02）/ILC（03）指令的梯形图符号

IL/ILC指令总是一起使用，用于处理梯形图中的分支电路。如果IL的输入条件为ON，则位于IL和ILC之间的联锁程序段正常执行，如同IL和ILC不存在一样。如果IL的输入条件为OFF，则位于IL和ILC之间的联锁程序段不执行，IL和ILC之间的程序输出状态为

所有输出位OFF；

所有定时器复位；

所有计数器、保持继电器保持以前状态。

分支电路如图 9-31a 所示。图中 A 点为分支点，右侧分为三条支路，且每条支路都有触点控制，这种连接方式既不同于触点与触点的连接，也不同于逻辑块与逻辑块的连接，也不同于连续输出，是一种复合输出。因此前面介绍的指令都不能编程，此时要用到联锁/联锁解除指令。分析图 9-31a 的功能，可以看出，当 00000 为 OFF 时，01000、01001、01002 都处于断电状态；当 00000 为 ON 时，01000、01001、01002 的状态决定于各自支路上的控制触点。因此可以将图 9-31a 用 IL/ILC 指令改画为图 9-31b。

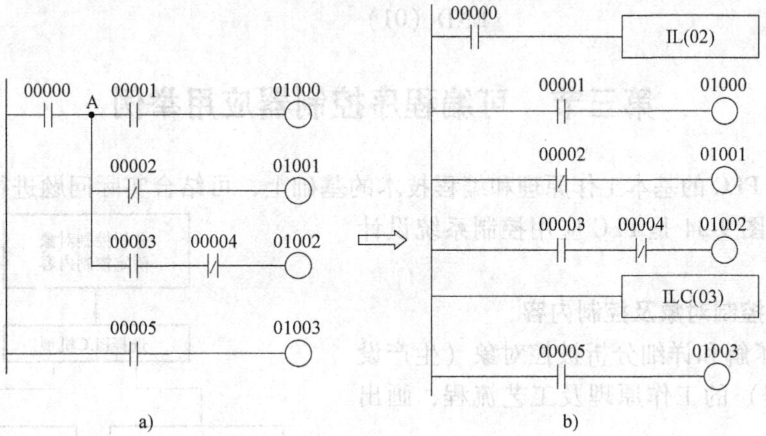

图 9-31　分支电路及其处理部

图 9-31b 的语句表为

LD	00000
IL（02）	
LD	00001
OUT	01000
LD NOT	00002
OUT	01001
LD	00003
AND NOT	00004
OUT	01002
ILC（03）	
LD	00005
OUT	01003

IL/ILC 指令可以成对使用，也可以多个 IL 指令配一个 ILC 指令，但不允许嵌套使用（如 IL—IL—ILC—ILC）。

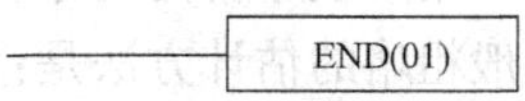

图 9-32　END（01）指令的梯形图符号

（13）结束指令 END（01）　指令的梯形图符号如图 9-32 所示，该指令无操作数。END 指令表示程序结束。

在图 9-33 中，END（01）是程序的最后一条指令。END 指令用于程序的结尾处，如果有子程序，则执行到END指令，即认为程序到此结束，后面的指令一概不执行，马上返回到程序的起始处再次开始执行程序。因此，在调试程序时，可以将END指令插在各段程序之后，进行分段调试。若整个程序没有END指令，则PC不执行程序，并显示出错信息“NO END INST”。

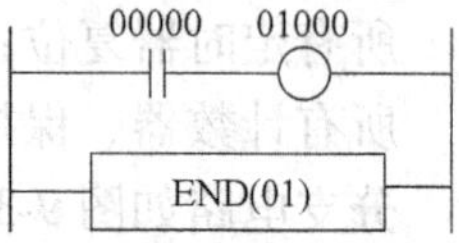

图9-33 END（01）指令的应用

图9-33的指令语句表为

LD 00000
OUT 01000
END（01）

第三节 可编程序控制器应用举例

在掌握了PLC的基本工作原理和编程技术的基础上，可结合实际问题进行PLC应用控制系统设计。图9-34是PLC应用控制系统设计的流程框图。

一、确定控制对象及控制内容

1）深入了解和详细分析被控对象（生产设备或生产过程）的工作原理及工艺流程，画出工作流程图。

2）列出该控制系统应具备的全部功能和控制范围。

3）拟定控制方案使之能最大限度地满足控制要求，并保证系统简单、经济、安全、可靠。

二、PLC机型选择

机型选择的基本原则是在满足控制功能要求的前提下，保证系统可靠、安全、经济及使用维护方便。一般须考虑以下几方面问题。

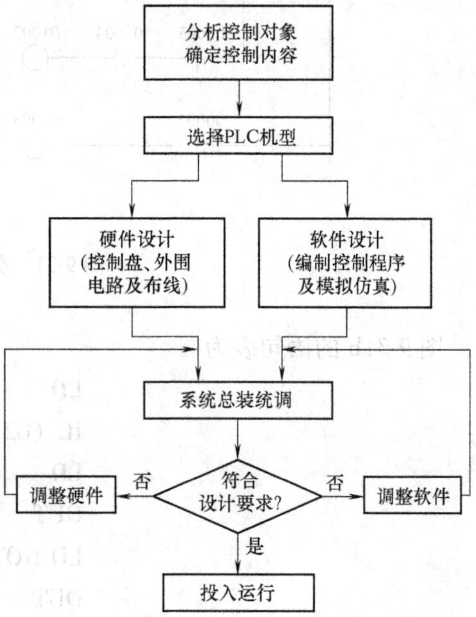

图9-34 PLC应用控制系统设计的流程框图

1. 确定I/O点数

统计并列出被控系统中所有输入量和输出量，选择I/O点数适当的PLC，确保输入、输出点的数量能够满足需要，并为今后生产发展和工艺改进适当留下裕量（一般可考虑留10%~15%的备用量）。

2. 确定用户程序存储器的存储容量

用户程序所需内存容量与控制内容和输入/输出点数有关，也与用户的编程水平有关。一般粗略的估计方法是：（输入＋输出）×（10~12）＝指令步数。对于控制要求复杂、功能多、数据处理量较大的系统，为避免存储容量不够的问题，可适当多留些裕量。

3. 响应速度

PLC的扫描工作方式使其输出信号与相应的输入信号间存在一定的响应延迟时间，它最终将影响控制系统的运行速度，所选PLC的指令执行速度应满足被控对象对响应速度的要求。

4. 输入/输出方式及负载能力

根据控制系统中输入/输出信号的种类、参数等级和负载要求，选择能够满足输入/输出接口需要的机型。

三、硬件设计

确定各种输入设备及被控对象与 PLC 的连接方式，设计外围辅助电路及操作控制盘，画出输入/输出端子接线图，并实施具体安装和连接。

四、软件设计

1）根据输入/输出变量的统计结果对 PLC 的 I/O 端进行分配和定义。

2）根据 PLC 扫描工作方式的特点，按照被控系统的控制流程及各步动作的逻辑关系，合理划分程序模块，画出梯形图。要充分利用 PLC 内部各种继电器有无限多触点给编程带来的方便。

五、系统调试

编制完成的用户程序要进行模拟调试（可在输入端接开关来模拟输入信号、输出端接指示灯来模拟被控对象的动作），经不断修改达到动作准确无误后方可接到系统中去，进行总装统调，直到完全达到设计指标要求。

例 9-1　用 PLC 实现三相异步电动机Y-△换接起动控制。

为了便于与梯形图对照，将图 8-21 的Y-△换接起动控制电路改画为图 9-35 所示的控制电路。

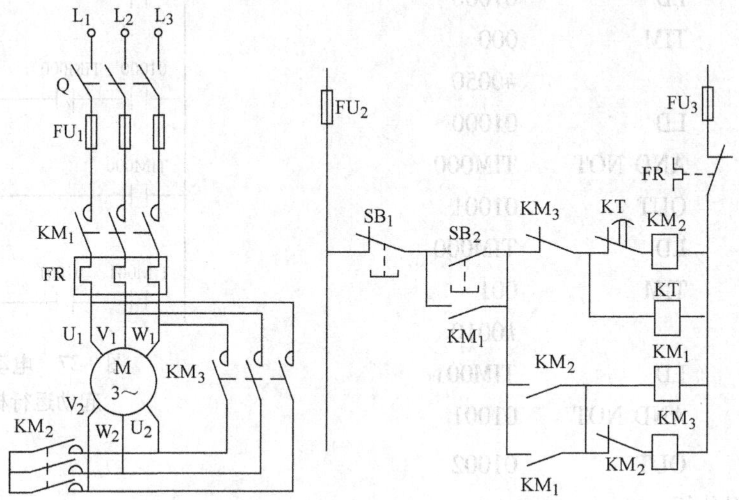

图 9-35　电动机Y-△起动的控制电路

今用 PLC 来控制，设计过程如下：

1. I/O 点分配

输入：停止按钮 SB1　　00000

　　　起动按钮 SB2　　00001

输出：接触器 KM1　　01000

　　　接触器 KM2　　01001

接触器 KM3　　01002

2. PLC 外部接线设计

PLC 外部接线设计如图 9-36 所示。

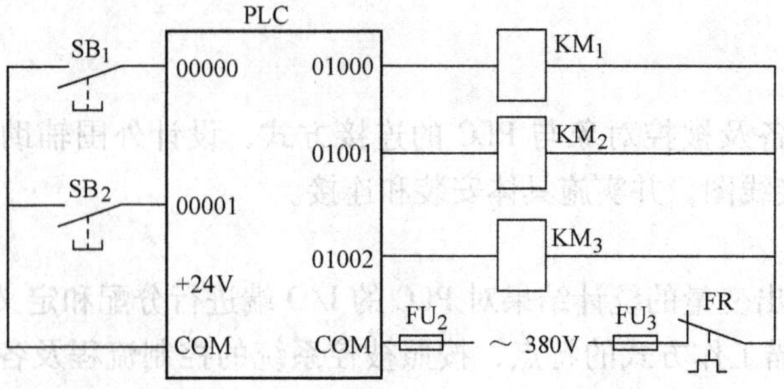

图 9-36　PLC 控制的电动机Y-△起动运行接线图

3. 梯形图

电动机Y-△起动运行梯形图如图 9-37 所示。

4. 指令语句表

LD	00001
OR	01000
AND NOT	00000
OUT	01000
LD	01000
TIM	000
	#0050
LD	01000
AND NOT	TIM000
OUT	01001
LD	TIM000
TIM	001
	#0010
LD	TIM001
AND NOT	01001
OUT	01002

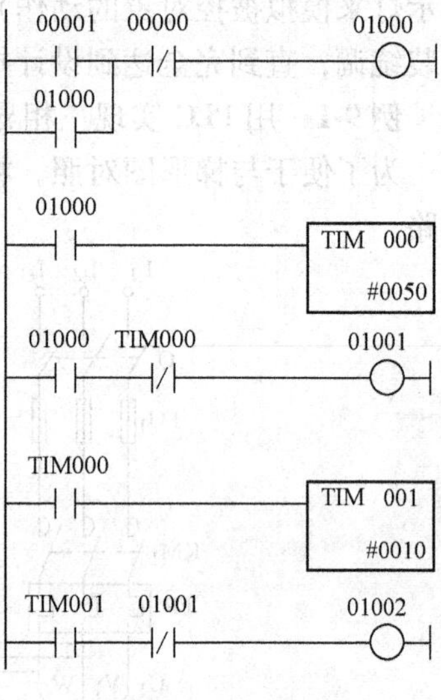

图 9-37　电动机Y-△起动运行梯形图

5. 控制过程分析

起动时按下 SB_2，PLC 输入继电器 00001 的常开触点闭合，输出继电器 01000 接通后，输出继电器 01001 接通。此时即将接触器 KM_1 和 KM_2 线圈通电，电动机进行星形联结减压起动。

同时常开触点 01000 接通定时器 TIM000，定时器 TIM000 延时 5s 后其常闭触点断开，使输出继电器线圈 01001 断开，KM_2 线圈失电，星形联结运行结束。

同时常开触点 TIM000 接通定时器 TIM001，定时器 TIM001 延时 1s 后接通线圈 01002，使 KM_3 通电，在 KM_1 和 KM_3 的共同作用下，电动机换接为三角形联结，随后正常运行。

考虑到实际接触器响应速度的差异，在本例中用了定时器 TIM001，避免在 KM_2 尚未断开时 KM_3 就接通的现象，即两者不会同时接通而使电源短路。TIM000、TIM001 的延时时间可根据需要设定。

本例用 PLC 控制与图 9-35 的控制电路相比，接触器的动作次序略有不同，但都必须是 KM_1 和 KM_2 先通电，电动机进入星形联结运行状态，延时一段时间后，先使 KM_2 失电，再使 KM_3 得电，电动机进入三角形联结稳定运行状态。当然，也可以设计成与图 9-35 的控制电路动作次序一样的程序。

例 9-2 用 PLC 实现对交通信号灯的控制。

交通灯的布置工作示意图如图 9-38 所示，控制要求如下：

1）信号灯受到起动开关控制，当起动开关接通时信号灯系统开始工作，先南北红灯亮，东西绿灯亮；当起动开关断开时，所有信号灯熄灭。

2）南北红灯亮维持 25s。在南北红灯亮的同时东西绿灯也亮，并维持 20s。到 20s 时，东西绿灯闪亮，闪亮三次（一次/s）后熄灭。在东西绿灯熄灭同时东西黄灯亮，并维持 2s 后东西黄灯熄灭，东西红灯亮。同时，南北红灯熄灭，绿灯亮。

3）东西红灯亮维持 25s，南北绿灯亮维持 20s，然后闪亮三次（一次/s）后熄灭，同时南北黄灯亮，维持 2s 后熄灭，同时，南北红灯亮，东西绿灯亮，开始下一个周期的动作。

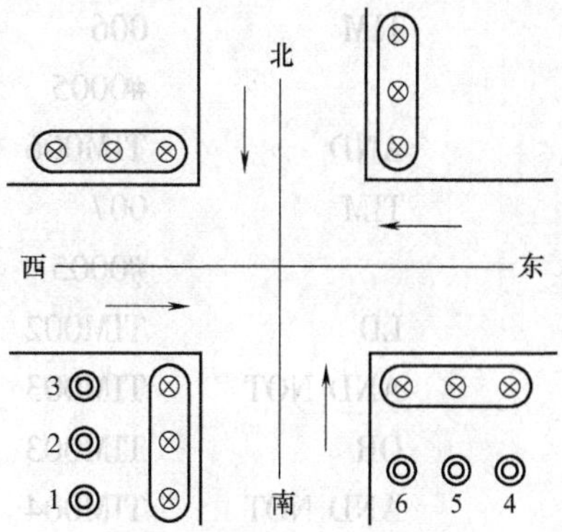

图 9-38 交通灯布置图

根据控制要求，设计过程如下：

I/O 点分配

输入：	启动按钮 SB1	00000
输出：	南北绿灯控制信号	01000
	南北黄灯控制信号	01001
	南北红灯控制信号	01002
	东西绿灯控制信号	01003
	东西黄灯控制信号	01004
	东西红灯控制信号	01005

梯形图

交通信号灯控制的梯形图如图 9-39 所示。

指令语句表

```
LD        00000
IL（02）
LD NOT    TIM005
TIM       000
          #0200
TIM       001
```

```
                #0230
TIM             002
                #0250
TIM             003
                #0450
TIM             004
                #0480
TIM             005
                #0500
AND NOT         TIM007
TIM             006
                #0005
AND             TIM006
TIM             007
                #0005
LD              TIM002
AND NOT         TIM003
OR              TIM003
AND NOT         TIM004
AND             TIM006
OUT             01000
LD              TIM004
AND NOT         TIM005
OUT             01001
LD NOT          TIM002
OUT             01002
LD              TIM000
OR              TIM000
AND NOT         TIM001
AND             TIM006
OUT             01003
LD              TIM001
AND             TIM002
OUT             01004
LD              TIM002
AND NOT         TIM005
OUT             01005
ILC（03）
END
```

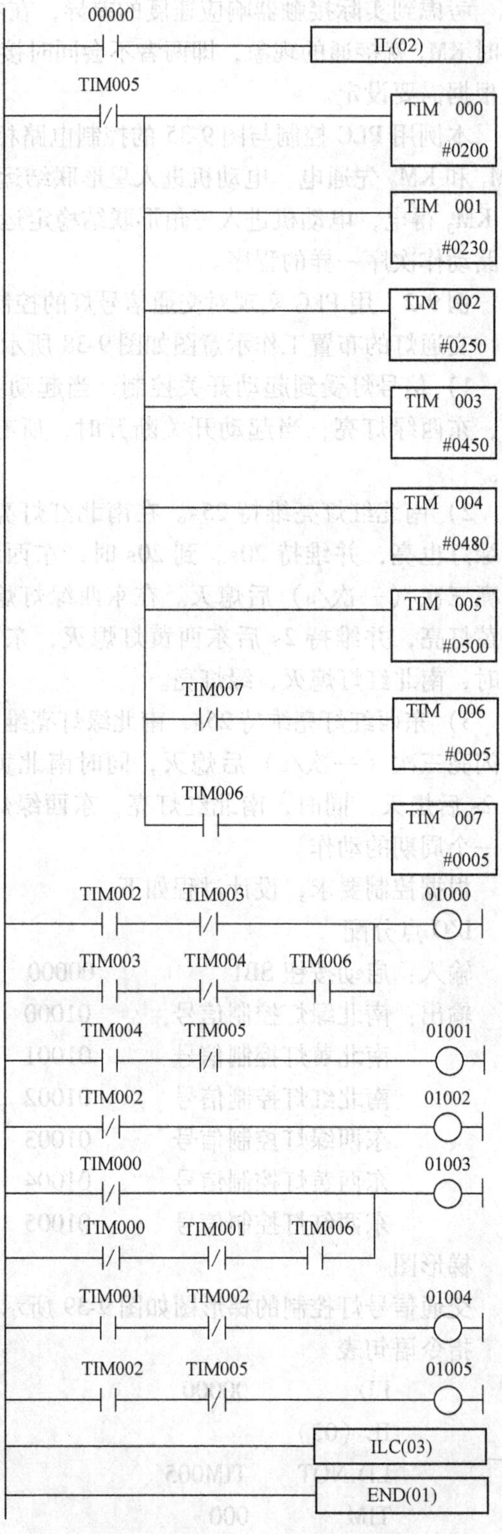

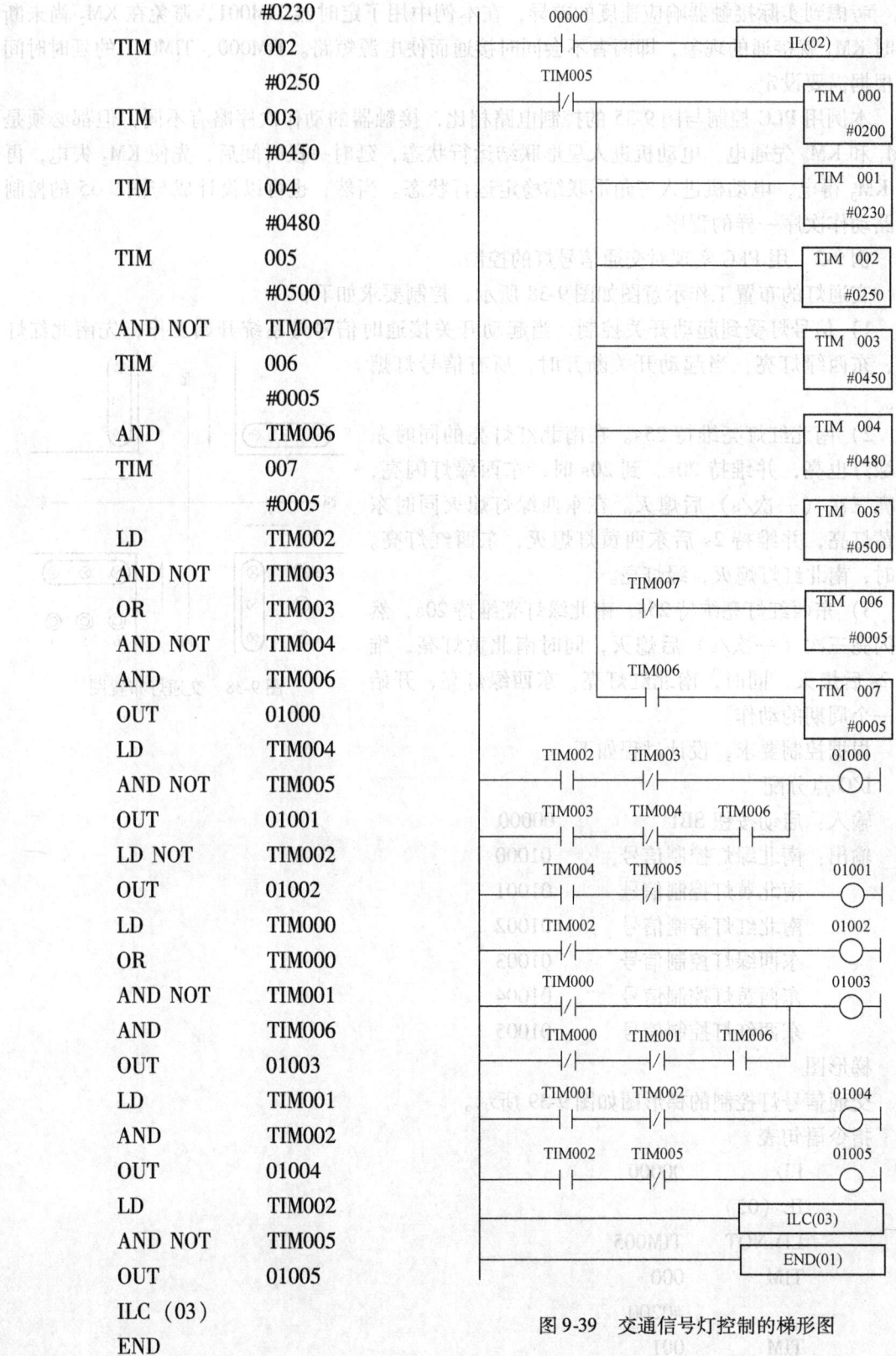

图 9-39 交通信号灯控制的梯形图

习　题

9-1　指出图 9-40a、b 所示梯形图的错误，并画出正确的梯形图。

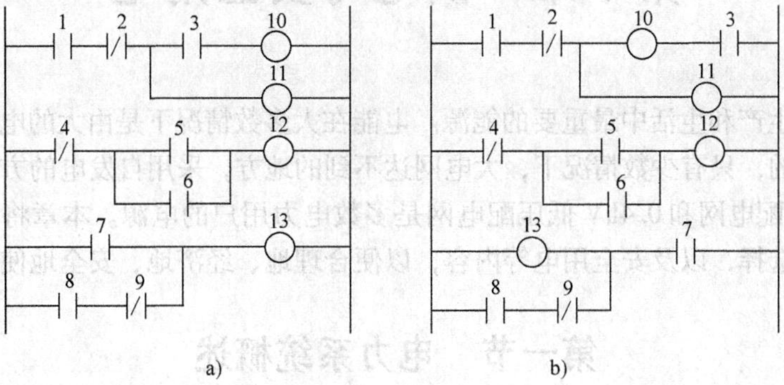

图 9-40　习题 9-1 图

9-2　试写出如图 9-41 所示梯形图的指令程序。

9-3　有两台三相笼型异步电动机 M_1 和 M_2。今要求 M_1 先起动，经过 5s 后 M_2 起动；M_2 起动后，M_1 立即停车。试用 PLC 实现上述控制要求，画出梯形图，并写出指令语句表。

9-4　有三台三相笼型异步电动机 M_1、M_2、M_3，按一定顺序起动和运行。(1) M_1 起动 1min 后 M_2 起动；(2) M_2 起动 2min 后 M_3 起动；(3) M_3 起动 3min 后 M_1 停车；(4) M_1 停车 30s 后 M_2 和 M_3 立即停车；(5) 备有起动按钮和总停车按钮。试编制用 PLC 实现上述控制要求的梯形图。

9-5　图 9-42 中，要求揿动按钮 SB 后能顺序完成下列动作：(1) 运动部件 A 从 1 到 2 位；(2) 接着运动部件 B 从 3 到 4 位；(3) 接着 A 从 2 回到 1；(4) 接着 B 从 4 到 3 位。试画出硬件线路和梯形图。(提示：用 4 个行程开关，装在原位和终点：每个行程开关有一常开触点和一常闭触点。)

9-6　试编制实现下述控制要求的梯形图。用一个开关控制三个灯的亮灭：开关闭合一次灯 1 点亮；闭合两次灯 2 点亮；闭合三次灯 3 点亮；再闭合一次三个灯全灭。

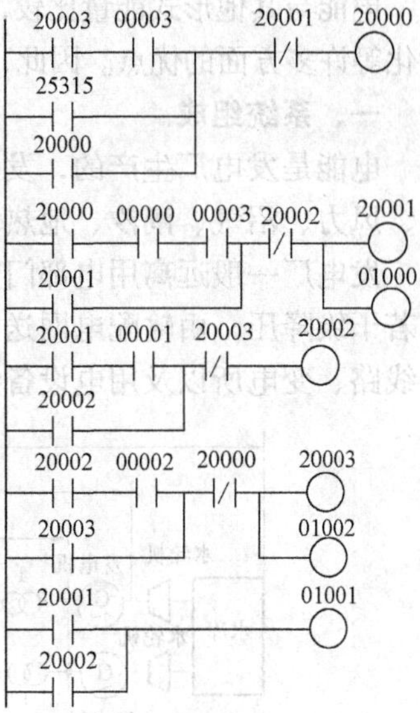

图 9-41　习题 9-2 图

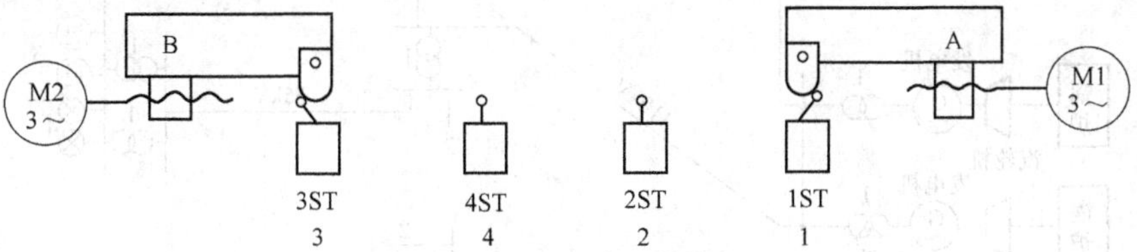

图 9-42　习题 9-5 图

9-7　有 8 个彩灯排成一行，自左至右依次每秒有一个灯点亮（只有一个灯亮），循环三次后，全部灯同时点亮，3s 后全部灯熄灭。如此不断重复进行，试用 PLC 实现上述控制要求。

9-8　按一下起动按钮后，电动机运转 10s，停止 5s，重复如此动作 3 次后停止运转。试设计梯形图。

9-9　某广告牌上有 6 个字，每个字依次显示 0.5s 后 6 个字一起显示 1s，然后全部熄灭。0.5s 后再从第一个字开始，重复上述过程。

第十章　供电与安全用电

电能是社会生产和生活中最重要的能源。电能在大多数情况下是由大的电力系统生产、输送和分配给用户的，只有少数情况下，大电网达不到的地方，采用自发电的方式。在我国电力网中，10kV 高压配电网和 0.4kV 低压配电网是多数电力用户的电源。本章将介绍电力负荷计算及配电变压器选择，以及安全用电等内容，以便合理地、经济地、安全地使用电力。

第一节　电力系统概述

电能与其他形式能量比较，具有转换容易、效率高、便于输送和分配，以及有利于实现自动化等许多方面的优点。因此，人们总是尽可能地将其他形式的能量转换为电能加以利用。

一、系统组成

电能是发电厂生产的，发电厂（站）按其被转换的能源不同，可分为火力、水力、核能、风力、沼气、潮汐、地热和太阳能发电厂（站）等。

发电厂一般远离用电部门（用户），所以大中型发电厂发出的电能都要经过变压器升压及若干级降压，由输配电网送至用户。由各发电厂（站）的发电机、各种电压等级的输配电线路、变电所以及用电设备组成的网络整体称为电力系统，如图 10-1 所示。

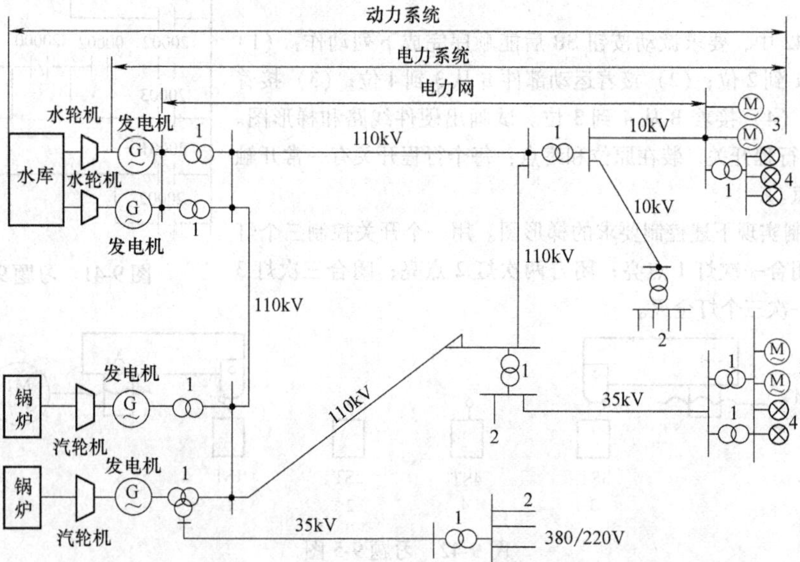

图 10-1　电力系统示意图

1—变压器　2—负载　3—电动机　4—电灯

采用电力系统供电，比单个电厂孤立地向用户供电具有很多优点，可以合理调配各发电厂的负荷，提高了供电的可靠性。

二、电压等级和供电质量

电力网输送电能，电压愈高电网中的电能损耗愈少，但电网中用于绝缘方面的投资增加。因此，每一种电压等级都有适宜的传输容量和距离。我国额定电压等级序列有500kV、330kV、220kV、110kV、60kV、35kV、10kV、6kV、3kV、0.4kV，其中60kV、6kV、3kV为非标准电压等级。以低压进行输送和分配电能的线路称低压配电网，所用电器称为低压电器。将3kV、6kV、10kV、35kV电压称为高压，其电网称高压配电网。110kV以上电网主要是输送电能，称为超高压输电网。750kV以上电网称为特高压输电网。

一般企业多采用10kV电压供电。对于较大型的工厂企业，负载大、厂区面积大，应选用35（60）kV的高压深入到负荷中心进行供电，再经过两次降压后供低压设备使用。即先降压至6kV或10kV，通过高压配电线路送到各车间变电所，再降压为0.4kV。低压用电设备一般采用380/220V。容易发生触电或有易燃易爆危险的场所，才采用220/127V。安全照明和手提电器的电压为36V或12V，这类电压需经过再次降压而获得。

供电质量包括供电可靠性、频率、电压以及电压波形等。

国家规定，用户在计划指标内用电时，无特殊情况，供电部门不得无故拉闸停电。例如对10kV用户，每年停电不超过三次。

我国交流电力网的频率为50Hz。频率太低或不稳定时，会使电动机转速不稳定，自动控制装置失灵。国家规定频率偏差范围为±0.2Hz。

供电电压不正常时，对电气设备影响很大，例如异步电动机端电压下降时，由于转矩与电压平方成正比，因而转矩下降，负载电流增大，电动机温升增高，电气绝缘受损，使用寿命缩短。严重时无法起动和运行。供电电压偏低时，白炽灯发光效率下降，荧光灯不易起燃，反复起燃降低灯管使用寿命。当然电压偏高对用电设备同样是不利的。国家规定，10kV以下用户受电端电压变动幅度为额定电压的±7%，低压照明用户其电压变动幅度额定电压的+5%或-10%。

由于电网中存在冲击负载，不对称或非线性负载，例如电弧炉、晶闸管整流装置等，它们将引起供电电压波形的畸变。波形畸变使用电设备损耗增大，性能恶化与控制失灵。

三、负荷分类

按负荷在国民经济中的重要性及对供电可靠性的要求，可分为三类：

第一类负荷：如果供电中断会造成生命危险，造成国民经济的重大损失，损坏生产的重要设备以致使生产长期不能恢复或产生大量废品，破坏复杂的工艺过程，以及破坏大城市正常社会秩序，故对这些用户必须有两个独立电源供电，以保证不停电。

第二类负荷：停止供电会造成大量减产，机器和运输停顿，城市的正常社会秩序遭受破坏。对这类负荷应尽可能保证供电可靠，是否设置备用电源，要经过经济技术比较，如中断供电造成的损失大于设置备用电源的费用时，应设置备用电源。

第三类负荷：除上述各项外，均属第三类。如生产单位的辅助车间、小城市及农村的照明负载等，对这类用户供电，中断一段时间影响较小。

四、常用低压配电系统

低压配电系统，按其中电气设备的外露可导电部分（指正常时不带电而在故障时可带电的易被触及的部分，如金属外壳、金属架构等）保护接地型式不同，分为TN系统、TT系统和IT系统。

1. TN系统（见图10-2）

TN系统的电源中性点直接接地，并从中引出有中性线（N线）、保护线（PE线）或将N线与PE线合而为一的保护中性线（PEN线），而该系统中电气设备的外露可导电部分接PE线或PEN线。

中性线（N线）的功能：一是用来接用额定电压为相电压的单相用电设备；二是用来传导三相系统中的不平衡电流和单相电流；三是用来减小负荷中性点的电位偏移。

保护线（PE线）的功能：是为了保障人身安全，防止触电事故的公共接地线。系统中的电气设备外露可导电部分通过PE线接地，可在设备发生接地故障时降低触电危险。

保护中性线（PEN线）：兼有N线和PE线的功能。

（1）TN-C系统（见图10-2a） 此种系统为“三相四线制”系统，由于N线与PE线合而为一，节约了导线材料，比较经济。但因PEN线有电流通过，会对接PEN线的某些设备产生电磁干扰。一旦PEN线断线，不仅会使该系统中电气设备的外露可导电部分带电而造成人身触电危险，不适用于安全要求高的场所，而且会造成相电压升高烧毁单相用电设备，因此PEN线一定要连接牢固可靠。

（2）TN-S系统（见图10-2b） 此种系统具有独立的N线和PE线，称为“三相五线制”系统，在正常工作时N线有工作电流，PE线中不应有电流，不会对设备产生电磁干扰，且即使PEN线断线也不会使该系统中电气设备的外露可导电部分带电，因此该系统的抗干扰性和安全性都优于三相四线制，在现代建筑中得到广泛应用。由于N线和PE线分开设置，导线耗材多，因此建设造价比TN-C系统高。

（3）TN-C-S系统（见图10-2c） 该系统由TN-C和TN-S两个系统结合而成，第一部分是进入建筑物电源TN-C四线系统，第二部分是TN-S五线系统，分界点在建筑物电源进户处，即N线和PE线的分开处，分开后不再合并，在此处做重复接地。该系统兼有TN-C和TN-S两种系统的优越性，经济实用，可根据需要灵活采用，在现代企业中应用广泛。

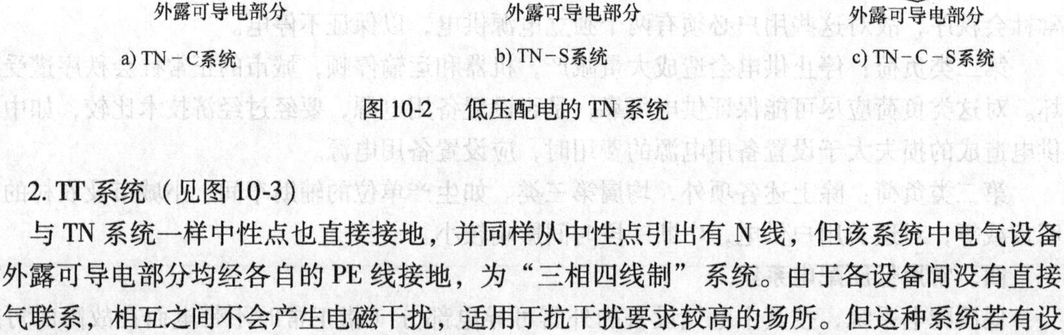

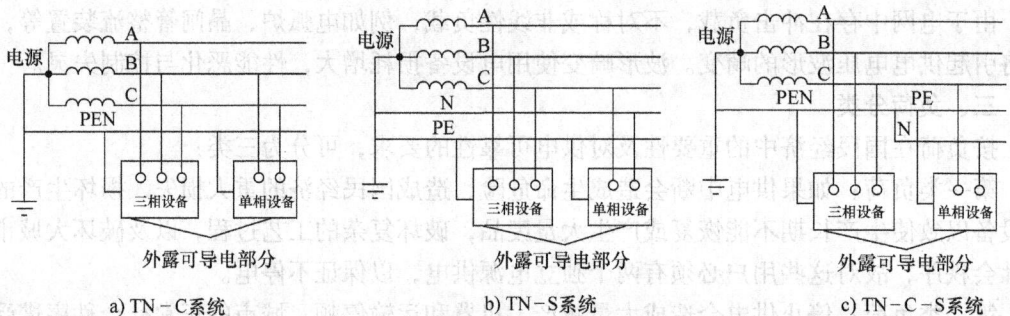

图10-2 低压配电的TN系统

2. TT系统（见图10-3）

与TN系统一样中性点也直接接地，并同样从中性点引出有N线，但该系统中电气设备的外露可导电部分均经各自的PE线接地，为“三相四线制”系统。由于各设备间没有直接电气联系，相互之间不会产生电磁干扰，适用于抗干扰要求较高的场所。但这种系统若有设备因绝缘不良或损坏使其外露可导电部分带电时，由于其漏电电流一般很小，往往不足以使线路的过电流保护装置动作，从而增加了触电危险，因此为保障人身安全，该系统必须装设灵敏的漏电保护装置。

3. IT 系统（见图 10-4）

IT 系统的电源中性点不接地或经高阻抗 Z 接地，与 TT 系统一样，该系统中电气设备的外露可导电部分均经各自的 PE 线接地。此系统中的各电气设备相互之间也不会产生电磁干扰，而且在发生一相接地时，设备仍可继续运行，但需装设单相接地保护，以便在发生一相接地故障时报警。该系统主要用于连续供电要求较高及有易燃易爆的场所，如矿山、井下等地。

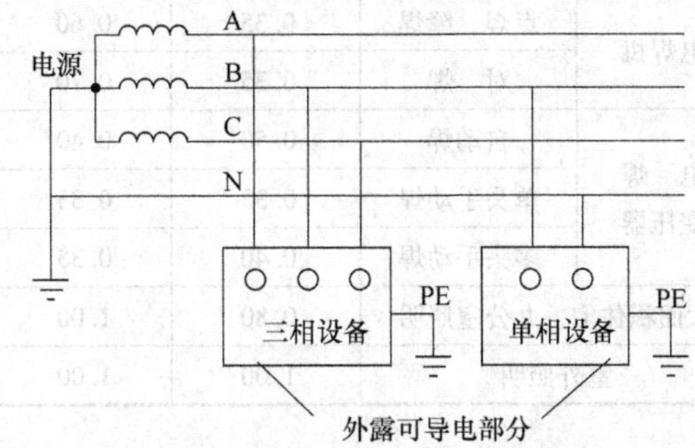

图 10-3 低压配电的 TT 系统

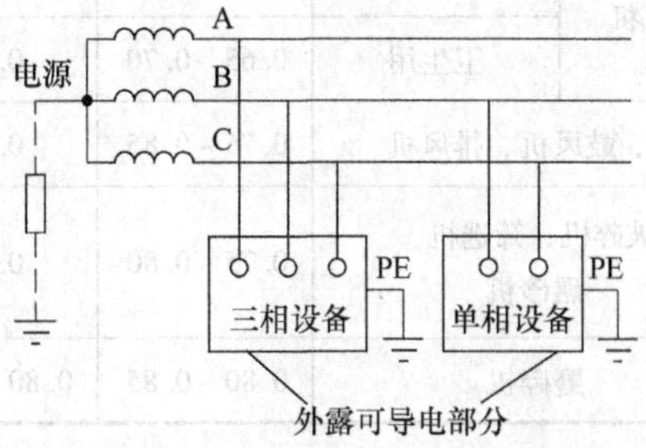

图 10-4 低压配电的 IT 系统

第二节 配电变压器的选择

常用配电变压器为 10/0.4kV 的电力变压器。

一、配电变压器的负荷计算

配电变压器容量选择是根据一个地区、企业或单位的计算负荷来确定的。计算负荷不是用电设备额定容量之和，因为实际上用电设备不都同时运行，而且运行的设备不一定达到额定容量。计算负荷是实际运行设备负荷可能达到的最大值。

确定计算负荷的方法很多，目前常采用的方法有需要系数法和二项式系数法。需要系数法一般适用于计算没有突出的大容量用电设备的车间干线和分干线上的计算负荷。当有突出的大容量用电设备时，用此方法计算出来的计算负荷偏小，可采用二项式系数法。对于车间变电所低压母线上的负荷，一般采用需要系数法。下面只介绍需要系数法。

需要系数法是根据统计规律确定的需要系数，其计算负荷就等于设备容量乘以需要系数，具体计算方法如下：

1）求三相用电设备的计算负荷。将用电设备分类，求出各类用电设备的计算负荷，即

$$P_{\mathrm{j}} = K_x P_{\mathrm{N}\Sigma}$$

式中，$P_{\mathrm{N}\Sigma}$ 为同类设备总容量；K_x 为同类设备的需要系数，见表 10-1。

需要系数 K_x 与用电设备的工作性质、效率、台数、拖动方案、线路效率和生产设备工艺设计等因素有关，同时还与生产劳动组织、工人操作技术水平等一些从属因素有关。表 10-1 中的需要系数值是当用电设备较多时的数据，用电设备数量较少时，需要系数值适当取大一些。如果只有一两台用电设备，需要系数可取 1，可认为有功计算负载就等于用电设备容量。

表 10-1　部分用电设备组的需要系数和功率因数参考表

设备组名称		需要系数 K_x	$\cos\varphi$
金属加工机床	冷加工	0.14 ~ 0.16	0.50
	热加工	0.20 ~ 0.25	0.55 ~ 0.60
压床、锻锤、剪床及锻工机械		0.25	0.60
通风机	生产用	0.75 ~ 0.85	0.80 ~ 0.85
	卫生用	0.65 ~ 0.70	0.80
泵、鼓风机、排风机		0.75 ~ 0.85	0.80
破碎机、筛选机、碾砂机		0.75 ~ 0.80	0.80
磨碎机		0.80 ~ 0.85	0.80 ~ 0.85
感应炉	高　频	0.80	0.10
	低　频	0.80	0.36
起重机	修理、金工、装配、锅炉房	0.05 ~ 0.15	0.50
	铸　铁	0.15 ~ 0.30	0.50
电焊机	点焊、缝焊	0.35	0.60
	对　焊	0.35	0.70
电焊变压器	自动焊	0.50	0.40
	单头手动焊	0.35	0.35
	多头手动焊	0.40	0.35
大面积住宅、办公室照明		0.80	1.00
室外照明		1.00	1.00

变压器容量是以视在功率表示的，所以计算负荷以计算视在功率表示时，要除以用电设备组的平均功率因数，即

$$S_j = \frac{K_x P_{N\Sigma}}{\cos\varphi}$$

在求出各类用电设备计算负荷的基础上，便可求得总的计算负荷。因为总的计算负荷，包括不同类型的多组用电设备，而各组用电设备的最大负荷往往不同时出现，所以在确定低压干线上或车间变电所低压母线上的计算负荷时，要乘以同时系数 K_T。同时系数的数值，是根据统计规律，由实际测量得到的。对于车间变电所低压母线，取 $K_T = 0.8 \sim 0.9$。

2）单相用电设备的计算负荷。对于由三相电源供电的单相负载如电灯等，应尽可能均匀地分配在三相，但有些较大的单相设备如电焊机，只接于一相，或接于线电压，就会造成三相不平衡。这时虽然有一相或两相没有接单相负载，但只要其中一相有负载，这一相的电流和功率就较其它两相为大，在选择电气设备确定计算负荷时，就得以负载较大的一相为依据。根据单相负载的接法可分为下述三种情况，分别考虑。

一个单相负载接于相电压，负荷计算时，相当于三相都有同一负载，即

$$P_a = 3P_p$$

式中，P_a 为折算的三相等效功率；P_p 为接于相电压的负载功率。

一个单相负载接于线电压，折算后的三相等值功率为

$$P_a = \sqrt{3}P_l$$

式中，P_l 为接于线电压的负载功率。

两个同样的负载接于线电压时，则

$$P_a = 3P_l$$

3）对新建工厂计算负荷的确定。当新建工厂（或车间）确定计算负荷时，可以参考同类工厂（或车间）的数据。例如，一个年产 3000t 的合成氨化肥厂，其负载功率为 1300kW。

某地新建同类化肥厂，年产5000t合成氨，可推算其负载功率为

$$P_j = \left(\frac{1300}{3000} \times 5000\right)\text{kW} = 2167\text{kW}$$

若功率因数为0.7，则计算视在功率为

$$S_j = \frac{P_j}{\cos\varphi} = 3096\text{kV} \cdot \text{A}$$

二、配电变压器的选择原则

配电变压器用于直接供给低压用电设备电能，它的位置和容量选择得当，能使低压线路配置合理，减少不必要的线路损耗，从而做到既节约资金，又节省器材。

1. 确定配电变压器位置的一般原则

1）一台配电变压器最好能带几种性质的负载，以便利用各种负载的时间差异而使变压器得到充分利用。

2）尽量接近负荷中心。

3）要考虑到高压配电线路进线的可能性和安全性。

4）地形、地势情况。例如变压器应放在地势较高的地方，不应靠近小学、广场中心等。

2. 选择配电变压器台数和容量的一般原则

1）对季节负荷或昼夜负荷变化较大的负载，宜采用两台变压器。在高峰负荷期间，两台变压器并列运行，在低谷负荷期间，切除一台变压器以减少空载损耗。除上述情况外，一般宜采用一台变压器。

2）配电变压器容量大一些，可以多带一些负载点，而这些负载点由于负载性质不同，用电时间不同，可以利用负载参差交替的同时系数使变压器的利用率得以提高。

3）要考虑到由于变压器容量的增加，供电负载点的增多，供电范围扩大了，从而引起低压配电线路延长，会增加低压线路的投资和线路损耗。

4）由于0.4kV低压配电线路输送距离一般只有百米左右，如果距离太长，会影响电压质量，所以还应从变压器的供电范围来考虑它的容量。

5）不要任意增加备用容量，以免增加投资和积压设备，而且变压器的负荷率越低，无功励磁损耗所占比例越大，功率因数越低，损耗增加，效率降低，电网运行情况变坏。

选择变压器容量时，还应注意到当多台电动机共用一台变压器时，直接起动的电动机中，最大一台的功率不得超过变压器容量的30%。变压器的利用率一般应在额定容量的70%左右较为合适。为限制短路时低压侧的短路电流，变压器的容量不宜超过1000kV·A。

现以图10-5为例，说明变压器容量的选择。

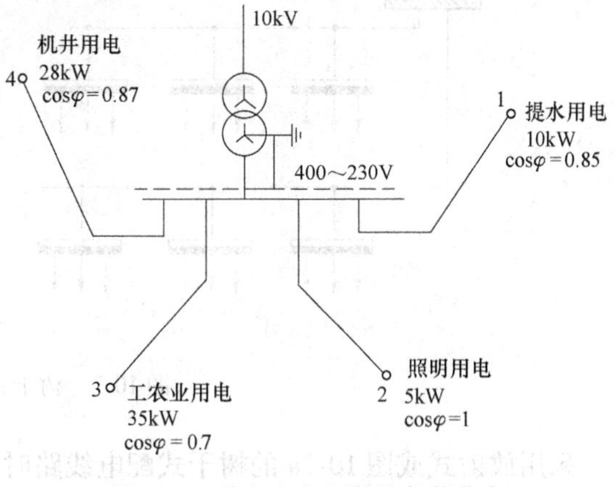

图10-5　某电力变压器的负荷分布

图10-5中有4个负载点，其有功功率及功率因数在图中已标明。由于负载性质不同，照明用电时，生活提水可以不用电，机井用电时，工农业用电可以暂停，在选择配电变压器容量时，考虑到生活提水的负载比照明大，工农业的负载比机井大，而生活提水和工农业可能同时使用，因此用计算视在功率表示时，则

$$S_j = \left(\frac{10}{0.85} + \frac{35}{0.7}\right) \times 0.9\text{kV} \cdot \text{A} = 55.6\text{kV} \cdot \text{A}$$

再考虑近期负载稍有发展及变压器的容量等级，选择国家标准产品系列。所选变压器型号为 SL_7-63/10 型低损耗配电变压器。这种变压器为铝线绕组，容量为 63kV · A，高压为 10kV，低压为 0.4kV，15kW 电动机可以直接起动。

第三节 工业企业配电

工业企业设有中央变电所和车间变电所（小规模的企业往往只有一个变电所）。中央变电所接受送来的电能，然后分配到各车间，再由车间变电所或配电箱将电能分配给各用电设备。低压配电线路的额定电压是380/220V。用电设备的额定电压多半是220V和380V，机床局部照明的电压是36V。

一、配电连接方式

从车间变电所或配电箱（配电板）到用电设备的线路属于低压配电线路。低压配电线路的连接方式主要是放射式和树干式两种。

放射式配电线路如图10-6所示。当负载点比较分散而各个负载点又具有相当大的集中负载时，则采用这种线路较为合适。

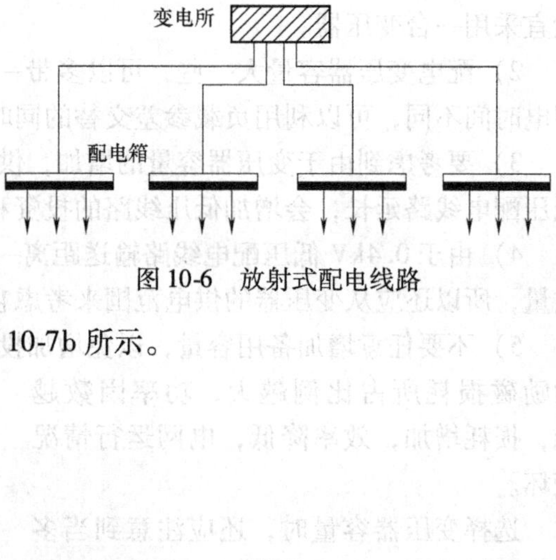

图10-6 放射式配电线路

在下述情况下采用树干式配电线路：

1）负载集中，同时各个负载点位于变电所或配电箱的同一侧，其间距离较短，如图10-7a所示。

2）负载比较均匀地分布在一条线上，如图10-7b所示。

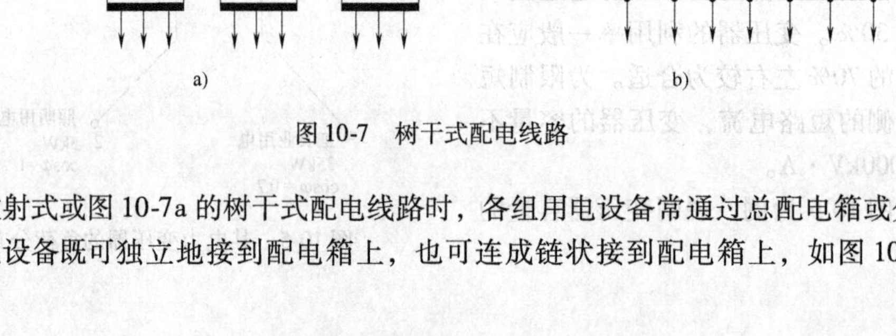

图10-7 树干式配电线路

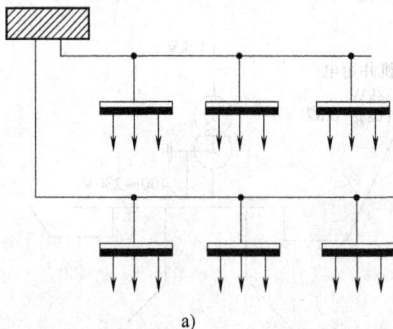

采用放射式或图10-7a的树干式配电线路时，各组用电设备常通过总配电箱或分配电箱连接。用电设备既可独立地接到配电箱上，也可连成链状接到配电箱上，如图10-8所示。

距配电箱较远，但彼此距离很近的小型用电设备宜接成链状，这样能节省导线。但是，同一链条上的用电设备一般不得超过三个。

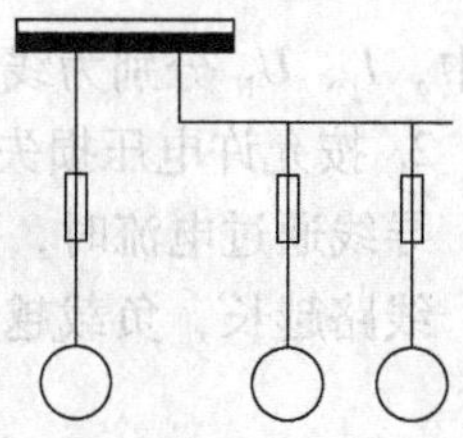

图 10-8　用电设备连接在配电箱上

采用图 10-7b 的树干式配电线路时，干线一般采用母线槽。这种母线槽直接从变电所经开关引到车间，不经配电箱。支线再从干线经出线盒引到用电设备。

放射式和树干式这两种配电线路现在都被采用。放射式供电可靠，但敷设投资较高。树干式供电可靠性较低，因为一旦干线损坏或需要修理时，就会影响连在同一干线上的负载；但是树干式灵活性较大。另外，放射式与树干式比较，前者导线细，但总线路长，而后者则相反。

低压配电箱用来接受和分配电能，柜中装有刀开关、熔断器、交流电压表、交流电流表、电能表等。作为隔离电源用的刀开关叫总开关或电源开关，它装在电能表前面，也叫表前开关。作为切断负载的刀开关，安装在电能表后面，也叫表后开关，每个开关控制一路负载，所以又叫分路负载开关。配出线路有 4 ~8 个不等。

二、配电线路导线截面的选择

在配电箱内进行接线也称配线，应注意下面几点：

1）配线所用的导线，均为绝缘导线。从电源到负载一次设备连接的导线，一般按发热条件确定导线截面。二次设备连接的导线，铜线截面积不小于 $1.5mm^2$，铝线截面积不小于 $2.5mm^2$。

2）导线与设备的连接，必须紧密可靠。配线应横平竖直，排列整齐，用线夹固定在板上（或敷设在线槽内），并应避免导线之间相互交叉。

3）配电箱的进入与引出线，均应通过接线端子板连接。

4）配电箱上有电源指示灯时，其接线应取自总开关的进线侧。

正确选择导线截面积，才能保证配电线路和用电设备安全可靠、经济合理的运行。导线截面积的选择应满足下列要求：

1）有足够的机械强度，避免因机械强度不足而断线。

2）长期通过负载电流，导线不致过热，损坏绝缘。

3）线路上的电压损失不应超过规定值，农村的动力线路规定不超过额定电压的 10%，照明线路不超过额定电压的 5%。

通常线路较短（不超过 200m）时，按发热条件选择导线截面积，按电压损失进行校验；线路较长时，按允许电压损失选择导线截面积，按发热条件进行校验。

按不同条件选择的导线截面积，经比较选取其中最大者。具体计算方法如下：

1. 按发热条件选择导线截面积

电流通过导线时会发热，使温度升高，温度过高会加速绝缘的老化或损坏绝缘。因此，规定了导线最高允许温度，绝缘导线为 55℃，裸导线为 70℃。选择导线时还应考虑导线周围环境温度和敷设条件。按发热条件选择导线截面，就是要求线路的计算电流 I_j，不超过该线路导线在规定敷设条件下的额定电流值 I_N（可查阅电工手册）。即

$$I_j \leqslant I_N$$

$$I_j = \frac{S_j}{\sqrt{3}U_N} \times 10^3$$

式中，I_j、U_N 分别为线电流和线电压；S_j 为计算视在功率（kV·A）。

2. 按允许电压损失选择导线截面积

导线通过电流时，要产生电压损失，电压损失是指始端电压与终端电压有效值的代数差。线路越长，负载越大，电压损失也越大。根据电压损失定义，其绝对值为

$$\Delta U = U_1 - U_2$$

不同等级电压，绝对值 ΔU 不能确切地表达电压损失的程度，工程上用它与额定电压比值的百分数表示，即

$$\Delta U\% = \frac{\Delta U}{U_N} \times 100\% = \frac{U_1 - U_2}{U_N} \times 100\%$$

式中的 U_N 为线路额定（线）电压，当允许电压损失按规定取值时，根据负载功率和线路长度，可求出线路的导线截面积。

除按发热条件和电压损失选择导线截面积外，还应考虑导线的机械强度，以确定不同情况下导线最小容许截面积。

第四节　安全用电

安全用电包括供电系统的安全、用电设备的安全及人身安全三个方面。

在用电过程中，必须特别注意电气安全，如果稍有麻痹或疏忽，就可能造成严重的人身触电事故，或者引起火灾或爆炸，给国家和人民带来极大的损失。因此电气工作人员在进行电工安装与维修操作时，必须严格遵守各种安全操作规程，与带电体保持足够的安全距离；安全距离不够时要使用合适的绝缘防护工具。

一、触电种类

人体触电可分为电击和电伤两类。

电击是指电流通过人体时所造成的内伤。它可以使肌肉抽搐，内部组织损伤，造成发热发麻，神经麻痹等。严重时将引起昏迷、窒息，甚至心脏停止跳动而死亡。通常说的触电就是电击。触电死亡大部分由电击造成。

电伤是指电流的热效应、化学效应、机械效应以及电流本身作用下造成的人体外伤。常见的有烧伤、金属溅伤等。

电流通过人体内部，能使肌肉产生突然收缩效应，这不仅可使触电者无法摆脱带电体，而且还可造成机械性损伤。更为严重的是，流过人体的电流还会产生热效应和化学效应，从而引起一系列急骤、严重的病理变化。热效应可使机体组织烧伤，特别是高压触电，可使骨骼烧至焦炭状。电流对心跳、呼吸的影响更大，几十毫安的电流通过呼吸中枢可使呼吸停止。直接流过心脏的电流只要达到几十微安，就可使心脏形成心室纤维性颤动而致死。触电时人体损伤的程度与电流的大小、种类、电压、接触部位、持续时间及人体的健康状况等均有密切关系。

二、电流对人体的作用

1. 人体电阻的大小

人体的电阻愈大，通入的电流愈小，伤害程度也就愈轻。根据研究结果，当皮肤有完好的角质外层并且很干燥时，人体电阻为 $10^4 \sim 10^5\Omega$。当角质外层破坏时，则降到 $800 \sim 1000\Omega$。

2. 电流通过时间的长短

电流通过人体的时间越长，则伤害越严重。

3. 电流的大小

如果通过人体的电流在50mA 以上时，就有生命危险。一般来说，接触 36V 以下的电压时，通过人体的电流不致超过 50mA，故把 36V 的电压作为安全电压。如果在潮湿的场所，安全电压还要规定得低一些，通常是24V 和12V。交流工频安全电压的上限值，在任何情况下，两导体间或任一导体与地之间都不得超过50V。

4. 电流的频率

直流和频率为工频 50Hz 左右的交流对人体的伤害最大，而 20kHz 以上的交流对人体无危害，高频电流还可以治疗某种疾病。

此外，电击后的伤害程度还与电流通过人体的路径以及与带电体接触的面积和压力等有关。

三、触电方式

1. 接触正常带电体

1）电源中性点接地系统的单相触电，如图 10-9 所示。这时人体处于相电压之下，危险性较大。如果人体与地面的绝缘较好，危险性可以大大减小。

2）电源中性点不接地系统的单相触电，如图 10-10 所示。这种触电也有危险。乍看起来，似乎电源中性点不接地时，不能构成电流通过人体的回路。其实不然，要考虑到导线与地面间的绝缘可能不良（对地绝缘电阻为 R'），甚至有一相接地，在这种情况下人体中就有电流通过。在交流的情况下，导线与地面间存在的电容也可构成电流的通路。

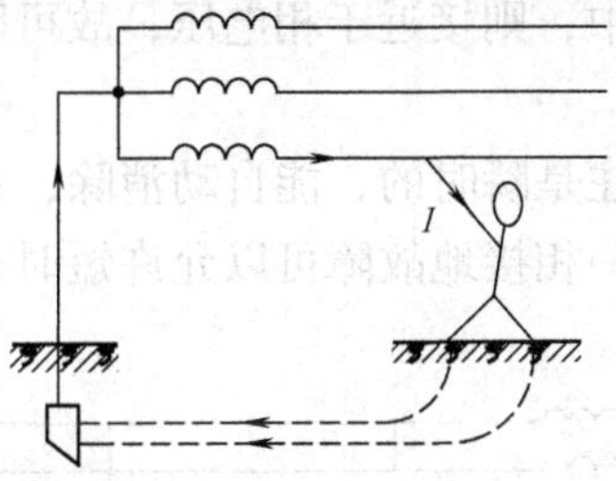

图 10-9　电源中性点接地的单相触电

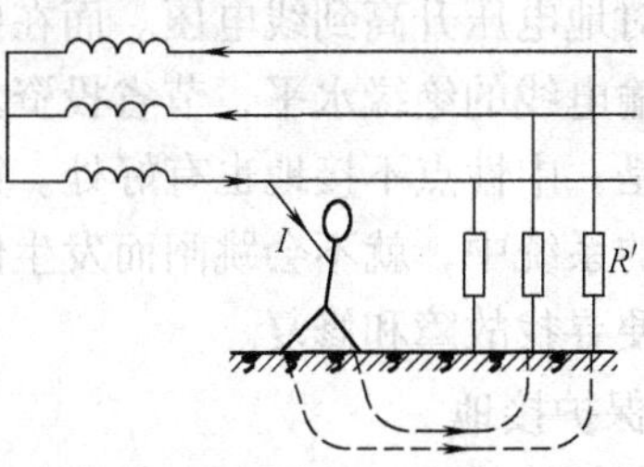

图 10-10　电源中性点不接地的单相触电

3）两相触电最为危险，因为人体处于线电压之下，但这种情况不常见。

2. 接触正常不带电的金属体

触电的另一种情形是接触正常不带电的部分。譬如，电机的外壳本来是不带电的，由于绕组绝缘损坏而与外壳相接触，使它也带电。人手触及带电的电机（或其他电气设备）外壳，相当于单相触电。大多数触电事故属于这一种。为了防止这种触电事故，对电气设备常采用保护接地和保护接零（接中性线）的保护装置。

四、接地和接零

为了人身安全和电力系统工作的需要，要求电气设备采取接地措施。按接地目的的不同，主要可分为工作接地、保护接地和保护接零三种，如图10-11所示。图中的接地体是埋入地中并且直接与大地接触的金属导体。

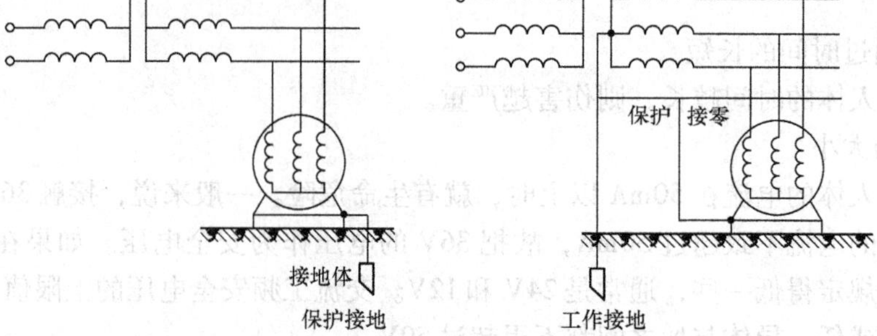

图10-11　工作接地、保护接地和保护接零

1. 工作接地

电力系统由于运行和安全的需要，常将电源中性点通过接地装置直接与大地相连接（见图10-11），这种接地方式称为工作接地。工作接地有下列目的：

（1）降低触电电压　在中性点不接地的系统中，当电源中一相因故障接地，如果人体又触及另外两相之一，此时人体有可能出现两相触电，处于线电压之下。而在中性点接地的系统中，则在上述情况下，触电电压就降低到等于或接近相电压。

（2）迅速切断故障设备　在中性点不接地的系统中，当一相接地时，接地电流很小（因为导线和地面间存在电容和绝缘电阻，也可构成电流的通路），不足以使保护装置动作而切断电源，接地故障不易被发现，将长时间持续下去，对人身不安全。而在中性点接地的系统中，一相接地后的接地电流较大（接近单相短路），保护装置迅速动作，断开故障点。

（3）降低电气设备对地的绝缘水平　在中性点不接地的系统中，一相接地时将使另外两相的对地电压升高到线电压。而在中性点接地的系统中，则接近于相电压，故可降低电气设备和输电线的绝缘水平，节省投资。

但是，中性点不接地也有好处。第一，一相接地往往是瞬时的，能自动消除，在中性点不接地的系统中，就不会跳闸而发生停电事故；第二，一相接地故障可以允许短时存在，这样，以便寻找故障和修复。

2. 保护接地

所谓保护接地，就是将电气设备的金属外壳通过接地装置与大地可靠地连接起来。在电网中，凡由于绝缘破坏或其他原因而可能呈现危险电压的电气设备的金属外壳，都应采取保护接地措施，如：变压器、电机、电器的金属外壳与底座；户内、外配电装置和控制台等的金属框架或外壳；配线的钢管和电缆的金属外皮等。保护接地的原理图如图10-12所示。图中 I_d 是相线碰壳时接地故障电流；I_r 是流经人体的电流；R_b 是保护接地电阻；R_r 是人体电阻；Z 是电网每相对地绝缘阻抗，由对地分

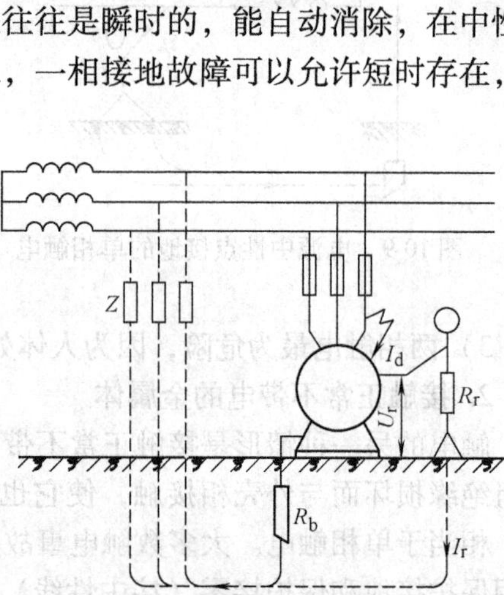

图10-12　保护接地的原理图

布电容和对地绝缘电阻组成，并可看作是两者的并联。

因为 R_b 与 R_r 并联且远小 R_r，所以有保护接地时，人体的接触电压为

$$U_r = I_r R_r \approx I_d R_b$$

当 R_b 较小时，安全性就较高。对于 380V 的低压电网，一般要求保护接地电阻 $R_b \leqslant 4\Omega$。

中性点接地的系统中不采用保护接地。因为采用保护接地时，当电气设备的绝缘损坏时，如果接地电流不能使保护装置能可靠地动作，接地电流将长期存在，外壳也将长期带电，其对地电压的数值可能较高，对人体是不安全的。

3. 保护接零

所谓保护接零，就是在电源中性点直接接地的三相四线制（380/220V）低压电网中，把电气设备在正常情况下不带电的金属外壳与电网的零线（或称中性线）可靠地连接起来。保护接零的原理图如图 10-13 所示，这种保护接零方式称为 TN-C 系统。图中 I_d 是相线碰壳时短路故障电流，R_0 是工作接地电阻，R_C 是重复接地电阻，FU 是熔断器。

当电气设备发生相线碰壳故障时，短路电流 I_d 的值较大，使熔断器 FU 或断路器迅速动作，切断电源。

保护接零系统中，必须要有良好的工作接地和重复接地。工作接地电阻 R_0 不得超过 4Ω。所谓重复接地，就是在零线上的一处或多处通过接地装置与大地再次连接。重复接地电阻 R_C 通常应在 10Ω 以下。低压架空线的终端、分支线长度超过 200m 的分支处、沿线每 1km 处以及进户点，零线均应重复接地。在较大的车间内部，零线应增加重复接地点。重复接地的保护作用如下：

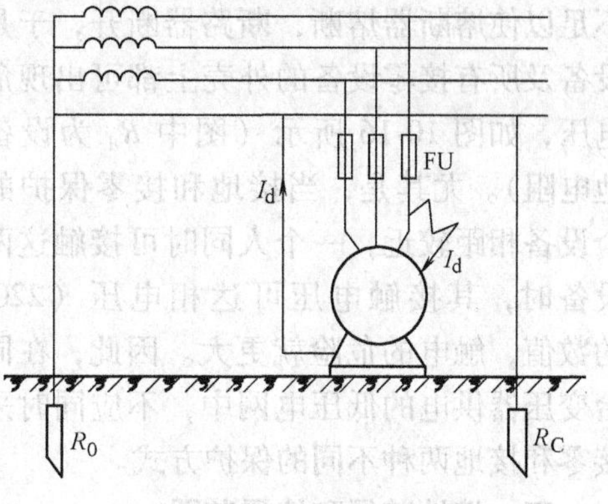

图 10-13　保护接零的原理图

1）当零线断开且相线碰壳时，重复接地可降低人体接触电压 U_r，而减小触电的危险性，如图10-14所示。图中 U_r 为人体接触电压，U 为电网相电压。

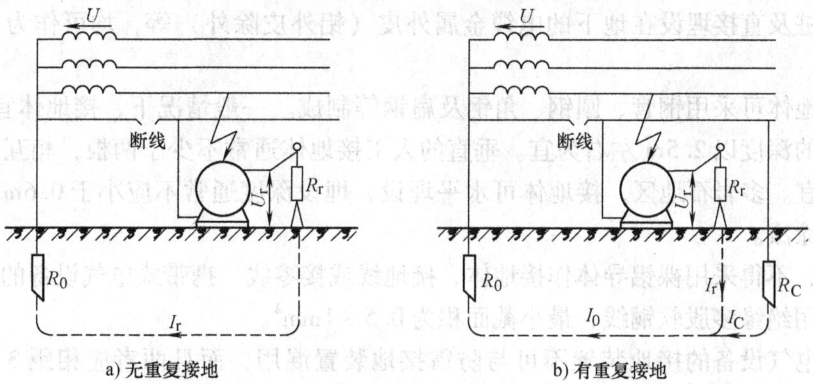

图 10-14　当零线断开且相线碰壳时，重复接地保护作用原理图

2）三相四线保护接零系统中，当三相负载显著不平衡时，一旦无重复接地的零线断线，由于零点飘移，即使没有漏电的设备，接零设备上也会出现危险的对地电压，设置重复

接地，可减轻或消除这种危险性。

保护接零系统中，保护接零用的零线上不得装熔断器或开关。如果在单相二线的零线上规定要装熔断器，则熔断器后面的零线已不能供保护接零使用。如要保护接零，必须从零线上另接一根零支线接到设备的外壳上，如图10-15所示。

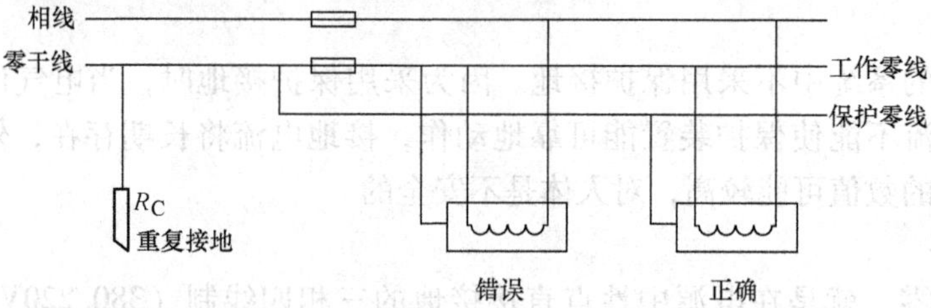

图10-15　单相零线上装熔断器时，保护接零正、误接线图

在保护接零系统中，如果个别设备接地未接零，一旦该设备相线碰壳，若故障电流 I_d 不足以使熔断器熔断，断路器断开，于是该设备及所有接零设备的外壳上都可出现危险电压，如图10-16所示（图中 R_d 为设备接地电阻）。尤其是，当接地和接零保护的两个设备相距较近，一个人同时可接触这两个设备时，其接触电压可达相电压（220V）的数值，触电的危险就更大。因此，在同一台变压器供电的低压电网中，不应同时采用接零和接地两种不同的保护方式。

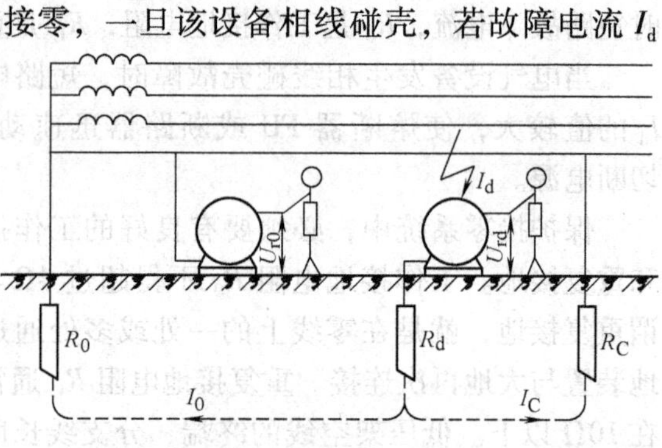

图10-16　保护接零系统中，个别设备接地未接零出现危险电压原理图

五、接地装置和接零装置

接地装置由接地体和接地线（包括地线网）组成。接零装置由接地体和零线网（不包括工作零线）组成。

凡埋设在地下与土壤有紧密接触的金属管道（流经可燃或爆炸性介质的管道除外）、建筑物的金属桩及直接埋设在地下的电缆金属外皮（铝外皮除外）等，均可作为自然接地体使用。

人工接地体可采用钢管、圆钢、角钢及扁钢等制成。一般情况下，接地体宜垂直埋设，垂直接地体的深度以2.5m左右为宜。垂直的人工接地体通常不少于两根，相互间的距离以2.5～3m为宜。多岩石地区，接地体可水平埋设，埋设深度通常不应小于0.6m。在地下的接地体不应涂漆。

在地下，不得采用裸铝导体作接地体、接地线或接零线。携带式电气设备的接零线及接地线，应采用绝缘多股软铜线，最小截面积为 $0.5\sim1\text{mm}^2$。

通常，电气设备的接地装置不可与防雷接地装置混用，而且两者应相距3～5m以上，以免雷击时，在电气设备上呈现危险电压。但对于高层建筑物，电气设备的接地装置和防雷接地装置就难于分开，而是连在一起的。这类高层建筑物的柱、梁、板和桩基中的钢筋，可靠连接成一个整体的金属框架，在地面以上的部分宜兼作避雷针、带或网的引下线，对雷电流有较好的分流作用。

六、触电现场急救

1. 迅速脱离电源

发生触电事故时，首先要设法马上切断电源，使触电者脱离受电流伤害的状态，这是能否抢救成功的首要因素。其次要注意，当人体触电时，身上有电流通过，已成为一带电体，同样会使抢救者触电。所以，必须先使触电者脱离电源后，方可抢救。使触电者脱离电源的方法很多，如：

1）出事附近有电源开关或电源插头时，应立即将闸刀拉开或将插头拔掉，以切断电源。但普通的电灯开关（如拉线开关）只能断开一根线，有时断开的不一定是相线，所以不能肯定电源已切断。

2）当电线触及人体导致触电时，一时无法找到并断开其电源开关时，可用绝缘的物体（如干燥的木棒、竹杆、绝缘手套）将电线移掉，使触电者脱离电源。必要时可用绝缘工具（带有绝缘柄的电工钳、木柄的斧以及锄头等）切断电线，以断开电源。

脱离电源后，人体的肌肉不再受到电流刺激，会立即放松，会自行摔倒，造成新的外伤（如颅底骨折等），特别在高空时更是危险。所以，脱离电源时要注意安全，需有相应的措施配合，避免此类情况发生，决不可误伤他人，将事故扩大。

2. 现场急救方法

当触电者脱离电源后，应当根据触电者的具体情况，迅速地对症进行救护。现场应用的主要救护方法是人工呼吸法和胸外心脏挤压法。

1）如果触电者伤势不重，神智清醒，但是有些心慌、四肢发麻、全身无力；或者触电者在触电的过程中曾经一度昏迷，但已经恢复清醒。在这种情况下，应当使触电者安静休息，不要走动，严密观察，并请医生前来诊治或送往医院。

2）如果触电者伤势比较严重，已经失去知觉，但仍有心跳和呼吸，这时应当使触电者舒适、安静地平卧，保持空气流通。同时揭开他的衣服，以利于呼吸，如果天气寒冷，要注意保温，并要立即请医生诊治或送医院。

3）如果触电者伤势严重，呼吸停止或心脏停止跳动或两者都已停止时，则应立即实行人工呼吸和胸外心脏挤压，并迅速请医生诊治或送往医院。

应当注意，急救要尽快地进行，不能等候医生的到来，在送往医院的途中，也不能中止急救。

第五节　防雷保护

雷电直接对建筑物或其他物体放电，产生破坏性很大的热效应和机械效应，这叫做直击雷。另一种是落雷处邻近物体因静电感应或电磁感应产生高电位所引起的放电，叫做感应雷。再一种是落雷时沿架空线引入的高电位。雷击可造成设备及建筑物损坏，引起火灾以及人身伤亡等。

一、防雷措施

1. 架空线路的防雷措施

1）架设避雷线。这是很有效的防雷措施，但造价较高，所以只在 60kV 及以上的架空线路上，才沿全线装设避雷线。在 35kV 及以下的架空线路上，一般只在进出变电所的一段线路上装设。

2）提高线路本身的绝缘水平。

3）装设避雷器和保护间隙，通常仅用于线路上个别特别高的杆塔、带拉线的杆塔、木杆线路中的个别金属杆塔以及线路的交叉跨越处等地方。

2. 变电所的防雷措施

1）装设避雷针，用来保护整个变电所的建筑物，使之免遭直接雷击。避雷针可单独立杆，也可利用户外配电装置的构架或杆塔，但变压器的门型构架不能用来装设避雷针，以免雷击产生的过电压对变压器闪络放电。

2）高压侧装设阀型避雷器或保护间隙。这主要用来保护主变压器，要求避雷器或保护间隙尽量靠近变电所安装，其接地线应与变压器低压中性点及金属外壳连在一起接地，如图10-17所示。

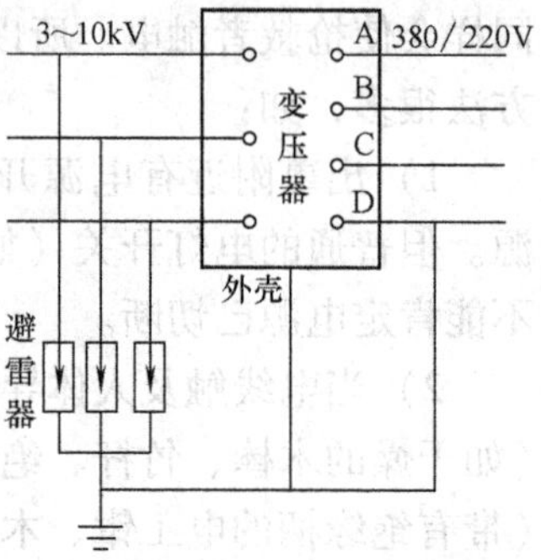

图10-17 变压器高压侧装设避雷器图

3）低压侧装设阀型避雷器或保护间隙。这主要是在多雷区用来防止雷电波由低压侧侵入而击穿变压器的绝缘。当变压器低压中性点为不接地的运行方式时，其中性点也应加装避雷器或保护间隙。

3. 建筑物的防雷措施

(1) 对直击雷的防护措施　据试验证明，建筑物的雷击部位与屋顶坡度有关，如图10-18所示。

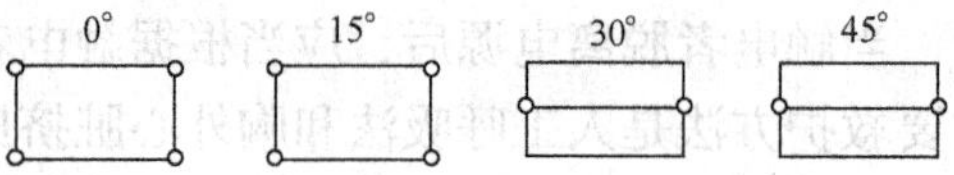

图10-18 建筑物雷击部位图

平屋顶的建筑物，雷击部位为屋顶四周，特别是屋顶4只角的雷击率最高。

15°的坡屋面，雷击部位在两端山墙屋檐，也是屋顶4只角雷击率最高。

30°的坡屋面，雷击部位在屋脊和两端山墙，屋脊为最多。

45°的坡屋面，雷击部位基本不在屋脊，屋脊两端为最多。

(2) 对高电位侵入的防护措施　在进户线墙上安装保护间隙，或者将瓷瓶的铁脚接地，其接地电阻应小于10Ω，允许与防护直击雷的接地装置连在一起。

二、防雷设备

1. 接闪器

接闪器就是专门用来接受雷击的金属体，如避雷针、避雷带、避雷线及避雷网等。这些接闪器都经过引下线与接地体相连。

(1) 避雷针　避雷针一般用镀锌圆钢或镀锌焊接钢管制成，其长度在1.5m以上时，圆钢直径不得小于10mm，钢管直径不得小于20mm，管壁厚度不得小于2.75mm。当避雷针的长度在3m以上时，需用几节不同直径的钢管组合起来，如图10-19所示。

避雷针与接地极之间要有引下线连接，其引下线如采用圆钢，直径不小于8mm；如采用扁钢，厚度不小于4mm，截面积不得小于48mm²。

避雷针的保护范围，以它对直击雷的保护的空间来表示。

(2) 避雷线　避雷线一般用截面积不小于35mm²的镀锌钢绞线，架设在架空线路之上，以保护架空线路免受直接雷击。避雷线的作用原理与避雷针相同，只是保护范围小一些。

2. 避雷器

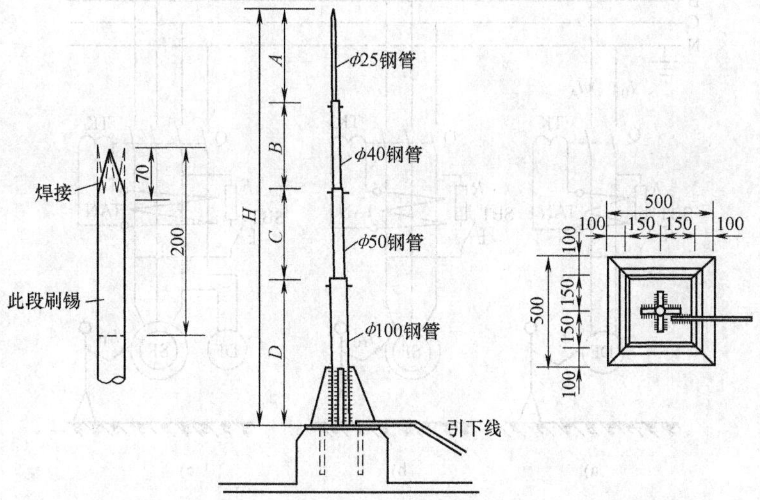

图 10-19 避雷针示意图

避雷器用来防护雷电产生的大气过电压，沿线侵入变电所或其他建筑物内，以免高电位危害设备的绝缘。它应与被保护的设备并联，当线路上出现危及设备绝缘的过电压时，它就对地放电。

第六节 漏电开关

漏电开关，供预防人身触电和预防漏电火灾事故用。

一、漏电开关的工作原理

常用的电流动作型漏电开关，适用于电流在 60A 及以下，频率为 50～60Hz 的电源中性点接地的三相四线制低压（380/220V）电网中，其电路原理图如图 10-20 所示。

图 10-20 中 TAN 是零序电流互感器；TK 是漏电脱扣器；Q 是开关；R 是试验电阻；SBT 是试验按钮；I_{r0}是漏电电流；DF 是单相负载；SF 是三相负载。图 10-20a 所示为二极漏电开关，适用于电灯、电扇、电视机、电冰箱、洗衣机以及电动工具等的单相电源电路中。在正常情况下，穿过零序电流互感器（TA）环形铁心的电流 I_A 和经过负载穿过环形铁心回到电源中性线的电流 I_0 的大小相等，方向相反。因为由 I_A 和 I_0 所组成的合成励磁磁通势为零，所以互感器铁心中磁通量为零，二次侧无感应电压，漏电开关保持在正常供电状态。当负载侧出现漏电电流 I_{r0}时，I_A 和 I_0 就不相等，合成励磁磁通势就不为零，电流互感器的二次侧就有感应电压，当 I_{r0}达到一定值时，漏电脱扣器 TK 动作，并带动开关 Q 断开，故障电路即被切断。图 10-20b 所示为三极漏电开关，适用于三相电动机等负载。图 10-20c 所示为 4 极漏电开关，适用于三相及单相混合负载。图 10-20b、c 这两种开关，不论三相负载对称与否，只要负载侧漏电电流为零，那么穿过电流互感器的各导线电流的相量和也为零，互感器二次侧就不产生感应电压。当负载侧出现漏电，且 I_{r0}达到一定值时，电流互感器二次侧就产生足够的电压，使脱扣器 TK 动作，并带动开关 Q 断开。

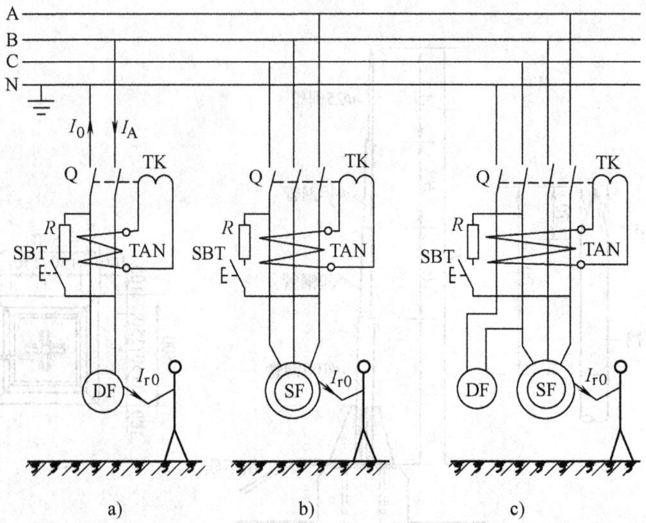

图 10-20 漏电开关电路原理图

二、漏电开关的选择

1. 漏电开关过电流脱扣器额定电流的选择

1）保护电动机用漏电开关，过电流脱扣器额定电流应等于或略大于电动机的额定电流。

2）保护配电线路用漏电开关，过电流脱扣器的额定电流应等于或略大于全部用电设备计算负载电流的总和。

2. 漏电开关额定漏电动作电流的选择

1）有保护接地时，加装漏电开关或漏电继电器后，对接地电阻值的要求，可显著放宽。

2）有保护接零时，因零线电阻通常甚小，故额定漏电动作电流可选较大值，例如 75 ~ 100mA 以上。

3）既无保护接零、又无保护接地时，额定漏电动作电流通常为 15 ~ 30mA。

4）装于分支线路上，预防漏电火灾、爆炸事故的漏电开关，额定漏电动作电流通常选用 100mA 及以上。

5）总线上漏电开关的额定漏电动作电流，应大于分支线上漏电开关的额定漏电动作电流。

6）为避免漏电开关误动作，额定漏电动作电流应大于所控制的电路及用电设备正常泄漏电流的一倍以上。

三、漏电开关的安装与维护

1）安装漏电开关之前，应检查所控制的电路和用电设备的绝缘是否良好（正常泄漏电流不应超过漏电开关额定漏电动作电流的二分之一）。

2）新安装的漏电开关，应在带电状态下，用试验按钮检查漏电保护性能是否正常，以后每 1 ~ 3 个月试验检查一次。

3）安装漏电开关以后，原有保护接零或保护接地不但不能拆除，而且，每 3 ~ 6 个月还应对接零、接地装置进行检查，看其是否可靠。

4）漏电开关脱扣动作后，应及时查明原因，等排除故障后，方可再次合闸。

习　题

10-1　什么叫电力系统？

10-2　为什么远距离输电要采用高电压？

10-3　不同用电设备或用户对供电电压的要求是什么？

10-4　如何选择变压器的容量？

10-5　如何选择配电线路导线截面积？

10-6　什么是工作接地、保护接地和保护接零？

10-7　在同一供电系统中，为什么不能同时采用保护接地和保护接零？

10-8　为什么在中性点接地系统中，除采用保护接零外，还要采用重复接地？

10-9　电流动作型漏电开关的工作原理是什么？

附录　部分习题答案

1-1　6V，3A；－8V，－4A；10V，2A

1-2　4V；6V，a

1-3　21V，15V，－5V；6V，20V；6V，20V

1-4　(－560－540＋600＋320＋180)W＝0W

1-5　5V，5V，－2A，2A

1-6　U_{S1}发出15W；U_{S2}吸收10W；I_S发出15W；R吸收20W

1-7　a)－10W；　b)－48W，30W；　c)－50W，25W

1-8　－2mA，60V

1-9　10A，22Ω

1-10　194V

1-11　3.76kΩ，20W

1-12　a

1-13　350Ω，1A

1-14　(1)－0.133Ω；(2)＋0.133Ω

1-15　168Ω，74.4Ω

1-16　0.5A，0.447A；109.4V

1-17　1Ω，50W

1-18　0.31μA，9.30μA，9.60μA

1-19　9V

1-20　9.09A，9.09V；0A，10V；100A，0V

1-21　50W

1-22　8.75V

1-23　(1)4A，12.5Ω；(2)52V；(3)104A

1-24　5.8V，0.3Ω

1-25　6V，0.34Ω

1-26　5V

1-27　8V，8V

1-28　－5.8V，1.96V

1-29　－2A，－1A，4A，3A

1-30　4Ω

2-1　－1A

2-2　－9W

2-3　9V

2-4　9W

2-5　$\frac{2}{3}$A，$-\frac{4}{9}$A

2-7　2.5A，7V

2-8　1A

2-9　200Ω，200Ω

2-10　8.2Ω；12.5Ω；2Ω

2-11　5.64~8.41V

2-13　20V，40V，20W(吸收)，80W(发出)，20W(R_1)，40W(R_2)

2-14　$I_2=-1.5$A，$I_3=-1.5$A，$I_4=-0.5$A，$I_5=-1$A，$U_1=-18$V

2-15　0.6A

2-16　2.37V

2-18　1A

2-19　3A，8A，11A

2-20　-1A，1A

2-21　2A，-2A，0.4A

2-22　$U_1=3$V，$U_2=2$V，$U_3=3.5$V

2-23　9.38A，8.75A，28.13A；1055W，984W，1125W，3164W

2-24　4A

2-25　7A，-11.5A，3.5A，-1A

2-26　3.5A，50Ω

2-27　(1)15A，10A，25A；(2)11A，16A，27A

2-28　7V

2-29　4A

2-30　$U=6$V，$\Delta U=1$V

2-31　3V，1Ω

2-32　1A

2-33　-1A

2-34　0.8A

2-35　a)-1.2A，4.8A；b)0.5A，1A

2-36　1.4A

3-2　$u=220\sqrt{2}\sin(\omega t+30°)$V，$i=5\sqrt{2}\sin(\omega t-143.1°)$A，

$i'=5\sqrt{2}\sin(\omega t-36.9°)$A

3-3　$10\underline{/45°}$A，$10\sqrt{2}\underline{/90°}$A，$10\underline{/-45°}$A，$100\underline{/-8.1°}$V

3-4　$0.5\sqrt{2}\underline{/45°}$A，$1\underline{/90°}$A，$0.5\sqrt{2}\underline{/-45°}$A

3-5　$\dot{U}_1=4\underline{/-36.9°}$V，$\dot{U}_2=7.21\underline{/19.4°}$V，$\dot{I}_1=\sqrt{2}\underline{/-45°}$A，$\dot{I}_2=\sqrt{2}\underline{/45°}$A，$\dot{U}=2$V

3-6　0.065H

3-7 6Ω，15.89mH

3-8 $I=0.367\mathrm{A}$，灯管上电压为 103V，镇流器上电压为 190V

3-9 $R=30\Omega$ 与 $X_L=40\Omega$ 串联，$\cos\varphi=0.6$，$P=580\mathrm{W}$，$Q=774.4\mathrm{var}$

3-10 $R=1000\Omega$，$C\approx0.1\mu\mathrm{F}$，u_C 滞后于 u 30°

3-11 $R=9.2\mathrm{k}\Omega$，$U_2=0.5\mathrm{V}$

3-12 30Ω

3-13 5A，1A，7A

3-14 a)14.1A；b)80V，c)2A，d)14.1V，e)10A，141V

3-15 $I=10\ \mathrm{A}$，$X_C=15\Omega$，$R_2=X_L=7.5\Omega$

3-16 $I=10\sqrt{2}\mathrm{A}$，$R=10\sqrt{2}\Omega$，$X_C=10\sqrt{2}\Omega$，$X_L=5\sqrt{2}\Omega$

3-17 $I_1=I_2=11\mathrm{A}$，$I=11\sqrt{3}\mathrm{A}$，$P=3630\mathrm{W}$

3-18 $U=220\mathrm{V}$，$I_1=15.6\mathrm{A}$，$I_2=11\mathrm{A}$，$I=11\mathrm{A}$，$R=10\Omega$，$L=0.0318\mathrm{H}$，$C=159\mu\mathrm{F}$

3-19 $i_1=44\sqrt{2}\sin(314t-53.1°)\mathrm{A}$，$i_2=22\sqrt{2}\sin(314t-36.9°)\mathrm{A}$，

$i=65.3\sqrt{2}\sin(314t-47.7°)\mathrm{A}$

3-20 $I_R=10\mathrm{A}$，$I_L=10\mathrm{A}$，$I_C=20\mathrm{A}$，$I=10\sqrt{2}\mathrm{A}$

3-21 $Z_{ab}=-\mathrm{j}10\Omega$，$Z_{ab}=(1.5+\mathrm{j}0.5)\Omega$

3-22 $\dot{I}=1.41\angle 45°\mathrm{A}$，$\dot{I}=40\angle -60°\mathrm{A}$

3-23 $\dot{U}=\sqrt{5}\angle 63.4°\mathrm{V}$

3-24 $5+\mathrm{j}5\Omega$

3-25 $U_{ab}=5\mathrm{V}$，$P=5\mathrm{W}$，$Q=0$，$\cos\varphi=1$

3-26 524Ω，1.7H，$\cos\varphi=0.5$，$C=2.58\mu\mathrm{F}$

3-27 $\cos\varphi=0.5$，$C=102\mu\mathrm{F}$

3-28 $R=20\Omega$，$L=125\mathrm{mH}$，$\cos\varphi=0.45$

3-29 0.1H，15.7Ω

3-30 19mH，$0.053\mu\mathrm{F}$

3-31 $Z=(10\pm\mathrm{j}10)\Omega$

3-32 $f_0=199\mathrm{Hz}$，$Q=40\mathrm{var}$，$Z_0=3200\Omega$，$I_1=I_C=2.76\mathrm{A}$，$\dot{I}=69\mathrm{mA}$

3-33 $L_1=1\mathrm{H}$，$L_2=66.7\mathrm{mH}$

3-34 $i=10\sin(\omega t-45°)+0.632\sqrt{2}\sin(3\omega t-41.57°)\mathrm{A}$，$I=7.1\mathrm{A}$，$I_0=0$，$P=50.4\mathrm{W}$

3-35 $U_1=6.364\mathrm{V}$

3-36 $U_R=200.11\mathrm{V}$

4-1 $U_p=220\mathrm{V}$，$I_p=I_l=22\mathrm{A}$

4-2 (1) $I_A=20\mathrm{A}$，$I_B=I_C=10\mathrm{A}$，$I_N=10\mathrm{A}$，$U_p=220\mathrm{V}$；(2) $U_A'=165\mathrm{V}$，$U_B'=U_C'=251\mathrm{V}$；(3) $I_B=I_C=17.3\mathrm{A}$，$I_A=30\mathrm{A}$，$U_A'=0$，$U_B'=U_C'=380\mathrm{V}$；(4) $I_A=I_B=11.5\mathrm{A}$，$I_C=0$，$U_A'=127\mathrm{V}$，$U_B'=253\mathrm{V}$

4-5 $\dot{I}_A=0.273\angle 0°\mathrm{A}$，$\dot{I}_B=0.273\angle -120°\mathrm{A}$，$\dot{I}_C=0.553\angle 85.3°\mathrm{A}$，$\dot{I}_N=0.364\angle 60°\mathrm{A}$

4-6　$\overline{S}=(2758.44+j2068.83)\text{V}\cdot\text{A}$，$Z=125.64\underline{/36.87°}\Omega$

4-7　$L=55\text{mH}$，$C=184\mu\text{F}$

4-8　$U_p=U_l=220\text{V}$，$I_p=22A$，$I_l=38\text{A}$

4-9　(1) $\dot{I}_\text{A}=11\underline{/0°}\text{A}$，$\dot{I}_\text{B}=11\underline{/-120°}\text{A}$，$\dot{I}_\text{C}=11\underline{/120°}\text{A}$，$\dot{I}_\text{N}=0\text{A}$；(2) $\dot{I}_\text{A}=11\underline{/0°}\text{A}$，$\dot{I}_\text{B}=11\underline{/-120°}\text{A}$，$\dot{I}_\text{C}=11\underline{/90°}\text{A}$，$\dot{I}_\text{N}=5.7\underline{/15°}\text{A}$

4-10　39.3A

4-11　$I_p=I_l=22\text{A}$，$P=14480\text{W}$

4-12　$I_p=11.56\text{A}$，$I_l=20\text{A}$

4-13　$I_l=4.18\text{A}$；星形联结：$I_p=4.18\text{A}$；三角形联结：$I_p=2.42\text{A}$

4-14　(1) 不能；(2) $I_\text{A}=I_\text{B}=I_\text{C}=22\text{A}$，$I_\text{N}=60.1\text{A}$；(3) $P=4840\text{W}$

4-15　(1) $R=15\Omega$，$X_\text{L}=16.1\Omega$

(2) $I_\text{A}=I_\text{B}=10\text{A}$，$I_\text{C}=17.3\text{A}$，$P=3000\text{W}$

(3) $I_\text{A}=0$，$I_\text{B}=10\text{A}$，$I_\text{C}=17.3\text{A}$，$P=3000\text{W}$

4-16　三角形联结：$C=92\mu\text{F}$；星形联结：$C=274\mu\text{F}$

4-17　18.3A，0.95

4-18　$(64.92+j86.56)\Omega$

5-1　$t=0_-$时，$i_1=2\text{A}$，$i_2=2\text{A}$，$i=0\text{A}$，$u_\text{L}=0\text{V}$；

$t=0_+$时，$i_1=5\text{A}$，$i_2=2\text{A}$，$i=3\text{A}$，$u_\text{L}=-6\text{V}$

5-2　$t=0_+$时，R_1：1A，2V；R_2：1A，8V；C_1和C_2，1A，0V；L_1和L_2，0A，8V；稳态时R_1，1A，2V；R_2：1A，8V；C_1和C_2，0A，8V；L_1和L_2，1A，0V

5-3　(1) 1.5A，3A；(2) 0A，1.5A；(3) 6A，0

5-4　$20(1-\text{e}^{-25t})\text{V}$

5-5　$(1-\text{e}^{-5t})\text{A}$，$5\text{e}^{-5t}\text{V}$

5-6　$60\text{e}^{-100t}\text{V}$，$12\text{e}^{-100t}\text{mA}$

5-7　$(18+36\text{e}^{-250t})\text{V}$

5-8　(1) $\begin{cases}u_1=2(1-\text{e}^{-t})\text{V} & 0\leqslant t\leqslant\tau\\ u_2=1.264\text{e}^{-t}\text{V} & t\geqslant\tau\end{cases}$　(2) $R=2\Omega$，$C=0.5\text{F}$

5-9　$(6-3\text{e}^{-83.3t}+3\text{e}^{-83.3(t-0.06)})\text{V}$

5-10　(1) $i_1=i_2=2(1-\text{e}^{-100t})\text{A}$；(2) $i_1=(3-\text{e}^{-200t})\text{A}$；$i_2=2\text{e}^{-50t}\text{A}$

5-11　$i_\text{L}=\left(\dfrac{6}{5}-\dfrac{12}{5}\text{e}^{-\frac{5}{9}t}\right)\text{A}$；$i=\left(\dfrac{9}{5}-\dfrac{8}{5}\text{e}^{-\frac{5}{9}t}\right)\text{A}$

5-12　$i_\text{L}=(2.1+1.9\text{e}^{-3.8t})\text{A}$

5-13　0.02s

5-14　$i_\text{L}=(1.25-0.5\text{e}^{-2.5t})\text{A}$；$i_2=0.19\text{e}^{-2.5t}\text{A}$；$i_3=(0.75-0.19\text{e}^{-2.5t})\text{A}$

5-15　$(2+3\text{e}^{-0.5t})\text{V}$

5-16　$(4.5+4.5\text{e}^{-\frac{1}{3}t})\text{V}$

5-17　$(8-4\text{e}^{-2000t})\text{V}$

5-18 $i_L=(5-3e^{-2t})$ A；$u_L=6e^{-2t}$ V；$i_1=(2-e^{-2t})$ A；$i_2=(3-2e^{-2t})$ A

5-19 $(1-0.25e^{-\frac{t}{2\times10^{-3}}})$ mA，$(2-e^{-\frac{t}{2\times10^{-3}}})$ V

5-20 $(-5+15e^{-10t})$ V

5-21 $u_C=10e^{-100t}$ V；$u_C(\tau_1)=3.68$ V；$u_C=(10-6.32e^{-\frac{(t-0.01)}{\tau_2}})$ V；$u_C(0.02s)=9.68$ V；$u_C=9.68e^{-100(t-0.02)}$ V；$\tau_1=10^{-2}$ s；$\tau_2=0.33\times10^{-2}$ s

5-22 4V，1A，1A，0A

5-23 4Ω，$u_C(t)=(24+36e^{-\frac{t}{12}})$ V

6-1 0.35A

6-2 1.95A

6-3 0.0032Wb

6-5 63W，0.29

6-7 100V

6-8 $\Delta P_{Cu}=12.5$ W；$\Delta P_{Fe}=337.5$ W

6-9 166 个，$I_1=3.03$ A；$I_2=45.5$ A

6-10 （1）$N_1=1126$，$N_2=45$；（2）$K=25$；（3）$I_{1N}=10.4$ A；$I_{2N}=260$ A；（4）$B=1.45$ T

6-12 32 盏；$I_1=2.25$ A；$I_2=13.75$ A

6-13 7.1；$U_1=5$ V，$U_2=0.71$ V；$I_1=12.5$ mA，$I_2=89$ mA，$P=63$ mW

6-14 （1）$N_1=1000$，$N_2=164$；（2）$I_1=0.197$ A，$I_2=1.2$ A

6-15 （1）$I_{1N}=5.77$ A，$I_{2N}=144.3$ A；（2）1000；（3）500

6-17 （1）280A；（2）4.375A

6-18 87mW

6-19 $\frac{N_2}{N_3}=\frac{1}{2}$

6-20 $N_2=90$，$N_3=30$，$I_1=0.27$ A

7-4 242.2A，40A

7-5 （1）$I_p=I_l=5$ A；$T_N=14.8$ N·m

7-6 （1）1500r/min；（2）1500r/min，500r/min，30r/min；（3）1500r/min，500r/min，30r/min；（4）1500r/min；（5）0

7-7 13.36 N·m；53.06 N·m

7-8 （1）$E_{20}=20$ V，$I_{20}=242.5$ A，$\cos\varphi_{20}=0.243$；（2）$E_2=1$ V，$I_2=49$ A，$\cos\varphi_2=0.98$

7-9 0.04，2Hz

7-11 $s_N=0.04$；$I_N=11.6$ A；$T_N=36.5$ N·m；$I_{st}=81.2$ A；$T_{st}=80.3$ N·m；$T_{max}=80.3$ N·m

7-12 2.0

7-13　(1) 30r/min；(2) 194.9N·m；(3) 0.88

7-14　(1) 131.3N·m，0.89；(2) 93.7A，56.9N·m；(3) 当负载为额定转矩的80%时，不能；当负载为额定转矩的25%时，能

7-15　(1) 134.17A，76.56N·m；(2) 不能，能

7-16　(1) 1.108；(2) 318.1A

7-21　25A；1.33A；146.3W；14N·m；100V

7-22　275A，1.8Ω，28N·m

7-23　(1) 1170r/min；(2) 900r/min

7-24　7N·m

7-25　(1) 1846r/min，66.7A，12.3kW；(2) 1900r/min，50.26N·m，10kW

7-26　138A，1830r/min，24.4kW

参考文献

[1] 秦曾煌. 电工学：上册 电工技术[M]. 6版. 北京：高等教育出版社，2004.

[2] 李中发. 电工技术[M]. 北京：中国水利水电出版社，2005.

[3] 张秀然. 电工技术[M]. 北京：中国水利水电出版社，2001.

[4] 徐世许. 可编程序控制器——原理·应用·网络[M]. 合肥：中国科学技术大学出版社，2000.

[5] 邱关源，罗先觉. 电路[M]. 5版. 北京：高等教育出版社，2006.

[6] 刘介才. 供配电技术[M]. 北京：机械工业出版社，2000.